investment | 金融投资理财

百万册
升级版

CURRENCY
WARS

货币战争 2

金权天下

宋鸿兵◎著

中信出版社·CHINA CITIC PRESS ·北京·

图书在版编目（CIP）数据

货币战争 2：金权天下 / 宋鸿兵著. —北京：中信出版社，2012.11
ISBN 978-7-5086-3579-8
I. 货… II. 宋… III. 货币史—世界 IV. F821.9
中国版本图书馆CIP数据核字（2012）第 233402 号

货币战争 2：金权天下

著　　者：宋鸿兵
策划推广：中信出版社（China CITIC Press）
出版发行：中信出版集团股份有限公司（北京市朝阳区惠新东街甲 4 号富盛大厦 2 座　邮编　100029）
（CITIC Publishing Group）
承 印 者：北京诚信伟业印刷有限公司

开　　本：787mm × 1092mm　1/16　　印　　张：22.5　　字　　数：300 千字
版　　次：2012 年 11 月第 1 版　　印　　次：2014 年11月第 15 次印刷
广告经营许可证：京朝工商广字第 8087 号
书　　号：ISBN 978-7-5086-3579-8 / F · 2738
定　　价：45.00 元

服务热线：010-84849555　　服务传真：010-84849000
投稿邮箱：author@citicpub.com

目录

CURRENCY WARS

升级版序言 / / IX

01 德国 国际银行家的发源地

谁是国际银行家 / / 003
戛然而止的战争 / / 006
老布雷施劳德：罗斯柴尔德的代理人 / / 008
奥本海默：科隆的金融霸主 / / 011
1848 年革命与银行业的拯救行动 / / 014
俾斯麦的崛起 / / 017
布雷施劳德：俾斯麦的私人银行家 / / 018
丹麦危机：俾斯麦的意外机会 / / 021
普丹战争：金权小试锋芒 / / 023
议会自由派：德国统一道路上的障碍 / / 026
科隆—明登铁路私有化：普奥战争的财源 / / 027
为什么普奥战争戛然而止 / / 030
普法之战：大炮一响，黄金万两 / / 031
50 亿法郎战争赔款：银行家的“大馅饼” / / 034

02 英国 金权的制高点

弗朗西斯：巴林王朝的奠基人 / / 041

荷兰：商业资本主义的顶峰／／042
结盟霍普家族：巴林傍上了欧洲第一富豪／／044
“红顶商人”：金权入股政权／／045
跨越大西洋的人脉网络 ／／048
路易斯安那融资：史上最惊人的金融案例／／049
1812年英美战争：巴林家族里外通吃／／050
法国战后赔款：巴林晋升欧洲第六强权／／052
法国公债合同：双雄结仇／／054
谋定而后动：罗斯柴尔德终成霸主／／056
金融家与政治家／／059
苏伊士运河：罗斯柴尔德的金融闪击战／／061
拯救宿敌巴林银行／／064
黄金十字架／／065
进军中国／／067

03 法国 金权的割据

法国大革命幕后的瑞士银行家族／／075
法兰西银行：“雾月政变”的投资回报／／078
垄断被打破：犹太银行家族的崛起／／080
金融创新的革命／／082
动产信贷银行：贝列拉的挑战／／084
“既是骗子又是预言家”／／086
法兰西银行：打败贝列拉的战略制高点／／089
克里米亚战争／／093
天主教银行家：第三股势力／／096
金权的进化：从所有权到控制权／／096

04 美国 金权的"圈里人"

赛利格曼：从小商贩到国际银行家 / / 103
奥古斯特·贝尔蒙特的"美联储" / / 105
纽约的上流社会 / / 107
国债大王赛利格曼 / / 109
赛利格曼力撼财政部长 / / 112
赛利格曼：美国的罗斯柴尔德 / / 115
赛利格曼：真正的"巴拿马之父" / / 119
希夫的时代 / / 123
希夫与日俄战争 / / 128
新圈子与老圈子 / / 129

05 动荡的欧洲

永不止息的渴望：回去，回归锡安 / / 137
德国银行家族：回归希望之火燃起 / / 138
巴勒斯坦困境 / / 141
围堵与崛起：英德的战略竞争 / / 143
汉堡美国航线：海上霸权争夺战 / / 144
麦克斯·沃伯格：未来的经济沙皇 / / 145
柏林—巴格达铁路：德国反围堵的战略通道 / / 147
阿加迪尔事件 / / 149
《贝尔福宣言》与银行家的梦想 / / 151
背信弃义：英国统治精英与犹太复国主义的矛盾 / / 153
经济武器与《凡尔赛和约》 / / 156
1922 年德国中央银行"独立"：超级通胀飓风的"风眼" / / 159

颠覆魏玛共和国的"货币战争" / / 161
沙赫特的"地租马克"保卫战 / / 163
道威斯计划：扶持德国的开始 / / 166

06 希特勒"新政"

"愤青"希特勒 / / 174
费德尔：希特勒的金融导师 / / 176
啤酒馆暴动：希特勒声名大震 / / 178
希特勒被财神"撞了腰" / / 181
哈瓦拉计划 / / 186
沙赫特：国际银行家的中间人 / / 188
大棋局 / / 191
纳粹德国的社会权力平台 / / 194
纳粹德国的经济系统 / / 197
希特勒"新政" / / 198
希特勒"新政"的第一把火：中央银行国有化 / / 200
"费德尔货币"：德国的林肯绿币 / / 201
"金融创新"挽救了德国经济 / / 204
罗斯柴尔德与希特勒 / / 206
希特勒的权术 / / 208

07 银行家与情报网

克格勃的"剑桥五杰" / / 217
"第五个人" / / 219
"使徒会"的圈子 / / 221

菲尔比的父亲／／224
金·菲尔比与维克多·罗斯柴尔德／／226
“剑桥五杰”打入英国情报系统／／227
苏美之间，左右逢源／／228
核心机密／／230
维克多的对价：原子弹的机密交换以色列建国／／234
“目标巴顿”／／237
多诺凡的来历／／239
战略情报局——“Oh So Social”／／241
谋杀巴顿的动机／／242

08 统治精英与“隐形寡头”

韩航KAL007航班的神秘空难／／249
钻石帝国与精英元首／／252
罗兹会社：英国统治精英的“黄埔军校”／／254
“米尔纳小组”／／257
“米尔纳小组”的德国政策基于两点核心／／259
“盎格鲁–美利坚权势集团”／／261
基金会：财富的隐身大法／／263
心灵鸡汤们说：当你放弃越多，你就拥有越多／／265
“家道中落”的洛克菲勒家族／／267
杠杆效应与财富控制／／270
国会的调查／／273
基金会、精英集团与政府／／275
基金会与教育系统／／278
公众意见塑造／／279
世界政府：“盎格鲁–美利坚权势集团”的奋斗目标／／280

09 金融海啸之后

格林斯潘：经济机器的工程师 / / 293
朝鲜战争使格林斯潘一夜成名 / / 296
安 · 兰德：格林斯潘的精神导师 / / 298
谁是上帝之手 / / 300
安 · 兰德的伪命题 / / 301
如果“大力神”们罢工 / / 304
黄金：精英们的理想货币 / / 306
扭曲的美元与“债务堰塞湖” / / 308
世界经济的未来：14 年的“消费大萧条” / / 312

10 回到未来

2024 年 1 月 1 日，世界单一货币启动 / / 321
单一货币：历史的终结者 / / 324
危机来得正是时候 / / 329
货币的命运与国家的命运 / / 333
完美而致命的组合：世界单一货币＝黄金＋碳货币 / / 338
美元的结局 / / 341
“大力神”们俯瞰下的世界 / / 342

跋 / / 347

2011 年，欧债危机风云乍起，全球经济复苏风雨飘摇，欧元崩溃论甚嚣尘上，来自欧洲的经济冲击波让全世界都备感寒意。

所谓欧元危机，其本质就是欧元背后的抵押资产的质量危机。欧元的抵押资产是以 17 个成员国的国债为核心，以各国税收为支撑的资产，而税收则依赖着各国的经济活动。因此，从表面上看，危机体现为各国财政政策的不匹配，而实际上欧洲南北方经济发展模式的断裂才是问题的根源。

自欧元诞生以来，以德国、荷兰为代表的欧元区北部国家，充分利用低通胀和低利率的政策环境，强化工业竞争力，在南欧诸国无法贬值本币来与之竞争的有利条件下，德国质优价廉的工业品在南欧市场上攻城略地，积累了大量贸易顺差，经济活跃，财政良好。而南欧的实体经济在与北欧的竞争中，逐步土崩瓦解，而欧元区的低利率在南欧则刺激起以房地产泡沫为中心的资产膨胀，以虚幻的财富效应来刺激消费，拉动经济增长，资产膨胀型经济发展模式取代了日益衰落的实体经济增长模式。

南欧房地产的极度繁荣和资产价格的不断飙升，又反过来刺激着南欧市场对北欧工业消费品的巨大需求，北欧经济更是平添助力，经济景气分外骄人。同时，南欧的资产泡沫盛宴又吸引着北欧的资本盈余大规模南下，进一步推高了南欧的资产价格。好一片烈火烹油，鲜花著锦的美妙繁荣！西班牙、希腊等国正是这一模式的典型代表，房地产翻番，资产价格飙升，巨量外来资本涌入，消费规模大增，税收财源滚滚。与之相伴的则是，贸易逆差扩大，财政支出无度，负债水平急升。

南欧借来的繁荣来得快，去得更急。当负债增长速度远高于收入增长速度时，资金链的断裂仅仅是时间问题。2011年泡沫破裂后，南欧各国立刻出现资产价格暴跌，消费萎缩，投资不振，失业严重，税收锐减，贸易萧条，资本外逃的危险局面，主权信用岌岌可危。

如果看到了欧债危机的本质，那么很显然要想重新使欧洲经济真正复苏，就绝不是仅仅推出"财政同盟"、"银行同盟"、"欧元债券"、"欧洲稳定机制"这些救急措施就能根治问题的。

但是，从目前欧盟提出的各项应对措施来看，"财政同盟"将成为欧盟的统一财政部，收缴各国的财政主权；"银行同盟"的设计则是囊括了各国的金融监管主权；"欧元债券"目的在于取代各国的信用主权；再加上欧洲央行业已执掌的货币发行权，欧盟各国在危机之后，国家的金融主权将彻底沦丧！

也许欧债危机的结局并不是欧元的解体，而是危机倒逼改革，各国被迫拱手让出金融主权，最终是加速催生出一个"欧洲合众国"！经过这场危机，究竟谁是最大的获益人呢？各国政府显然不是，因为他们的主要权力将丧失殆尽；各国人民当然也不是，因为他们将被迫为危机埋单。最大的获益人究竟是谁呢？那就是资本！

从另一个角度看，这场危机可以被解读为金权与主权的较量！

资本的最高意志，就是打破对资本的一切限制，以货币统领经济，以经济驾驭政治，以金权君临天下！但是，在国与国之间，资本被主权边界、金融监管所束缚；在一国之内，资本则必须面对上有议会掣肘、下有工会制约、中间有高税收和高福利的拖累，难以自由流动和肆意逐利。因此，弱化主权概念，取消主权边界，废除主权权力，将欧洲连成一片，让资本能够自由地、无羁绊地纵横驰骋，这片由货币统治的广袤大陆，就是理想中的"欧洲合众国"！

如果没有历史的大坐标系，眼前发生的欧债危机的确使人困惑迷离。从这个意义上看，本书探讨的正是近300年来欧洲金权势力的崛起历程，人们不妨将此书看作是"欧债危机之前传"。

金权崛起并非一种虚幻的理念，这一过程伴随着欧美最重要的十七大金融家族的盛衰沉浮，他们对各国经济、政治权力与战争冲突都曾发挥过重大的影响力。在这种影响力之下，我们可以发现欧盟的诞生和欧元的出现与这些金融家族存在着明显的联系。同样，欧债危机的走向、欧元的命运，以及未来欧洲合众国的出现，仍然与他们息息相关。

2009年，我在本书的第一版中提出了3个重要预判：第一，欧美经济将陷入至少10年的长期萧条，无论货币政策的宽松，还是财政政策的刺激，对于这轮经济萧条都基本无效；第二，当时对于中国社会还相当陌生的碳排放，将对经济与社会发挥日益重大的作用，并将被金融化乃至货币化；第三，主权货币将逐步被区域货币所取代，并最终向世界单一货币进化。

3年后，世界经济并未像人们当初乐观估计的那样，货币宽松和财政刺激难以取得持续效果。美国经济在经历了两轮货币宽松后，国债总量4年暴涨50%，而失业率仍在8%以上，如果加上不完全就业和放弃就业希望的人数，其实际失业率高达15%！这是20世纪30年代大萧条以来从未有过的严重困境。货币强心剂显然并未见效。在欧美经济复苏梦断之时，中国和其他新兴国家的经济增长也显著减速，世界经济正在滑入更为险恶的沼泽。

碳排放的概念在过去的3年里已成为上至世界各国领导人、下至普通百姓耳熟能详的热门词汇。欧美各国的碳排放交易已成金融市场的重要产品，而中国的碳排放交易所也在积极筹备。2012年，中国为稳定经济增长所列出的鼓励投资的清单中，节能减排项目更是引人注目。

如果欧洲合众国的诞生是金权崛起的必然结果，那么欧元作为区域货币的关键尝试，它必将成为通往世界单一货币道路上的重要里程碑！

2012年9月于北京

01 德国

国际银行家的发源地

CURRENCY WARS

本章导读

19 世纪以来，以罗斯柴尔德家族为代表的 17 个主要国际银行家族，以荷兰、英国、法国和德国为发祥地，逐步扩散到俄国、奥地利、意大利和美国，最终形成了对当今世界影响深远的金融人脉骨干网。

国际银行家是这个世界上能量巨大的关键性少数群体，他们的思维方式和行为方式在很大程度上决定着人类的命运。在过去的两百年中，这些家族曾经在世界舞台上叱咤风云，以这些家族为核心形成的西方社会庞大和复杂的人脉关系网络，对人类历史的发展轨迹和当今世界格局的形成起到了重大作用。潮起潮落的大浪淘沙之中，一些家族陨落了，但大多数家族仍然在今天发挥着重要甚至是关键性的影响力。

中国人对权力的人性历史绝不陌生，但对财富的人性历史还远不熟悉，让我们从国际银行家最密集的出产地德国，开始这个曲折的探索历程。

在普奥战争千钧一发时刻，普鲁士首相俾斯麦在普军乘胜出击即可能一举攻占奥地利首都维也纳的有利态势下，竟然以辞职和跳楼为威胁，坚持放弃战机。

在这场戛然而止的战争背后，我们会看见一个接一个国际银行家的身影，罗斯柴尔德、布雷施劳德、奥本海默……而这些若隐若现的身影之后，盘踞着一个个四通八达、纵向深远且彼此勾连攀附的家族金融网络。他们相生相克，一边提携协作，一边斗法设局。

这个无处不在、无所不能的金权网络实质上在操纵、掌控和决定着欧洲错综复杂的国家内政外交、战争与革命、政权和阴谋。从铁血宰相俾斯麦的强势崛起、德国统一进程、1848 年革命、丹麦危机，到普奥战争和普法战争，无不与这个法力无边的金权网络息息相关。历史也在其翻手为云覆手为雨之际惊心动魄地演绎着。

谁是国际银行家

19 世纪以来，以罗斯柴尔德家族为代表的 17 个主要国际银行家族，以荷兰、英国、法国和德国为发祥地，逐步扩散到俄国、奥地利、意大利和美国，最终形成了对当今世界影响深远的金融人脉骨干网。随着法国资产阶级大革命的浪潮席卷欧洲大陆，宗教势力和封建王权逐渐衰落，旧的社会统治势力集团趋于土崩瓦解，新兴的资产阶级迅速填补着社会权力真空。在工业革命所产生的铁路、冶金、矿业、军工、机械、通讯等行业的爆炸性扩张过程中，当欧洲列强势力不均衡所导致的历次战争爆发时，国际银行家敏锐地把握住了历史性的重大机遇，通过金融市场迅速为工业扩张和各国之间的战争筹集大笔资金，在获得巨大而惊人的财富的同时，也对历史进程产生了重大影响。

财富的力量体现在对权力的腐蚀、对权力的渴望和对权力的控制上。国际银行家在资本供应与需求对接的过程中，逐步控制了世界资本和信用流动的渠道，并制定了一整套游戏规则。从霍普、巴林家族联手到英荷同盟的确立，从马利特、霍廷格等瑞士银行家族的幕后运作到法国大革命的深入发展，从“高特银行家”资助“雾月政变”到拿破仑给予其法兰西银行垄断的慷慨对价，从巴林、维灵-莫里斯家族的跨大西洋人脉网到美国路易斯安那购买融资，从贝列拉、福尔德联手挑战罗斯柴尔德到法国“动产信贷银行”的金融创新之争，从布雷施劳德扶持俾斯麦到维也纳城下戛然而止的普鲁士大军，从鲍林、沃伯格家族挑动德皇威廉二世扩张到罗斯柴尔德刺激英国反制，从贝尔蒙特参与废除林肯绿币到赛利格曼家族策划巴拿马独立，从阿拉伯人大起义到《贝尔福宣言》，从德意志帝国银行私有化到制造1923年超级通货膨胀，从纳粹崛起的华尔街输血到希特勒“新政”的金融创新，从原子弹机密的泄露到克格勃的双料间谍，从罗兹会社的雄图大略到美国基金会体系的“影子政府”，从安·兰德的点拨到格林斯潘的顿悟，从当今的金融海啸到世界中央银行的启动，从美元最终的崩溃到世界单一货币的倒计时，历史事件背后金融势力的身影依稀可见，其影响力无处不在，世界资本与信用的流通渠道被牢牢地控制在国际银行家高效与绵密的人脉关系网之中。

今天的中国人对“渠道为王”的概念早已耳熟能详，如果连沃尔玛在商品流通领域的渠道控制力和商品议价能力都让众多企业家如芒在背，那么，对全社会人人都需要的资本与信用流动渠道的垄断性控制所形成的社会影响力则远不是沃尔玛所能比拟的。

国际银行家从卑微的社会地位起家，从攀附各国权贵阶层开始发展壮大，逐步拥有了强大的经济实力，掌握了各国的资金及流动渠道，渐次控制了工业与商业系统并形成了利益互锁，进而开始影响国家政策取向以谋取更大的利益。他们与权贵阶层利益日益融合，运用难以抵制的金钱诱惑，日益主导了从政府官员任命到总统大选的政治家人选，从经济政策制定到外交战略的形成，从战略情报系统的运作到军队将领的升迁，从组建精英团体到影响公共议程，从经管媒体出版“自律”到左右社会信息来源，从教育文化取舍到思想意识塑造……金权经过两百多年的进化，已逐渐完成从萌芽到壮大，从影响到垄断，从台前到幕后的历史转型，成为西方社会中隐形的支配性力量，凌驾于立法、行政与司法权之上，完成了金权专政的蜕变。

这样一批高能量的国际银行家包括：

纵横国际金融江湖两百余年的“大哥大”级别的罗斯柴尔德家族（Rothschild）；
德国铁血宰相俾斯麦的心腹柏林银行家布雷施劳德家族（Bleichroder）；
德国科隆的奥本海默家族（Oppenheim）；

德国汉堡的沃伯格家族（Warburg）；

德国巴伐利亚出身的华尔街银行家赛利格曼家族（Selingman）；

德国法兰克福出身后在美国成为超级大腕的希夫家族（Schiff）；

德国汉堡起家后来发展到伦敦和纽约的施罗德家族（Schroder）；

德国法兰克福起家后在美国兴起的斯佩尔家族（Speyer）；

德国柏林的老牌银行家族门德尔松家族（Mendelsohn）；

英国19世纪与罗斯柴尔德家族齐名的巴林家族（Baring）；

荷兰阿姆斯特丹的霍普家族（Hope）；

法国皇室倚重的福尔德家族（Fould）；

法国盘踞在法兰西银行董事位置上长达百年的马利特家族（Mallet）；

法国挑战罗斯柴尔德家族的动产信贷银行创始人贝列拉家族（Péreire）；

瑞士银行家的泰斗米腊博家族（Mirabaud）；

原来是罗氏家族门下后借美国崛起而迅速成为当今世界金融主导势力的洛克菲勒家族（Rockefeller）和摩根家族（Morgan）。

国际银行家是这个世界上能量巨大的关键性少数群体，他们的思维方式和行为方式在很大程度上决定着人类的命运。他们来到哪里，哪里就会一片兴旺，他们抛弃哪里，哪里就衰退、萧条。他们能够在翻手为云的过程中刺激社会大量创造财富，也能在覆手为雨的运作里攫取巨额金钱。

在过去的两百年中，这些家族曾经在世界舞台上叱咤风云，以这些家族为核心形成的西方社会庞大和复杂的人脉关系网络，对人类历史的发展轨迹和当今世界格局的形成起到了重大作用。潮起潮落的大浪淘沙之中，一些家族陨落了，但大多数家族仍然在今天发挥着重要甚至是关键性的影响力。

世界每天都在发生着新的变化，但人类的本性却始终不断地自我重复。人性在数千年前对财富有多么贪婪与恐惧，对权力有多么执着与诅咒，今天仍然如此。人类向往自由却患得患失，追求公平同时又心怀自私，渴望美好但无法摒弃邪恶，无论是中国“二十四史”中的政治博弈，还是西方历史中的金钱权谋，都在不断地重复着人性的本质。这正是我们通过研究历史来把握未来的意义之所在。今天在人类社会中发生的一切现象，都可以在历史中找到先例。

中国人对权力的人性历史绝不陌生，但对财富的人性历史还远不熟悉，让我们从国际银行家最密集的出产地德国，开始这个曲折的探索历程。

戛然而止的战争

在最近两百年中，罗斯柴尔德家族重点关注两件大事：战争与革命。不管是战争还是革命，交战双方为了进行大规模和有组织的暴力行动，必然要进行大量融资。

——尼尔 · 弗格森

1866 年 7 月 3 日黎明时分，在波希米亚萨多瓦村（今捷克境内）科尼格雷茨要塞，一支 3.5 万人的部队正静静地穿过雨幕快速向前挺进。一张张年轻而棱角分明的面孔充满了紧张、兴奋和期待。这些普鲁士易北军团的小伙子们知道，他们将要攻击的是 20 万奥地利—萨克森联军。敌众我寡之下，他们能指望的只有同时从另一路发起攻击的、由腓特列 · 查尔斯亲王统帅的 8.5 万人的普鲁士第一军团。本来按照普军总参谋长老毛奇（Helmuth Karl Bernhard von Moltke）将军的战略部署，同时参与攻击的还应该有普鲁士王储、未来的德皇威廉二世亲率的第二军团的 10 万大军，却因为该军团部队驻地超过了电报信号的接收范围，无法及时收到命令而未实施行动。

普奥战争之萨多瓦会战

由于过分匆忙，普军的易北军团没有充分地扩展其攻击线，而且其火力跨过了第一军团的攻击道路，局面一度非常混乱。在奥军猛烈的反冲击和密集炮火的打击下，到上午11时，普军的进攻被阻止，且预备队也投入了本已高度密集的正面攻击。假如奥军在此时坚决地发动一次骑兵冲击，普军也许将被逐出战场。然而，过分谨慎的奥军统帅贝纳德克元帅却让骑兵按兵不动。双方在混乱的战场上僵持着。

就在普军即将战败的危急关头，一直与毛奇在一起的普鲁士首相奥托·冯·俾斯麦突然发现：在战场东面几公里外，有一些类似树木一样的东西在移动。毛奇拿起望远镜观察片刻，然后对身边御驾亲征的国王威廉一世兴奋地说："陛下不但赢得了这场战役，而且也赢得了战争。"原来就在普鲁士易北军团和第一军团陷入与奥军苦战的同时，一名传令兵奔驰了30多公里，给王储送去了国王的强制性命令，第二军团随即开始向北移动，这就是俾斯麦看见的"移动的树木"。下午2点30分，第二军团向奥军北面的防区实施攻击。奥军防线瓦解。贝纳德克元帅于下午3时下令全线撤退。然而，普军攻势非常猛烈，奥军第一军只能发动骑兵反攻，以支持炮兵及掩护友邻部队撤退。这次行动在20分钟之内就有1万人伤亡，第一军几乎被打残。可是这次反攻争取了时间，奥军近18万人在被完全合围之前从夹缝中成功撤出。萨多瓦会战中，普鲁士方面取得了决定性胜利。10天后，普军逼近奥地利首都维也纳，攻占了距离维也纳仅仅6公里的佛罗斯洛夫要塞，拿下维也纳、征服奥地利已指日可待。

这时，奇怪的事情发生了，即将获胜的普鲁士国王威廉一世、首相俾斯麦和总参谋长毛奇将军此刻突然吵得不可开交。国王力主直捣已近在咫尺的奥地利首都维也纳，毛奇从一个军人的角度，当然也希望抓住这一难得的机遇，一举拿下已是孤城的维也纳。但是，首相俾斯麦却努力"向沸腾的葡萄酒中注水"，坚决要求放弃攻打维也纳，趁着军事上的有利地位，与奥地利尽快签署停战条约，只要达到将奥地利排除出德意志大家庭的目的就算大功告成。当国王一直不肯让步时，俾斯麦急得流下热泪，以辞去普鲁士首相职位相要挟，甚至打算从4楼跳下去。争吵一直持续到深夜，最后国王终于十分痛苦地答应放弃进攻，但要把当时的情形记录下来存放在国家档案馆中，"以证明他当时是多么无奈和委曲求全"。

后来，普鲁士果然与奥地利签下了不割地、不赔款的"城下之盟"，奥地利退出德意志邦联。俾斯麦在战局极为有利的情况下，放弃攻打维也纳以扩大战果的机会，此事成了世界战争史上的一个悬案。

为什么俾斯麦不惜以辞职和跳楼相威胁，忤逆圣意也要坚决阻止兵临城下的普军进军维也纳？对于这个问题，传统的观点认为：首先，出于欧洲势力均衡的战略考虑，其他列强不会坐视普鲁士彻底击败奥地利而崛起为中欧强国，普军执意攻占维也纳的必然结果是列强的武力干涉，普鲁士崛起、统一德意志的进程可能中断；其次，虽然萨多瓦会战普军取得了决定性胜利，却并未歼灭奥军主力，奥军18万大军成功突围全力退守拱卫京师，急切之下普军强攻维也纳未必能占到什么便宜。作为一位杰出的战略家，俾斯麦的目光更为长远。

其实，俾斯麦称不上是杰出的战略家，他只是一个幸运的冒险者。就在4年之后的普法战争中，俾斯麦坚持强迫战败的法国割让阿尔萨斯和洛林两省，并支付50亿法郎的巨额战争赔款，从而在法国人骄傲和自豪的心中插入了一柄永远让他们作痛的利刃，使法国义无反顾地投入了德国未来真正的战略对手——英国人——的怀抱。德国原本不必刻意羞辱法国人，从而在未来留下利用英法矛盾的空间，以实现德国崛起成为世界强权的战略目的，但俾斯麦的短视为德国带来了一个强大而难以征服的敌人，并促使英法结成在欧洲围堵德国崛起的强大同盟，德国在后来两次世界大战中的惨败都与俾斯麦当年的鲁莽战略有关。

事实上，俾斯麦在维也纳城下戛然而止的战争背后另有原因。这就是，当普奥战争打到第7周，兵临维也纳城下的俾斯麦已接近其金融动员能力的极限，他已经无力将战争继续下去了。要明白普鲁士军队当时的处境，我们必须将视野扩展到普鲁士崛起的历史进程中，去观察金融力量所发挥的关键性作用，不理解战争和革命背后的金融力量，也就无法真正看清历史的全貌。

老布雷施劳德：罗斯柴尔德的代理人

德国处于欧洲东西部之间的连接点，其首都柏林更是处于欧洲地理中心和交通枢纽的位置上。南来北往、东行西去的客商都云集柏林，形成了欧洲的各种货币都在柏林集散的局面。从罗马帝国开始，柏林就是货币兑换中心，拿破仑占据这一地区之后，对货币兑换的需求变得更加旺盛。

老布雷施劳德叫塞米欧（Samuel），他经营的主要业务是买卖当地政府的债券，在买卖的交易过程中赚取差价。当时这种债券发行的主要目的是为了抚恤在战争中失去丈夫或者儿子的家庭。1828 年前后，布雷施劳德家族开始跟罗斯柴尔德家族建立起商业合作关系。由于罗斯柴尔德家族处于欧洲金融权力的顶峰，正是这样一种"搭上大腕"的商业合作关系，使得布雷施劳德家族一举从众多的柏林银行家中脱颖而出。1830 年以后，布雷施劳德家族开始定期从罗斯柴尔德家族领取佣金，而当时柏林声名显赫的门德尔松这种老牌银行家族就逐渐被边缘化了。

布雷施劳德在罗氏家族的统一指挥协调下，在伦敦、巴黎、法兰克福、柏林、维也纳和那不勒斯的金融市场之间寻找低买高卖的套利机会。由于欧洲市场上各种债券和货币的价格在各个城市之间会略有不同，利用地域差价实现套利的关键是获取准确的情报和抓住恰当的时机。金融业从一开始就对情报有着非常高的要求，实际上现代国际情报机构就是建立在早期国际银行家族商业情报传递系统基础之上的。当时最先进的情报系统毫无疑问当属罗斯柴尔德家族的情报速递系统，其覆盖面、快捷性、保密性、准确率和复杂程度，都远远超过了各国政府官方的情报系统。

布雷施劳德家族早在 19 世纪 30 年代就强烈渴望能够进入罗氏家族的情报速递网络。他们在柏林做生意，要收到从巴黎到柏林的信件，需要 6 天的时间，而通过罗氏的情报速递网络，只需要 5 天，这 1 天的差距就意味着巨大的商业利益。罗斯柴尔德家族根据多年的考察，逐渐把布雷施劳德家族纳入自己的情报体系之中。

1831 年，布雷施劳德家族成为罗斯柴尔德家族在柏林的忠实代理人，他们不断地给罗氏传递关于普鲁士内政以及金融市场上的各方面信息，例如荷兰国王等 5 个欧洲强权对新成立的比利时持有何种政治态度，沙皇俄国对于波兰的反叛又是怎样的态度和立场。布雷施劳德家族也汇报有关瘟疫在欧洲蔓延的情况，还有 1848 年革命在柏林的动态，并一再确保为罗斯柴尔德家族购买的黄金和债券的安全性。[1] 各种情报通过布雷施劳德的收集和传递，源源不断地汇集到罗斯柴尔德家族的欧洲情报系统，有助于罗氏家族掌控信息不对称的优势，从而广泛和深入地影响欧洲各国的内政外交政策，更在遍布欧洲的金融市场交易中斩获颇丰。

柏林的金融市场在 19 世纪 30 年代和 40 年代的规模还不大，最活跃的金融产品就是铁路债券。普鲁士政府为了对外"招商引资"，引起像罗斯柴尔德家族这样的国际银行家"大腕"对铁路债券的关注，想方设法吸引罗氏家族投资普鲁士的铁路工业。在投资的过程中，罗氏家族在普鲁士工业领域的影响力得到很大提升，逐步担任了多家铁路公司的董事。

1836年，罗斯柴尔德家族伦敦银行的当家人，同时也是整个家族的首脑人物内森去世，身在巴黎的詹姆斯·罗斯柴尔德接任家族掌门人的位置。在布雷施劳德投靠詹姆斯的初期，双方的地位完全不平等，布雷施劳德必须要让出很多利益，才能得到获准加入罗氏家族的特权金融网络。当时詹姆斯对布雷施劳德的态度并不好，经常敲打布雷施劳德不要忽略了罗氏家族的利益。这种警告实际上意味着罗氏家族对他们的合作并不十分满意，而且一直在试图寻找新的代理商和合作伙伴。

为了维持与罗氏家族这一特殊渠道的畅通，布雷施劳德家族不得不经常牺牲自己的利益，特别是在1840年德国金融市场出现重大危机的时候，布雷施劳德家族不惜损失自己的佣金来换取罗斯柴尔德家族的订单。几年过去了，双方合作还是不能让罗斯柴尔德家族满意，以至于布雷施劳德家族有时不仅拿不到佣金，甚至要倒贴一些钱，以维持与罗氏家族的商业关系。

双方的从属关系可以从老布雷施劳德写给罗斯柴尔德家族的一封信中窥见一斑。在此信中，塞米欧把他17岁的儿子格森推荐给在维也纳的所罗门·罗斯柴尔德男爵：

> 请允许我以全部的衷心和最深的热爱来表达对您的感谢。多年以来，您如此大度和如此善意，使我很荣幸地被您所垂青，就好像一粒尘埃从一片泥沙之中被拣选出来一般。您是一个最高贵的、最善意的贵人。您把我放到一个大家庭如此重要的位置上，我无以表达我的感谢。只要我活着，您的画像将永远留存在我的心中，直到我生命的最后一刻，我将永远完全忠实于您，我的恩人。现在我请求您能够把对我的关爱和呵护传递给我的儿子。[2]

1855年塞米欧去世，他的儿子格森顺理成章地成为家族银行的掌门人。19世纪中叶，工业革命正在德国迅猛扩张，柏林的金融市场也在实业发展的推动下，进入了一个前所未有的繁荣时代。此时，对于布雷施劳德家族而言，他们最重要的资产仍然是与罗斯柴尔德家族长期稳固的商业关系。这种合作模式在格森执掌布雷施劳德家族时期得到进一步巩固。与此同时，格森也开始构建自己的权力中心。他与柏林的其他众多犹太银行家结成了庞大的利益共同体，广泛地渗透到冶金、铁路建设等行业。他们当时最主要的合作伙伴就是科隆的奥本海默家族。

奥本海默：科隆的金融霸主

1834 年，亚伯拉罕 · 奥本海默娶了老罗斯柴尔德的孙女，23 岁的夏洛特 · 贝菲丝（Charlotte Beyfus）。从此，亚伯拉罕有了财雄势大、富可敌国的岳父和叔叔——他们就是决定着法兰克福财政政策的阿姆斯洛、掌管着奥地利金库钥匙的所罗门、主宰着伦敦金融城的内森、控制着意大利税收的卡尔和征服了巴黎银行业的詹姆斯。

所罗门 · 奥本海默

能够娶到罗斯柴尔德家族女儿的奥本海默家族当然也不是平庸之辈。奥本海默家族属于犹太人中的最高阶层“宫廷犹太人”。1789 年，亚伯拉罕的父亲，年仅 17 岁的所罗门 · 奥本海默在波恩创建了奥本海默家族银行，后来银行迁往科隆。年纪轻轻却已跟着父亲在金融市场上摸爬滚打多年的所罗门敏锐地察觉到，在新兴资产阶级财力迅猛扩张的时代浪潮中，封建贵族势力已经逐渐失去控制力。

任何一个居于社会主导地位的势力集团，在它对其他各种社会集团的控制力逐渐衰弱时，必将形成权力争斗的分裂局面。在中国历史上，从周天子式微到春秋五霸的兴起，从东汉王朝的解体到三国鼎立局面的形成，从晋室内斗到五胡乱华，从唐末藩镇割据到五代十国，每一次控制力的衰落都必然形成权力真空，这时候外在的和内生的新兴势力涌入进来，势必形成颠覆性的社会重构。东方如此，西方也是如此。以追逐利润为核心价值理念的资本主义在 18 世纪末的欧洲大陆日益膨胀，撑裂了原来紧紧束缚住社会各阶层的封建贵族统治和宗教神权势力，衰落的社会传统权力架构已经摇摇欲坠。金钱的权力将会从各种社会结构的裂缝和权力坍塌的废墟中快速蔓生起来，它们搭钩结网，攀垣附缝而上，逐渐茂盛，终至遮天蔽日。

年轻气盛的所罗门 · 奥本海默审时度势，决定从传统的宫廷放贷、钱币兑换业务转向政府债券承销、跨市场套利等新兴业务。到 1810 年，奥本海默家族银行的资产已达到 100 万法郎，跻身一流银行家族的行列。雄心勃发的奥本海默家族决心效仿罗斯柴尔德家族的成功模式，最终发展成一个庞大的金融帝国。为此，所罗门不介意采用任何手段来实现自己的目标。他在生意手法上以贪婪和没有底线闻名，连罗斯柴尔德家族都对他忌惮三分。1814 年 3 月 18 日，罗斯柴尔德家族在写给阿姆斯特丹的合作伙伴的信中提醒他们要提防奥本海默的手段：

> 我们很高兴看到我们詹姆斯那里（巴黎的罗斯柴尔德分行）和科隆的奥本海默运给你们的货币正是你们所需要的。后者还将通过我们的堂兄再次运送一笔款项过去。不过要特别注意所有奥本海默家族送来的东西，需要仔细检查；他们非常贪婪，不是每次都守规矩，所以必须小心，不要给他们下没有上限的订单，否则利润就都是他们的了。[3]

色当会战后俾斯麦与拿破仑三世

所罗门的战略眼光还在于他特别重视战略联盟，通过一系列联姻精心构建自己的人脉关系网。1813 年，他把年仅 15 岁的女儿嫁给了法国巴黎的著名犹太银行家族福尔德家的公子贝南德 · 福尔德（Benedict Fould），而后来的法国皇帝拿破仑三世就是在福尔德家族的鼎力支持下才登上皇位的。通过联姻的纽带，奥本海默家族将自己的影响力深入到了法国资本市场。新郎新娘两个家族共同出资 6 万法郎建立了著名的福尔德-奥本海默银行。

1815 年，法国在滑铁卢战役惨败之后，面临着比 1814 年巴黎和会更为严苛的赔偿条款，特别是过去被法国反复征服的普鲁士，要求高达 1.7 亿泰勒（普鲁士银币，1 泰勒=3.54 法郎）的战争赔款。代理支付这笔巨款将是一笔天大的生意，此时的科隆、莱茵地区已被普鲁士收为莱茵省。作为新普鲁士人的奥本海默赶紧联系刚结亲的法国亲家福尔德共同努力搞定这笔大买卖。在法国亲家的协助下，奥本海默拉上了柏林老牌的银行家族门德尔松，在1818年终于拿到了5 250万法郎战争赔款代理支付的大单。

柏林的门德尔松家族是柏林最古老的犹太银行家族之一。享誉世界的19世纪著名作曲家、钢琴家、指挥家费利克斯·门德尔松就是这个家族的嫡传后代。他的祖父就是德国著名哲学家摩西·门德尔松，他的银行家父亲亚伯拉罕曾调侃道："我曾经是一个著名父亲的儿子，后来又成为一个著名儿子的父亲。"[4]门德尔松家族银行在1850年前后成为沙皇俄国的指定皇家代理银行，负责数额庞大的俄国国债在欧洲市场的承销业务，直到第一次世界大战爆发。

1818年11月4日，奥本海默与战胜国的清偿委员会达成协议，14天之内在巴黎筹措了5 250万法郎，并支付给在亚琛的清偿委员会，募资、汇兑、运送、担保的手续费为0.75%，这相当于近40万法郎的巨额收入。所谓富贵险中求，为了这笔生意，奥本海默也是压上了全部的动产和不动产身家。这单生意做得十分漂亮，收获了各方的赞誉。在普鲁士传统的银行家看来，这笔手续费并不算太多，因为他们想象的是，在如此之短的时间内筹措这样一笔巨款，还有银币运送将会是人吃马喂、武装护送的烦琐和复杂的工程，没曾想到在建立起国际银行家生意与人脉网络之后，5 250万法郎的资金募集在犹太银行家控制下的法国资本市场根本不够分配，其争抢程度不亚于今天中国银行间交易市场上抢手的短期融资券和中期票据。如此巨额的现金汇兑和支付居然就是在巴黎与科隆银行之间传送一张汇票这么简单，奥本海默等人轻松愉快地赚得了40万法郎。落后的普鲁士银行系统被新兴的金融人脉网络深深地震撼了。

在与福尔德家族联姻后，奥本海默家族在欧洲资本市场的影响力蒸蒸日上。此时罗斯柴尔德家族已然是欧洲金融市场上无可争议的霸主之一。1826年，奥本海默家族的生意与罗斯柴尔德家族更是水乳交融。此时的所罗门·奥本海默几乎每天与法兰克福、维也纳、巴黎、伦敦和那不勒斯的罗斯柴尔德家族保持着密切的商业情报往来。随着莱茵河地区旅游资源的开发，到莱茵河旅游成为英国上流社会的时尚。这些富甲一方的游客不愿携带过多的现金。罗斯柴尔德家族于是与奥本海默家族合作，在英国罗氏家族开出信用证，可以到莱茵地区的奥本海默家族银行支取现金，双方关系进一步密切。

内森 · 罗斯柴尔德

此时的所罗门已经将家族的事业逐步移交给了儿子亚伯拉罕 · 奥本海默，其间奥本海默家族一度失去了罗氏家族推荐来的客户。1834 年，亚伯拉罕与夏洛特 · 贝菲丝大婚，在随后的蜜月旅程中前往各处拜会各位大腕叔叔们。在给最具权势的叔叔内森 · 罗斯柴尔德的信中，亚伯拉罕谦恭地提到：

> 男爵殿下，直到两年前，您还常把您所有的客户推荐到科隆，但是最近并非由于我们的过错却使我们失去了您的客户，这一点使我们非常痛苦。如同最近我能幸运地娶到您的侄女，使我能进入您的庇护范围，我不自量力地揣度您是否能够让我们两家恢复从前的关系，并且让我们比史法豪森家族（Schaffhausen）更有优先权。我也将使您成为我们家族合作的优先选择。希望我的请求能够被您接受。我荣幸地向您致以最高的敬意。[5]

1830 年以来，奥本海默家族与汉斯曼家族（Hansemann）联手大力为铁路与航运业融资，并建立起新兴的股份制公司投资莱茵铁路项目。由于普鲁士地区工业的高速发展导致了整个地区资金紧张，几乎所有工业公司都达到了信用的极限。亚伯拉罕敏锐地把握住这一时机，开始大力推动对商业和投资的信用保险业务。在罗斯柴尔德家族的鼎力配合之下，亚伯拉罕建立起世界上第一家再保险公司。

1842 年，亚伯拉罕 · 奥本海默与后来在德国统一进程中起到重大作用的柏林著名犹太银行家布雷施劳德家族建立起稳固的商业联系。自此，奥本海默家族在欧洲的人脉关系网已初步奠定，成为一家在科隆居于支配性地位，在普鲁士发挥着主导作用，在法国、奥地利、意大利和英国有着不可忽视的影响力的国际银行家。

1848 年革命与银行业的拯救行动

1830 年前后是世界近代史的一个重要转折点，工业革命从英国向欧洲大陆扩散的进程明显加快。法国、德国、奥地利等国家的经济发展进入了一个全新的阶段。工业化进程一方面使得矿山、纺织、机械、铁路、轮船等行业得到了空前发展，另一方面在造就大批工业资产阶级赢家的同时，也带来了数量更为庞大的输家，他们就是因丧失土地而被迫流入城市的一无所有的农民、在极为恶劣的环境下工作的工人、失业的手工业者及城市贫民阶层。在封建专制力量的控制力日益衰微的情况下，工业革命的赢家不满其政治权力与日益增长的经济权力不相匹配，他们向统治者要求更多的权力。同时，工业革命的输家更是对悲惨的现实生活积怨已久，这其中也包括犹太人对千余年来的宗教和社会歧视的强烈反抗，这几股强大的鼓动力量在争取完全平等的公民权利和暴力革命等问题上形成合流。在一片貌似繁荣的工业化表象之下，一场突如其来的风暴正在悄然酝酿。

1845~1847 年，欧洲许多国家出现了 3 年自然灾害，大片地区爆发饥荒。农业歉收，粮食价格猛涨，农产品销售下降，导致农业信用规模缩减，就业机会减少。同时，欧洲工业从 1840 年起开始陷入停滞，特别是铁路建设速度基本丧失增长，工业信用也出现紧缩。两种紧缩的力量聚合起来造成了 1848 年欧洲众多地区的经济萧条。1815 年拿破仑战争结束以来所形成的稳定局面，在经济收缩的巨大压力之下已经出现道道裂缝。

在观察到欧洲各个资本市场普遍存在的资金紧缺现象后，亚伯拉罕 · 奥本海默已经预感到一场重大危机的来临。

1848 年 2 月，法国巴黎的股票市场崩盘，酝酿已久的革命终于爆发了。人民的怨恨和资产阶级的夺权冲动促使社会积怨的火山猛烈喷发。2 月 26 日，法国的福尔德家族发来消息说革命看来取得了成功，第二共和可能顺利建立。仅仅过了两天，新的消息所传达的情况就急转直下，变数丛生。3 月，法国革命的浪潮开始冲击科隆，革命者要求亚伯拉罕 · 奥本海默作为他们的代表去和政府谈判，亚伯拉罕连想都没想就拒绝了。其实，奥本海默家族与革命者之间的渊源非比寻常，亚伯拉罕的三弟达格伯特 · 奥本海默（Dagobert Oppenheim）曾直接介入资助革命鼓动工作。1842 年夏天，马克思大学毕业后就在达格伯特 · 奥本海默资助的《莱茵报》担任主编，经常重炮轰击普鲁士政府。

科隆的房地产市场崩溃了，史法豪森银行由于过度投资房地产而发生了支付危机。奥本海默并没有过多投资房地产。从国际银行家的传统来看，因为极端厌恶流动性差的资产，他们极少涉及房地产投资。1848 年 3 月 29 日，史法豪森银行停止向 170 家客户和 4 万多工人支付款项。惊恐万状的储户一起赶来取钱，史法豪森银行已无法兑付，银行的生存危在旦夕。如果史法豪森银行倒闭，整个莱茵省的银行体系就会土崩瓦解，所以它是那种“大而不倒”（Too Big to Fail）的银行。

一旦史法豪森银行倒下，与其商业往来密切的奥本海默家族也会出现严重的问题。奥本海默家族资助的科隆—明登铁路资金吃紧，需要 50 万泰勒的现金，同时奥本海默银行也需要相同的金额才能渡过难关。亚伯拉罕的弟弟西蒙主持着家族的铁路业务，他在 4 月 3 日给亚伯拉罕的信中说：“我对你的能力有着超强的信心。我感觉你能成功地为我们从政府那里搞到至少 50 万泰勒的资金，期限为一年或更长。”3 天后，西蒙发来更多的坏消息：“我亲爱的亚伯拉罕，今天科隆—明登又花掉 3 000 泰勒，达格伯克他们说明天需要更多的钱。”4 月 10 日，还未收到亚伯拉罕的好消息，西蒙急了：“我们的情况非常特殊，汉斯曼（普鲁士的财政部长）应该会让步的。我们是莱茵省最大的、目前几乎也是唯一的尚在运转的银行，（拯救我们）符合政府的利益，每个人都会同意保护我们这样一家公司是非常明智的选择。”4 月 11 日，西蒙再次催促：“我希望全能的主保佑我们所盼望的果实在昨天已经成熟。希望汉斯曼已经作出决定提供给我们 50 万泰勒的资金。亲爱的亚伯拉罕，你要确信我们如果想每晚安睡的话，必须得到这笔钱。”[6]

4 月 1 日，亚伯拉罕已经亲自前往柏林向老朋友汉斯曼要求以不动产和股票为抵押，申请 50 万泰勒的政府信用来救援史法豪森银行，此时救史法豪森银行也就是救自己。经过两个星期的反复商量，汉斯曼决定在债权人和银行家之间达成妥协，为实现这一目的，必须向柏林要钱。柏林方面起初并不情愿给钱，亚伯拉罕威胁说，救助银行的重要性并不只是挽救个别银行的流动性问题那么简单，而是关乎革命是否能够被遏制，是关乎普鲁士政府生死存亡的重大政治问题。他得出结论，除非银行信用得以恢复，否则现有的社会秩序行将崩溃。普鲁士政府一听，果然慌了神，立刻成立了危机协调委员会，政府方面由汉斯曼出面，银行家这边是亚伯拉罕牵头，共同商议救助史法豪森银行的具体办法。双方很快达成协议将史法豪森银行转变为一家股份制银行，普鲁士历史上第一家股份制银行由此诞生。这其实是自由派和亚伯拉罕从 1830 年就开始鼓动政府实施的金融改革政策的一部分。

为了向政府施加更大的压力，亚伯拉罕甚至提出威胁，除非能够及时救助金融危机，否则莱茵省脱离普鲁士将是无法避免的。很显然，亚伯拉罕把救助银行上升到了国家主权的高度，这是趁普鲁士政府忙于平定社会动荡、无暇他顾时才使出的撒手锏。此时普鲁士政府的首要方针是稳定压倒一切，亚伯拉罕和汉斯曼等人所持的“政治稳定的前提是金融稳定”的观点占了上风。这一切其实是亚伯拉罕与汉斯曼等人早就策划好的策略，他们的目标是进行一场金融和政治领域自上而下的革命。借着社会动荡和政治混乱，亚伯拉罕终于实现了梦寐以求的目标。

5 月初，奥本海默从普鲁士政府拿到了 50 万泰勒的救助金，普鲁士的金融系统开始了重大变革。

如果我们将这段历史与 2008 年发生的金融危机和美国政府的救助行为进行比较，我们会发现，只要将年代和名称稍作调整，简直可以直接发表在今天《华尔街日报》的头版头条了，题目就是“拯救银行与金融改革：财政部长与银行家达成一致目标”。

人性在历史中反复重现着，这一次也不例外。

俾斯麦的崛起

如果说德国的统一离不开俾斯麦，那么俾斯麦的成功则离不开他身后的犹太银行家格森 · 布雷施劳德。俾斯麦在德国历史上的地位类似于中国历史中的秦始皇，他们都是以坚忍的意志和铁血手段完成了国家的统一，在历史上留下了不可磨灭的突出一笔。在德国有关俾斯麦的各类专著多达 7 000 多种，德国史学界对俾斯麦的功过得失进行过彻底的分析和研究。但是在这些汗牛充栋的文献中，几乎完全忽视了俾斯麦政策背后庞大的金融势力集团的影响力。在俾斯麦本人的长达 3 卷本的传记中，仅仅在德皇威廉二世去世时提到一次布雷施劳德家族，犹太银行家对德国政治的影响似乎是一个研究盲点。

俾斯麦首相

事实上，俾斯麦在整个政治生涯中与布雷施劳德和罗斯柴尔德家族的通信多达上千封，而在布雷施劳德整个职业生涯中更是几乎每日向罗斯柴尔德家族提供德国政坛变化、军事调动和金融市场的各类情报。[7] 从这些通信中，我们可以准确地判断，没有布雷施劳德和罗斯柴尔德的强大金融后盾，俾斯麦几乎无法在德国政坛上立足，更谈不上能够完成统一德国的伟业。布雷施劳德被淹没在浩如烟海的历史中已经一百余年了，对他的重新挖掘将真实地还原德国历史中被长期忽略的金融势力对历史的重大影响。

俾斯麦出身名门望族，属于容克（Junker）地主阶级，可谓含着金汤匙出生。他从小就胸怀大志，诸多在平民眼里高不可及的社会地位和财富对俾斯麦而言是唾手可得和轻而易举的，正是这般天生优越养成了他独特的个性。他脾气暴躁，做事雷厉风行，性格果敢坚强，态度强硬粗鲁，甚至有些刚愎自用。

俾斯麦野心勃勃，对从政有着浓烈的兴趣。与此同时，他跟其他容克贵族一样，对金钱也有极大的渴望。他拥有金钱的主要目的是为了获取一个没有后顾之忧的地位，利用大笔资金来满足政治的野心和对权力的渴望。如果有朝一日发现自己厌倦了政治生涯，他也能够很从容地退出政坛，而不受经济上的影响和束缚。

自从俾斯麦从政以来，他渴望金钱的胃口越来越大，而他自己管理金钱的时间却越来越少。于是他不得不利用犹太人对金钱的敏感和对财富管理的天赋来协助进行私人理财，实现财富积累和增长。在这个过程中，俾斯麦对于犹太银行家采取了实用主义态度，从本性来说他并不特别喜欢犹太人，甚至认为犹太人不应该进入公共政府机构，他有求于犹太人的地方无非是犹太人高超的理财能力，在很大程度上，他依靠这些精明的犹太银行家族为自己的个人财富增值。

1848 年欧洲革命造成了巨大的权力真空，给俾斯麦带来了极大的发展空间，激发了他在政治上的雄心壮志，同时也进一步促成了他特有的现实主义态度。在革命的浪潮中，俾斯麦最终选定了自己的方向，要成为一个坚定的保皇党人。俾斯麦坚信，德国最终必然要走向统一，而这一进程必须要依靠强大的君主制度力量。他认为民主只会导致软弱和涣散，为着这个终极目的，他必须要成为国王的坚定捍卫者。俾斯麦的此类言行，深得普鲁士国王之心。1851 年，作为对此的报偿，腓特烈 · 威廉四世任命俾斯麦为普鲁士代表参加在法兰克福召开的德意志邦联大会。

从此，俾斯麦正式成为公众人物，走上了历史舞台。

布雷施劳德：俾斯麦的私人银行家

“格森 · 布雷施劳德既是德意志帝国第一任首相俾斯麦的私人银行家，又是德国公众的银行家。他以娴熟的手腕和耐心获取了巨大的利益。罗斯柴尔德家族是他的楷模和秘密同盟，但他更是一个走自己的路，实现自己价值的人。”

——弗里兹 · 斯特恩

俾斯麦于1851年来到法兰克福，很快就引起当时坐镇法兰克福的罗斯柴尔德家族的首领阿姆斯洛 · 罗斯柴尔德的注意。当时罗斯柴尔德五兄弟中的老大阿姆斯洛已年近80。俾斯麦与阿姆斯洛初次相识就对其印象深刻，回家以后经常给他的妻子模仿罗斯柴尔德的口音，包括用犹太人的口音和语法来表达德语。他对罗斯柴尔德家族的财雄势大有了非常强烈的印象，同时也很高兴能结识罗氏家族的人。以后只要罗斯柴尔德家族邀请他，他总是受宠若惊地应邀前往。他曾经这样来描述阿姆斯洛 · 罗斯柴尔德：“他是一个非常老的犹太人，拥有成吨的金银，有很多很多黄金的盘子和刀叉。由于阿姆斯洛并没有子嗣，尽管很富有，却没有后裔继承。他更像一个待在豪华宫殿里面的穷人，周边有无数人在骗取和图谋他的钱财。他的亲属为了继承他的财富围绕在他身旁，实际对他并没有真心的爱和感激。”[8]

俾斯麦勤奋好学，极度向往权力和智慧，在政治上的野心和抱负很快就引起了阿姆斯洛和他的继子梅耶卡尔两个人的青睐。罗斯柴尔德家族尤其喜欢培养政治上的后起之秀，他们经常以伯乐自诩。在整个欧洲近代历史上，罗氏家族曾经选中、扶植过多位政治上的新星。罗斯柴尔德确信俾斯麦将是一个十分值得投资的潜力股。除了俾斯麦，罗斯柴尔德家族还选中了本杰明 · 迪斯雷利（Benjamin Disraeli），后来他果然成为英国首相；罗氏家族更为自家挑选了乘龙快婿罗斯伯里伯爵，罗斯伯里伯爵年轻时曾有三大人生愿望：赢德比赛马（Derby Race）、娶超级富婆和当英国首相，他最终都实现了；后来罗氏家族还发现并培养了英国著名首相丘吉尔。这些都是罗斯柴尔德家族用心发掘和精心培养而一手扶持成长起来，后来成为影响整个世界历史的重量级的政治家。[9]

尽管内森 · 罗斯柴尔德曾经不可一世地宣称他已经“控制了大英帝国的货币发行权”，但欧洲老牌贵族们骨子里仍对罗斯柴尔德等犹太银行家新兴“暴发户”有着一种难掩的轻蔑心态。然而在特定情况下，贵族们也不得不屈服于金钱的权力。俾斯麦抱持类似心态，对犹太银行家们既利用又瞧不起。

俾斯麦初到法兰克福，很快跟罗斯柴尔德家族开始了一段相当温馨的蜜月期，但是没过多久就跟罗斯柴尔德家族爆发了一次异常激烈的争吵。事情的起因源于当时作为德意志邦联首领的奥地利经常独断专行，并不尊重普鲁士政府，而俾斯麦是一个极端敏感和强势的人，作为外交官虽然只能服从于柏林方面的政治意愿，但他经常会为奥地利方面的傲慢和细节问题大发雷霆。而罗斯柴尔德家族重要的起家资源就是依靠跟奥地利的哈布斯堡王朝保持密切的关系。1852 年，奥地利和普鲁士在德意志邦联问题上产生了一次不算太严重的冲突。当时德意志邦联拥有一支小型舰队，资金匮乏，难以为继，急需一笔钱来支付船员的工资。奥地利不顾普鲁士的坚决反对，直接就要求罗斯柴尔德家族提供一笔 6 万荷兰盾的贷款。罗斯柴尔德家族在某种意义上说并不情愿资助这个舰队，但他们还是愿意遵守哈布斯堡王朝的命令。此事大大激怒了俾斯麦，他和阿姆斯洛激烈地争吵了一番。

在普鲁士和奥地利两个政府之间较劲的过程中，罗斯柴尔德家族纵使富甲一方，也难免成为风箱里的老鼠，处境左右为难。这些封建统治贵族阶层骨子里仍然把犹太人看成低人一等的附属族群，从当时的历史情况来看，有钱并不能解决犹太人政治地位卑微的问题。

即使在大吵一架之后，俾斯麦的愤怒仍然没有完全平息。他认为罗斯柴尔德家族更亲近奥地利，而并不敬畏普鲁士，一气之下他开始拒绝罗斯柴尔德家族的邀请，同时游说普鲁士政府启用罗斯柴尔德家族的竞争对手贝斯曼银行，用贝斯曼银行作为整个普鲁士政府的官方银行。可惜普鲁士的财政部并不像俾斯麦那么容易冲动，他们并没有替换罗斯柴尔德家族。究其主因还是罗斯柴尔德的地位实质上无人可以取代。普鲁士政府心知肚明，在真正需要钱的时候，也只有罗斯柴尔德家族能够提供决定性的帮助。如此一番争吵之后，奥地利大使愤然离开了法兰克福，俾斯麦认为他在这场争斗当中取得了胜利。

俗话说不打不成交。俾斯麦在与罗斯柴尔德家族交手的过程中，也掂量出了对手的分量。

他是一个在政治上理性而现实的政治家，一旦在政治上战胜了奥地利，他马上调整了对罗斯柴尔德家族的态度，又开始向罗氏家族示好。1853 年，俾斯麦支持政府的建议，把法兰克福的罗斯柴尔德家族作为普鲁士政府的官方银行家。不仅如此，他继而要求授予梅耶卡尔爵士普鲁士的红鹰勋章。双方关系修复之后，比从前更现实、更紧密了。

1858年，普鲁士王储（后来的德皇威廉一世）任命俾斯麦为驻圣彼得堡大使。1859年3月俾斯麦离开法兰克福之前，专门向梅耶卡尔·罗斯柴尔德求教，希望梅耶卡尔为他在柏林推荐一位可靠的银行家，而且俾斯麦坚持在柏林负责打理他个人财务的私人银行家必须是犹太人。出于种种原因，他认为只有犹太银行家才具有足够的天分和能力，帮助他实现理财方面的目标。这背后真正的原因是，他想通过此道继续与罗斯柴尔德家族保持特殊而紧密的关系。

于是罗斯柴尔德家族就正式推荐了格森·布雷施劳德作为俾斯麦的私人银行家。

1861年，布雷施劳德家族已经成为柏林极有影响力的犹太银行家。尽管当时在柏林还有像门德尔松家族这样资历更老的几个银行家族，而且这些老牌家族无论在规模上还是影响力上都比布雷施劳德家族高出一筹，但布雷施劳德家族依靠跟罗斯柴尔德家族密切的生意往来，在柏林银行业中迅速蹿升，成为"新星"。换言之，在众多银行家族当中，谁能够保持与罗斯柴尔德更密切的关系，谁就更有机会成为市场竞争中的佼佼者。

布雷施劳德家族成为俾斯麦的私人银行家之后，迅速进入了角色。俾斯麦全部工资和其他收入都一并交给布雷施劳德家族的银行来打理，同时由布氏家族管理他的私人债务支付，为他设置和经营海外的银行户头，负责经营俾斯麦当时还不算太多的资产。

从这时开始，俾斯麦和布雷施劳德家族开始密切的通信往来。跟罗斯柴尔德家族一样，所有银行家族都对政治消息和市场情报超级敏感，因为这些信息背后蕴藏着大量的商业机会。布雷施劳德家族并不要求俾斯麦给予任何金钱形式的酬劳，他们所图求的报偿就是政治情报和一些内幕消息。

丹麦危机：俾斯麦的意外机会

任何一场战争背后打的都是钱粮，谁的经济潜在资源更庞大，谁就越有可能在战争中赢得最终的胜利。俾斯麦在统一德国的历史进程中首先遭遇的就是金钱的困境。

1861年威廉一世继承王位时，他所面对的首要难关就是自由派把持下的议会。自18世纪末法国资产阶级大革命以来，以民主为核心理念的自由派思潮横扫欧洲，特别是1848年革命后，自由派在欧洲的影响力更加深远，甚至不惜采取暴力与流血的方式力图彻底砸碎封建专制的社会权力结构。在思想传统较为保守的普鲁士，自由派既向往法国与英国的民主模式，又从内心深处惧怕法国曾经历过的血腥革命。这是普鲁士自由派最致命的弱点，他们骨子里仍然是地地道道的民族主义者，仅仅披上了自由派的一层皮。

威廉一世继承了普鲁士军人的传统，多年的军旅生涯使他对军队建设分外关注。他曾是1848年武力镇压欧洲革命最坚决的少数派，反对任何政治妥协。他认为强大的军事力量和高度的政治集权是普鲁士崛起的先决条件，这一点与俾斯麦不谋而合。1862年，威廉一世在军队改革法案屡屡遭到议会阻挠的情况下，终于下定决心启用极具争议性的俾斯麦为普鲁士首相兼外交大臣。俾斯麦在就职演说中提出了著名的铁血理论，他说："当代的重大问题不是通过演说与多数派决议所能解决的，那是我们在1848年和1849年所犯下的错误，这些问题只有通过铁和血的方式来解决。"俾斯麦同时也给威廉一世打了一针强心剂："既然我们迟早是要死的，能不能死得更体面一些……陛下已经没有别的路可走，只有奋斗！"从此俾斯麦赢得了威廉一世对他的政策的坚决支持。[10]

军队改革法案的核心就是强化正规军，削弱国民警卫队。法案将正规军服役期从两年延长到三年。议会反对的表面理由是军费开支过大，骨子里是对国民警卫队被降格感到不满。在普鲁士的军事建制中，正规军的核心是封建容克贵族势力集团，而国民警卫队则代表城市中产阶级的新兴资产阶级力量，强化正规军的结果必然是普鲁士专制力量得以进一步增强，这一点是自由派的议会深为忌惮的。他们的手段就是拒绝批准政府的预算，在钱的问题上死死卡住俾斯麦的脖子。俾斯麦毫不示弱，马上威胁将议会休会，要在没有议会的情况下执政。

正在双方僵持不下之际，丹麦危机突然爆发了。1863年3月，丹麦国王欲将普丹边境地区存有领土争议的石勒苏益格（Schleswig）和荷尔斯泰因（Holstein）两地纳入版图，此事立刻激发了普鲁士的民族主义情绪。这两处地区按照1852年《伦敦条约》的规定虽然由丹麦治理，但主权仍属德意志邦联。战争的阴云开始笼罩在普鲁士的上空。[11]

对于俾斯麦而言，这是一个千载难逢的好机会。他将借对丹麦的战争大大削弱国内自由派的反对力量，巩固自己的权力。此时俾斯麦太需要一场对外战争的胜利了。从战略上分析，俾斯麦的手法沉稳老到。为了达到击败丹麦的目的，他必须拉拢奥地利。为此他巧妙地建议将石勒苏益格划归普鲁士统治，荷尔斯泰因则归属奥地利，奥地利欣然接受。同时，为了摆平欧洲其他强权的干涉，俾斯麦作出支持《伦敦条约》、维护现有欧洲秩序的姿态来安抚英法俄。

俾斯麦在丹麦危机中的政治手段和外交技巧已经发挥到了极致，普鲁士的军事机器对付丹麦也绰绰有余，但最让俾斯麦焦虑的是他庞大的战争费用还没有着落，议会顽固地反对他的内政与外交政策，根本不可能通过他的战争预算。

普丹战争：金权小试锋芒

俾斯麦的唯一希望就是绕开议会预算牵制，另辟蹊径进行战争融资。他将主要希望寄托在自己的私人银行家布雷施劳德身上。布雷施劳德与手眼通天的罗斯柴尔德家族关系紧密，他们不仅可以解决庞大的资金问题，对法国拿破仑三世的影响力也非同一般。在对丹麦的战争中，拿破仑三世的中立是成败的关键。

此时，俾斯麦身侧的布雷施劳德一直静静地观察着普鲁士政坛的一系列动荡，盘算着如何利用这一重大政局变动来谋取巨大的经济利益。从个人好恶来看，作为犹太人的布雷施劳德更加倾向于自由派的观念。实际上，犹太人为争取自身的公平权利构成了1848年革命的重要力量。但作为银行家，他的判断必须绝对理性甚至冷酷，他必须选择利益！

通过布雷施劳德每天与罗斯柴尔德家族保持密切联系的信件往来，柏林方面的商业市场情况和政治、军事情报源源不断地流向巴黎的詹姆斯·罗斯柴尔德。1863年5月1日，布雷施劳德在给罗斯柴尔德的情报快讯中透露丹麦危机已经导致“我们的（财政）部长本来计划贷款5 000万泰勒进行海军建设，但是（丹麦危机）使该贷款减少到3 000万泰勒，主要用于波罗的海的港口防御……（俾斯麦）透露丹麦事件可能导致严重的复杂局面，但在3个月的时间里暂时不会有动作，因为军事准备尚未完成”。[12]

1863年5~11月，俾斯麦的战争准备工作紧张地进行着，而资金压力却越来越大。布雷施劳德家族与罗斯柴尔德家族反复磋商之后，终于在11月向俾斯麦出价了。布雷施劳德家族的建议很简单，普鲁士可以出售国有资产进行融资。他们看中了萨尔地区储量丰富的煤矿，这些煤矿主要处于普鲁士政府控制之下，布雷施劳德家族提议将煤矿卖给法国的罗斯柴尔德家族。其实，早在1861年就有传闻罗斯柴尔德家族愿意出价2 000万泰勒收购萨尔地区的煤矿。俾斯麦早就知道拿破仑三世对该地区的煤矿也非常感兴趣，拿破仑三世甚至直接向俾斯麦摊牌：如果想让法国在普丹战争中保持中立，必须拿普鲁士的萨尔煤矿做交易。1864年年初，关于普鲁士的煤矿即将被卖给法国的消息在法国被媒体炒得沸沸扬扬，威廉一世的面子挂不住了，俾斯麦的融资计划只能叫停。

1863年12月7日，布雷施劳德家族在给罗斯柴尔德家族的信中透露，政府即将向议会提交1 000万泰勒的预算，议会可能拒绝。两天以后俾斯麦果然提出1 200万泰勒的预算用于普丹战争。当时，普鲁士的国库中可用于对丹麦作战的资金有2 100万泰勒，但俾斯麦出于对战争开销谨慎的评估，认为这笔钱必须保留以备意外情况的发生。1864年1月22日，议会果然以275票对51票的悬殊比例否决了俾斯麦的提议。[13]

俾斯麦只得再想办法找钱。此时，法兰克福的银行家厄兰格家族（Raphael von Erlanger）找上门来希望提供1 500万泰勒的贷款，俾斯麦大喜过望。此事激怒了罗斯柴尔德家族，厄兰格家族原本是罗氏家族的门下，后来自立门户发展壮大成为罗氏家族的主要竞争对手之一，已经跻身于国际银行家的序列。罗氏家族历来痛恨自己的门下背叛，更何况厄兰格家族还时常拉上法国的福尔德家族和贝列拉家族与罗氏家族抢生意。

詹姆斯·罗斯柴尔德为此大动肝火，痛斥布雷施劳德家族办事不力。布雷施劳德家族赶紧保证，议会坚决反对任何没有议会批准和授权的私人银行对政府的放贷行为，“厄兰格家族对政府贷款的办法已经被完全否决了”。[14]

普奥联军于1864年2月1日正式发动对丹麦的战争。2月3日，布雷施劳德家族见到俾斯麦之后，再度代表罗斯柴尔德家族警告俾斯麦不得接受厄兰格家族的贷款。罗斯柴尔德家族甚至要求俾斯麦在普鲁士媒体上抹黑厄兰格家族。俾斯麦拒绝了这一过分要求，不过保证普鲁士政府会谨慎考虑与厄兰格家族的合作。布雷施劳德家族随即向俾斯麦提出新建议，把议会曾经批准的用于铁路建设的贷款额度作抵押，向银行家进行一定比例的折扣融资，银行家们再向投资人出售足额债券。

在战争开始的第一个星期里，俾斯麦对后续战争经费的忧虑超过了对战局的关注，战争的开销明显超出了他的预测，再没有后续资金的跟进，俾斯麦的大军可能只能再支撑两个月左右。届时如果战争仍然没有结束，俾斯麦必将陷于议会狂轰滥炸的痛斥和欧洲列强幸灾乐祸的嘲笑两面夹击之下。毫不夸张地说，俾斯麦这个名字将成为欧洲的笑柄，他本人也将从此退出历史舞台。

3 月初，普鲁士银行与厄兰格家族达成了秘密协议，罗斯柴尔德家族闻讯暴跳如雷，再次怒骂布雷施劳德家族无能。3 月 14 日，布雷施劳德家族回信发誓“俾斯麦绝不知道此事，而且对这一行为深感困扰”。俾斯麦保证将谴责具体经办的财政部长。

当然，俾斯麦也不是省油的灯。他瞧出了罗斯柴尔德家族与厄兰格家族之间的矛盾，便有意无意之间夸大了厄兰格家族的潜在威胁，目的是尽快从罗斯柴尔德家族那里得到条件最好的贷款。他将国际政治分而治之的智慧用到了金融方面，玩的这一招“以钱制钱”的手段的确高明。最后，俾斯麦拿到了利息为 4.5% 的战争融资，而罗斯柴尔德家族拿到了丰厚的融资代理费。

1864 年 4 月 18 日，普鲁士取得了决定性的胜利。然而，战争的开销也造成了严重的危机，“1864 年的整个夏天，俾斯麦都在为普丹战争所导致的流动资金紧张而烦恼”。这场战争总共开销 2 250 万泰勒，历年财政盈余 530 万泰勒和普鲁士政府融来的资金 1 700 万泰勒已经消耗殆尽。[15]

通过战争，俾斯麦终于认识到金钱的重要性，特别是在关键时刻，政治家往往被迫对银行家作出重大妥协。普丹战争的爆发时间大约与美国南北战争相当，在对战争和林肯被刺的评论中，俾斯麦曾说：“毫无疑问，把美国分裂成南北两个实力较弱的联邦是内战爆发前早就由欧洲的金融强权定好了的。”“他（林肯）从国会那里得到授权通过向人民出售国债来借债，这样政府和国家就从外国金融家的圈套中跳了出来。当他们（国际银行家）明白过来美国将逃出他们的掌握时，林肯的死期就不远了。林肯的死是基督徒世界的重大损失。美国可能没人能够沿着他伟大的足迹前行，而银行家们将会重新掌握那些富有的人。我担心外国银行家以他们高超和残酷的手腕会最终得到美国的富饶，然后用它来系统地腐蚀现代文明。”

俾斯麦的话应该是有感而发的。

普丹战争是俾斯麦的第一个重大胜利，达到了一石多鸟的效果。一是利用对手奥地利达成自己的战略目标，二是离间了奥地利与盟友的关系，三是压制了国内自由派的反对。

议会自由派：德国统一道路上的障碍

1815年，拿破仑战争结束。神圣罗马帝国崩溃后，众多德意志邦国成立了组织松散的德意志邦联，奥地利成为德意志邦联的领袖。随着拿破仑光辉的逝去，法国在德意志的影响力减弱，民族主义兴起，德意志统一运动日益壮大。1848年欧洲革命以来，德意志的统一形成两种思路：建立大德意志帝国，囊括所有日耳曼地区，其中包括奥地利这个多民族帝国；以普鲁士为核心，建立一个排除奥地利的小德意志。俾斯麦出于现实考虑，走的是小德意志路线。

普丹战争结束之后，奥地利成为阻挡俾斯麦统一德国雄心的主要障碍。为达成这一战略目的，俾斯麦仍然采取了用对外战争凝聚国内共识，迫使议会让权，巩固自己在普鲁士内部地位的策略。所谓上兵伐交，在外交方面，俾斯麦看中了意大利反抗奥地利统治的机遇，建立与意大利的战略同盟。同时借萨尔地区煤矿的重大利益诱惑法国，使拿破仑三世保持中立。俾斯麦还利用俄奥在巴尔干半岛的争端，争取俄国的理解。最后是英国的态度，英国对欧洲大陆势力均衡变化的潜在趋势缺乏敏感，虽然英国不愿看到普鲁士统一德意志，但从形势上看奥地利似乎胜算更大，更何况拿破仑时代所造成的遏制法国的思维惯性仍在，俾斯麦认为英国对普奥战争虽不会满意，但也不至于激烈反对。经过俾斯麦的运作，到1864年的夏天，普鲁士的朋友比奥地利的多，敌人则比奥地利的少。

此时，最让俾斯麦忧心的还是钱的问题。

普丹战争已经使普鲁士财力大伤，多年的财政盈余随着战火灰飞烟灭，战争对于财富的惊人吞噬能力让俾斯麦有了最直接的感受。

战争，实际上打的是钱粮！

1864~1866年，俾斯麦拼命在做两件事情：尽最大努力为普鲁士搞到每一分钱用于战争准备，同时竭尽全力阻止奥地利在欧洲金融市场筹到战争经费。俾斯麦的战略是在金融方面将对手逼上绝境，在战争威胁之下，拖垮奥地利的国力。奥地利的财政情况的确比普鲁士更糟，常年疲于镇压巴尔干和其他地区的民族主义骚乱，其财源早已枯竭，濒临破产。双方谁也不愿意公开表现出金融窘境，都在幕后秘密筹措资金，准备大打出手。

最让俾斯麦抓狂的还是议会同以往一样全部否决了他的所有预算，并宣布政府未经议会批准无权动用国库资金，否则就是违宪，政府部长要对此负全部责任。俾斯麦当天就发表了措辞强烈的回应，他将议会反对派定性为阻挠国王的外交政策，客观上起到了通敌效果的“卖国贼”。其实，俾斯麦深知议会自由派中很多人骨子里对普丹战争中普鲁士大获全胜是欢欣鼓舞的，他的叛国指控就是有意去刺伤这些人的自尊，从而促使他们改弦更张。议会自由派中的狂热分子也不是吃素的，有人攻击俾斯麦在欺骗议会和国王。俾斯麦闻讯大怒，立刻向对方提出决斗要求。整个柏林政界为之震动，要知道决斗是勇敢和鲁莽的混合体，一旦决斗开始，绝无退缩和劝架的可能，双方非死即伤的概率极高。堂堂普鲁士首相若死于决斗场，整个欧洲的局势都会发生突变。偏偏这个俾斯麦天性暴躁，早在大学期间，就曾 27 次与人决斗，胆子大得惊人。布雷施劳德等人赶紧私下劝阻，连远在巴黎的罗斯柴尔德都在关注决斗的事。虽然最后决斗被劝阻，但俾斯麦对议会拒绝政府预算的愤怒和焦虑却与日俱增。

俾斯麦太渴望金钱了，没有钱，他的理想只能是梦想，他的梦想最后会褪色为幻想。

科隆—明登铁路私有化：普奥战争的财源

1865 年，战争与和平的天平悬于一点之上，那就是信用流动的方向。7 月，俾斯麦苦等的战争经费终于有了眉目。这就是科隆—明登铁路的私有化。

科隆—明登铁路是普鲁士最早兴建的铁路线路之一，1833 年开始设计，1859 年全部建成，成为普鲁士铁路系统的枢纽。该铁路项目的建设初衷是将鲁尔地区的煤廉价地运送到工业生产基地。布雷施劳德家族在科隆—明登铁路融资方面起到了关键作用，成为该铁路公司的董事，同时又是为公司进行融资的银行家。考虑到未来战争中铁路运输系统可以高效低耗地运送大批军事人员及物资，所以铁路公司的国有化是公司发展的主要方向。事实上，科隆—明登铁路从一开始就是一个普鲁士政府主导的大型公共基建项目。普鲁士政府直接购买了 1/7 的原始股，并以 1 400 万泰勒来担保该铁路债券以 3.5%的票面利息发行。作为回报，政府可以分期买入该公司的流通股，并最终成为该铁路的唯一股东，完成渐进式的国有化。1854 年普鲁士政府在自由市场经济潮流的影响下，暂停了国有化进程，至 1870 年视情况发展再决定是否继续。不过，政府对铁路债券利息的担保仍然有效，担保金 1 400 万泰勒被锁定在专用账户上无法动用。

俾斯麦对奥地利的战争准备需要大约 6 000 万泰勒的总额，筹措这样一笔天文数字的战争费用的重担就落在了布雷施劳德的肩上。其实早在 1862 年 12 月，布雷施劳德经过仔细计算和反复考虑，就曾提出过极具争议性的科隆—明登铁路私有化的方案。其方案的核心部分就是，与其政府在 1870 年出巨资全面收购铁路公司的股份，从而对财政造成巨大压力，不如以放弃国有化为代价，立刻就可以从铁路公司拿到一笔补偿金，同时放弃对债券利息的担保，可以马上盘活 1 400 万泰勒的部分保证金。

方案一出台就遭到很多人反对，这些人认为布雷施劳德方案是以政府长期损失为代价，使包括布雷施劳德本人在内的铁路公司股东实现暴利。在这一方案中，政府将损失各种权益总额高达 3 000 万泰勒，换来的只是 1 000 万泰勒的补偿和 1 400 万泰勒的可动用保证金。而科隆—明登铁路是政府投资中非常赢利的项目，私有化的方案短期可以给政府提供紧急资金，但付出的代价是以不到 5 折的价钱贱卖了优良资产，同时还损失了未来长期的收益权，对政府而言无论如何都不是什么好的交易。

到了 1865 年，情况发生了巨变。俾斯麦统一德国的雄心压倒了一切，为了准备对奥地利这一庞然大物发动战争，其他的代价就顾不了许多了。这就是国际银行家酷爱战争的原因所在，政府在迫不得已时，将以异常低廉的价格出售优质资产，此时才是发大财的好机会。当国际银行家的势力达到一定程度，他们会刺激民族主义情绪，挑动国家对立，推动政府大规模军备投资，激化潜在矛盾，诱发战争进程，然后堂而皇之地出面打理战争赔款。只要有大规模资金过手，雁过拔毛，国际银行家总能收到高额的服务费。哪里有资金与信用流动，哪里就能找到投资银行家的身影。

这么大的买卖不是一个布雷施劳德啃得动的，他又拉上科隆的奥本海默家族，当然还有他的老板罗斯柴尔德家族，共同在欧洲各大国际银行家族圈内消化这块巨型蛋糕。1865 年 7 月 18 日，普鲁士政府与科隆—明登铁路公司正式签署合同。最终结果是政府放弃铁路国有化权力，获得 1 300 万泰勒的补偿，其中第一笔支付 300 万泰勒现金，付款时间为 1865 年 10 月 1 日，第二笔支付 270.5 万泰勒现金，付款时间是 1866 年 1 月 2 日，其余部分由铁路公司发行新股来补偿。为了嘉奖布雷施劳德的功劳，俾斯麦将普鲁士与奥地利的条约所涉及的资金划转业务委托给布雷施劳德。这笔250万泰勒的转账对家就是奥地利的罗斯柴尔德，布雷施劳德当仁不让地将1%的“管理费”入袋为安。

在没有落实财源时，俾斯麦还准备了外交解决方案的另一手，谈判也进行了多时。当俾斯麦得知政府与铁路公司的合同正式签订后，立刻在外交上对奥地利采取了强硬态度。在合同签订当天，俾斯麦马上给普鲁士王储发电：“在雷根斯堡会议上，陛下下定了决心，完全战备启动和进行一年战争的金融手段已经具备，数额大约为6 000万泰勒。”一周之后，俾斯麦的战争部长荣恩（Roon）在给朋友的信中说：“我们有了足够的金钱给予我方外交上更大的自由度，如果有必要，我们可以动员全部军事力量来进行一场全面的战争。这使我们的立场更加坚定，我们可以迫使奥地利接受我方合理的要求从而使双方都避免不必要的战争。钱从哪里来？在不违法的情况下，通过科隆—明登铁路的重新安排就实现了。”[16]

奥地利方面很快就意识到科隆—明登铁路的金融安排是为了发动战争所作出的紧急安排，而奥地利方面的备战还远未到位，因此在外交谈判中立场开始软化。另一方面，俾斯麦在最初的兴奋冷却之后，也逐渐意识到科隆—明登铁路的资金到位还有相当长一段时间，而从布雷施劳德与国际银行家们联系后的反馈情况看，情况并不乐观。罗斯柴尔德家族与科隆—明登铁路之间900万泰勒的债权转让由于双方价格无法达成一致而陷于停顿。战争资金难题如剑悬头顶，俾斯麦再次开始上火，他最急于知道的就是钱什么时候能够到位。

此时俾斯麦坚定开战的决心也开始发生动摇，他不得不认真考虑外交解决方案的可能性。

1865年8月10日，俾斯麦透露了自己的动摇：“我们还需要时间来筹集资金，并使法国保持中立……在这段时间里，我们可以维护我们的荣誉，同时保留战争的选择。”俾斯麦的判断同样影响着他的私人投资决策，他托人给布雷施劳德带话：“如果我的投资账户上还有债券投资，现在我在这里无法知道，他不应该仅仅是由于过早的战争担忧就卖掉这些债券（科隆—明登铁路债券）。”[17]俾斯麦的行为用今天的标准看，有利用内幕消息投资并获取非法利益的嫌疑。

在这样的氛围下，普鲁士与奥地利达成了盖斯登（Gastein）协议，普鲁士管理石勒苏益格，奥地利管理荷尔斯泰因，双方继续共享主权。然而普鲁士与奥地利都心知肚明该协议只不过是个缓兵之计，他们都在等待战争经费的问题出现重大突破。

为什么普奥战争戛然而止

1866年2月，布雷施劳德在欧洲市场上募集资金购买科隆—明登铁路股票的努力遭到了以罗斯柴尔德家族为首的国际银行家的全面抵制，大家纷纷认为购买股票的资金将被普鲁士用于战争，而和平是国际银行家们的“共同理想”。2月中旬，布雷施劳德在给罗斯柴尔德的密信中用暗语提到政府可能在考虑出售萨尔煤矿，市场上风传罗斯柴尔德和奥本海默可能是买家。显然，封杀科隆—明登铁路股份出售而期待萨尔煤矿转手，意味着国际银行家们发现煤矿的潜在收益更大，如果让俾斯麦顺利通过铁路股份转让而获得足够的资金，普鲁士政府势必不愿再出售萨尔煤矿了。

钱的问题并没有实质性进展，而战争准备却在升级。1866年3月28日，普鲁士军队开始大规模备战。3月底，在私下找买主无望的情况下，普鲁士财政部开始在市场上公开出售科隆—明登铁路股份。可是市场状况在战争的阴影笼罩下走向低迷，大规模出售将导致资产严重损失。4月8日，普鲁士宣布与意大利结为军事同盟，股市大跌。罗斯柴尔德给布雷施劳德的指示是，一旦战争即将开始，立刻抛出罗氏家族在柏林的所有债券。而此时，布雷施劳德已经大举抛售罗氏家族债券，结果罗氏家族大怒，因为按照他们的想法，在俾斯麦得到实质性的资金之前，绝不会贸然发动战争，所以与意大利结盟并不意味着战争即将开始。

布雷施劳德明显犯了沉不住气的错误。

罗斯柴尔德在信中说：“没有任何证据表明你是在保护我们家族的利益，我们希望听到你抛售我们的债券的解释。我们早上发给你的电报中指出，我们不接受你最近的出售（债券）行为。”4月18日，布雷施劳德赶紧回电说明，最近与奥地利的关系出现缓和，所以出售债券已全面停止。

1866年5月，普鲁士开始军事总动员，全部9个军团进入战备状态的费用为2 400万泰勒，并且以每月600万泰勒的数字递增。[18]5月18日，在资金严重不足的窘境中，普鲁士政府被迫宣布成立公共信用机构并提供无抵押的2 500万泰勒的信用，同时废除所有限制高利息的法令，力图吸引民间资本进行信贷。即便如此，信用紧张的局面并未缓解，财政部长哀叹他已经没有足够的资金发动战争，甚至连两个月后的开支都没有着落。[19]

到了战争爆发前的最后关头，布雷施劳德的科隆—明登铁路方案起到了决定性作用。在所有募集资金的尝试都归于失败后，普鲁士财政部痛下决心委托布雷施劳德和汉斯曼组成购买铁路股份的银团。股权收购定价为110泰勒，市场交易价格为117泰勒，除了他们两位之外的其他银行家试图利用政府的财政窘境把价格压低到105泰勒。政府无法接受如此之低的报价，决定分批出售。如果战事顺利，股票价格将一路攀高。这也是一着险棋，万一战争打得不顺，政府将面临经费枯竭和股价暴跌双重压力。然而，俾斯麦决心冒险！

由于政府放弃了国有化并解除了贷款利息担保，立刻拿到了1 400万泰勒被锁定的担保金，除了科隆—明登铁路股份销售所得资金用于军事总动员之外，正是这笔钱支撑了未来7周的战争。等到俾斯麦兵临维也纳城下之际，这笔钱已不足300万泰勒，而奥地利尚有18万大军驻守维也纳，如果两个星期之内无法迫使奥地利投降，俾斯麦将成为历史上最冤的政治家。

戛然而止的普奥战争，使俾斯麦在这场事关德意志命运和他个人命运的重大赌博中大获全胜！

普法之战：大炮一响，黄金万两

普奥战争的输家当中最窝囊者，非法国的拿破仑三世莫属，他眼睁睁地看着普鲁士在自己眼皮底下迅速崛起。法国在俾斯麦的战略性欺骗之下，非但没有获得任何实质上的“中立补偿”，反而在卢森堡的问题上被俾斯麦奚落嘲弄。拿破仑三世在疏远奥地利的问题上所犯的错误与楚怀王被张仪用“献商於之地六百里”诱骗楚国与齐国断交如出一辙，楚怀王与拿破仑三世同属那种爱贪便宜、志大才疏之辈。

一向玩大国均势游戏炉火纯青的英国，此时对普鲁士即将统一德国而崛起成为英国最大的挑战者这一危险前景并没有应有的敏锐。英国仍然被爱虚张声势的拿破仑三世忽悠住了，过高估计着法兰西第二帝国的实力。法国于1859年动工开凿的苏伊士运河，已在1869年竣工通航。英国认为这是对它统治下的中东地区和印度的一种直接威胁：如果断了英国本土与印度殖民地的交通线就等于斩断了英帝国的脊梁，这是英帝国主义者无论如何不能容忍的。于是战略短视的英国政府把普鲁士作为抗衡法国的力量，对普鲁士统一德国的行为大开绿灯。英国对法国的顾虑压倒了对德国统一的担忧。

俄国自克里米亚战争惨败后，同英法关系冷淡。它表面上保持中立态度，实际上支持普鲁士对法国作战以便坐收渔人之利，以报当年的一箭之仇。迟钝而封闭的沙皇正专注于在巴尔干煽风点火捞取些蝇头小利，对普鲁士这一昔日的反法盟友和几十个松散的德意志邦联小国并未完全放在眼里，从而埋下了未来败亡的伏笔。

奥地利新败使财政濒于破产，虽想支持法国对普鲁士进行报复，但已力不从心。

俾斯麦与其说是个伟大的战略家，不如说是个幸运的冒险者，他的幸运在于他的对手们在战略上的疏忽和他自己也没有想到的闪电般的崛起。普奥战争结束后，只有俾斯麦心中清楚，要想完成德国的统一大业，不打败强大的法国是不可能实现的。普法战争将不可避免。

普法战争的导火线是所谓“埃姆斯电报”。1870 年 7 月初，普鲁士霍亨索伦家族的一位亲王被选为西班牙王位继承人。拿破仑三世以法国不能容忍东西两翼均受到威胁为借口，命令法国驻普鲁士大使提出抗议。当时，威廉一世在埃姆斯温泉疗养院休养，他向法国大使表示，霍亨索伦家族可以考虑放弃西班牙王位继承权。但拿破仑三世仍不罢休，又命令法国大使找威廉一世作出书面保证。威廉一世答应回柏林再谈判此事，同时给俾斯麦发了一份电报。俾斯麦接到电报后，删改了电报的一些内容，使之成为威廉一世拒绝同法国大使谈判的通电，并在报纸上公开发表。1870 年 7 月 19 日，拿破仑三世以受到侮辱为借口对普鲁士宣战。

而此时的法国连一个盟国都没有。

作为普奥战争的主要功臣，布雷施劳德的地位今非昔比，他已经从罗斯柴尔德家族的小兄弟变成了平起平坐的伙伴。俾斯麦对他的倚重已超越了对罗斯柴尔德家族的敬畏，在普奥战争结束不久，俾斯麦毅然将自己全部私人账户中的财产从法兰克福罗斯柴尔德银行转到了布雷施劳德银行。

就在战争爆发的前 10 天，布雷施劳德在给俾斯麦的密信中询问战争爆发的可能性，并狡猾地提到俾斯麦私人账户上的投资情况。在信中，他问道：

在我这方面看来，我并不认为极端严重的政治情况已经出现，所以我并没有将阁下账户里的资产出售。如果我的判断有误，您认为许多不愉快的事情即将发生，我请求您及时给我示警。

果然，事关俾斯麦个人财富的损益，俾斯麦不敢怠慢，第二天回信就到了，不过是以俾斯麦夫人的名义回复的：

他并不认为其他人会突然对我们发动进攻，因为西班牙的投票并未符合任何人的意愿。不过他觉得也许到了某个时刻，对战争的预期会比现在更强烈，所以卖掉铁路股份也许是个好主意，反正他这里也需要钱。

布雷施劳德收到回信后，立刻明白了战争即将开始。第二天，他即刻将这一价值连城的情报发给巴黎的罗斯柴尔德："所有的报价都会快速下跌。"同时，他指令在欧洲各个市场的交易员全部抛出他的各类资产，有些甚至是在亏损中售出的。布雷施劳德此时已顾不了那么多了。

普奥战争的一个结果就是普鲁士的宪法危机结束了，俾斯麦的政府获得了相当程度的财政自由。1870 年 7 月 21 日，普鲁士主导下的北德意志邦联议会批准了 1.2 亿泰勒的战争信用。

在战争爆发初期，柏林股市情况近乎恐慌，连科隆—明登铁路这样的优质股票都下跌了 30%。普鲁士政府紧急出售 1 亿泰勒的第一期战争债券，试图摆脱由银行家垄断的承销渠道，直接向市场发售，条件是 5%的利息和打 88 折，而银行家们的建议是打 85 折，被政府拒绝了。奥本海默在写给布雷施劳德的信中强调，"这是一个当前市场情况下可笑的条件"。结果销售遭遇了巨大的失败，债券只卖出了 6 000 万泰勒。其实，问题的根源是，如果政府直接销售，银行家们无法赚取承销费，因而采取了集体抵制的行为。这一点再次表明，金融市场上"渠道为王"的威力。[20]

1870 年 9 月 1 日，普法双方在色当进行大会战，法国军队再次惨败。次日，拿破仑三世率领 10 万法军投降。9 月 4 日，巴黎工人举行武装起义，推翻了拿破仑三世的统治。

色当战役后，多达 30 万的法军俘虏被普鲁士关押。布雷施劳德敏锐地发现这是一个赚钱的大好机遇，他主动承担起每月为战俘向普军支付生活费的"责任"。对于他而言，这是一笔稳赚不赔的放贷生意，未来无论谁代表法国政府，他们都必须支付这笔巨额贷款的本金和利息，这将是战争赔款的一部分。布雷施劳德并不惧怕法国人赖账，因为普鲁士的大军一日不收到战争赔偿，就一日不会离开法国的国土。而法国军队已经完全土崩瓦解了，短期内绝无东山再起的可能。

随着战争的临近和爆发，布雷施劳德与巴黎罗斯柴尔德的每日商业信件往来越来越困难，后来柏林与巴黎的直接联系被迫改为经由布鲁塞尔与阿姆斯特丹转送。布雷施劳德照例汇报柏林市场的行情。色当战役之前，布雷施劳德紧急通知罗斯柴尔德尽快卖掉他们持有的科隆—明登铁路股票，随即布雷施劳德替罗氏家族在128泰勒的价位卖出1 250股铁路股票，7月时，该价格为95.72泰勒。9月15日之后，双方联系中断了，巴黎在9月20日被合围，罗斯柴尔德被困在巴黎。直到1871年2月，才重新联系上。这期间，巴黎的罗氏家族只能借助气球偶尔传递信息。10月5日，普鲁士军队征用了罗斯柴尔德家族的费里埃庄园，成为威廉一世、俾斯麦和普鲁士元帅毛奇的指挥部。著名的“费里埃会晤”就在这里举行，法国外交部长试图说服俾斯麦签署和约未果。

1870年10月底，普鲁士政府汲取了上次的教训，任命汉斯曼组建承销团在伦敦和柏林出售2 000万泰勒第二期贷款。随着普鲁士军队的捷报，这些贷款合同价格水涨船高，政府很快就能够取消部分被抵押的信用额度，最后战争国债的利率被敲定为5%，期限为5年。庞大的战争经费源源不断地流向法国前线的普鲁士大军。11月30日，银行家们再接再厉，又一次在英国成功发行了3 400万泰勒的92折贷款，并可选择进一步发行1 700万泰勒的权力。而同时尽管英国人开始同情倒霉的法国，但法国的债券在英国几乎卖不动，在金融这一看不见的战线上，法国再次失败。

1871年1月18日，普鲁士国王威廉一世在凡尔赛宫加冕为皇帝，德意志帝国宣告成立。28日，交战双方签订停战协定，2月26日签订预备和约。

至此，普法战争结束，整个战争普鲁士的战争耗费总额为2 200万泰勒。

50亿法郎战争赔款：银行家的“大馅饼”

俾斯麦的大军开始休整了，但是国际银行家们更加忙碌了。高达50亿法郎的战争赔款业务是一笔令所有人都垂涎三尺的巨额生意，如果收取1%的管理费用，仅此一项就是一个 5 000 万法郎的天大馅饼！

战争进行到 1870 年 11 月时，奥地利的罗斯柴尔德就主动向俾斯麦提出希望能为普鲁士提供服务，代收法国未来的战争赔款。当然，奥本海默和其他国际银行家族们也都竞相要求提供服务。俾斯麦征求布雷施劳德的意见，这样一个肥缺当然大家都想自己揽着，布雷施劳德自告奋勇迫不及待地于 1871 年 2 月 7 日来到凡尔赛。他拿到了他最想要的两个大单，为巴黎筹集 2 亿法郎的战争赔款和安排协调整个法国的战争赔款。

在战争赔款数额上，法国梯也尔政府设想的是 50 亿法郎，但俾斯麦拿过一张纸片，飞快地写下 60 亿法郎！梯也尔像被狗咬了一口，一下子跳了起来。两人开始激烈争吵。俾斯麦对法国的反对怒不可遏，其中还有一个原因就是英国方面突然介入，要求俾斯麦适可而止。梯也尔认为，过多的战争赔款既不公平也不现实，法国拿不出这么多钱。俾斯麦暴跳如雷，不依不饶。最后，梯也尔建议请罗斯柴尔德出面转圜。当罗斯柴尔德出现时，俾斯麦将全部的怒火发泄在罗斯柴尔德身上，在场的人全部惊呆了。罗斯柴尔德无动于衷，仍然坚持 50 亿法郎是个“可持续”的赔偿数额。后来布雷施劳德在给德皇威廉二世的信中提及此事，威廉二世也十分不满俾斯麦故意的粗鲁行为。

发火归发火，罗斯柴尔德在国际金融市场的地位是不可撼动的，不接受他的条件，就休想在欧洲市场上募集足够的战争赔款，普鲁士大军就得无限期地待在充满敌意的法国境内，每日大军的一切供应开销都在迅速增加，而普鲁士国内和欧洲各国对俾斯麦的不满也在快速积累。权衡利弊之后，俾斯麦只得接受罗斯柴尔德的 50 亿法郎报价。法国梯也尔政府搞不定的事，罗氏家族一出面立刻摆平。

1871 年 5 月 10 日，德法正式签订《法兰克福和约》。条约规定：法国赔款 50 亿法郎，割让阿尔萨斯全部和洛林大部分地区。

随即法国方面开始筹备第一笔 20 亿法郎的战争赔款债券，利率设定为 5%，以布雷施劳德为首的德国承销财团建立起来了，奥本海默、沃伯格等家族参与发行。结果债券发行获得了极大的成功，超额认购高达 14 倍。赔款总额提前完成，并由罗斯柴尔德家族银行直接汇到布雷施劳德银行和汉斯曼银行。1872 年，第二笔 30 亿法郎的战争赔偿债券超额认购达 13 倍，奥本海默家族单独承销了 4.9 亿泰勒，其中他们自己持有 7 400 万泰勒。赔款工作进行得出奇顺利。1873 年夏，惊人的 50 亿法郎的战争赔款全部清还。德军开始撤出法国领土。现代金融市场强大的资金筹集能力是过去完全无法想象的。清朝的战争赔款往往是以税赋形式直接压在贫困的老百姓头上，而西方则是通过债券投资的方式，为富人提供一种投资机会。不同的理念造成了完全不同的效果。

在这一进程中，国际银行家起到了双重作用。他们一方面扮演了问题的解决者，另一方面却又是问题的制造者。他们为战争双方提供从军火公司上市、发行军火债券、运转融资，到国家战争债券发行、战后的赔款债券承销、赔款资金划转、国家重建融资等业务的一揽子战争综合解决方案。在战争中，政府是不计代价的，正是银行家们廉价收购国有资产的良机。中国有一句俗话说得明白：大炮一响，黄金万两！无论战争结果如何，两边的国际银行家们同样赚钱。

还是拿破仑看得透：金钱没有祖国，银行家们的眼中只有获利！

人脉关系图

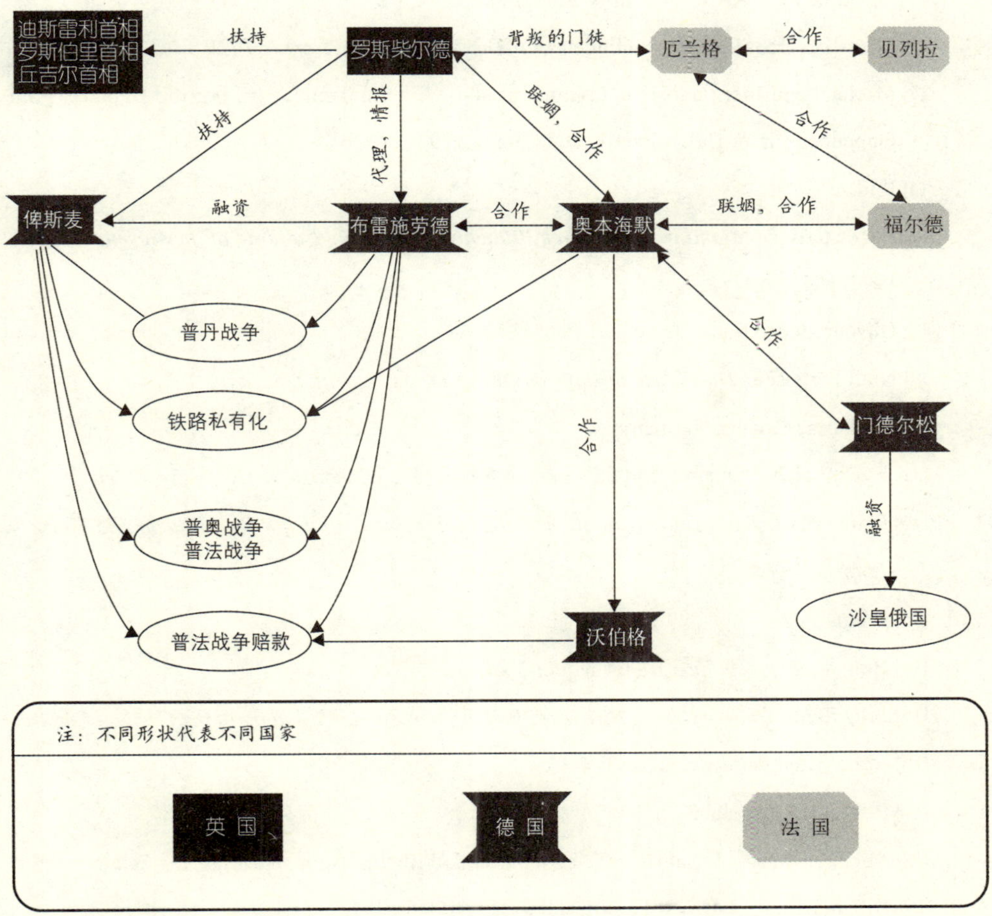
迪斯雷利首相
罗斯伯里首相
丘吉尔首相
扶持
罗斯柴尔德
背叛的门徒
厄兰格
合作
贝列拉
扶持
代理，情报
联姻，合作
合作
俾斯麦
融资
布雷施劳德
合作
奥本海默
联姻，合作
福尔德
合作
普丹战争
铁路私有化
合作
门德尔松
融资
普奥战争
普法战争
沙皇俄国
普法战争赔款
沃伯格
注：不同形状代表不同国家
英国
德国
法国

参考资料
CURRENCY WARS

[1] Niall Ferguson, *The House of Rothschild.*

[2] S. Bleichroder to Baron Anselm Solomon, 17 Nov. 1839.

[3] Michael Sturmer, Gabriele Teichmann and Wilbelm Treue, Striking the Balance—Sal. Oppenheim jr. & Cie. A Family and a Bank,1994, p37.

[4] Sebastian Hensel, tr. Carl Klingemann ,*The Mendelssohn Family 1729-1847*.

[5] Michael Sturmer, Gabriele Teichmann and Wilbelm Treue, Striking the Balance—Sal. Oppenheim jr. & Cie. A Family and a Bank,1994.

[6] Ibid.

[7] Fritz Stern, *Gold and Iron-Bismarck, Bleichroder, and the Building of the German Empire*, 1977, p21.

[8] Bleichroder to Baron James, 21 Feb. 1863.

[9] Niall Ferguson, *The House of Rothschild.*

[10] Holborn, Modern Germany.

[11] Eyck, Erich. Bismarck and the German Empire.W. W. Norton & Company, 1964.

[12] Fritz Stern, *Gold and Iron: Bismarck, Bleichroder, and the Building of the German Empire*, 1977, p32.

[13] Ibid,p39.

[14] Bohme, *Deutschlands Weg*, Chapter 2 and 3.

[15] Fritz Stern, *Gold and Iron: Bismarck, Bleichroder, and the Building of the German Empire.*

[16] Roon, Denkwurdigkeiten, p354-355.

[17] Rohl, "Kriegsgefahr", p102.

[18] Michael Sturmer, Gabriele Teichmann and Wilbelm Treue, Striking the Balance—Sal. Oppenheim jr. & Cie. A Family and a Bank,1994, p171.

[19] Michael Sturmer, Gabriele Teichmann and Wilbelm Treue, Striking the Balance—Sal. Oppenheim jr. & Cie. A Family and a Bank,1994.

[20] Ibid, p176.

02 英国

金权的制高点

谁掌握着世界的权力均衡？
谁统治我们的国会，是自由派还是保皇党？
谁唤醒了西班牙无畏的爱国者？
谁让世界维持旧秩序的同时开创新纪元，不管是痛苦还是欢乐？
谁将政治玩弄于股掌之间？
是拿破仑大帝倍加勇敢的身影吗？
不，是犹太人罗斯柴尔德和他的伙伴，基督徒巴林。[1]

——拜伦，《唐璜》

CURRENCY WARS

本章导读

自16世纪商业资本主义兴起以来，英国占尽天时、地利、人和的优势，充分利用海外贸易和殖民扩张，迅速积累了巨额财富。随着18世纪70年代以瓦特蒸汽机为代表的工业革命的兴起，英国的生产力得到极大的提高。1694年成立的英格兰银行是人类历史上的一个重大事件，英国银行家终于发现了信用的秘密，预期成为货币的重要组成部分。以强大的特质生产能力为后盾，英国的金融能量被高倍放大。信用革命、工业革命与商业资本主义全面结合，财富创造达到了前所未见的惊人程度，终于建立了人类历史上空前强大的日不落帝国。

19世纪是国际银行家发展壮大的关键历史阶段，他们在英、法、德、美各国的崛起模式各不相同。其中，英国的情况最为特殊。由于私人资本实力雄厚，工业革命前期的纺织、冶金、煤炭、航运、铁路、机械制造、军事工业等产业的发展主要依靠私人银行投资和本国资本融资，在供应和满足工业革命的资本需求之外，英国的资本依然过剩。除了数额庞大的英国和外国公债融资需求之外，本国工业发展对国际银行家的资本需求并不旺盛。尽管英国公司法比较宽松，但资本过剩导致了股份制银行的发展相对缓慢，私人银行仍然是英国金融业的主导力量，与之相匹配的隐秘性就成为英国金融业的核心传统。

躲在隐秘帷幕后的17个英国私人银行家族在英国历史上控制着英格兰银行的运作，甚至到1946年英格兰银行国有化之后仍是如此。其中的突出代表就是巴林、罗斯柴尔德、施罗德家族。他们掌握着英国乃至欧美各国债券发行的金融渠道，垄断着世界资本与信用的流动方向。在获取庞大财富之后，他们开始逐步影响政府外交与内政决策。他们私下挑动国家争端，大力扶持军事工业，两边下注资助战争，上下其手挑动政变，里应外合打理战争赔款。他们的利益也会发生冲突，他们各自拥立政治代言人，他们相互争夺大型项目，极端情况下他们会在金融市场上对决。

有钱的地方就有利益博弈，钱多的地方就会有权力争斗，而驾驭了权力就会有更多的金钱。

弗朗西斯：巴林王朝的奠基人

巴林家族的资历要比罗斯柴尔德家族更为悠久，当巴林银行在伦敦为欧洲大国融资的时候，罗氏家族还在法兰克福玩金币的小生意。作为基督徒银行家的巴林家族是国际银行家中的少数，但却是起家最早、影响最为深远的家族，他们首创的近代跨国银行网络模式后来成为罗斯柴尔德家族模仿的对象。

巴林家族发源于北德意志，其有案可查的最早祖先住在格罗宁根，深受基督教路德宗的影响，其后人多为基督教路德宗的牧师，也有做政府公务员的，到约翰·巴林这一代开始经商。约翰于1717年移居英国埃克塞特，并于1723年娶当地富商之女为妻，开始了巴林家族的传奇历程。

真正将巴林家族发扬光大的是弗朗西斯·巴林（Francis Baring）。整个18世纪，由于欧洲加大了对印度次大陆、东南亚和远东的渗透力度，再加上北美新大陆市场蓬勃发展，以欧洲为中心的国际贸易盛极一时。一方面是嗷嗷待哺的庞大需求，另一方面是蓬勃发展的商品制造能力，同时海上运输行业也已准备就绪，但是服务于整个国际贸易流程的金融业却发展滞后，于是弗朗西斯果断地将家族业务由传统的制造业和贸易领域向金融领域发展。他在大本营埃克塞特和伦敦两地分设经营机构，互相扶持，生意范围遍及贸易、实业和票据业务，开创了新的经营模式。

这一模式在25年之后，才被罗斯柴尔德家族在欧洲范围内复制。

但是弗朗西斯向金融业挺进的大胆转型并非一帆风顺，他的决策遭到了家族内部埃克塞特一支的强烈反对。由于经营理念的分歧和利益纷争，巴林家族的几个兄弟只好于1777年签署了分家协议，弗朗西斯掌握了家族业务伦敦分支的所有权。伦敦当时正在快速取代阿姆斯特丹而成为世界的金融中心，弗朗西斯领导巴林家族开始登上历史舞台。

分家之后的弗朗西斯正欲甩开臂膀，在金融领域大干一番。然而国际形势的变化，对于雄心万丈的弗朗西斯来说似乎并不有利。美国独立战争的胜利不但贬损了英帝国的强大军威，而且几乎毁了英国经济，帝国贸易一度锐减，巴林家的埃克塞特分支遭遇重创，到1790年几乎已经销声匿迹。弗朗西斯的伦敦支脉也几难幸免，幸亏其妻为前坎特伯雷大主教的继承人且颇有经营才能，一番整治居然助其渡过了难关。巴林夫人持家有方，将家务运营费用控制在一年800英镑，由此弗朗西斯在其妻去世之后感叹道："如果在那段艰难的岁月里，没有我妻的持家有方，这笔运营费肯定会达到每年1 200英镑，那我就万劫不复了。"

危机过后，家族业务步入正轨，利润从1777年的3 400英镑上涨到1781年的10 300英镑，到1788年达到创纪录的12 000英镑。公司的资本金在美国独立战争之初的1776年仅有19 452英镑，到战争结束的1783年已经增长到43 951英镑。[2]至1780年，家族的重要分支机构遍及英伦三岛和欧洲大陆，除了在当时的世界金融中心阿姆斯特丹设有两家分支机构外，在大本营埃克塞特、伦敦、圣彼得堡、西班牙的卡塔赫纳、意大利的莱戈恩各有一家，一个连接全欧的资金流、物流、信息流的金融网络已见雏形，未来巴林金融王朝的阴云此时已遍布欧洲上空。

荷兰：商业资本主义的顶峰

在伦敦崛起之前，阿姆斯特丹曾经是欧洲金融中心。荷兰以东方贸易起家，凭借强大的造船业实力，与葡萄牙争夺东方贸易的主导权。1605~1665年，荷兰的造船厂已充分使用机械，造船速度相当快，几乎一天可以造一艘船。当时的荷兰总共拥有上万艘船，按吨位计算占当时欧洲海运总量的3/4。世界各地的贸易货运大多由荷兰商船承担，此时的荷兰被人们称为"海上马车夫"。荷兰的海员总数达到了

25万之众。相比之下，葡萄牙只有大约300艘的航运船队，海员总数仅4 000人。经过60年的商业竞争和武装冲突，荷兰终于在17世纪后半叶打败了葡萄牙，控制了好望角，使其成为东西方贸易的枢纽。在其巅峰时代，荷兰东印度公司拥有15 000个分支机构，贸易额占到全世界总贸易额的一半。悬挂着荷兰三色旗的一万多艘商船游弋在世界的四大洋之上，荷兰成为商业资本主义世界的核心。

荷兰贸易的爆炸性增长，对金融服务产生了极大需求，1609年成立了世界上第一家国家银行——阿姆斯特丹银行。

阿姆斯特丹银行成立的一个重要原因就是规范当时十分混乱的金融行业。当时阿姆斯特丹的金融行业存在着两大圈子，一个是从安特卫普迁移来的犹太银行家群体，另一个是基督徒为核心的本土银行家集团。犹太银行家从事的主要是其传统的看家本领：货币兑换、票据贴现、吸纳存款和发放贷款，这些业务中存在的一个重大问题就是各种利率差异极大，管理混乱。

“建立（阿姆斯特丹银行）这个机构的主要原因不是提供信用，而是防止肆无忌惮和四处蔓延的货币兑换以及票据贴现过程中存在的过度投机，从而（为贸易）提供高效率和稳定的兑换贴现服务。它（阿姆斯特丹银行）的关键点是其公有性质而非私人拥有或管理的机构。”[3]

阿姆斯特丹银行在其成立后的一百多年中，大大促进了荷兰贸易的发展，巩固了荷兰作为世界贸易中心的地位，创造了荷兰空前的繁荣和富裕。一些巨富家族随之而兴起，霍普家族就是其中突出的代表。

霍普家族祖上是苏格兰的贸易商人，后来在荷兰的阿姆斯特丹和鹿特丹经营航运、仓储、保险和信贷业务，主要是在鹿特丹有偿组织教友派信徒移民新大陆和经营阿姆斯特丹的奴隶贸易。前者每移出一名教友派信徒，教会需向其支付60盾费用，后者海上奴隶运输过程中待遇极糟，造成平均16%的死亡率。在整个七年战争期间（1756~1763年），霍普家就是靠这种投机生意发了大财。

七年战争之后，霍普家族进入国际金融领域，为瑞典、俄国、葡萄牙和巴伐利亚安排政府贷款，牵头组织英荷银团承销这些国债，霍普自己从中抽取5%~9%的佣金。家族同时专注于贷款给西印度的种植园主，获得蔗糖、咖啡和烟草作为回报，然后在阿姆斯特丹市场上出售。因霍普家给予葡萄牙王室大量贷款，葡萄牙特许霍普经营巴西的钻石贸易，从而使阿姆斯特丹成为欧洲钻石贸易的中心。[4]

霍普家最重要的客户就是俄国女皇凯瑟琳大帝，同样因为霍普给予沙皇政府大量融资贷款，凯瑟琳大帝授予其俄国进口蔗糖的独家代理权，同时代理俄国粮食和木材的欧洲贸易。通过经营商业和金融业务，霍普家当时几乎成为全欧首富，其势力所及，不仅控制荷兰东印度公司和西印度公司，还与其英国主要同盟者组成英荷银团，以金融力量影响欧美各国的政治与外交事务。

1779年开始，亨利·霍普出任霍普公司的掌门。1786年，亚当·斯密将其传世巨著《国富论》的第4版专门题献给亨利·霍普：

亨利·霍普

这第4版我原本没作任何形式的改动。然而现在我发现我有义务向阿姆斯特丹的亨利·霍普先生致谢。关于阿姆斯特丹银行这样一个十分有趣而重要的主题，我能获得一些独到而广博的信息全要归功于这位先生。在他帮助我之前，阿姆斯特丹银行的账户资料信息不能让我满意，甚至令人难以理解。这位先生的大名在欧洲如此显赫，不论是谁从他那里得到这样的信息都会感到无上的荣幸。我的虚荣使我非常想对亨利·霍普先生致谢，这样我就可以荣幸地把它附在拙作的最新修订版之前，作为对拙作最好的广告。[5]

能够与霍普家族建立商业合作关系，在当时的欧洲银行家圈子中，就意味着拿到了通向财富和权力的通行证。弗朗西斯·巴林就是其中的幸运者之一。

结盟霍普家族：巴林傍上了欧洲第一富豪

弗朗西斯外表冷漠，性情沉静，遵守诚信，逐渐在金融业界赢得了极大的信誉，他的生意也在拿破仑战争中长足进步。到1771年，弗朗西斯已经被任命为皇家汇兑保险协会（The Royal Exchange Assurance）的董事，皇家汇兑保险协会又与霍普家族关系密切，正是这个职位给弗朗西斯打开了与霍普家族的合作之门，成为发展壮大自己的重要契机。

霍普家族此时正试图在英国发行一笔债券以开拓英国市场，而弗朗西斯抓住这个千载难逢的机会迅速行动，将霍普家族价值15 000英镑的债券发行事宜处理妥当，自此两家惺惺相惜，结为同盟。法国银行家约翰·马利特（John Mallet）就此事评论道："霍普家族深为震动的，不仅在于巴林展现出的热忱和执行力，更在于巴林卓越的信誉和充沛的资源。从那一刻起，巴林家就成了霍普家重要的朋友之一。"1790年时，威廉·霍普对由于工作繁忙而迟迟未能向弗朗西斯写信表示歉意："亲爱的先生，我们之间的通信就像家庭通信一样亲密，事实上这种亲密关系是建立在您也以同样的态度对待我们的基础上的。"[6]

此后每当霍普家族有人造访伦敦时，总是住在巴林家。1796年，霍普家族的合伙人与弗朗西斯·巴林的女儿结婚，两个家族的联姻标志着巴林-霍普同盟最终形成。

1794年1月，亨利·霍普写信给弗朗西斯："我觉得英国与荷兰素来交好，同气连枝，我在英国（巴林家）逗留时，如同在家中一样。"[7]一年之后，时局的发展就验证了亨利·霍普这番说辞。1795年法国革命军开进荷兰，霍普家族仓皇出逃，避难伦敦。在巴林家族的运作之下，英国皇家海军派出炮舰为其护航。弗朗西斯之子亚历山大·巴林奉命一直留守在霍普银行的办公室直到法军军靴响彻阿姆斯特丹之际，方才撤离返回伦敦。

到1802年《亚眠和约》签订，欧洲战事暂时告一段落，霍普家族准备返回阿姆斯特丹重操旧业。1802年家族银行终于重新开张，而大部分资本仍然掌握在巴林家族手中。此时亚历山大已到美国发展，他违逆其父老巴林的意志，恋栈美国不愿再回荷兰与霍普合作。后来时局发展证明了亚历山大确有先见之明。不久欧洲战事再次掀起序幕，法军再次开进荷兰，霍普家族在荷兰的财富遭受重大损失。到1813年，霍普家族已经徒有其表，巴林家族新掌门亚历山大仅以25万英镑就盘下了霍普家族的生意，只是考虑到两家的紧密关系才没有彻底吞并霍普家族的产业。霍普家族在巴林的羽翼下，作为巴林的主要贸易伙伴继续存在。至此，霍普家不再是一支独立的金融力量，两家实质上合二为一。

"红顶商人"：金权入股政权

巴林在与霍普结盟之后，生意一日千里，实力壮大之余，已经开始将目光转向政界。1786年，弗朗西斯给兰斯道恩侯爵（Lansdowne，前谢尔本伯爵）写信："我主要关注三件事情：一为本家族产业，二为公共事务，三为东印度公司……”此时他的目光已投向东方的英帝国的殖民事业，他已敏锐地发现了其中蕴含的无限商机。

1787年弗朗西斯在给皮特首相的海军秘书亨利·邓达斯（Henry Dundas）的信中，力陈与荷兰订立商业条约的好处：“荷兰以贸易立国，可帮助我们的产品扩大在印度市场的销路，这对我国是非常有利的。除此之外，还可以在政治上给予我国有力支持，因为我们两国根本理念同出一脉，利益互补。就我国而言，首要利益就是帝国本身的长治久安，其次为贸易利益；而荷兰的重要利益同样有两点，其一为东印度群岛之垄断权，其二为贸易利益。两者的根本利益不相冲突且经济互补性强，应维持战略合作关系。”[8]这封信表面上是为国家利益考虑，而其背后隐含的巴林–霍普同盟的特殊利益已经昭然若揭。

而真正将弗朗西斯引入政坛的是约翰·邓宁（John Dunning）。邓宁时任兰开斯特公爵领地的首席大律师，他与伊萨卡·巴雷（Issac Barre）上校是密友，巴雷在1782年曾任皮特首相的主计大臣，此三人“桃园三结义”，以皮特首相的财政大臣兰斯道恩侯爵为靠山，组成令旁人望而生畏的三巨头同盟。

邓宁帮助弗朗西斯进入政界的一个重要原因就是他已身陷债务陷阱无力偿还，从1783年开始，弗朗西斯每年为他偿还5 000英镑的巨额债务，时间长达6年之久。

在三巨头的运作下，英国首相皮特把弗朗西斯奉为上宾，在塞内加尔奴隶贸易、土耳其外交、直布罗陀驻军、海关改革等问题上全面听取弗朗西斯的看法，而弗朗西斯将自己家族的商业利益与英国的国家利益“有机地”整合在一起，在符合政治正确的同时，不断将自己做大做强。

巴林家族在政坛上的耕耘终于获得回报。他们与政府部长们的紧密关系和相互信任，使得政府合同的大蛋糕经常光顾巴林家族。其时正值美国独立战争，北美战事吃紧之际，前方将士补给严重不足，巴林受托承担为前线提供后勤支持的重任，兰斯道恩侯爵更为其争取到军粮供应的美差。巴林以其卓越表现为英国纳税人节省了7万英镑，而自己获得一厘的佣金收入，共获利1.1万英镑。1780年，英国政府试图寻找某一银行家族为其北美战事融资，且这一银行家族最好以自身财力，或者其客户和外部投资者的财力承购战争公债。这是一笔高风险高回报的生意，弗朗西斯瞅准机会果断出手揽下了这笔承销业务，1780~1784年共在北美战争债券上赚取了1.9万英镑。数目似乎不多，但也足以满足政府的胃口并在英国政府面前树立了良好形象。政府了解并且信任巴林，他们喜欢弗朗西斯而且尊重他的能力，总觉得好像欠他某种东西。这种感觉会帮助巴林获得更多的政府合同。

18世纪末和19世纪初，英国频繁发动战争，军费开支巨大，国债发行量急剧攀升。这使巴林等银行家族在承销战争债券的过程中大发横财。1799~1815年，巴林家族在16年中有12年担任英国国债的主承销商，狂赚了19万英镑。巴林家族的声誉在伦敦金融城达到了巅峰，各国发行公债纷纷找上门来。[9]

1797年3月，正值欧洲反法战争进行得如火如荼之际，葡萄牙的巴西亲王来到伦敦，寻求筹集资金120万英镑。他打算以巴西的钻石和鼻烟生意的利润作抵押进行贷款，如果这些抵押还不够的话，就再加上“富庶的岛国莫桑比克”。弗朗西斯对此很感兴趣，但还是先征求了皮特首相的意见。皮特答复道“在葡萄牙国运多难之际”，他对这笔贷款不抱热情，不过如果巴林以私人公司的身份给予融资的话，他也不反对，但是官方不会支持。考虑到皮特的意见，巴林只好放弃了这个机会。

转眼到了1801年，葡萄牙人急需大笔融资以支付巨额战争开销，贷款问题再次浮出水面。这次皮特首相暂时去职，弗朗西斯决定甩开政府单干。弗朗西斯告诉其婿、霍普家族合伙人皮埃里·雷波切尔（Pierre Labouchere）：“在这个多事之秋，我们不应该再跟部长们商榷葡萄牙贷款的事，你也知道，那些大臣们对国际融资的事多半也是一知半解。”

在弗朗西斯的指示下，皮埃里·雷波切尔和乔治·巴林被派往里斯本商谈贷款合作细节。这两位仁兄坐着驴车一路颠簸好不容易赶到里斯本，然后发现谈判过程本身和他们糟糕的旅途一样难熬。皮埃里·雷波切尔抱怨说这些葡萄牙人“不停地变换谈判文本，而且都是些我根本不懂的文字，简直把我搞得晕头转向”。1802年，又有几位犹太银行家也赶到了里斯本加入争夺合同的战团，不过乔治·巴林报告说“这些犹太人虽然堪称劲敌，但也不必过虑，他们财力不济，出不起我们能出的价钱”，最终这笔大单还是落到了霍普-巴林财团手中，其中巴林负责承销500万荷兰盾。

赚了钱之后，老巴林开始认真考虑成为“红顶商人”的必要性。银行家的声誉不佳，给社会公众的感觉始终是刻薄商人的形象，只有成为政治家才能成为统治阶级的一员，并可将家族事业的基础建立在牢固荣誉的基础上。下定决心之后，弗朗西斯通过运作花了3 000英镑，不出意料地当选下院议员。在之后的150多年里，其家族一直保有议会议员的席位。

跨越大西洋的人脉网络

弗朗西斯很早就洞察到美国市场未来的重要性，早在1774年他就与美国费城的托马斯·维灵（Thomas Willing）和罗伯特·莫里斯（Robert Morris）建立起商业伙伴关系。托马斯·维灵后来成为美国第一个私有中央银行——美国第一银行（Bank of United States）的董事长，罗伯特·莫里斯更是美国最著名的银行大家族之一，美国立国的主要设计者之一。这些重量级的人脉关系对于巴林家族后来在美国的业务发展起到了关键性作用。

18世纪末，法国大革命造成的混乱局面使得巴林家族暂时将业务重心转向北美。1795年，美国驻里斯本公使戴维·哈弗雷斯（David Humphreys）与北非柏柏尔人政权（北非海盗）谈判美国商船在地中海的自由航行问题，急需用钱。美国政府要巴林家族代为发行价值80万美元的6厘国债，而在一个月后巴林家族就为美国筹得20万美元，解了驻里斯本公使的燃眉之急。时任美国驻英公使的鲁弗斯·金（Rufus King）为此专门写信给巴林，祝贺其"以慷慨的性情和熟练的手法帮助哈弗雷斯在如此重要的行动中取得成功"。并说道："我已经写信给我国财政部长告知您的事迹，并将要求他与我一样保证合众国政府将对您在这件事情上起到的重要作用保持良好印象。"[10]

当时，美国与法国之间的冲突一触即发，巴林家族出资4.5万美元为美国购得1万把滑膛枪和330颗门加农炮弹，这在当时足以装备一支大军。到18世纪结束的时候，巴林家族虽然还不是美国政府指定的欧洲代理人，但是一旦美国人需要从欧洲筹钱，总是会去找巴林。

巴林认为在法国大革命造成欧洲形势不稳的情况下，美国股市将成为欧洲投资者一个安全的避风港，于是组织英国投资者大举进军美国股市。到1803年，外国投资人持有的股票占美国股市总市值（大约3 200万美元）的一半。英国投资人投资美股，而美国又要将分红汇去英国，这就形成了一个紧密的跨大西洋的金融网络，居于这个网络中央枢纽的正是巴林家族。

托马斯·维灵从1790年起就成为巴林家族的忠实盟友，成为巴林家族在美国的金融代理人。至此巴林成为美国政府的正式代理人已经水到渠成。美国驻英公使鲁弗斯·金告诉巴林，美国政府决定委任“具有头等荣誉和稳定性的英国银行家族”为代理人，定期“给予大陆会议巨额融资”，并且资助美国派驻各国的外交使团。这类工作通常都很麻烦，并且佣金收入也微不足道，但是由此获得的声誉却是无价之宝。1803年，巴林家族被正式任命为美国政府在英国的金融代理人。

巴林银行标志

路易斯安那融资：史上最惊人的金融案例

巴林家族在世界金融史上堪称登峰造极之举，莫过于资助美国购买路易斯安那这一惊人的交易。

路易斯安那地区在密西西比河和落基山脉之间，北起加拿大，南到墨西哥湾，面积相当于现在美国中西部的13个州的总和。历史上路易斯安那一直是法国殖民地，七年战争失利之后被割让给西班牙。1800年，拿破仑帝国气焰正盛，西班牙不得已将这块殖民地归还给了法国。美国政府一想到在自己的家门口即将出现强大的法军就坐立不安。英国向美国建议先由英国征服这块殖民地，待欧洲战事平息后再将这块土地交给美国。这个建议简直比就要出现的法国陆军更让美国人惶恐。于是杰斐逊总统派出特使出访巴黎，试探拿破仑皇帝的口风，看能不能将路易斯安那的一部分卖给美国。令美国使团大喜过望的是，皇帝陛下打算将整个路易斯安那殖民地卖给美国。大方向既已确定，剩下的就是讨价还价，法国起初坚持1 500万美元，最后以1 125万美元成交。

其实，拿破仑有难言的苦衷。当时，拿破仑派2万人入侵海地全军覆没，急需资金来重整旗鼓。另外，拿破仑盘算过，如果美国和英国结盟，与法国开战，英国必将进攻路易斯安那地区，与其让它落入宿敌英国之手，还不如卖给美国；而且卖了这个地区，法国可解除后顾之忧，全力以赴控制欧洲。1803年4月，美法签订和约，美国轻而易举地获得了约260万平方公里的土地（相当于3.85个法国），每平方公里不到5美元。

现在的问题是，从哪里找到这笔钱？答案是现成的。早在法美两国在巴黎谈判交易金额的时候，亚历山大·巴林就作为巴林家族的代表居中协调，就是在亚历山大的努力下法国才同意将交易价格降至1 125万美元的。交易最终达成后，巴林-霍普顺理成章地承担起了为美国政府发行国债筹集资金的任务，在欧洲金融市场为美国政府发行5%利息的国债，其中霍普家承担40%，巴林家承担60%。这相当于实际上是巴林-霍普财团先行从法国购得路易斯安那，再将这块土地转卖给美国政府。

1803年6月英国对法战争重启，英法两国正处在军事对峙状态。阿丁顿首相难以容忍一家英国银行每月向其敌国支付百万法郎，间接帮助拿破仑准备战争，于是强令巴林家族暂停支付法国款项。而巴林家族只是轻松地将支付责任交给其盟友阿姆斯特丹的霍普家族代为执行，就轻易规避了政治风险。这时巴林家族与霍普家族的通信已被监控，霍普在给巴林要求代其向法国政府支付款项的信件回复时表示"我们不反对停止继续支付给法国的款项，而且也不能遵从你们的要求（代为支付）"。两家意见看似分歧，但是实际上，巴林知道霍普必定会给法国支付款项，霍普也知道巴林只是表面上口头抗议一番，这一切只是做戏给英国政府看。最后霍普和巴林从路易斯安那购买案这宗生意中总共爆赚了300多万美元。

1812年英美战争：巴林家族里外通吃

1806年，美国前副总统艾朗·布尔（Aaron Burr）被指控阴谋肢解美国，大家都相信他想把美国重新置于英国统治之下。一时之间两国民众敌意急剧上升，战争的阴云密布大西洋两岸上空。除此之外，英法之间的战争使英国施行封锁欧洲大陆的禁海政策，美国与法国的贸易因而大受影响。英国海军还经常在距离美国海岸不到3英里的区域执法，明显侵犯了美国领海，美国方面百般交涉，英国照样我行我素。双方冲突的可能性进一步加大。

另一个战争的主要原因是美国第一银行问题。第一银行是1791年建立的美国第一家私有中央银行，巴林家族乃美国第一银行的大股东之一。托马斯·维灵正是美国第一银行的董事长，他和巴林是近30年的商业老伙伴。

1791年美国政府授权美国第一银行成立时，只给了20年的有效期，第一银行的运作将在1811年届满。美国内部对美国第一银行的成立从一开始就存在着激烈的争论，最终反对派意见占了上风，美国政府在1811年3月3日停止给美国第一银行新的延期，美国第一银行关门大吉。此事对拥有美国第一银行70%控股权的英国银行家来说，是个极大的刺激。巴林、罗斯柴尔德等家族的核心利益受到严重挑战。

对于巴林家族而言，这同时也是一次难得的好机遇。哪里有战争，哪里就有机会。特别是对于巴林家族这样在英美两边都能通吃的银行家更是如此。战争爆发，英美两边的国债发行势必扶摇直上。此时巴林在大西洋两岸都主导着债券承销业务，这一把赚下来，顷刻就能达到富可敌国的程度。同时，战争势必迫使经济弱小的美国深度负债，从而在金融上加大对巴林的依赖，没有钱如何进行战争？美国政府最终必然在政治上屈服，同意私有中央银行在英国银行家的控制之下运作。这时候，巴林再出面做好人，两边劝架，在英美双方都赚个好人缘。

1812年，英美战争终于爆发。情况发展不出所料。战争打到1814年，美国就已债台高筑，7月出售的600万美元战争债券，在市场上以惨不忍睹的两折出售。不仅当年的政府财政出现严重入不敷出的局面，而且1815年的战争经费也毫无着落。美国海军部长威廉·琼斯惊呼："必须紧急行动起来，而且要快！不然我们将会出现历史上前所未见的局面，在没有资金的情况下维持我们的陆军和海军，而且还要进行一场艰苦卓绝的战争。"这位可怜的海军部长就像乞丐一样翻遍了国库的每一个角落，试图找到起码的资金来维持一些最紧迫的军事防御行动。海军水手的招募完全陷入了停顿，因为"水手们没有现金是决不上船的"。

战争部的情况也好不到哪里去。斯普林菲尔德（Springfield）军工厂由于缺乏资金已经完全停工了。弗吉尼亚这个美国"最民主"的州，因为缺乏粮饷发生了士兵哗变。新罕布什尔州由于没有现金改发国债给退役军人，"激起了他们痛恨政府的情绪"。其他地区的军队宣称如果不能及时领到薪水，他们将占据军营，并贱价出售政府财产。士兵被拖欠军饷的时间已长达6~12个月，个别地区甚至更长，士兵们甚至一年连可怜的30美元薪水都拿不到。许多地区的军队出现大量逃兵，军官们非但没钱去抓捕逃兵，甚至连在当地发广告要求举报逃兵的费用都出不起。新英格兰地区的军事监狱因没钱运转而解散，纽约的战地医院药品和补给早已耗尽。政府官员和军队官员有时不得不以私人名义向别人借钱来应付一些最紧迫的开支。[11]

战争永远是一部吞噬财富的巨大机器，没有钱想打一场长期战争是痴心妄想。从另外一个角度看，金钱又是战争的主人，它既是战争的目的，又是驾驭战争的工具。国际银行家们正是深谙此道，才酷爱战争。在战争中，他们不仅可以大获其利，更能驾驭政府，左右战后政策，更好地实现长期赢利的战略目的。

在战争中，作为英国公民，巴林自然不能在伦敦市场上公然资助美国，不过在欧洲其他城市通过他们的代理人承销美国债券，那是谁也管不着的。巴林家族不仅积极计划战争结束之后重返美国市场，甚至在战时继续为持有美股的投资人支付股息。1813 年，美国政府终于在 7 月派出代表团赴欧洲与英国进行和谈。美国人以为英国会欢迎俄国作为调停人，于是首先赶赴圣彼得堡。

弗朗西斯的儿子亚历山大 · 巴林开始粉墨登场，向英美政府两边卖人情了。他充当美国代表团团长加拉庭（Gallantin）和英国外相卡斯尔雷（Castlereagh）之间的协调人。他告诉他的美国朋友，英国人绝对不会欢迎俄国人扮演调停人的角色，他在信中指出："在一场家庭争端之中，外人的干预只会起到负面作用。"加拉庭最终在 1814 年 3 月抵达伦敦。加拉庭的儿子詹姆斯抱怨说："我发现比起巴黎和圣彼得堡来说，伦敦要无趣得多，我们并不处在一个受人欢迎的环境，我们经常受到很多人邀请，但是总感觉到有些拘束……唯一让我们感觉真正自在、真正受欢迎的地方是在巴林先生的家里。"

从某种程度上来说，正是在巴林家族的"酷爱和平"的感召之下，1815 年英美两国最终实现了停战。巴林和其他英国的银行家们成功地发了大财。美国政府屈从国际银行家的压力，在 1815 年 12 月承诺成立第二个私有中央银行——美国第二银行。巴林如愿以偿，在拿破仑战争结束后的数十年内，他一直掌控着英美跨大西洋贸易和金融命脉。

法国战后赔款：巴林晋升欧洲第六强权

如今在欧洲有六大强权：英国、法国、俄国、奥地利、普鲁士和巴林家族。

——法国首相黎塞留

1815 年，法国战败，拿破仑被流放。根据《维也纳和约》，法国必须支付 7 亿法郎的战争赔款，并在 5 年中承担 15 万反法联军在法国的费用。"屋漏偏逢连夜雨"，1816 年，法国农业歉收，国库空虚。战后复辟的波旁王朝得不到国内金融财团的信任和支持，不得已转向当时欧洲最强大的英国巴林家族求助，以期早日清偿对战胜国的赔款，使法国境内的外国占领军尽快撤离。

在英国驻法大使威灵顿公爵和法国首相黎塞留公爵（路易十四的名相红衣主教黎塞留之孙）的支持下，奥弗德（Gabriel-Julien Ouvrard）代表路易十八前往伦敦求见巴林家族。这个奥弗德曾担任拿破仑财政顾问，多次因为账目不清被投入监狱。此人精通权变，口才极佳，和首相黎塞留、国王路易十八关系亲密，按现在的标准看，属于一个标准的大忽悠。

奥弗德告诉巴林家族，黎塞留首相和财政部长考沃托（Corvetto）全权委托他与英荷财团谈判贷款事宜。巴林家族起初并未将此事放在心上，因为这个没名没分的"中间人"并不靠谱，所以也没有明确的态度。

奥弗德回来之后，添油加醋地告诉法国的部长们，巴林和霍普家族对此事是如何之感兴趣，非常倾向同意达成这笔交易。黎塞留首相和财政部长听得喜出望外。在奥弗德的长袖善舞之下，双方将错就错弄假成真，开始就贷款细节进行谈判。在谈判所在地法国杜伊勒里宫（The Tuileries），巴林和霍普家族被反对贷款的人所包围，霍普家族还驻足倾听反对意见，而巴林家族则耸耸肩不屑一顾，继续推进贷款项目。法国外相塔列朗（Talleyrand）从一己私利出发不愿看到谈判达成协议，而路易十八本人则表示他愿意在巴黎欢迎巴林的到来。

到 1816 年 12 月，谈判已进展到相当程度，威灵顿公爵正式写信知会英国外相卡斯尔雷，法国公债总额约为 3 亿法郎（约合 1 200 万美元），其中相当于 200 万英镑的份额将在伦敦金融市场发售。巴林家族获得了奥地利首相梅特涅等欧洲主要政治家的支持，他们自己也纷纷购买了巴林家族承销的法国国债。巴林家族与其巴黎的伙伴雅克 · 拉菲特（Jacques Laffitte）通力合作，顺利完成了承销任务，分 3 期为法国政府筹得 3.15 亿法郎。

在筹款过程中，原先对王室持不信任态度的法国财团在巴林家族的带动下，开始支持法国公债，在前两期贷款中他们认购了 1/4 的公债，到第三期他们认购的份额达到了一半之多。巴林家族一时在法国金融界独领风骚。威灵顿公爵在给友人的信中评论道："巴林将法国财政掌握在自己手中，法国公债在英国债券市场也如鱼得水。巴林在某种程度上几乎控制了全世界的金融市场。巴林会感觉到他所拥有的（这种金融）权力的威力，并且会认为任何对抗他的行动都不太容易取胜。"作为身经百战的老将，威灵顿的这番话中既有赞誉，也暗含警告。

在整个代理法国政府赔款的项目中，反法同盟国得到了赔款，法国从外国占领的负担下解脱了出来，巴林家族则狂赚了72万英镑，不仅赚得盆满钵满，而且政治地位也如日中天，可谓皆大欢喜。巴林家族收获的不仅是丰厚的佣金收入，他们的声誉也远远超过任何其他银行家族。法国首相黎塞留感叹道："如今在欧洲有六大强权：英国、法国、俄国、奥地利、普鲁士和巴林家族。"

巴林家族的事业达到巅峰。

就像一切达到巅峰的东西一样，最为辉煌的那一刻往往预示着衰落的开始。正如威灵顿公爵所言，已经有其他银行家族准备站出来反对巴林家族在金融领域一手遮天的霸权地位。其中力量最强大、最可怕的对手，就是在拿破仑战争中崛起的罗斯柴尔德家族。正是罗斯柴尔德家族在巴林家族达到事业巅峰之后的10年中，将巴林从金融王座上拉了下来，并取而代之。

法国公债合同：双雄结仇

1815年，罗斯柴尔德家族在拿破仑战争的血与火的历练中，利用其发达的金融情报网络，以早于市场得知滑铁卢战役结果的时间差，大手笔先做空英国公债，再在公债价格暴跌之后，海量吃进，等官方战报传回伦敦之时，罗斯柴尔德家族已经一举夺得了英国公债市场上的定价权，成为世界金融史上的经典战例。

罗斯柴尔德家族在拿破仑战争中纵横捭阖，在欧洲金融市场迅速崛起，到拿破仑战争结束时已经具备了问鼎世界金融霸主的雄心和实力。罗斯柴尔德在与巴林争夺法国公债合同中，拉开了一场深刻影响世界近代史的金融争霸战的序幕。

在巴林与法国政府谈判代理法国公债事宜的同时，新兴的罗斯柴尔德家也在积极活动。他们利用家族在法兰克福、维也纳、巴黎和伦敦所形成的强大而有效的犹太银行家销售网络，决心在法国公债承销这笔巨额生意中分一杯羹。

最初形势似乎对罗斯柴尔德家族更有利。罗斯柴尔德在法国波旁王朝复辟过程中为其提供了大笔贷款，而且罗氏家族的老朋友、法国外相塔列朗在波旁王朝政府中地位举足轻重，一时间罗斯柴尔德家对法国朝政的影响力显赫一时。不过，好景不长，随着塔列朗的去职，法国成立了以黎塞留公爵为首的新政府，而后者正欲着力削弱罗斯柴尔德家族在法国的地位。坐镇巴黎的罗氏家族老五詹姆斯极力接近黎塞留首相的秘书，这位秘书也经常向罗氏家族通告一些有价值的政府真实意图。不过，在1816年秋冬之际，法国政府还是把承销公债的业务交给了巴林－霍普财团。更令罗斯柴尔德家族郁闷的是，巴林－霍普财团竟然将罗氏家族完全排除在这笔大单之外。

詹姆斯无奈之下，起初寻求加入巴林－霍普财团，争取第三批法国政府公债的部分承销权，结果到1817年年底谈判破裂，罗斯柴尔德一无所获。气急败坏之下，詹姆斯怒斥巴林“口是心非，表里不一”。

罗氏家族老二所罗门从巴黎返回伦敦后，情不自禁地对巴林家族的手段“羡慕”不已，“巴林就是个地地道道的恶棍。今天他和拉斐特跑来与我们一块吃饭……我们必须紧盯着他的一举一动。他对影响力的运用和操纵与我们一样娴熟。在巴黎的每一个政要无不与巴林关系密切……俄国驻巴黎大使波左·伯格（Posso di Borgo）站在法国的一边，并且在巴林的影响下行事……法国财政大臣与巴林利益均沾、狼狈为奸，这个财政大臣简直就是大臣里面最贪得无厌的家伙之一”。

然而，詹姆斯在1817年3月给所罗门的信中也不得不承认：“你曾劝我不要太担心巴林，因为没有人能一手遮天，但是你不知道他们有多聪明。”几天之后，詹姆斯与霍普家的女婿皮埃里·雷波切尔会面，此时雷波切尔已成为霍普家族的实际掌门人。詹姆斯认为雷波切尔是一个“善良和聪明的人”，他对其说道：“我从未见过他那样的男人。我向你保证他们都是商业专家，都是绝顶聪明的家伙。不幸的是他们发展得太强大，以致其他人几乎无法生存。”

经过反复努力，在1817年法国公债承销中，罗氏家族只分到区区5万英镑的份额。巴林吝啬地表示，就只有这么多了。当时巴林在巴黎的主要合作伙伴是拉斐特家族（Jacques Laffitte）。

在给所罗门的信中，詹姆斯报告说他拜访了拉斐特：“他向我许诺，我们绝不会在下一次政府公债承销中被排除在外……然而我不相信从这个法国佬牙缝里溜出来的每一个字。”在接下来的数月中，亚历山大·巴林拜访了罗斯柴尔德家族，试探性地提出要给予罗氏家族与巴林－霍普财团相同份额的法国国债承销份额。但是到了这一年年底，巴林又用这个用了无数次的托词来婉拒罗氏家族：“只要我的合伙人雷波切尔同意，我们就可以平分这笔法国公债，但是雷波切尔把自己看得比救世主还伟大，他希望独自去处理这笔公债。”罗斯柴尔德差点气疯了，巴林家族的每一次背信弃义都让罗氏家族抓狂。

巴林也曾一度同意罗氏家族与其商业伙伴拉斐特合作，但是此时又改变主意，不惜祭起反犹主义的法宝，告诉他的合作伙伴们，未经允许不得与犹太人做生意。听到这个消息，罗斯柴尔德想死的心都有，痛下决心组织了一个反对巴林-霍普财团的同盟，试图挑战巴林的金融霸权。

从巴林和罗斯柴尔德两个家族的家族档案中找到的几封信里可以看出双方的态度，其中罗斯柴尔德抱怨巴林“口是心非”、“狂妄自大”，巴林则指责罗斯柴尔德“作弊”、“恶毒”。公平地说，这些相互指责中至少有一部分对他们而言是客观的评价。

1818 年 5 月 30 日，巴林和霍普获得了 2.65 亿法郎的债券承销业务，他们给了拉斐特 2 000 万法郎的额度，却只给了罗斯柴尔德 1 000 万法郎。同年，巴林-霍普财团获得了一笔 300 万英镑的奥地利政府公债。罗斯柴尔德被邀提供财政支持，但是无权处理贷款本身。詹姆斯抱怨道：“这些人有着令人难以置信的傲慢。昨天在内政部长那里，我正与贝斯曼聊天，雷波切尔与我擦肩而过，甚至都没说一声晚上好……”从此，雷波切尔的“好人”形象在詹姆斯的脑海中被抹去了。

在柏林的罗氏家族老四卡尔对兄弟的恼怒进行了更有哲学深度的评论：“首先我们是犹太人，其次我们不是生下来就是百万富翁，最后我们正与巴林家族激烈竞争。既然如此，为什么要求他们成为我们的好朋友呢？”

无论谁是谁非，1818 年罗斯柴尔德家族被激怒了，巴林为自己制造了一个强大而可怕的敌人。罗斯柴尔德要开始报复了。

谋定而后动：罗斯柴尔德终成霸主

对罗斯柴尔德家族来说，1818 年最重要的事就是怎样才能最大限度地“打疼”巴林家族。当然对于打击对手来说，罗斯柴尔德家族自有其一套炉火纯青的看家本领。

他们的做法是，首先在市场上大量吃进巴林家族代理的法国公债，将其价格炒高。随后在同盟国亚琛峰会的节骨眼上，突然在市场上海量抛售这些法国公债，一下将其价格打到崩盘的价位，市场立刻一片恐慌。此时，在毫无思想准备的情况下，巴林家族不得不大量回购这些公债以稳定价格，结果杯水车薪无济于事。由于现金流吃紧，巴林家族几乎垮台。幸亏参加峰会的各大国政治领袖不愿看到法国国债崩盘对欧洲局势可能产生的爆炸性影响，梅特涅和普鲁士、俄国的亲王、首相们纷纷出面从政治上支持巴林家族，因为他们自己的身家财富也都投在了巴林代理的这些法国公债上，于公于私都只能力挺巴林和法国公债。法兰西银行又果断出手整顿金融市场、遏制市场投机，这才稳定了局势，法国公债价格重新稳定走高，巴林终于幸免于难，不过也惊出一身冷汗。抚古思今，唏嘘长叹，不知2008年的雷曼兄弟又是倒在谁的暗算之下。

这只是罗斯柴尔德家族打击巴林家族的小试牛刀。他们真正的战略算盘是，既然巴林–霍普财团垄断了法国赔款公债的承销权，那么罗氏家族就应当谋求成为俄普奥三国“神圣同盟”的金融代理人。在将这三个欧洲大帝国整合进自己的金融网络之后，再与罗家在英国公债市场上的优势地位有机结合起来，从东西两个战略方向上对巴林家族的金融网络进行毁灭性打击，最终将巴林家族的势力从欧洲金融舞台的中央排挤出去。

经过25年漫长的反法战争，欧洲各国无不打得民穷财尽、遍地废墟，急需获得大量资金恢复国民经济。作为欧洲反法战争的主力军和主战场，普鲁士、奥地利、俄国三国自不例外，都急需在英法发达的金融市场上大量融资。

正如若干年后英国首相迪斯雷利所言：“经过25年漫长的血腥战争，欧洲必须获得资金来维持和平……法国需要很多钱，奥地利需要更多，普鲁士所需稍少，俄国则需要好几百万。”而当时欧洲“第六强权”巴林家族的全部精力和财力都投入运作法国赔款公债，根本无暇他顾。罗斯柴尔德家族抓住这一战略时机果断出手，先后与普鲁士（1818年）、奥地利（1820年）和俄国（1822年）分别达成代理发行巨额国债的合同，将这个在欧洲权倾一时的“神圣同盟”牢牢地纳入自己的金融网络。而这三国对于罗斯柴尔德在伦敦金融市场的控制力也叹为观止：“罗斯柴尔德对伦敦的所有金融业务都有令人难以置信的影响力。大家都认为，而实际上也最接近于事实的是，他们完全控制了伦敦金融城融资汇兑的利率。作为一个银行家族来说，他们所掌握的权力近乎无远弗届。”

事实上，罗斯柴尔德对“神圣同盟”三国的影响力十分深远，关系非常密切，以致人们指控内森·罗斯柴尔德是“神圣同盟”的“保险经纪人”，帮助“神圣同盟”扑灭欧洲“政治之火”（即自由主义浪潮）。1821年，内森甚至收到了一封死亡威胁信，因为“他与外国强权的联系，特别是对奥地利（梅特涅）的大力支持，使得那个政府（梅特涅）能够策划镇压全欧洲的自由”。

罗斯柴尔德的势力大增，巴林家族“第六强权”的地位岌岌可危。

偏偏在这个节骨眼上，整个巴林家族的商业素质和进取精神衰退，其家族主要成员兴趣不是偏向了政治，就是转向了文学艺术和其他声色犬马的生活。家族的核心亚历山大本人越来越少过问家族的生意，而是把主要注意力转向了纵情山水、艺术追求和下院的政治斗争。由于巴林家族的非犹太身份，在传统反犹的欧洲政界机会更多，这就将巴林家族的很大注意力引向了政坛斗争，对于金融业务的精力投入相应降低。而高手过招最忌分神。

巴林家族的投资方向也出现了失误。首先是大量投资地产，由于陷得过深，不得不大量抽取银行自有资金支持地产投资，结果使得巴林投行业务的自有资本金从1821年的62.2万英镑，在两年内锐减到这个数字的1/3左右。相比之下，罗斯柴尔德却有更充足的资金和分布更广的分支网络支持其投行业务。而巴林家族投资拉美的业务屡屡受挫，损失极大，也削弱了巴林的金融实力。

另一个值得关注的大趋势就是，1809~1939年，世界上自有资金过百万英镑的投资银行家有31位，其中犹太人就有24位，占到总数的77.4%，而英国国教信徒只有4位，仅占12.9%，巴林就是这4家中的一家。整个19世纪，犹太银行家们在德国起家，迅速扑向世界各地，形成了以罗斯柴尔德家族为核心，英国方面军有朗热家族，德国方面军包括奥本海默、门德尔松、布雷施劳德、沃伯格、厄兰格家族，法国方面军则包括福尔德、海涅、贝列特、沃尔姆斯、斯特恩家族，美国方面军包括贝尔蒙特、赛利格曼、希夫、沃伯格、雷曼、库恩、雷波、高曼家族。这些家族形成了集团军作战的态势，互为犄角，相互通婚，利益互锁，逐渐形成了一个庞大而绵密的金融网络，外人越来越难以打入这个圈子。结果在投资银行这个犹太银行家所主导的汪洋大海中，巴林家族能够得到的商业机会越来越少。

此消彼长，巴林家族的衰退，给了处于上升期的罗斯柴尔德家族赶超的机会。罗斯柴尔德家族也确实抓住了这个机会。首先是1822年俄国650万英镑公债的承销被罗氏家族一举拿下，而在这之前俄国政府公债业务一直是由巴林－霍普财团垄断。为此，巴林－霍普财团指责罗斯柴尔德家贿赂了俄国驻伦敦大使列文亲王，才拿到了这笔公债合同。

1824 年法国政府国债准备发行，此时的罗斯柴尔德家族已经反客为主，巴林家族沦落为参与者而非从前的决策者。坐镇巴黎的詹姆斯·罗斯柴尔德召集他伦敦的堂兄弟、法国首相、巴林家族和拉斐特开会，提出了重组法国债务的计划，罗斯柴尔德和拉斐特对巴林的意图极不信任，因此两家在协议的补充条款上加上了这么一条：如果巴林退出，他们两家就自己把这笔法国债务处理好，从而将巴林家族排挤出处理法国债务问题的核心圈子之外。巴林合伙人在信中告诉正处于政治旋涡的亚历山大·巴林："总的来说，罗斯柴尔德家计划周详，非常聪明，手段老到——但是，就像战时的拿破仑一样，一旦有突发状况，他们就会像其他人一样堕入平凡。我真希望我们能摆脱他们的掌控。"

到了 1825 年，局势越发明朗，罗斯柴尔德家族已经无可争辩地成为国际金融领域新的霸主。在 1825 年罗斯柴尔德伦敦分行的资本金有 114 万英镑之多，巴林家族相应的资本金只有 49 万英镑，不及前者的一半。而罗斯柴尔德家族银行的总资本金高达 500 万英镑以上。1825 年 7 月，巴林银行的分红还有 12 万英镑，一年之后却亏损了 5.6 万英镑，巴林家族甚至连第二把交椅的位置都岌岌可危——虽然巴林在资本金的账面数字上仍然超过除罗斯柴尔德之外其他所有银行家族，但是美国巴尔的摩、纽约和波士顿的布朗兄弟公司（Brown Brothers）崛起速度惊人，紧随其后，其资本金达到 35 万英镑之多，并且增长速度超过巴林。巴林虽然勉强保住了第二的位置，在国际巨额信贷融资和国际关系领域依然起到举足轻重的作用，但是舞台的主角已经变成了罗斯柴尔德。

金融家与政治家

毫无疑问，政治和金融从来是手拉手的。

——罗斯柴尔德[12]

19 世纪中期以后，罗斯柴尔德家族巩固了世界金融霸主的地位，同时开始向权力巅峰攀登，他们在政坛上的影响力和作用越来越浮现出来。他们同各国首脑政要结成非同寻常的私人关系，广泛深入参与国政大事的决策和施行。从不登台面的幕后"师爷"逐渐演变成各个党派和政界势力不敢小觑的新生力量，进而成为被极力

英国首相本杰明 · 迪斯雷利

争夺的重要对象。

英国自由党领袖格朗维尔伯爵郑重向女王进言，罗斯柴尔德代表着一个特殊阶层，以他们巨大的财势、出众的头脑、无所不至的人脉关系和对下院众多席位有着不可忽视的影响，最好尽快把他们纳入贵族阶层，以防他们归入保守党的阵营。

罗斯柴尔德家族和英国首相迪斯雷利的私人关系非同寻常。迪斯雷利的当选，很大程度上靠的就是罗氏家族这个财大气粗的金主的背后支撑。迪斯雷利多次赞扬罗斯柴尔德家族和其他犹太富豪对自由党的忠诚。而在他执政期间，英国政府的海外扩张以及对犹太复国主义运动的支持也达到了空前的高度。罗斯柴尔德和首相迪斯雷利互相称呼为“我最亲爱的朋友”、“我们家族最好和最可信赖的朋友”。

英国首相迪斯雷利也是犹太人，在英国政府的政治生涯长达30余年。他从1838年就认识了罗斯柴尔德并成为罗氏家族亲密的朋友，他于1848年首次当选首相。1846年，莱昂内尔 · 罗斯柴尔德就帮助迪斯雷利操作法国铁路的投机生意。首相是资深政治家，同时是一位多产的文学作家，但在个人理财方面却极不运气，始终面对一团糟的欠债。多亏莱昂内尔出手帮忙，仅1846年就帮迪斯雷利还了超过5 000英镑的欠款。

坊间一直流传迪斯雷利个人财务状况极糟，负债累累。而罗氏家族的钱袋始终跟在他身后，出手料理着首相的欠款。对此罗氏家族给予了正式否认，并列出一张清单，说明首相自己的收入，尤其是他发表文学作品所得的稿费足以还清欠债了。的确，罗氏家族作为债主应该对首相的财务状况最为了解。

迪斯雷利和他的太太玛丽安没有孩子，几乎把罗氏家族的5个孩子视为己出，所有假日都同罗氏家族共度。1845年夏天，玛丽安宣布立罗氏家族6岁的女儿伊芙琳娜为迪斯雷利夫妇全部财产的唯一继承人。罗斯柴尔德夫人夏洛蒂受宠若惊，谦逊推辞。但首相夫人已经把遗嘱都写好了：“我们早是一家人了。”并且把最心爱的蝴蝶配饰指定给伊芙琳娜佩戴。

这可不是一般的交情啊。

迪斯雷利虔诚信奉犹太教，将莱昂内尔认作宗教信仰上的知己，二人在无数次倾心长谈中充分交流他们对政治和国事的共同理念。

在迪斯雷利最出名的小说《科宁斯比》中，男主角被公认为是以莱昂内尔和迪斯雷利为原型的综合体，在出身背景、职业、宗教信仰、个性甚至是相貌上，男主人公俨然是莱昂内尔的翻版。[13]

除了迪斯雷利首相，英国另外一位首相罗斯伯里伯爵甚至还成了罗氏家族的女婿，他娶了汉娜·罗斯柴尔德。1884 年，罗斯伯里时任英国外相，罗氏家族伦敦银行从刚发行的埃及贷款中拨出 5 万英镑给罗斯伯里使用，这笔钱就直接划进汉娜的账户。罗氏家族银行越来越能将天下事、国事、家事融会贯通，一举拿下。

由于政界关系做得到位，1865~1914 年英国总共发行了 40 亿英镑的各国债券，罗氏家族承办了其中 1/4 的巨大份额。在他们之前的巴林银行，其后的摩根集团，以及同时期的美国赛利格曼都难以望其项背，罗斯柴尔德银行在世界金融市场的霸主地位是不可动摇的。

对于所有政治家而言，战争无疑是昂贵的。1899 年，波兰作家兼银行家伊万·布劳其估计，在主要欧洲国家之间开战的费用大约是每天 400 万英镑。1902 年，英国著名经济学家约翰·霍布森（John Hobson）说，只要罗斯柴尔德银行和它的关系户们反对，没有一个欧洲国家能打得起战争。[14]

苏伊士运河：罗斯柴尔德的金融闪击战

对于英国而言，从大西洋到它的最大海外殖民地——印度——的最佳路径就是从直布罗陀海峡，经马耳他到埃及，再从埃及到印度，这是一条被英国视为不容任何挑战的“帝国生命线”。作为海洋帝国，英国必须依靠海军，而海军则依赖坚固的海外基地。19 世纪英国海军全盛时期，英国已经建立起完备的海军基地。在大西洋，有加拿大的菲利法克斯和百慕大；在印度洋，有孟买和亭可马里；在太平洋，有中国香港和加拿大西岸的艾斯奎马特；在红海，有亚丁港。这些海军基地分别地处各大洋的咽喉要道，牢牢地控制着全球海上重要的航运水道。但是，埃及的苏伊士却是一个通往帝国海外最大殖民地印度的关键地区，恰恰是这一地区构成了帝国生命线最薄弱的环节。

埃及自1801年赶走拿破仑，1805年穆罕默德·阿里执政，建立了阿拉伯人的帝国，1840年被迫接受《伦敦条约》，走上了半殖民地的道路。在阿里王朝的阿巴斯一世统治时期（1849~1854年），西方殖民势力乘虚而入。1851年英国获得了修建亚历山大至苏伊士铁路的特权。1854年，法国获得修建和使用苏伊士运河的租让合同，1869年，法国工程师费迪南·勒赛普斯在法国资本的支持下，建成了著名的苏伊士运河，从此将地中海与红海连成一体，大大缩短了大西洋到印度洋的航运距离，成为极具战略价值的黄金水道。每年通过运河的70%的船队属于英国，英国与印度贸易的50%通过苏伊士运河进行，难怪苏伊士运河被俾斯麦称为“大英帝国的脊柱”。

不过，这个帝国脊柱有可能被英国的最大竞争对手法国拦腰斩断，这是让英国人始终寝食难安的一个重要原因。

英国首相迪斯雷利上台以后，曾委托老朋友莱昂内尔·罗斯柴尔德到法国去试探能否出钱将苏伊士运河买下来，但被法国政府阻止了。

1875年11月14日，这一天正好是周日，迪斯雷利首相又来到罗家做客。宾主正在把盏言欢之间，罗家信使送来家族巴黎分行的一封密信。莱昂内尔看了之后告诉迪斯雷利，埃及总督负债累累，急需出售17.7万股苏伊士运河公司的股份，他先向法国政府提出动议，但对法国方面的报价和反应速度很不满意，他就是要迅速套现，越快越好。

迪斯雷利和莱昂内尔同时意识到这是一次重大的机遇。想了半晌，迪斯雷利只问了一句话：“多少钱？”莱昂内尔马上发电询问巴黎方面对方的报价。在焦急的等待中，迪斯雷利再也没有心思品尝被他称为“伦敦最好吃”的罗家晚餐了。等上白兰地的时候，罗家快报又到了，对方报价400万英镑。

迪斯雷利毫不犹豫地说：“我们一定要拿下运河。”莱昂内尔没有正面表态，他需要的是再次核实情报的准确性。星期一上午，情报被确认无误。

现在他们的当务之急就是在别的国家没有反应过来之时立刻搞定这笔买卖，出手一定要快，同时更要高度机密。但是，当时议会正在休假，来不及重新召集开会进行冗长的辩论。首相也不能去找英格兰银行，“老太太”（英格兰银行）的反应迟钝，同时也没有这么多现金，并且法律规定英格兰银行无权在议会休假期间给政府放贷。找股份制银行也行不通，他们还得召集董事会，然后是英国绅士般地慢慢讨论。如果在金融市场进行募集，一是这样大的一笔巨款难以短时间筹措完成，二是动静太大容易走漏风声。只有罗斯柴尔德银行能堪当此任。

英国首相迪斯雷利立即召集他的内阁大臣开会，会上的议题就是授权向罗家借款。迪斯雷利派自己最亲信的首席私人秘书守候在内阁会议室外面，会上一经达成决议，他立刻探头出来说了一声“Yes”，私人秘书立刻跳上早已在门口等待的马车，飞奔去见莱昂内尔·罗斯柴尔德。气喘吁吁的秘书一见到莱昂内尔就说：“首相急需 400 万英镑，明天就要。”莱昂内尔不慌不忙地拿起面前的一颗葡萄，慢条斯理地吃起来，然后吐出葡萄皮，问道：“首相用什么作担保？”回答是：“英国政府。”莱昂内尔淡淡地说：“好吧，你们得到这笔钱了。”

迪斯雷利向女王报告的时候难掩兴奋和激动：“这回法国出局了，他们没戏了。400 万英镑！立刻就能拿出来！能做到这件事的只有一家银行，罗斯柴尔德！”[15]

罗斯柴尔德如此痛快地慷慨解囊当然不是见义勇为，如果这笔投资的回报率达不到他的目标，别说是英国政府作担保，就是拿女王来质押，罗家也未必肯干。驱动莱昂内尔一口答应下来的是这笔投资的利息：3 个月利息 15 万英镑，相当于年息 15%，这是笔毫无风险的快钱！

更何况罗家此举的深层意义又在钱之外，通过对苏伊士运河收购的财政融资，罗斯柴尔德踏上一个难得的进阶，向英国内政外交的核心决策层进一步靠近，把关系做得更实了。出了这笔钱之后，罗家对英国和埃及的外交政策和事务就名正言顺“说得上话了”。这件事成为一个战略拐点，罗家对英国公共政策和事务的影响及参与开始超过“政治挂帅”的巴林银行。

英国如此热衷苏伊士运河工程，着眼于对埃及政治经济的全面控制。而随着英国势力在埃及的深入渗透，罗斯柴尔德银行顺风搭车，把融资业务全面铺进埃及。1885~1893 年，罗斯柴尔德银行和布雷施劳德联手，由罗家伦敦、巴黎和法兰克福机构主导，包揽了埃及最大的四宗国债发行，总额接近 5 000 万英镑。

罗斯柴尔德和其他犹太银行家在“政治站队”上选择了自由党，并大力支持自由党的“帝国主义”海外扩张政策。英国在 19 世纪末大力拓展海外势力，靠的是犹太财主丰厚的金钱滋补。而以罗氏为首的犹太银行家们借助英国的殖民扩张不仅获得巨额经济回报，更把他们的“金手指”伸进了全世界的金融命脉。

拯救宿敌巴林银行

19 世纪 80 年代，南美洲异军突起，以其丰富的矿产和自然资源（巴西的咖啡和橡胶，智利的磷矿和铜矿，阿根廷的铁矿）为基础和后盾，经济获得飞速发展。其中阿根廷风头最劲，在南美洲一枝独秀。南美各国都在迅速扩张工业，产能和经济数字不断创造历史纪录。以巴林银行为首的英国银行持有巨量南美各国的债券。巴林银行持有最多的是阿根廷的债券，罗斯柴尔德则看好巴西。

1888 年，执掌罗斯柴尔德伦敦银行的奈提 · 罗斯柴尔德开始陆续发表他对阿根廷的担忧，比如“阿根廷经济发展过热”，“阿根廷的实际经济增长已不能支撑它的负债水平”，进而预言“阿根廷的资本市场将出现崩盘，而这场危机会迅速殃及其他国家”。

两年以后的 1890 年，阿根廷的经济泡沫破碎，爆发经济危机，其债券如雪崩般贬值。首当其冲的就是巴林银行。由于阿根廷债券巨幅贬值，加上俄国政府雪上加霜地突然大量抽走在巴林银行的存款，巴林银行连遭重创，现金流干涸，顿时陷于破产边缘。

英格兰银行立刻发起对巴林银行的救援，呼吁各大银行共同出手拯救巴林。奈提 · 罗斯柴尔德立刻给予了积极的口头响应：“如果巴林银行倒下的话，绝大多数伦敦的金融机构都要随之崩溃了。我们会尽最大努力防止灾难发生。”当巴林危机愈演愈烈，罗氏伦敦银行在一个月内两次紧急从巴黎分行抽调相当于 200 万英镑的资金和 100 万英镑的黄金，以助英格兰银行应对资金短缺。

救助巴林银行的时间紧迫到以小时计算，英格兰银行把众银行巨头召集起来，督促救援方案。巴林的命运一次又一次落到罗斯柴尔德手中。奈提多次在紧急会议上犹豫不决，提出需要“征求其他兄弟的意见”。在另一银行巨头科瑞决定加入救援后，英格兰银行急不可耐，不断向奈提施压：“没有你，我们也必须继续（拯救巴林银行）了。”终于，奈提极不情愿地首肯了。

有了罗斯柴尔德和科瑞银行牵头，各银行纷纷出资投入巴林救援资金，在 24 小时的最后期限截止时，救援资金达到 1 000 万英镑，后来增加到 1 700 万英镑。[16]

巴林银行在命悬一线的时刻被拯救了。

关于 1890 年巴林银行危机中罗斯柴尔德家族所起的作用，史学界提出三个问题：第一，这场危机中是否存在“犹太人的手指”？众所周知，罗斯柴尔德家族和巴林家族是金融界的瑜亮，互为死敌和强劲的竞争对手。奈提甚至在两年前就预言了巴林的危机，他是否在指向巴林的枪上扣响了扳机？第二，究竟是什么最终促使奈提担当了拯救巴林的排头兵？第三，为什么罗斯柴尔德银行没有遭受巴林银行的厄运？

对前两个问题，执掌罗斯柴尔德巴黎银行的阿尔方斯·罗斯柴尔德评论说，巴林银行实质上已成为整个英国商业和经济的信用基石。一旦巴林倒下，英国在全世界的信用都将严重受损。从保护自身利益的角度出发，罗斯柴尔德银行最终决定要尽全力拯救巴林。

关于第三个问题，罗斯柴尔德银行回答说他们持有的债券更多的是在巴西而非阿根廷，虽然阿根廷危机席卷南美，但在危机爆发前罗斯柴尔德银行已经将大部分巴西债券转手卖出了。1886年，巴西债券只占罗氏伦敦银行资产的2.4%。另外，罗斯柴尔德银行的资产负债情况远远优于巴林银行，即使在南美经济泡沫最大最热的时期，罗氏家族始终保持清醒和冷静，没有让自己负债过高，而头脑发热的巴林银行就太冒险了。

不管怎样，巴林银行终于被救下来了，但在很长一段时期奄奄一息，一蹶不振。罗斯柴尔德的世纪老冤家终于沉寂了。

巴林银行在1995年终于被一个27岁的年轻交易员尼克·里森（Nick Leeson）彻底摧毁了。此为后话。

黄金十字架

19世纪末20世纪初，英国大规模的资本输出在很大程度上是由全球货币体系的发展促成的。19世纪70年代，世界货币体系由金银双本位制转变为金本位制，并且与作为世界储备货币的英镑挂钩。罗斯柴尔德家族在这一重大转轨过程中的作用一向被低估了。

在19世纪最后的20年，罗斯柴尔德家族在金矿开发方面的兴趣和利益迅速增长，他们在这20年中经办的外国债券绝大多数是采用金本位制国家的。

美国南北战争后，罗斯柴尔德家族和他们的美国代理人奥古斯特·贝尔蒙特

(August Belmont) 及赛利格曼家族在废除林肯绿币和重新使用黄金支付的进程中，起着至关重要的作用。

1874 年秋，罗斯柴尔德伦敦银行和纽约犹太银行家约瑟夫 · 赛利格曼联手承销价值 5 500 万美元的美国债券。后来，摩根集团和纽约第一国民银行也加入进来，发行了 2 500 万美元的美国债券，罗斯柴尔德银行占其中的 55%。1873~1877 年，罗斯柴尔德伦敦银行和华尔街银行家共发行了 2.67 亿美元的美国债券。这些贷款对稳定美国金融起到了重要作用，并为美国未来采用金本位制打下了基础。[17]

然而，1877 年 10 月美国在第 45 届国会会议上通过了一项法案，重新启用银币作为法定流通货币。这项法案被贝尔蒙特愤怒地称做“公开的盗贼”、“瞎了眼的疯狂蠢事”。在罗斯柴尔德银行的压力下，美国不得不重新规定银币只能在非常有限的范围内流通，并且不得用于支付罗斯柴尔德银行的贷款利息。美国财政部长约翰 · 谢尔曼（John Sherman）在 1899 年通过贝尔蒙特银行与罗斯柴尔德银行重新签订了一笔 5 000 万美元的贷款，以金币结算。这笔交易成为自 1879 年起罗氏家族试图在美国推行金本位制的重要转折点。

1893 年 3 月，为在美国黄金储备急剧缩减的时期维持美元的兑换性，克利夫兰总统尝试发行一笔 5 000 万~6 000 万美元的黄金贷款。虽然摩根财团跃跃欲试想要加入，罗斯柴尔德却表现得非常犹豫。即使在克利夫兰承诺会把本来已经极大限制银币流通的《谢尔曼购银法案》（*Sherman Silver Purchase Act*）废除掉之后，阿尔弗雷德 · 罗斯柴尔德还是很不满意。罗氏家族兄弟的谈判技巧实在了得，他们最后使这一协议在确保罗氏家族获益非凡的条件下得以签订。罗氏家族以 104.5 的价格承销价值 6 230 万美元美国国债，转手就以 112.25（后来更涨到 119）的价格卖给急迫的投资者们。此举创造了在 22 分钟内获利 600 万美元的神话。[18]这一项交易在美国备受诟病，最终导致 1896 年民主党总统候选人是力主白银货币的布莱恩（William Jennings Bryan），而不是克利夫兰。

1868 年时只有英国和屈指可数的几个英国经济附属国：葡萄牙、埃及、加拿大、智利和澳大利亚采用金本位制。法国、俄国、波斯和一些拉美国家采用双本位制。世界其他国家，包括中欧多数国家，都采用银本位制。40 年后，只剩下中国、波斯和几个中美洲国家仍然用银本位制。黄金实际上成为世界货币体系的标准。

在欧洲主要国家的货币体系转轨过程中，德国于 1871~1873 年、法国于 1878

年、俄国于1897年、意大利于1881~1882年采用了金本位制，罗斯柴尔德银行在这一过程中起着决定性作用。罗斯柴尔德伦敦银行和巴黎银行实际上成为这些国家的第二中央银行。罗斯柴尔德银行网络在国际金融市场上大量输送信用和货币，各国只有在他们主导的金本位体系下才能避免汇率急剧变动的风险，其主营业务——公债交易又需要各国货币之间保持自由兑换，于是各国统一在金本位制下才利于罗氏家族业务开展。由于罗氏家族在黄金市场的垄断地位，也就间接形成了对各国中央银行的控制力，罗斯柴尔德银行在19世纪后期不遗余力地促使各国实现金本位制，其战略意图正在于此。

进军中国

罗斯柴尔德家族非常独特，他们彼此争吵不休，但是团结如一对付全世界。

——英国著名政论家查尔斯·狄尔克（1879年3月）[19]

自从1874年中国清政府签订第一个外国贷款合同后，就依赖两家英国机构进行海外融资：汇丰银行和怡和洋行。同时英国政府通过任命罗伯特·哈特爵士（Sir Robert Hart）为总监，掌控了大清海关。1885年3月，坐镇巴黎的阿尔方斯·罗斯柴尔德听到风声说俾斯麦“有意插手中国问题”。罗斯柴尔德情报网很快证实德国财政部长戴维·汉斯曼（David Hansemann）提议由罗斯柴尔德和汇丰银行分别代表德国和英国，平分中国政府和铁路工程的融资业务。阿尔方斯立刻表示赞同，认为“德国早该如此向远东发展势力，这是非常正确的方向”。唯一的问题是汉斯曼想要在这个联盟中占到超过一半的权利。在陪同中国驻伦敦大使到德国访问的时候，奈提·罗斯柴尔德督促英国外相“在未来同中国政府的交易和合同中，一定要保证英国制造商占到合理的比例”。

当汉斯曼发动威廉·卡尔（Wilhelm Carl）在1889年2月成立德华银行（Deutsch-Asiatische Bank）时，包括罗斯柴尔德法兰克福银行在内的13家主要德国银行都加入了进来。奥本海默被选为代表前往中国进行经济形势考察，罗斯柴尔德伦敦机构负责出资赞助。

在远东利益上，英国独霸一方，与之对立争夺的是法国和俄国。尽管俄国在远东的势力和影响不断壮大，但是1894年爆发的甲午战争中，日本最终打败了中国，此事给柏林和伦敦联手合作奉上了一个绝佳的机会。罗斯柴尔德和汉斯曼就是这背后的总策划师。他们的设计是：促成汇丰银行和德华银行的合作，分别以英国和德国政府为后盾，遏制住俄国在中国势力的进一步扩张。然而银行家们的想法和外交家与政治家们存在很大分歧。德国政界一些官员想促使德国站在俄国和法国一边，而不是英国，并且反对1895年4月日本吞并辽东半岛。另一些官员则怀疑罗斯柴尔德是要将德国银行排挤出中国市场。而汇丰银行当然不情愿放弃它对中国政府融资的一向垄断。罗斯柴尔德和汉斯曼的如意算盘没能实现。1895年5月，清政府宣布从俄国贷款1 500万英镑来支付对日本的战争赔款，而没有采用罗斯柴尔德和汉斯曼极力推荐的多国贷款。阿尔方斯认为这对英国和德国政府而言都是“一剂苦药”。

实际上俄国根本没钱借出这笔款项，它自己正负债累累。于是这笔钱实质上是法国贷款，由巴黎银行等三家法国银行共同掏的腰包，利益却是俄国跟法国平分，俄国得以把跨西伯利亚的铁路修到满洲里，法国拿到中国的铁路修建权。搭着这顺风车，1896年俄国银行家罗斯坦用法国资金成立了新的俄中银行，还订立了俄中联盟。

眼看俄国霸着中国大蛋糕大快朵颐，吃个不亦乐乎，汉斯曼这厢又急又恨，而罗斯柴尔德更急于要把诱人的中国贷款蛋糕抓到自己手中，于是两人快马加鞭，促使汇丰银行和德华银行在1895年7月正式签署合作协议。这番工夫总算没白费，赶上1898年中国要第二次借款了，这回是1 600万英镑。难题又来了，英国政府不愿意给这笔借款作政府担保，以致难以界定英国在借款中的占比份额。而英国和德国政府又都对对方不放心，彼此怀疑对方针对中国的领土野心。此时汇丰银行和汉斯曼为争夺在山东省的铁路准入权爆发了激烈的冲突。这可急坏了阿尔弗雷德和奈提兄弟两个，两人分头在汇丰银行和汉斯曼之间连抚慰带调停，总算在8月把双方的火气都压下去了。

阿尔弗雷德亲自出面，把英国和德国的政要全请到伦敦罗氏家族的晚宴上，让德国方面以一种“友好、私密和非官方”的方式大吐苦水，诉说在中国问题上受的委屈。那边汇丰银行正暴跳如雷，指责德华银行背信弃义，奈提赶忙在汉斯曼和汇丰银行之间调停斡旋。一番忙活之后，1898年9月初，银行家和政客终于一起坐到了伦敦的会议桌边，就中国铁路权的划分达成协议，英国银行家占扬子江沿线，德国银行家管山东半岛的铁路，天津到秦皇岛铁路由两家平分。奈提高调重申“在中国的商业利益上，德国总理诚恳地愿意与英国以及美国和日本联合”。[20]

协议是达成了，争端、猜忌和矛盾却从没停止过。1900年，德国在义和团运动后向中国出兵，俄国则直接占了满洲里，两边眼看着又要擦起火花，双方都找罗斯柴尔德去传话。罗氏家族一边向英国政府传递“俄国人保证不开战”的信儿，一边牵线搭桥让英国和德国签署了关于中国问题的新一轮协议，维持清王朝完整并促其“开放国门”同外国进行贸易。在罗氏家族一手运作下，英国和德国在中国的利益分配上达到空前的政治合作。1902年，奈提和汉斯曼又在柏林组织银行家们开了个会，组成北京辛迪加（垄断组织形式之一），专门针对在中国进行商业合作的问题。在这一系列问题上，英国、德国和俄国都把罗斯柴尔德视为“最安全和有效的外交交流渠道”。

罗斯柴尔德家族作为世界金融霸主早在19世纪末就开始进入中国，对中国的政治、经济和战争的进程都产生过深远的影响。1979年，罗氏家族再度进入中国。只是这一次，他们来得“悄无声息”。

人脉关系图

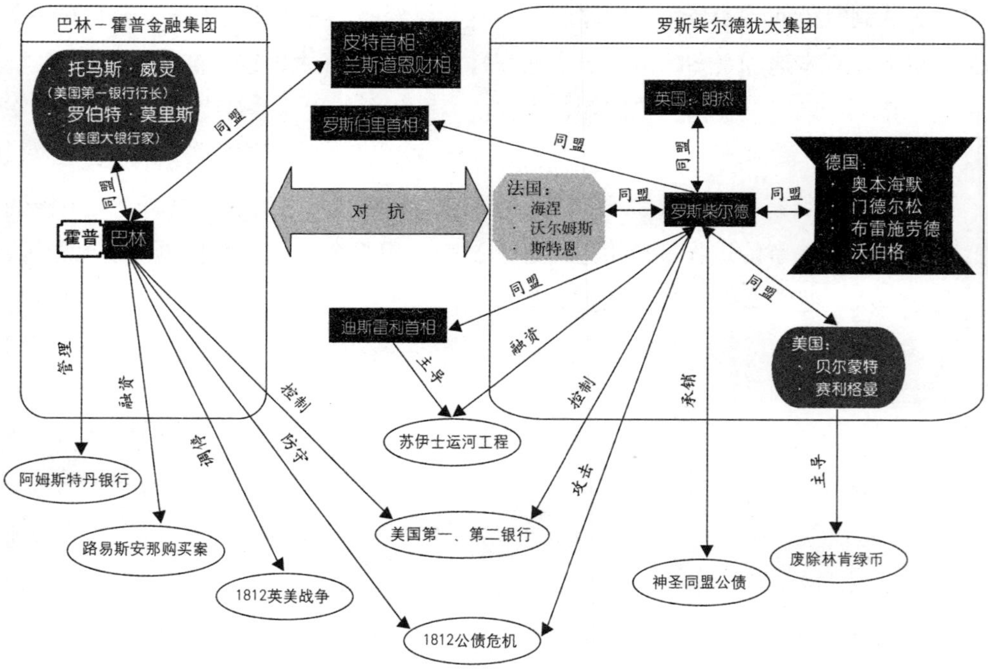
巴林－霍普金融集团
托马斯·威灵
（美国第一银行行长）
罗伯特·莫里斯
（美国大银行家）
同盟
霍普
巴林
同盟
皮特首相
兰斯道恩财相
罗斯伯里首相
对 抗
罗斯柴尔德犹太集团
英国：朗热
同盟
同盟
法国：
· 海涅
· 沃尔姆斯
· 斯特恩
同盟
罗斯柴尔德
同盟
德国：
· 奥本海默
· 门德尔松
· 布雷施劳德
· 沃伯格
同盟
同盟
迪斯雷利首相
美国：
· 贝尔蒙特
· 赛利格曼
管理
融资
调停
防守
控制
主导
融资
控制
攻击
承销
主导
阿姆斯特丹银行
路易斯安那购买案
1812英美战争
苏伊士运河工程
美国第一、第二银行
1812公债危机
神圣同盟公债
废除林肯绿币

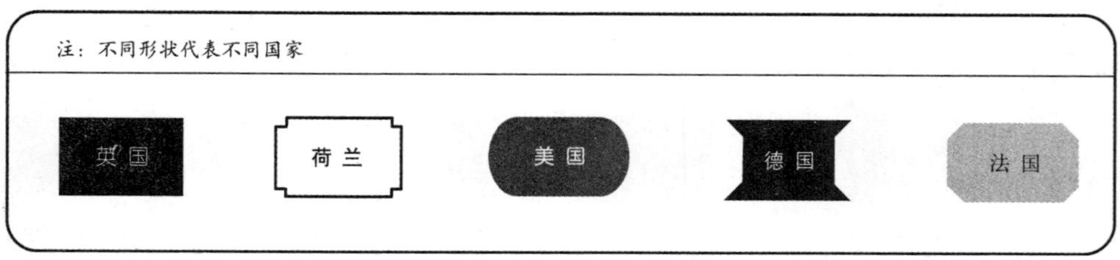
注：不同形状代表不同国家
英 国
荷 兰
美 国
德 国
法 国

参考资料
CURRENCY
WARS

[1] Byron, Don Juan, 1821.

[2] Philip Ziegler, *The Sixth Great Power*, Alfred A. Knopf, 1988.

[3] Stephen Zarlenga, The Lost Science of Money (American Monetary Institute 2002).

[4] Schama, S., Patriots and Liberators, *Revolution in the Netherland 1780-1813.*

[5] Adam Smith, *An Inquiry into the Nature and Causes of the Wealth of Nations*(4th Edition).

[6] Philip Ziegler, *The Sixth Great Power*, Alfred A. Knopf,1988.

[7] Ibid.

[8] Ibid.

[9] N. Baker, *Government and CNick Leesonontractors: The British Treasury and War Suppliers*, 1971.

[10] Ibid.

[11] Donald R. Hickey, *The War of 1812: The Forgotten Conflict*, University of Illinois Press, 1990.

[12] Niall Ferguson, *The House of Rothschild: The World's Banker 1849-1999,* Volume 2, p369.

[13] Benjamin Disraeli, Coningsby, or the New Generation (Coningsby at Project Gutenberg, 1844).

[14] Lewis Samuel Feuer, *Imperialism and the Anti-imperialist Mind*, Transaction Publishers, 1989.

[15] Niall Ferguson, *The House of Rothschild* : *The World's Banker 1849-1999*, Volume 2.

[16] Philip Ziegler, *The Sixth Great Power*,Alfred A. Knopf,1988.

[17] Niall Ferguson, *The House of Rothschild: The World's Banker 1849-1999*, Volume 2.

[18] Ibid.

[19] Gwynn, Stephen Lucius, *The Life of the Rt. Hon. Sir Charles W. Dilke,* Volume 1 (Project Gutenberg, 2003).

[20] Niall Ferguson, *The House of Rothschild: The World's Banker 1849-1999,* Volume 2.

03 法国

金权的割据

CURRENCY WARS

本章导读

法国的工业革命比英国晚了两代人，18 世纪末的法国大革命和随后的拿破仑战争使法国经济受到重创。尽管如此，法国仍远早于德国和美国进入了工业革命的进程，另外法国还拥有北美、印度支那、非洲等庞大的海外殖民地资源，海外贸易也非常发达。本国雄厚的储蓄和资本成为了法国工业革命时代主要资金来源。法国金融资本主义发展模式介于荷兰与英国之间，而明显有别于德国与美国模式。19 世纪，私人银行业仍是法国金融业的主导力量，股份制银行从 19 世纪后半叶开始起步，与私人银行展开了空前激烈的竞争。

在法国历史上，主要的银行家族分成两大势力集团。一派是所谓清教徒银行家，他们多数来自瑞士，这些家族从 18 世纪后期开始兴起，他们是法国大革命幕后的积极推手。当革命发展脱离他们的控制时，他们又开始支持拿破仑掌权以便"恢复社会秩序"。拿破仑以同意他们建立法兰西银行作为自己上台的对价，纵容他们全面控制了法国的金融系统。1811 年，当拿破仑的好战政策和独断专行的执政风格违背了银行家们的利益时，他们开始秘密联络波旁王朝的后裔，进行复辟。这些家族包括米腊博、马利特、霍廷格（Hottinguer）等。银行家们在法国和瑞士的势力一直延续到现在。2009 年，美国政府与瑞士激烈争议的所谓秘密账户问题，其目标直指米腊博等家族。

另外一派金融势力就是 19 世纪初崛起的犹太银行家族，其中最主要的家族包括罗斯柴尔德、福尔德、斯登（Stern）、沃尔姆斯等。在这些犹太银行家族中，还有极少数皈依了基督教，他们包括贝列拉家族和海涅家族。在犹太银行家的内部也存在着激烈的竞争，其中主要是罗斯柴尔德为核心的私人银行体系与贝列拉、福尔德代表的法国动产信贷银行这一股份制创新的模式之争。

围绕着银行家族之争同时展开的是法国政权更迭、对外战争、思潮涌动和革命频起。19 世纪的法国远比英国动荡，远比德国多元，远比美国精致。在经历了种种光荣与梦想、失败和耻辱之后，金权冲破了重重阻力，逐渐成为法兰西帝国命运的主宰者。

法国大革命幕后的瑞士银行家族

"我虽然将要死去，但绝没有犯过任何指控我的罪行。我宽恕造成我死亡的人，我还要祈求上帝，在我的鲜血抛洒之后，在法国的土地上再也不要流血了。"[1]

——法王路易十六在断头台前的最后一句话

当 17 世纪初英国开始在美洲新大陆建立殖民地时，法国波旁王朝还偏安欧洲一隅。等法国醒悟过来开始向海外扩张时，已经比英国晚了好几十年。然而，法国的追赶速度很快，在 18 世纪的大部分时期，法国大西洋贸易的增长速度甚至超过了英国，从而积累了后来工业革命时代宝贵的原始资本。据统计，1716~1787 年，法国海外殖民地的贸易总额增长了 10 倍。

当英国发明的蒸汽机、纺织机械、矿山采掘、生铁冶炼等技术陆续传到法国之后，法国的工业革命慢慢地起步了。尽管英国是欧洲工业革命的旗手、主要技术输出国，但法国在这一进程中也颇有贡献，比如罗伯特造纸机的发明对工业革命的促进意义不可忽视。

基于贸易和工业发展所形成的金融改革进程在法国被约翰 · 劳 1718~1720 年的

“金融创新”骗局所打断，银行、纸币、股票等名词让法国人延续半个世纪都厌恶不已。在很长一段时间里，金融在法国成为骗子的代名词，本土的法国人基本放弃了从事金融业的念头。由于缺乏金融工具和强大的金融市场支撑，路易十四长年不断的穷兵黩武就只能靠严苛的税收和成本高昂的外债，其债务利率高达8.5%~10%，是英国的两倍。

到18世纪80年代，国家的债务已经占国家税收的一半以上。1774年倒霉的路易十六登基时，面对的就是“太阳王”留下的一个烂摊子。路易十六绝非一个昏君，事实上，他性格温良谦厚，在一个即将出乱子的社会动荡前夜，他的个性软弱，意志不坚，宽不足让人民念好，严无法使权贵让步，注定了他必将以悲剧收场。从某种意义上讲，他的处境与明朝末代崇祯皇帝颇为类似。随着国家财政的日益恶化，加之不合理的税务制度，使得民怨载道、贵族不满，而新生的资产阶级在财大气粗之余，对封建贵族和宗教势力的权力垄断早已忍无可忍。法国社会的三大势力集团：贵族与宗教传统权力核心、新兴的资产阶级和平民都在愤愤不平中将怒火聚焦于法国政府，路易十六已被架在了即将爆发的火山之上。

法国人不重视金融，而路易十六的外债日益严重，这就给瑞士、意大利、荷兰和德国的外来银行家族留出了一个金融权力的真空。瑞士日内瓦等地的清教徒银行家族就是其中最突出的一群。他们来到巴黎，围绕着让王室绝望的债务提供各种“解决方案”。由于这些瑞士银行家财大气粗，屡屡帮助皇室解决紧急难题，为路易十六所倚重，逐渐把持了法国的金融话语权和财政改革决策权。

路易十六陷于财政困境焦头烂额，不得已起用了“外来的和尚”奈克（Jacques Necker）担任财政部长。这个奈克也是瑞士清教徒银行家，他利用在瑞士银行家族圈子里的影响力，募集到了解燃眉之急的款项。这种借款的性质，同今天某些商人相互拆借的行为差不多。由于是近乎高利贷的短期融资，瑞士银行家族圈子期待的是一笔回报丰厚的快钱投资，而法国宫廷贵族的开销实在太大，财政短期无法扭转赤字状态。这可急坏了银行家们，眼看“快钱”就要变成“慢钱”，说不定“慢钱”还会变成“死钱”，这些人投进的可是自己的身家性命，耽误不得。无奈之下，奈克决定进行“休克改革”。他首先取消了宫廷贵族的部分特权，并削减了他们的俸禄，然后大刀阔斧对税收进行了彻底改革，税负从“人丁税”改为“土地税”，拥有大量土地的贵族将被征收重税。不幸却并不意外的是，这显然动了权贵们的奶酪。贵族们群起围攻奈克的改革。奈克赌上的可是自己和圈子里众多银行家族的身家性命，一看不妙，情急之下在1781年向社会公布了权贵们的开销清单，这一重磅炸弹立刻震惊了法国社会。经过伏尔泰、卢梭等人长期自由主义思潮熏陶的法国公众当即炸了窝，对权贵的愤怒演变为对皇室的敌视。[2]

奈克也因为处事操切而下台。其后法国又历经4任财政部长，财政恶化更加严重了。路易十六无奈，只有在1788年再度起用瑞士银行家奈克。此时的法国已处在社会动荡危险的前夜，巴黎的市民和新兴的资产阶级与传统权贵的矛盾日益激化，危机一触即发。另一厢，放贷的银行家们已经将砝码移向了"三级议会"，希望能夺取财政、税收和政府预算的控制权，以便能收回巨额贷款。各方都预备亮牌，新兴的法国城市资产阶级手中积聚了日益雄厚的财富，对权力分享的欲望已经从渴望发展到迫不及待，而封建贵族和教会却高高在上，完全漠视甚至是敌视这一必然的趋势，加之长期过度税负的压力，使处于另一端的平民阶层早已民心思变，1789年法国的局势俨然干柴期待着烈火。

1789年6月，徒有虚名的"三级议会"被与会者改为"国民议会"，并且自行规定拥有税收权。7月，国民议会又自行改名为"国民制宪议会"。惊恐万状的路易十六开始调集军队向巴黎和凡尔赛宫集结，试图控制失控的局面。7月14日，愤怒的平民爆发了革命，并且攻占了巴士底狱。接着全法国爆发了农民暴动。8月，制宪议会颁发了具有世界意义的《人权与公民权利宣言》。10月，路易十六被暴动平民抓获。

在瑞士银行家们的大力推动下，10月，罗马教廷规定的禁止高利贷的律条被废除了，银行家放贷收取高额利息被正式合法化了。11月，制宪议会宣布没收全国教会的土地。12月，宣布以教会土地为抵押发行纸币（Assignats），法国财政有了明显好转，银行家的贷款终于有了着落。

1793年1月21日，路易十六人头落地，时年39岁。据说在他临死前留下了荡气回肠的一句话："我虽然将要死去，但绝没有犯过任何指控我的罪行。我宽恕造成我死亡的人，我还要祈求上帝，在我的鲜血抛洒之后，在法国的土地上再也不要流血了。"

从1789年革命爆发到1815年拿破仑战败，除了中间短暂的休战之外，法国经历了25年的持续战争。大量资源被战争摧毁，500多万人的生命化为灰烬，工商业凋敝，通货膨胀严重，法国工业革命被推迟了近30年，英国相比法国有了绝对的战略优势。从此，法国的国力再也没有超过英国。法国大革命的政治和经济代价无疑是沉重而高昂的。

法兰西银行："雾月政变"的投资回报

尽管法国的对外战争和后来的大革命带来了动荡纷扰的政治和经济大环境，但巴黎作为欧洲大陆的一颗明珠，始终像磁石一般吸引着周围国家的富豪和那些渴望成为富豪的人们。法国是欧洲思想解放运动的发源地，天主教对其他宗教的迫害逐步减轻，非天主教的人们可以获得完全的公民权，这一切对在欧洲深受宗教压迫的清教徒和犹太银行家有着无法抗拒的吸引力。法国皇室和对外战争对金钱的极度需求，创造出一个金融家前所未有的冒险天堂。从皇室债券的承销到军队物资的供应，从教会土地的买卖到法国货币的投机，从本国汇票贴现到英国票据周转，在其中大获其利的银行家族逐渐形成了所谓"高特银行家圈子"(Haute Banque)。他们的核心成员是那些在1799年秘密资助拿破仑"雾月政变"的瑞士银行家族。

高特银行家族们在拿破仑上台之后，得到了慷慨的回报。拿破仑以授权高特银行家族建立法国第一家私有中央银行法兰西银行，作为执政上台的对价，将法国的金融命脉交到了瑞士银行家族手中。整个19世纪上半叶，高特银行家们几乎垄断了法兰西银行的董事会席位。工业革命在法国的扩张过程中，高特银行家起到了关键性的作用，他们从金融上垄断着整个法国的矿产、冶金、纺织、运输等行业的发展。

在法兰西银行的章程中，只有200个最大的股东拥有投票权。整个法兰西银行发行了182 500股，每一股的票面价值是1 000法郎。在它30 000多个股东中，拥有投票权的200个股东有资格选出12名董事会成员。在200个最大的股东中，有78个公司或者机构股东，122个个人股东。如果详加分析，可以发现这200个股东基本上是属于同样一拨人，就是控制着法兰西银行的44个主要家族。而且这些家族所拥有的席位是可以继承的，在这中间有3个家族的席位在100年之中一直保持不变，他们就是马利特、米腊博和罗斯柴尔德。

在瑞士银行家族中，最为突出的佼佼者是马利特、霍廷格和米腊博家族。

1557 年，马利特家族追随欧洲著名宗教改革领袖约翰 · 加尔文（John Calvin）来到瑞士的日内瓦，在商业和银行业领域发家致富。1709 年，25 岁的伊萨克 · 马利特（Isaac Mallet）从瑞士来到巴黎，他代表日内瓦的银行家族们到法国急切地寻找金融业的发展机会。经过 70 多年的苦心经营，马利特家族在法国已成为银行业的巨头。即便是在大革命时代，马利特家族银行照样营业。1799 年，他的儿子桂罗姆 · 马利特（Guillaume Mallet）和其他瑞士银行家族联手策划支持拿破仑发动“雾月政变”。拿破仑上台之后，马利特被拿破仑封为男爵，在法兰西银行董事会坐第三把交椅，直到 1826 年去世。他的儿子、孙子、重孙子继续坐在这把交椅上直到 1936 年法兰西银行国有化。马利特家族是法兰西银行从头至尾把持董事会位置的唯一家族，时间跨度长达 136 年之久！[3]

排在马利特家族之后的是瑞士清教徒银行家族霍廷格家族。霍廷格家族在瑞士也是名门望族，出过几位政府部长。1784 年冉-康来德 · 霍廷格来到巴黎，他先在一家银行做学徒，后来开了自己的银行，同时作为瑞士苏黎世银行家的法国代理，主要业务就是向法国皇室提供债务解决方案和融资服务。霍廷格与法国大革命的早期领袖过从甚密，其中就包括后来权倾朝野的塔列朗议员。在“雅各宾派专政”下的“恐怖统治”时期，霍廷格跟随塔列朗流亡美国，1798 年回到巴黎重新操持他的银行生意。后因策划资助拿破仑政变有功而受封为男爵，同时进入法兰西银行董事会。霍廷格家族在法国金融界、商业界和实业界的巨大影响力一直持续到今天。[4]

后来陆续加入高特银行家圈子的瑞士银行家还有米腊博、安地斯、奥迪尔斯、维纳斯等家族，这帮人大多数也进了法兰西银行董事会。法国中央银行完全可以开一个瑞士银行家联谊会。法国政局历经拿破仑、路易十八、查理十世、路易 · 菲利普、拿破仑三世的变迁，中间包括 1815 年波旁王朝复辟、1830 年七月革命、1848 年革命、1851 年拿破仑三世政变、1870 年法兰西第三共和国建立，在如此频繁的政权更迭中，

冉-康来德 · 霍廷格

皮埃尔 · 米腊博

瑞士银行家们居然稳坐法国中央银行董事会，成为金融不倒翁，实在是耐人寻味。特别是米腊博家族，其瑞士分支的影响力一直持续到今天，成为清教徒银行家族中的代表人物。

19 世纪初，这些瑞士清教徒银行家族逐渐建立起一个庞大的金融网络，他们继续与瑞士本土的银行家族保持着密切的生意往来，垄断着法国银行系统的资金与信贷。

德国“二战”侵吞犹太银行家资产和 2009 年美国政府强烈要求瑞士银行公开秘密账户，应与国际银行家族的百年内战有关。

垄断被打破：犹太银行家族的崛起

高特银行家圈子里的另一大分支就是 1780 年以来陆续移民到法国的犹太银行家族。与瑞士银行家相比，他们在法国起步较晚，但发展势头惊人。犹太银行家在法国大革命中获得了平等的公民权后，财富和社会地位上升势头迅猛，逐渐形成了与瑞士银行家族分庭抗礼之势。

阿希勒 · 福尔德

福尔德、贝列拉、罗斯柴尔德家族构成了法国犹太银行家族的核心。

福尔德家族是 1784 年来到巴黎的，他们的主营业务从为国外的犹太家族银行做代理，扩展到经营政府债券的利息收取。福尔德开始发大财是在大革命期间，他先是在 1790 年法国革命政府发行的以土地为抵押的新纸币上大搞投机，然后积极参与买卖教会土地，从而赚到第一桶金。

福尔德极其擅长拉关系，他同许多德国的犹太商人和银行家建立起稳固的朋友关系，并成为他们在法国的代理人。老福尔德的儿子阿希勒 · 福尔德（Achille Fould）在政界和金融界异军突起，将家族的影响力继续发扬光大。

阿希勒在接管家族生意之后涉足政坛，1842年就作为国民代表进入地方议会。在1848年2月爆发的革命中，他谨慎地支持革命派，并以金融影响力资助随后成立的临时政府。此后不久，他又发表了两个小册子反对纸币。终拿破仑三世一朝，福尔德先后4次出任财政部长，在法国的经济改革中发挥了领导作用。强烈的保守倾向使他反对自由贸易的教条，拥护路易·波拿巴的政变和随后建立的拿破仑三世的法兰西第二帝国。不过，他也反对拿破仑三世过分打击其政敌奥尔良家族，在帝国法庭判决将奥尔良家族财产充公后，即于1852年1月25日辞去财政部长一职，但旋即被任命为参议员，不久以国务部长的身份重返帝国朝廷，任内曾主持1855年巴黎国际博览会。他在1860年11月再度辞职，又于翌年11月复职，直到1867年才以垂暮之年告老还乡。在其最后一段任期内，通过谈判削减了由法国侵略墨西哥战争引起的3亿法郎短期贷款债务，显示了其作为一名银行家和政治家的卓越才能。[5]

福尔德家族与贝列拉家族联手创建的动产信贷银行对罗斯柴尔德家族形成了强大的竞争压力，成为犹太银行家内部斗争的经典战例。

贝列拉家族是19世纪法国最著名的银行家族之一，与罗斯柴尔德家族齐名，曾是罗家银行的合伙人，并师从于罗氏家族，后来扯旗单干。虽同为犹太人，但贝列拉与罗斯柴尔德家族的德意志犹太渊源不同，他们是来自于葡萄牙和西班牙地区的塞法迪（Sephardi）犹太人，最初是从意大利文艺复兴时期西迁的一支。汇票贴现是其看家本领，他们自视是犹太人中的上等人，比迁移到东欧的犹太人要尊贵。[6]

贝列拉兄弟

整个19世纪，贝列拉家族的顶梁柱是埃米尔和伊萨克两兄弟，他们的父亲雅各·贝列拉，手语的发明人之一，曾是路易十五的翻译。贝列拉兄弟创建了以动产信贷银行为核心的新型股份制投资银行，不仅控制了全国铁路网的重要部分，还控制了巴黎6家煤气公司、电车公司，建立了两家保险公司，重整了食盐业，建立了整治巴黎市政工程的不动产公司以及专事外贸的泛大西洋公司。除此之外，动产信贷银行广泛投资于奥地利、俄国、瑞士、西班牙等国的铁路公司，在西班牙、荷兰、意大利等国设立动产信贷银行分号。通过融合兼并或财政控制，以贝列拉家族的动产信贷银行为核心组成了规模空前的大财团，成为不可一世的罗斯柴尔德家族在欧洲大陆的强劲对手。自1852年以后，这个大财团控制的银行和企业每年发行的股票市值超过15亿法郎[7]，其对法国乃至欧洲经济影响之强势，不由令人联想到中世纪的天主教会。

当然，19世纪法国最强大的银行家族毫无疑问是罗斯柴尔德家族。正是他们于1814年在金融上搞垮了拿破仑，并资助了波旁王朝复辟。1830年，罗斯柴尔德家族抛弃了波旁王朝，支持奥尔良公爵路易·菲利普登上王位，开启了罗氏家族在法国势力空前鼎盛的“七月王朝”。罗斯柴尔德家族巴黎银行控制的资产从1815年的600万英镑，增长到1825年的1 490万英镑，占家族总资产的比例从1/6增加到1/3。1836年，英国罗氏家族的核心领导内森去世后，法国的詹姆斯事实上成为整个家族的新掌门，其个人财富高达4 000万法郎，稳居法国首富，比霍廷格家族多10倍，比马利特家族多20倍。此时的犹太银行家族的势力已大幅超越清教徒银行家阵营。

金融创新的革命

19世纪上半叶，法兰西银行作为中央银行，其作用在法国金融领域并非处于核心位置，私人银行的影响力在很大程度上凌驾于法兰西银行之上，特别是罗斯柴尔德银行。这一状况直到1848年革命才有所改变。随着革命的爆发，传统的社会权力体系遭受更大程度的摧毁，新的权力分配格局迅速形成，在商业和金融领域也是如此。

1848年革命之后，法兰西银行的纸币发行权溢出了巴黎范围之外，渗入外省重要工商业中心。危机终结了法兰西银行保守的票据贴现政策，将贴现业务延展到仓单（Warehouse Warrant）、政府债券和三方签署的商业票据（Three-Signature

Commercial Paper）等领域，同时获准发行面额100法郎的纸币，这样就把法兰西银行的影响力推向了全国。紧接着是1848年3月8日成立的巴黎国家贴现银行，为巴黎商人提供紧急流动性以遏制巴黎商业组织大规模破产的浪潮。到1854年，巴黎国家贴现银行在政府敦促下放弃半国有地位，转型为一般的股份制公司，其业务内容也由为巴黎商业组织提供金融服务转向对外贸易的金融服务。除了巴黎国家贴现银行以外，在法国各地也成立了76家地方性的贴现银行，主要为外省地方商人提供各种商业票据的贴现服务。

19世纪初，法国空想社会主义思想家圣西门的工业主义思想盛极一时，不少法国人深受其影响。圣西门的思想以实业理论而著称，设想未来的理想制度是一种“实业制度”。在实业制度下，由实业者和学者掌握社会政治、经济、文化各方面的权力。社会的唯一目的应当是尽善尽美地运用科学、艺术和手工业的知识来满足人们的需要，特别是满足人数最多的最贫穷阶级的物质生活和精神生活的需要。人人都要劳动，经济按计划发展，个人收入应同他的才能和贡献成正比，不承认任何人拥有特权。在理想社会中，政治学将成为生产的科学，政治将为经济所包容，对人的统治将变成对物的管理和对生产过程的领导。由于历史的局限性，圣西门把从事产业活动的资产者看成是和工农一样的劳动者或“实业者”，并寄希望于统治阶级的理性和善心，幻想国王和资产者会帮助无产阶级建立实业制度和社会主义。圣西门还就发展法国新型的金融业和改进农业经营提出了自己的主张。

对圣西门主义者和其他关心法国经济长期发展的人士来说，要在法国进行大规模经济建设，尤其是铁路、航运、运河和大型工业企业的发展，就必须大规模建立有限责任的股份制公司，将全法国中产阶级的财富高效率地动员组织起来，一方面为这些建设融资，另一方面可以把经济发展所得以股息和分红等形式返还给人民大众，实现国强民富的良性循环。

在圣西门实业主义的理论框架下，对于金融领域的创新构想就是成立股份制的投资银行，以取代传统的私人投资银行模式。通过公开发行股票和债券的形式向社会公众募集私人银行无法抗衡的庞大资金，一方面可以摆脱政府在金融方面对私人银行的依附，另一方面更有力地推动实业的发展。圣西门的实业思想和工业化主张成了第二帝国时代工业化的主导思想，对法国近代经济发展产生了重大而深远的影响。[8]

法兰西银行势力的扩大和股份制投资银行的出现，从两个方面对传统的私人银行权力架构产生了严重的威胁。罗斯柴尔德家族的态度是本能地维护既得利益，坚决反对此类金融创新，并且动用一切手段来扼杀股份制银行的出现。在最终打垮了以贝列拉家族为代表的创新派之后，罗斯柴尔德家族审时度势，顺应历史潮流，也开始建立自己版本的股份制投资银行，这就是在19世纪末和20世纪初对法国经济生活产生了重大影响的巴黎巴（Paribas）银行。

动产信贷银行：贝列拉的挑战

从历史的经验来看，许许多多理论听起来都非常有道理，但仅仅是有道理而已。实践从不按照理论的逻辑来发展，因为实践理论的人，永远遵循的是利益的游戏规则。所以，理论对于实践的作用，必须通过符合实践理论的人群所默守的利益游戏规则才能得以真正实现。

拿破仑三世对动产信贷银行理论的迷信也不例外。

皇帝陛下本人就是圣西门主义的狂热信徒，更喜欢自己作为一个伟大的社会工程师而闻名于世。早在19世纪30年代上台之前，他就与其金融界密友贝列拉和福尔德家族商量，为了在法国实践圣西门的实业主义，建立一个四位一体的金融机构体系：

商业银行：法兰西国家贴现银行

工业银行：动产信贷银行

抵押银行：土地信贷银行

互惠银行：小企业融资的信用互惠银行

其中居于核心地位的就是股份制的投资银行——动产信贷银行[9]。

贝列拉兄弟利用拿破仑三世追慕虚名的心理，借口实现圣西门主义关于“一切阶级矛盾都必定在一种新发明的社会信贷计划所能达到的普遍幸福的面前消失”的思想，于1852年向拿破仑三世大力宣扬动产信贷银行商业模式的好处。这种模式是通过出售股份和债券给公众以筹集银行资金，然后用这些资金购买它希望发展的新兴工业企业的股票。贝列拉兄弟蛊惑人心地把它吹捧为实现圣西门实业社会主义的手段。

贝列拉兄弟所发明的这种新的信贷制度得到拿破仑三世的热烈支持，马克思讽刺地称它为“拿破仑的社会主义”，“从约翰·劳到伊萨克·贝列拉，都具有这样一种有趣的特质：既是骗子又是预言家”[10]。实际上，这个信贷制度的实行使法国股票交易所投机猖獗，贪污泛滥，舞弊成风。但在当时的人们看来，这是个伟大的战略性金融制度创新，能够很好地为快速发展的工业化提供资本和信贷。动产信贷银行业务主要由两部分组成，一部分是传统的银行业务，包括吸收储户存款、商业票据贴现、放贷和保险；一部分是属于投资银行业务的承销政府公债和公司债券等。

除了空想社会主义思想的蛊惑之外，贝列拉兄弟和福尔德家族还使出挑拨离间的手段来促使拿破仑三世尽快下决心。树大招风，罗氏家族的财雄势大不仅引发了清教徒银行家的敌视，也招来了其他犹太银行家族的嫉妒，其中就包括贝列拉和福尔德家族。贝列拉早年曾经是罗斯柴尔德家族银行的合伙人，罗氏家族在金融领域是其师傅。后来贝列拉出来单干，对罗氏家族态度也日益不友善。窝里反历来是罗氏家族最为深恶痛绝的行为。

福尔德与贝列拉家族同属资助拿破仑三世政变有功的“嫡系部队”，在金融上挑战罗氏家族老大地位的目标是一致的。阿希勒·福尔德在担任法国财政部长时，曾郑重地向拿破仑三世进言：“把您的王国从罗斯柴尔德的掌控中解放出来是绝对必要的，他实际上已经代替了您的统治。”[11]

罗斯柴尔德也不是省油的灯。詹姆斯·罗斯柴尔德专门写信给拿破仑三世，指出动产信贷银行一旦建立并成功运作，就会控制大部分公共财富，并且最终会变得“比政府更有权势”，试图以此动摇法国政府支持建立动产信贷银行的决心。

詹姆斯·罗斯柴尔德

本来，拿破仑三世就是在贝列拉和福尔德家族的支持下才得以登基称帝的，对这两位当然是言听计从，同时他也确实对动产信贷银行的理论体系深信不疑。拿破仑三世与罗斯柴尔德家族处得不怎么样，詹姆斯·罗斯柴尔德既不喜欢也不信任拿破仑三世。在这种情况之下，政府明显地站在贝列拉兄弟一边。自 1848 年革命以来，靠着保驾之功，贝列拉和福尔德家族乃当朝的红人，罗氏家族大有被边缘化的趋势。虽然罗斯柴尔德家族为拿破仑三世上台也出过力，但毕竟没有波旁王朝复辟和七月王朝时代一手遮天的气势了。再加上贝列拉和福尔德在皇帝耳边不断地吹小风，詹姆斯的日子过得非常不爽。

罗斯柴尔德在法国朝廷里的靠山是曾经非常得宠的常格尼尔将军。然而，常格尼尔将军渐渐在拿破仑三世跟前失势。1850 年整年，詹姆斯都在一边极力调和拿破仑三世同常格尼尔的关系，一边试图给自己在总统（注：当时拿破仑三世尚未称帝）面前加分："总统似乎觉得我对他有误解，看起来我得特别注意在他跟前低调，那个福尔德又不会给我说好话。"

拿破仑三世显然更偏向福尔德，而对常格尼尔和詹姆斯关于外交政策的建议越来越听不进去了。拿破仑三世有意要除掉常格尼尔。詹姆斯一看不好，赶紧把手上的黄金往伦敦转移。他不无焦虑地说："我宁可把金子全放在伦敦挣个区区 3%的微利，也不留在法国了，拿破仑没准因为我跟常格尼尔是朋友就把我的钱没收了。我不怕他，但是得防着他。这是个政治极其肮脏的国家。"

1850 年 12 月，常格尼尔被逮捕，标志着共和派彻底失势。詹姆斯何等精明，他从来不会把政治倾向跟商业利益混为一谈，马上见风转舵，抛弃了共和派，转而支持帝制。然而，立场毕竟不如贝列拉和福尔德等人坚定，多少被拿破仑三世看成了骑墙派。

1852 年，贝列拉和福尔德联手打造的动产信贷银行在拿破仑三世的大力支持下正式建立[12]，从此成为罗斯柴尔德家族一个凶猛的竞争对手。

"既是骗子又是预言家"

> 信用制度固有的二重性质是：一方面，把资本主义生产的动力——用剥削别人劳动的办法来发财致富——发展成为最纯粹、最巨大的赌博欺诈制度，并且使剥削社会财富的少数人的人数越来越少；另一方面，又是转到一种新生产方式的过渡形式。正是这种二重性质，使信用的主要宣传者，从约翰·劳到伊萨克·贝列拉，都具有这样一种有趣的特质：既是骗子又是预言家。[13]
>
> ——马克思

马克思的这段评价非常有意思，他既了解信用对生产力的推动作用，又看清了实践信用理论的这帮人就是一群不折不扣的骗子。马克思的这段话，堪称正确看待一切金融创新本质的经典评论。理论永远是靠人去实践的，实践理论的人有着自己的利益格局，如何将理论的目标与实践者的利益整合在一起，这是伟大的政治家与伟大的思想家之间最重要的区别。

罗斯柴尔德家族和贝列拉家族被形容为“两类犹太人”的代表。前者是“北方犹太人”的典型，“永远冷静和理性”，对财富和利益的获取是超导状态下的低能耗与高效率。而后者代表“中部犹太人”，他们受益于法国对犹太人的宽松政策，因此在行事和生意上更开放和顾及公共利益，这种“心灵热度”将带来精力损耗和效率干扰。在当时的法国社会，罗斯柴尔德家族标志着“封建金融”，而贝列拉家族则代表着“民主金融”。

贝列拉兄弟迅速完成了他们的银行组织工作，福尔德家的贝诺特（Benoit Fould）出任银行第一任董事长，直到1854年退休。但是银行的日常工作一直由担任副主席的伊萨克 · 贝列拉负责。董事会其他成员包括在第二帝国权倾朝野的穆西公爵、加利拉、安德瑞伯爵、赛里尔男爵、清教徒银行家族的查尔斯 · 马利特（Charles Mallet）和策划拿破仑三世政变称帝的奥古斯特 · 摩尼（Auguste de Morny），这个摩尼也是拿破仑三世同母异父的兄弟。[14]

在这一豪华阵容强力运作之下，动产信贷银行一经问世就爆发出惊人的能量。它定价500法郎的股票一开盘就冲上1 100法郎，第4天就高达1 600法郎。1856年3月摸高到1 982法郎。而分红从1853年的13%上升到1855年的40%。动产信贷银行的投资者们无不喜上眉梢，而詹姆斯 · 罗斯柴尔德关于动产信贷银行是金融灾难的预言听起来更像个笑话。

尽管动产信贷银行是股份制银行，但其起始资金规模远落后于罗斯柴尔德银行。动产信贷银行从2 000万法郎起步（贝列拉占其中29%的股份），而1852年罗斯柴尔德法国银行的资产就已经超过8 800万法郎，各分支银行资产总和超过2.3亿法郎。但是，动产信贷银行从一创建就展现出朝气、时尚、张扬和野心，同罗斯柴尔德银行的严谨、传统、低调与刻板形成鲜明对比。

在动产信贷银行里，银行家们永远被一帮朋友围绕着，每个人都竖起耳朵打听生意的动向，老主顾是要买进还是卖出。而雇员们站在楼梯上迎着顾客，殷勤打探是否有生意机会。每个人都急于暴富，不择手段，毫不掩饰。

这一时期是法国铁路建设的辉煌顶峰，1851~1856 年，铁路投资剧增 5 倍。19 世纪 50 年代新修的铁路是 40 年代的 2 倍还多。随着动产信贷银行的迅速膨胀，它同罗斯柴尔德在铁路上的竞争已呈白热化。动产信贷银行很快控制了法国 3 条主干线路，罗斯柴尔德则牢牢死守自己原有的两条线路。动产信贷银行在各家法国铁路公司里占据了 8 个董事席位，罗斯柴尔德则有 14 个。

两个阵营的犹太银行家们在法国铁路融资上斗得难解难分。拿破仑三世偏向动产信贷银行，把一条又一条铁路线路融资的项目批给贝列拉。此时，跟皇帝陛下有一半血缘关系的弟弟摩尼看中了铁路这个机会，急于借此致富，提出应该把小铁路公司合并成几条主线。詹姆斯立刻抓住机会攀上摩尼这条线。罗斯柴尔德法国银行持有价值超过 2 000 万法郎铁路公司的股份，占银行资产的 15%。这些股份在摩尼政策的鼓励下迅速升值。詹姆斯在 1852 年 4 月的一个星期里“不用掏一分钱”就净赚 150 万法郎。

罗斯柴尔德法国银行此时财大气粗，在争夺铁路融资项目上领跑。动产信贷银行则毫不示弱，创设出把多家铁路公司各种期限、各种条件的股票和债券进行标准化“打包”，实在是堪称当今结构化融资产品的鼻祖。通过“金融创新”，动产信贷银行创造出大量新型金融产品的投资方式，填补了介于债券市场和股票市场之间的空白，此举立刻吸引了不计其数的小投资者。动产信贷银行的资产迅速增长到 6 000 万法郎，直接挑战罗斯柴尔德在铁路融资上的老大地位。

更令詹姆斯担忧的是贝列拉正在把手伸出法国，大有横扫全欧洲之势。1853 年 4 月 2 日，科隆的银行家奥本海默得到许可证，将在距离法兰克福以南不到 20 英里的达姆施塔特开设一家新银行。这显然是动产信贷银行的德国翻版，而且目标直指罗斯柴尔德家族的法兰克福银行。贝列拉、福尔德、奥本海默和动产信贷银行控制着这家新银行。[15]

贝列拉进而在 1853 年筹建西班牙动产信贷银行，同时策划比利时动产信贷银行。1854 年又要建奥地利动产信贷银行了。不仅如此，贝列拉还将目光投向了更远的俄国。

俄国自克里米亚战争失败以来，痛感铁路网的战略价值，决心要修建以莫斯科—圣彼得堡为枢纽的全国铁路网，将俄国的欧洲部分，西至波兰边境南至克里米亚半岛连接起来，总里程超过 4 000 英里，预计投资 10 亿法郎。为了完成此项战略基础设施计划，全俄铁路公司（The Great Russian Railway Company）成立，初始资本金 3 亿法郎。股东包括圣彼得堡的沙皇私人银行家斯蒂格利茨（Stieglitz）、华沙的弗兰克尔（Fraenkel）、伦敦的巴林兄弟、阿姆斯特丹的霍普、柏林的门德尔松，以及法国罗斯柴尔德家族的竞争对手，比如贝列拉、马利特、福尔德和霍廷格家族等。其董事会包括由陆军军官和政府官员组成的 10 名俄国人（其中包括由沙皇任命的董事会主席），4 名巴林－霍普集团的董事和 5 名法国银行的董事，贝列拉和福尔德双双名列其中。由此以动产信贷银行为代表的法国金融势力大规模渗透进俄国政治、经济、社会生活诸领域，成为未来俄法同盟的大本营。[16]

1856 年法国《工业》杂志评论道："动产信贷银行注定要将影响力扩张至全球。其在巴黎的母公司经过 4 年发展已经成为法国业界学习的楷模，在法国之外的奥地利、西班牙、皮蒙特（北意大利）都开设了分号，一俟和约缔结（指克里米亚战争之后英法对俄和约），势必在君士坦丁堡和圣彼得堡开设分号……（因为）欧洲各国都承认，发展生产、物质进步是当今世界最大的政治利益……为此，信贷是必不可少的。"[17]

而亲罗斯柴尔德的《铁路》杂志则质疑动产信贷银行的全欧扩张预计将耗资 10 亿法郎，这将把法国国内工业发展所需的资本抽空转移至外国。

虽然受到亲罗斯柴尔德媒体的非议，动产信贷银行不为所动，依旧大踏步地向欧洲各国扩展其势力。承销奥地利、俄国、土耳其、美国的政府公债；投资比利时、奥地利、意大利、罗马尼亚的铁路，还有荷兰、奥地利、比利时的抵押债券；在荷兰开办蔗糖精炼厂，在布拉格开办铁厂，甚至在锡兰（斯里兰卡）搞了一个咖啡种植园。不过，动产信贷银行最大的成就是建立荷印（尼）商业银行、国家铁路运营公司和荷印（尼）铁路公司。其中最重要的荷印（尼）商业银行在新加坡、中国香港遍设分号，混业经营投资银行、抵押银行、商业贸易等业务，并被认为是动产信贷银行的子银行。

法兰西银行：打败贝列拉的战略制高点

谁能控制中央银行，谁就能在竞争中处于战略优势地位。过去如此，今天也是如此。雷曼兄弟的覆亡就是因为没有吸取历史的教训。

动产信贷银行号称是代表公共利益的金融中心，实际上对法兰西银行的业务造成了挑战。1852 年之前，法兰西银行不发放铁路股份作抵押的贷款，且贷款利率高达 6%。1852 年 11 月，受到动产信贷银行的压力，利率只有 3.6% 了。同时期罗斯柴尔德法国银行持有的法兰西银行股份也大大贬值。罗斯柴尔德自然更对动产信贷银行恨之入骨。这种情势也开始促成罗斯柴尔德与法兰西银行结成同盟。

罗斯柴尔德在动产信贷银行创立之初曾购买动产信贷银行 5 000 股观察一下行情，与此同时，贝列拉却在悄悄地卖出。其实，和所有忽悠的人一样，贝列拉心里非常清楚他们的很多金融创新早晚会出大问题，罗斯柴尔德对此也是洞若观火。

1852 年 11 月 15 日，詹姆斯 · 罗斯柴尔德写给拿破仑三世的私信中，严厉批评动产信贷银行这样的股份制银行是“国家经济的灾难”，他指出股份制银行的股东不公开姓名，所以可以不负责任，就有机会滥用权力处理人民的财产。詹姆斯警告新型银行将会“用其巨额投资主宰商业和工业，为市场制定规则和法律，而这样的法则将不受控制，超越竞争……将大部分国家财富都集中在他们手中……最终这些银行的力量会超过政府”。[18]同时，詹姆斯又告诉拿破仑动产信贷银行根基不稳，“是建在沙滩上的”，因为他们发行的债券付给投资者固定利息，而银行本身对该项投资的投入是“不确定而不可靠的变数”。一旦发生危机，银行将会拖累整体经济“滑向深渊”。詹姆斯预见到新型银行的准备金一定不足，一旦陷入危机，政府就只能选择“整体破产”或者“终止金银与纸币的兑换”。这些话不完全是为了吓唬拿破仑三世的，而后来的事实也证明这并非空穴来风。罗斯柴尔德关于动产信贷银行的评价只要将名称和年份更改一下，完全可以用“论金融衍生品的风险”为题，直接发表在金融海啸后的《金融时报》头版。今天的罗斯柴尔德家族能在全球金融海啸中独善其身，倒也不是浪得虚名。

1855 年，银行和铁路的繁荣都到达高峰，克里米亚战争造成巨额资金缺口，当年偏又赶上农业歉收，法兰西银行顿时喘不上气了。1855 年 8 月，为缓解已经空虚的储备金，法兰西银行不得不从罗斯柴尔德法国银行购入 3 000 万法郎的黄金和 2 500 万法郎的白银。一年后，情况更加恶化，法兰西银行没招了，申请终止纸币与金银的兑换。绝大多数银行董事都赞同这一提议，只有阿尔方斯 · 罗斯柴尔德反对。最后阿尔方斯父子得到法国财政部长的支持，以提高贴现率和大规模购入价值

8 300 万法郎的黄金和白银来遏制挤兑风潮，罗斯柴尔德银行出面维持住了法兰西银行的现金流。1855~1857 年，罗斯柴尔德巴黎银行向法兰西银行提供了价值 7.51 亿法郎的黄金，总共获得 11%的利润。罗斯柴尔德银行与法兰西银行的共生共荣关系得到了空前深化。

在法国，对贝列拉的支持派也远非铁板一块，在罗斯柴尔德家族的运作之下，亲贝列拉的法兰西银行高官被调离巴黎，被派为驻外大使。1855 年，阿尔方斯 · 罗斯柴尔德当选法兰西银行的董事长，罗斯柴尔德巴黎银行成为法兰西银行的最大股东。罗斯柴尔德家族对法国财政和货币政策的影响力，最终将决定罗氏家族和贝列拉的角斗中谁是最后的赢家。

贝列拉家族的扩张仍在继续，其主攻方向就是奥地利动产信贷银行的建立。

伊萨克 · 贝列拉亲往维也纳提出发展奥地利金融、工业的一揽子建议，游说国会和朝廷循法国成功的先例，建立奥地利动产信贷银行和修建从维也纳到的里亚斯特的铁路线，而一批维也纳贵族和银行家也在鼓吹此事，要求朝廷颁发成立奥地利动产信贷银行的特许状。奥地利前首相亚历山大 · 巴赫（Alexander Bach）和财政大臣冯 · 布鲁克（von Bruck）男爵都觉得贝列拉家族的建议对于帝国经济发展大有裨益。

恰在此时，罗斯柴尔德家族驻维也纳的掌门人所罗门去世，罗氏家族在哈布斯堡宫廷中无人。詹姆斯不能容忍没有罗斯柴尔德家族成员参与奥地利新的金融机构，于是拣选所罗门之子安塞姆 · 罗斯柴尔德（Anselm Rothschild）主持奥地利家族业务。安塞姆甫一到任，立即串联各路动产信贷银行的反对势力，迫使奥地利朝廷认识到与动产信贷银行敌对的金融财团的实力，于是帝国大臣们劝说两家合股搞一个新银行，共同为哈布斯堡王朝效命。

针对这一提议，安塞姆精明地建议帝国朝廷将这一新机构的业务范围严格限制在哈布斯堡王朝的领土内，以防止资本外逃，促进奥地利本国实业发展。对于分号和合作伙伴遍及欧洲各国的罗斯柴尔德家族来说，可以非常轻松地避开这样的限制，但是对于正欲在国际舞台上大展拳脚，并且亟须调动各地资源支撑其在更大领域扩展的动产信贷银行来说，却是一个紧箍咒。

伊萨克不得不同意在大幅缩减原定 2.3 亿法郎资本金的条件下加入这个新金融机构。但是，此时的贝列拉家族由于缺乏充足的资金，其进攻态势已呈强弩之末。

在掌握了中央银行大权之后，罗斯柴尔德此时决定进行战略反攻，在奥地利动产信贷银行问题上，对于风头正健的贝列拉家族给予迎头痛击。

他们首先利用动产信贷银行战线拉得过长、资金不敷使用的困境，切断其继续扩张的现金支持。1855 年 9 月，贝列拉兄弟宣布要发行长期债券，罗斯柴尔德利用其在法国中央银行的影响力，以“减轻资本市场的压力”为由，拖延并冻结了动产信贷银行 1.2 亿法郎企业债的发行，进一步削减了动产信贷银行的现金流。在失去发行长期债券的机会后，动产信贷银行很难继续为庞大的土地开发项目提供投资。贝列拉的凌厉攻势终于被遏制住了。[19]

同时，罗斯柴尔德在法国政府内部鼓动对动产信贷银行将大量资本投入国外市场的怀疑态度，最后迫使伊萨克不得已通知奥地利政府：由于法国政府的态度，动产信贷银行不能参加新成立的奥地利联合信贷银行，而这个银行很快发展成为奥地利帝国居于领导地位的投资银行和欧洲大陆规模最大的金融机构之一。在奥地利联合信贷银行的问题上，贝列拉家族完全失败了。

1857 年，随着欧洲经济危机进一步深化，铁路工程大受影响，贝列拉手里的几条主干线都陷入亏损，而罗斯柴尔德掌握的铁路线却在危机中幸存。法兰西银行吸取教训，认识到有着致命缺陷的是以贝列拉为首的“新”银行，而不是姓罗斯柴尔德的“老”银行。

随着欧洲的铁路建设越来越超出国家边界，向跨越多国地域发展。罗斯柴尔德银行的“国际化”优势在此时突出显现，而动产信贷银行功亏一篑，明显敌不过罗斯柴尔德银行遍布欧洲的分支机构之间相互呼应、彼此驰援的优势。1857 年后，动产信贷银行在铁路融资上甘拜下风了。

1857 年金融危机爆发后，动产信贷银行的资金缺口越来越大，原先持有的大量上市公司的现金分红来源枯竭，不仅如此，这些公司反而需要动产信贷银行大规模资金反哺。在资产价格暴跌之中，贝列拉又无法承受抛售这些股票所带来的严重损失，动产信贷银行的资金迅速枯竭。

贝列拉的投资冒险行为也是导致其最终失败的原因之一。1854 年，法国获得修建和使用苏伊士运河的租让合同。贝列拉兄弟认为，运河开通后马赛港将成为法国通往东方的第一良港，于是大量投资马赛港附近地产，占到同期对外投资 5 500 万法郎中的 5 200 万法郎。结果苏伊士运河 1869 年才最终建成，庞大的资金被牢牢地套在了马赛地区的地产项目上，最后动产信贷银行滑稽地变成了“不动产”信贷银行。

1863年，贝列拉兄弟提出为动产信贷银行的资本金增资一倍的建议，但遭到政府拒绝。当贝列拉最终获得批准扩大资本金的时候，为时已晚，动产信贷银行股价大跌，已到破产边缘。其他金融机构见势不妙，都不愿意伸手相救。1868年，走投无路的贝列拉兄弟只好去寻求法兰西银行这一“最后贷款人”的帮助。

这下终于撞上了罗斯柴尔德家族的枪口。作为条件，中央银行要求贝列拉兄弟辞职，并安排一位法兰西银行的前总裁成为动产信贷银行的董事长，主持银行的重建工作。动产信贷银行从此一蹶不振，在20世纪30年代的大萧条中寿终正寝。盛极一时的动产信贷银行其实从1852年到1857年危机爆发，只红火了5年左右。

尤金 · 贝列拉（Eugène Péreire）是伊萨克的儿子，后成为贝列拉家族下一代的核心人物。1881年创立跨大西洋银行，现在是法国最古老的私人银行之一。1909年，尤金的孙女和罗斯柴尔德家族联姻，冤家最后成了亲家。[20]

克里米亚战争

两百多年来，罗斯柴尔德家族认为会对他们的金融帝国产生影响的就是两件事：战争和革命。不管是革命还是战争，交战双方为了进行有组织的暴力行动必然要进行大量融资。战争和革命本身可以冲击原有的封建贵族和教会的统治秩序，使得金融家族扩大对政治的影响力。战争或者革命结束之后的重建时期也需要大量融资，如此可以实现一箭三雕的效果。

1854年3月，一场席卷欧洲各主要国家的战争爆发了。

起初，克里米亚战争即将爆发的征兆并没有引起罗斯柴尔德家族的注意，战争的导火线是争夺“圣地”。所谓“圣地问题”就是法国支持的天主教与以俄国为靠山的东正教争夺耶路撒冷和伯利恒教堂的管辖权。起因则是自18世纪下半叶起，俄国在近东势力急速发展，力图攻占或与列强瓜分日趋衰落的奥斯曼帝国，控制黑海海峡，实现俄国南出地中海的夙愿。这就与在近东有重大政治经济利益的英法两国发生了尖锐冲突。

任何一场战争都是国际金融市场的地震，将急剧改变每个国家的财政状况和重新划分国际金融市场的利益格局。于是天主教跟东正教打起架来，第一个上火的就是国际银行家们。

罗斯柴尔德在战争初起时陷入被动，因为他们过度信赖从外交途径得到的情报。不过，圣彼得堡这回很不老实，直到1853年6月都在反复向罗斯柴尔德家族信誓旦旦地保证不会进行战争。1854年1月西方联军开进了黑海，詹姆斯仍然没太在意。2月，当俾斯麦得到俄国大使被从巴黎紧急召回的确切消息，立刻心里有数了："我当时在想，这个消息最能吓到谁呢？我的眼光落在了罗斯柴尔德身上。果然，我刚把消息告诉他，他的脸顷刻变得像支粉笔一样白。他的第一个反应是，'我要是今天早上知道这个消息就好了'；第二个反应就是，'明天您能跟我谈生意吗'。"

伦敦的罗斯柴尔德家族掌门人莱昂内尔也对俄国挑起战争的举动大为意外，他在1854年3月已经看衰俄国："一个已经负债8亿英镑的国家在进入另一场战争之前，实在应该慎重考虑。"

打了3年的克里米亚战争将罗斯柴尔德银行公债融资的生意再次推上高峰。这场战争使得每个参战国的军事开销都大大超过从税收中得到的财政收入，各国都不得不大举发债，纷纷扑向公债市场。

罗斯柴尔德银行受贝列拉家族窝囊气的局面立刻改变了。在国际公债市场上，没人能撼动罗斯柴尔德银行的霸主地位，他们已经通过百年潜心经营牢牢盘踞住这一市场。包括动产信贷银行在内的一干竞争对手都从对克里米亚战争公债发行的争夺中无功而返，而罗斯柴尔德的老冤家巴林银行又在这一票中押宝在最后战败的俄国头上，狠狠吃了个哑巴亏。这场战争打下来，罗斯柴尔德银行基本上独享了整块蛋糕。

英国方面，政府本来内定了从巴林银行借钱。无奈巴林的钱压在俄国抽不出来，只好眼睁睁看着1 600万英镑战争贷款全被罗斯柴尔德银行细嚼慢咽了。

战时的法国被经济搞得焦头烂额，拿破仑三世赶忙出台一系列利率调整政策刺激经济。罗斯柴尔德巴黎银行和霍廷格家族联手在政府拯救经济危机的行动中大力支持财政刺激政策，把贝列拉家族排除在外。于是，当法国财政部在1854年和1855年一笔接一笔大发克里米亚战争债券的时候，罗斯柴尔德银行自然是首选。贝列拉这时才反应过来，竭尽全力向拿破仑三世争取。而法国财政部长告诉拿破仑三世，法国国内市场对战争债券的容量已接近饱和，于是法国将大部分战争债券转往伦敦发行。罗斯柴尔德伦敦银行早张开包袱，法国债券生意应声落袋。贝列拉终究斗不过早已谋划在先的罗斯柴尔德，又眼巴巴地看着罗氏家族巴黎银行和伦敦银行美美地把法国战争债券大餐吃了个干干净净。

贝列拉在法国斗不过罗斯柴尔德，赶紧把手伸进土耳其，要抢土耳其的战争债券。谁知罗氏家族又占了先机，已经抢先一步把代理人派往君士坦丁堡。土耳其的战争债券也归了罗氏家族伦敦银行。1857 年《泰晤士报》说："土耳其国家银行就快成为罗斯柴尔德银行的另一个分部了。"

奥地利在克里米亚战争中并没有直接参战，可是它也没闲着，倾举国国力扩军备战，终于迫使俄国从多瑙河撤军。奥地利没来得及偷乐，就发现本国财政已陷入严重危机，货币日贬千里。奥地利财政部长向詹姆斯发紧急求救信："在我们的货币完全变成废纸之前，只有你能拯救我们。"[21]詹姆斯答应联合其他罗斯柴尔德分支共同拯救奥地利，条件是奥地利政府原先许给福尔德的贷款现在得归罗氏家族银行，于是福尔德原以为到了嘴边的鸭子又飞了。

普鲁士政府的开销在战争期间增长了 45%，早就不堪重负。有俾斯麦做主，普鲁士的战争债券全归了罗斯柴尔德法兰克福银行。梅耶卡尔 · 罗斯柴尔德还因为国家作出突出贡献被授予普鲁士红鹰勋章。

仗打到 1856 年，欧洲各国几乎同时爆发了严重的经济危机，多家银行倒闭。1852~1855 年，各国政府公共支出的增长率分别是：奥地利 42%，英国 68%，法国 53%，俄国 88%。公债贬值则是：英国 15%，法国 15%，奥地利 24%，普鲁士 11%。战争资金渐渐"贫血"，继而"断血"，仗自然打不下去了。克里米亚战争终于收场。

罗斯柴尔德银行其实不在乎打仗的输赢。19 世纪 50 年代末，英国、法国、土耳其、奥地利和普鲁士政府全都以一家或数家罗斯柴尔德银行为金主。罗斯柴尔德银行又在战争期间把老对手、新对手们整的整，灭的灭，它在政府公债上的江湖老大地位再也无人能够撼动。

即使在所有银行都难逃破产命运的 1857 年，也没有一家罗斯柴尔德银行亏损，最大的损失不过是赢利减少而已。

天主教银行家：第三股势力

法国的银行家族势力在1870年之前大致是犹太银行家与清教徒银行家两大阵营对垒。犹太银行家族中，罗斯柴尔德家族是显而易见的领袖。清教徒银行家族体系中，首领就是米腊博家族。天主教银行家族不像清教徒和犹太银行家那样饱受宗教迫害，这也是他们缺乏凝聚力的原因。

1870年普法战争以后，第三股银行家族，即天主教银行家族势力逐渐在法国形成。这个集团包括达维里尔（Davillier）、鲁伯萨克（Lubersac）、达摩其（Demachy）、古德霍克斯（Goudchaux）、莱西德科斯（Lehideux）等银行家族。但是，第三股势力其实是一种不太稳定的势力，他们很快又分成两派。一派天主教徒银行家跟罗斯柴尔德阵营逐渐结成了联盟，并且支持第三共和的建立；另外一派主要是跟崛起中的重工业集团联手，而重工业集团的主力家族都是天主教徒，法国钢铁大王施内德（Schneider）是其中的领军者。在这三股势力中，罗斯柴尔德家族居于明显的优势地位。

金权的进化：从所有权到控制权

在法国的历史上，无论是罗斯柴尔德家族还是贝列拉家族，这两大势力集团都跟政府有着千丝万缕的紧密联系，但是他们同法国实体经济的联系相对来说却弱很多，除了在铁路方面投入稍多以外，在其他实体经济行业的投资兴趣并不大。主要原因有两个：一是由于工业革命前期的资金需求量对于储蓄相对充足的法国而言，已足够使用，充裕的资金供给使得国际银行家们在竞争中利润不高，因而缺乏足够的动力；二是政府和外国战争的公债需求量极大，利润既高又有保证，属于爆赚加稳赚的投资。另外，资本稀缺的国家，其项目回报率相当可观，又有当地政府的担保，也属高利和可靠的投资。在这样的情况下，国际银行家的资金其实并不直接进入本国实体经济循环，而是在国际上追逐高额利润。

从银行的运作模式来看，在法国工业资本主义崛起初期的纺织、冶金、运输和机械等行业的融资需求有限，法国的私人银行模式足以应对。同时，热爱储蓄的法国人投资方向比较保守，倾向于买卖稳定可靠的政府和企业债券，而并不特别热衷股票类风险高的投资。如果投资实业，他们则倾向于投资私人和家庭企业，而不太愿意投资那种大型的商业机构或者公司，所以大规模的股份制银行在法国发展一直很慢，这一点和英国类似。

但是，随着大规模铁路项目的建设，这一局面发生了深刻变化。

法国铁路建设的高峰期是1830~1870年。铁路工程的建设往往需要大规模的资本运作，而这种规模的资金需求就远非传统意义上的私人银行体系所能负担的。私人银行的投资主要是依赖某一家银行的储蓄，这种银行模式在大工业时代，特别是在近代工业体系铁路建设的崛起过程当中，遭遇了很大的挑战。金融体系为了适应工业革命后期的大规模融资需求，必须建立起全新的股份制投资银行、存款银行、储蓄银行，还包括一系列保险公司等新型金融机构，这些金融机构通过把众多散户的储蓄集中起来，然后再经由投资银行的投融资运作，将这些数量庞大的资金投向实体经济中资金需求量特别巨大的工业领域，从而产生可观的回报。

在新型股份制投资银行模式下，私人银行家的角色就从过去使用自有资金的放贷者变成了调动公共资金的管理者，其实这个过程对私人银行家是非常有利的。从前，由于私人银行家使用自有资金放贷，私人银行对行业的金融控制力一目了然，缺乏隐秘性。而新型的资产管理者角色，由于运作的是公众的资金，在放大了对社会财富控制力的同时，不动声色地增加了隐秘性。在这种资产管理模式中，他们并不公开自己的身份，并且主要是在幕后运作，这一高明的金融资本主义制度安排将公众的视线进行了有效隔离。

在这一系列新兴的金融机构背后，董事会的成员基本上还是同样的银行家族。巴黎巴银行就是其中的一个典型。

从1870年到“二战”爆发，法国经历了第三共和时代，罗斯柴尔德家族为首的犹太银行家族是支持第三共和的主要金融势力集团，但是清教徒和天主教银行家族则倾向于反对第三共和。以罗斯柴尔德为首的犹太银行家族通过控制法国最大和最重要的股份制投资银行机构巴黎巴银行获得了巨大的财富，到20世纪初，巴黎巴银行对法国的经济和政治生活起到了决定性的影响。

至1931年，罗斯柴尔德家族控制的巴黎巴银行，一共持有法国357家上市公司的股票，家族成员和家族银行的高级管理人员在120家公司中控制着180个董事席位。这种控制是经过非常精妙的金融资本主义手法来设计的，比如股权中的无投票权和多重投票权的精心设计、原董事投票增选新董事等方式，都是实现由极少数特殊股东控制多数股东财富的有效手段。再比如，特权股东所持有的股票中拥有一股一票的投票权，但是向公众发行的股票中，每股只有1/10的投票权，如此运作可以确保特权股东对公司董事会的任命和公司运作的实际控制权。

为了抗衡巴黎巴银行的影响，清教徒银行家在1904年成立了一家自己的股份制投资银行，这就是巴黎联合银行（Union Parisienne）。1904~1919年，以巴黎联合银行为核心，清教徒银行家将各种金融势力整合在一起，与以巴黎巴银行为核心的犹太银行势力集团进行抗衡。实际上，清教徒银行体系和犹太银行家体系对法国政治和经济权的争夺，在很大程度上造成了法国政治和经济系统的瘫痪。特别是1934~1938年，这两大势力集团的争斗到了白热化的程度，导致法国在大萧条中复苏缓慢，更严重的后果就是1940年法国在第二次世界大战中的迅速失败。

从法国上市公司的情况来看，1936年巴黎的证券交易所注册的公司总数是1 506家。其中大约有600家是关系国计民生的超级重要公司，另外还有大约200家非上市的重要公司，法国经济中的重量级公司大约有800家。在这些公司中，犹太银行家族集团控制了400多家，他们的竞争对手控制了300多家，只有100多家是属于不受控制或者其他势力控制下的公司。第二次世界大战中，法国被德国占领的4年里，犹太银行家族的资产受到剥夺，其中也包括对上市公司的控制权。当然战后这些权力被胜利的一方全部收回，战败的德国还需要连本带利地进行赔偿。

包括两大银行家族势力集团在内，据统计有183个大财阀控制了当时的法国，成为法国著名的“200家族”前身。此外，金融家族加强了对政界和新闻界的渗透，银行家投资新闻界或自己办报者也比比皆是。这一切给法国政治、经济、社会生活各个领域带来了深刻影响。除了拉拢权贵之外，金融巨子们纷纷亲自出马，跻身政坛，出任拿破仑三世财政部长的阿希勒 · 福尔德就是其中的一个例子。银行家族的代理人进军政界的也不在少数，如1962年戴高乐总统任命的法国总理蓬皮杜就是罗斯柴尔德家族巴黎银行的总经理，蓬皮杜在1962~1968年任法国总理，1969~1974年任法国总统。

金权的力量在经过两百多年的进化后，已经在法国树大根深，难以撼动了。

人脉关系图

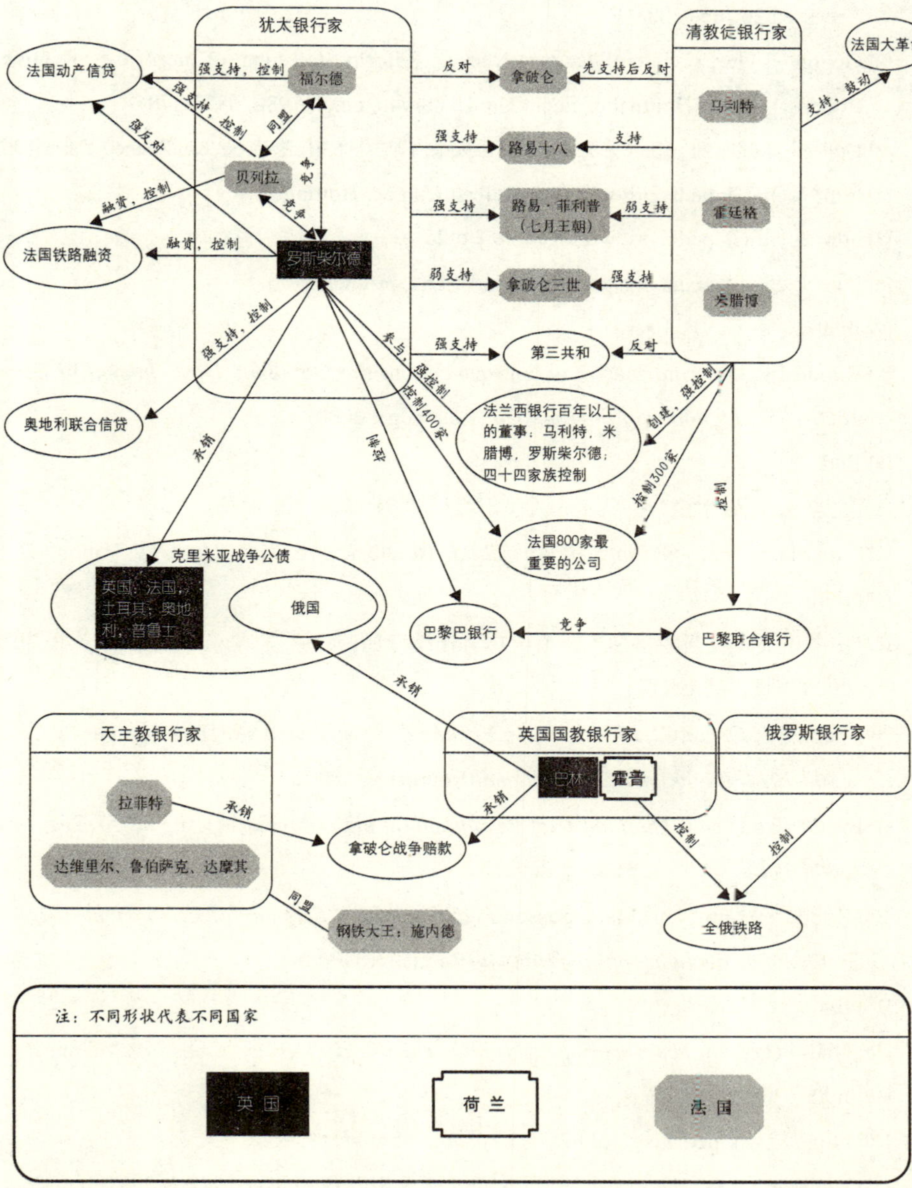
犹太银行家
清教徒银行家
法国大革命
法国动产信贷
强支持，控制
福尔德
反对
拿破仑
先支持后反对
马列特
支持，鼓动
强支持，控制
同盟
强反对
强支持
路易十八
支持
贝列拉
竞争
融资，控制
竞争
强支持
路易·菲利普（七月王朝）
弱支持
霍廷格
法国铁路融资
融资，控制
罗斯柴尔德
弱支持
拿破仑三世
强支持
米腊博
强支持，控制
参与，强控制
强支持
第三共和
反对
控制400家
创建，强控制
奥地利联合信贷
法兰西银行百年以上的董事：马利特，米腊博，罗斯柴尔德；四十四家族控制
承销
控股
控制300家
控制
法国800家最重要的公司
克里米亚战争公债
英国；法国；土耳其；奥地利；普鲁士
俄国
巴黎巴银行
竞争
巴黎联合银行
承销
天主教银行家
英国国教银行家
俄罗斯银行家
巴林
霍普
拉菲特
承销
承销
拿破仑战争赔款
控制
控制
达维里尔、鲁伯萨克、达摩其
同盟
钢铁大王：施内德
全俄铁路
注：不同形状代表不同国家
英国
荷兰
法国

参考资料

CURRENCY WARS

[1] Alberge, Dalya,What the King said to the executioner..., (The Times, 8 April 2006. Accessed 26 June 2008).

[2] George Taylor, review of Jacques Necker: Reform Statesman of the Ancien Regime,by Robert D. Harris (Journal of Economic History40, no. 4, 1980, p877-878).

[3] Collectif, Mallet Fr res et Cie-250 ans de banque, 1713-1963(Presses de Jean Ruchert, Paris, 1963).

[4] http: // en.wikipedia.org/wiki/Baron_Jean-Conrad_Hottinguer.

[5] http: // en.wikipedia.org/wiki/Achille_Fould.

[6] http: // en.wikipedia.org/wiki/P%C3%A9reire_brothers.

[7] Ibid.

[8] Rondo E. Cameron, Mark Casson,*France and the Economic Development of Europe, 1800-1914: Evolution of International*(Routledge, 2000).

[9] Ibid.

[10] 马克思：《资本论》第三卷，人民出版社 2004 年版，第499页。

[11] Niall Ferguson, *The House of Rothschild: The World's Banker 1849-1999,* Volume 2.

[12] Ibid.

[13] 中共中央马克思恩格斯列宁斯大林著作编译局：《马克思恩格斯全集》，人民出版社 2008年版，第499页。

[14] Rondo E. Cameron, Mark Casson,*France and the Economic Development of Europe, 1800-1914: Evolution of International*(Routledge, 2000).

[15] W.O. Henderson, *The Industrial Revolution on the Continent: Germany, France, Russia 1800-1914* (Taylor & Francis, 2006).

[16] Rondo E. Cameron, Mark Casson,*France and the Economic Development of Europe, 1800-1914: Evolution of International*(Routledge, 2000).

[17] Ibid.

[18] Niall Ferguson, *The House of Rothschild: The World's Banker 1849-1999,* Volume 2.

[19] Ibid.

[20] http://en.wikipedia.org/wiki/P%C3%A9reire_brothers.

[21] Niall Ferguson, *The House of Rothschild: The World's Banker 1849-1999,* Volume 2.

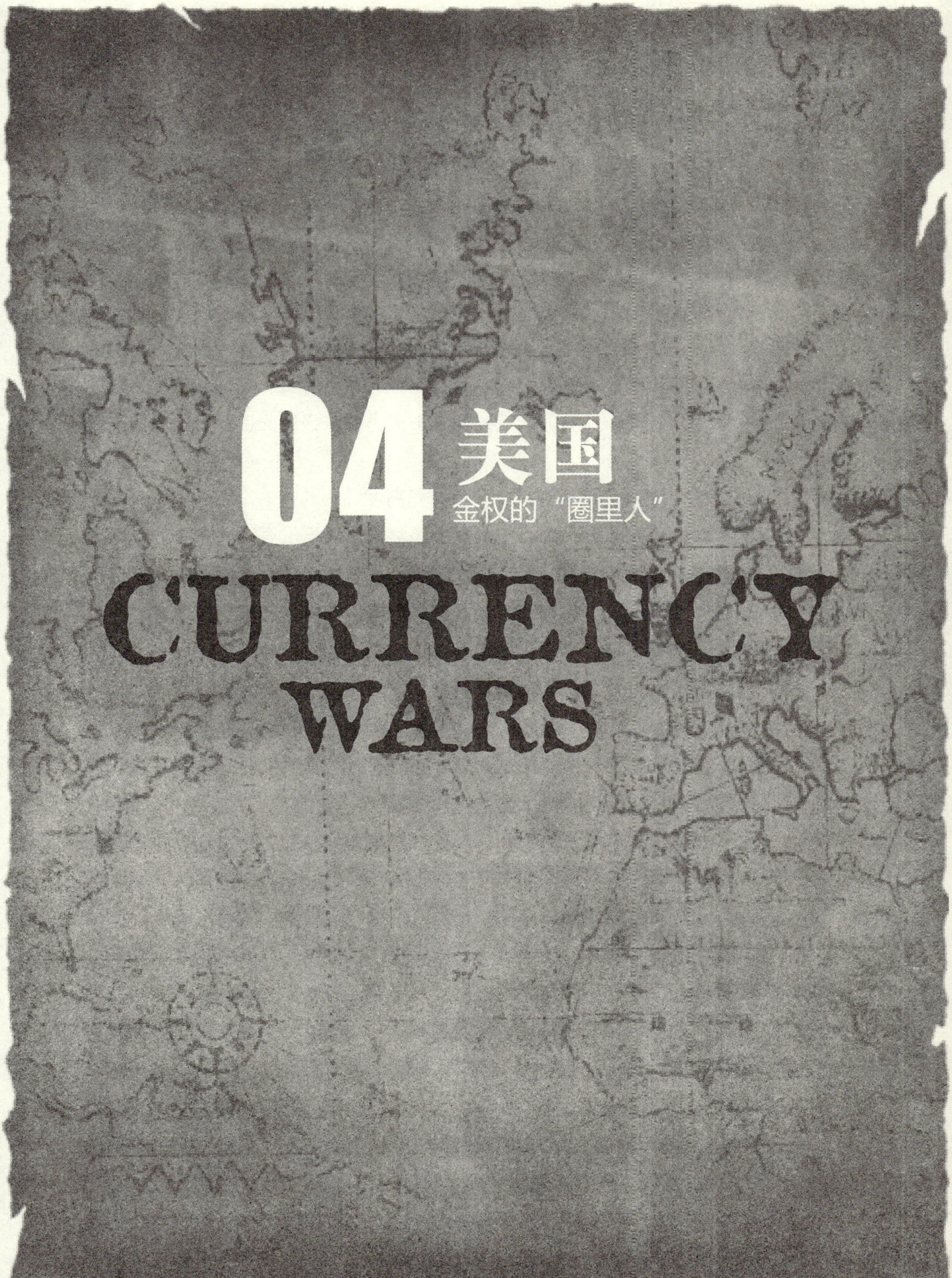

04 美国

金权的“圈里人”

CURRENCY WARS

本章导读

美国历史最为独特之处就在于一切都几乎是从一张白纸上起步的。深受宗教迫害的人们从欧洲和其他地区涌入这个地广人稀、资源丰富的新大陆，白手起家，创造了巨大的财富。美国不具备英国、法国、荷兰等国商业资本主义时代就已经完成的原始资本积累，也没有欧洲大陆几千年创造出的城镇、乡村、港口、桥梁、公路等基础工程的家底，这是一个几乎永远对资本与人力需求极度旺盛、无法满足其胃口的市场。

极其丰富的自然资源、严重短缺的劳动力和高度稀缺的资本三大因素汇聚在一起，终于创造出一个迥然不同于欧洲的金融生态环境。这里没有令人窒息的封建等级制度，没有偏执、疯狂的宗教压迫，这是一块天赐的国际银行家的乐土。金权在这里野蛮生长、肆意扩张、日渐粗壮、遮天蔽日。政权对金权从压制到控制，从抗拒到默许，从排斥到联合，从合作到顺从。

金权是个好东西，为了达成目的，它更多使用诱惑而不是强迫，它更在乎激发人内心的欲望而不是仅从外部施压，它强调利益均沾而不刻意区分敌我。

整个19世纪，美国涌现了一大批犹太国际银行家族，他们中间最为炫目的就是犹太国际银行家族，这些家族包括：赛利格曼、贝尔蒙特、希夫、库恩、雷波、沃伯格、斯佩尔、雷曼、高曼、赛克斯（Sachs）。这些家族有一个显著的共同特点，就是他们全部都来自德国。如果我们说今天的华尔街90%的金融权力都掌握在犹太银行家的手中，那么这些银行家族就是他们力量的根源、势力的根基。明白了他们背景的来龙去脉和相互之间的人脉关系，我们才能对2008年所发生的金融海啸和其他国际金融动向有一个基本判断。

毕竟，社会是许多由人组成的不同圈子所构成；毕竟，每个圈子里都由无处不在的人脉所串联起来；毕竟，这是一群能量非凡的人组成的圈子。

赛利格曼：从小商贩到国际银行家

19 世纪 20 年代的赛利格曼家族，仍然在德国巴伐利亚地区经营货币兑换这种犹太银行家族的看家生意。德国当时还不是个统一的国家，由 30 多个邦联小国组成，这些小邦国的货币体系又自成一体，南来北往的客商携带着不同的货币使用起来非常麻烦。

约瑟夫 · 赛利格曼是赛利格曼家族的小神童，8 岁时就帮助大人们在银行打下手，他在收钱的时候很快发现各地区钱币的价格是不一样的。小约瑟夫的本事比他的年纪长得快，12 岁就开始走街串巷，逐渐成长为一个精明的钱币兑换商。他的主要生意就是帮助外地客商把其带来的其他地区的金银币兑换成本地的货币，然后再把买进的外地货币卖给那些准备到其他地方旅行或者经商的本地人，从中赚得一点点差价。通过货币兑换生意，小约瑟夫开始了解到外部世界的经济信息和地理情况，包括货币之间的兑换关系，渐渐地形成了一种敏锐的商业嗅觉。

约瑟夫 · 赛利格曼

19 世纪 30 年代，德国开始了工业革命的进程，巴伐利亚的传统手工业者在大工业浪潮的冲击下，逐渐丧失了工作机会，当地的手工业发展也日渐萧条，越来越多的当地犹太人纷纷漂洋过海到美国新大陆去讨生活。

1837 年 7 月，年仅 17 岁的约瑟夫带着母亲在他内裤里缝进的 100 美元，历经千辛万苦来到了纽约，正好碰上了美国 1837 年大萧条，年轻的约瑟夫开始了艰辛的美国起家历程。纽约的股票崩盘和经济衰退使得约瑟夫很难在那里立足，他不得不一路向西走到宾夕法尼亚才算落下脚来。他从收银员开始做起，每年的工资不过区区 400 美元。

约瑟夫是一个极端注重观察生活细节的人。在做收银员的时候，很多农场主偶尔赶着马车风尘仆仆地来到小镇上的集市采购东西的情形引起了他的注意。他一边留心观察，一边详细记录这些农场主买的每一件东西和它们的价格，晚上回家仔细分析。经过一年的时间，他构想出一套自己的商业模式，如果带着农场主们所需要的商品上门推销，为他们省却长途跋涉的劳苦，那么客户们是愿意为此多付一些钱的，而他赚的就是这个“增值服务”。主意已定，约瑟夫马上买了一些镜子、戒指、刀具、小珠宝、手表等价值高、重量轻的小商品，装入背包，开始徒步行走在宾夕法尼亚的旷野村镇之间，上门推销商品。他的商业模式被证明大获成功，不到半年就挣到了 500 美元的第一桶金。他赶紧将德国老家的亲戚们召集过来，几个兄弟一起开始了行商生涯。不久，赛利格曼兄弟们又合伙开了一间自己的杂货铺，开始了坐商生意。长期的推销练就了赛利格曼兄弟的如簧口舌，他们关于生意的名言就是：“卖给客户需要的东西算不上做生意，卖给客户不需要的东西才是做生意。”

美国南北战争

由于机缘巧合，约瑟夫很早就认识了当时在第四步兵师服役的西蒙斯 · 格兰特。格兰特当时的驻扎地就在赛利格曼杂货铺的附近，格兰特经常溜达到赛利格曼的铺子买几样好看的首饰给他的未婚妻。很快，约瑟夫和格兰特就成了无话不谈的铁哥们儿。谁能想到这个格兰特就是日后美国南北战争中的名将格兰特将军，后来的美国第 18 任总统。[1]

约瑟夫的杂货铺在过去若干年的经营中，

已经开始涉及简单的银行基础业务，比如根据客户的信用进行赊账，买卖几笔欠条，甚至收取一些客户的存款，并为其开设一个账户，用以支付货款。

约瑟夫是一个喜欢琢磨的人，在经营杂货铺的过程中，他突然悟出买卖商品和买卖金钱之间有巨大差别。在商品买卖行为中，只有在杂货店开门并能卖出商品时，才能赚取利润；反之，如果商品没卖出去，那么就处于占用资金的闲置状态，甚至是处在负债的状态之下。然而，金钱就不一样了，金钱24小时永远处在活跃状态之中，其买卖交易和店面开门时间没有关系。因为产生利息，金钱一旦开始工作，是一天24小时，一周7天，一年365天，没有节假日，无须休息中断，不知疲倦永不停歇地“自主永动”。约瑟夫终于悟出金钱是可以更快创造更多财富的最美妙商品。

经过15年的积累，赛利格曼兄弟有了一些积蓄，未来的发展方向成为大家争论的焦点。悟通“钱理”之后，约瑟夫极力主张应该向银行业进军。于是兄弟们收拾停当，动身前往纽约投身一个令所有犹太人向往的行业——金融业。此时这几个杂货铺店主自己也预料不到，短短十几年后，他们将成为世界级别的国际银行家，深刻影响到美利坚合众国的财政与外交政策。

奥古斯特·贝尔蒙特的“美联储”

与赛利格曼同期到达纽约的还有一个在历史书上留名的人物，他就是奥古斯特·贝尔蒙特。贝尔蒙特也是犹太人，比约瑟夫·赛利格曼大3岁，他的一生充满了传奇色彩。

贝尔蒙特13岁时，就到法兰克福为罗斯柴尔德银行当免费学徒。他脾气暴躁、举止粗鲁、放荡不羁，但却是个天资聪颖的金融奇才。初进罗斯柴尔德银行从扫地工做起的贝尔蒙特，没过多久就积极提出各种工作建议，展现出不凡的才能，很快被特许旁听只有合伙人才能参加的重要会议。可惜贝尔蒙特身上野气十足，举止完全没有贵族风范，经常在大庭广众之下让罗斯柴尔德面上无光。罗氏家族慧眼识珠，不拘一格用人才，把年轻的贝尔蒙特转派到意大利那不勒斯从事管理工作。贝尔蒙特21岁时被派驻古巴的哈瓦那，不久即以罗斯柴尔德家族美国代理人的身份来到纽约发展。[2]

随着经济高速发展和跨大西洋贸易急剧增长，纽约迅速蹿升为美国最大的贸易

奥古斯特 · 贝尔蒙特

中心，西部地区的小麦、面粉、棉花，大量涌入纽约并出口到欧洲，同时欧洲的工业品也经由这里大举进入美国市场。商业与贸易的空前繁荣在信用、融资、贴现、清算、保险、外汇等方面对金融服务产生了巨大的需求。在纽约，来自大西洋两岸的汇票集中贴现，信用额度密集交易，巨量资本频繁流动。欧洲雄厚的资本经由纽约的债券市场滚滚涌入美国的实体经济和基础设施建设。1792 年建立的纽约股票交易所甚至比伦敦证券交易所的历史还要悠久，美国重量级的公司纷纷在这里上市，每年高达数亿美元的股票在此间易手。这一切带动着金融业飞速发展，纽约很快成为继波士顿和费城之后的第三大中心城市。

与其他新英格兰地区的情况迥然不同，作为一个新兴城市，纽约没有波士顿、费城、查尔斯顿等传统新英格兰大家族盘根错节的势力所形成的僵化与死板。波士顿和费城的主流经济基本上都被老牌大家族垄断，风格严密而呆板。例如波士顿的卡波特 · 罗威尔 · 劳伦斯家族集团，主要通过金融来控制纺织业，李 · 希金森 · 杰克逊家族则控制着货币市场，这两大轴心基本掌控了波士顿地区的经济。费城则有数家全国大型商业银行，被汉密尔顿家族、莫里斯家族和威灵家族垄断。这三大家族对美国商业银行体系的控制力延至今日不衰。

而在年轻且富有朝气的纽约，传统家族并没有占到明显优势。纽约出现了金融业的空前机遇，这就是诸多犹太银行家在纽约上岸，立下根基，以此为起点逐步成长为美国决定性金融力量的历史渊源。

贝尔蒙特到达纽约的时候，正好也迎头赶上 1837 年美国大衰退的爆发。不过贝尔蒙特与赛利格曼不在一条起跑线上，他的后盾是欧洲罗斯柴尔德家族的庞大金融资源。贝尔蒙特甫到纽约，一出手就震惊了金融界。年仅 24 岁的贝尔蒙特在一片狼藉的纽约股票市场上，狂扫被低价抛空的债券和股票。而当大批纽约的本地银行纷纷资不抵债陷入破产边缘之际，贝尔蒙特大手笔注入重金，令他们起死回生。[3] 1836 年美国第二银行被杰克逊总统关闭后，罗氏家族控制下的美国私有中央银行再度被废。此时的金融危机中，美国已没有“最后贷款人”来拯救濒于失败的银行系统，而贝尔蒙特的出现和出手，事实上起到了中央银行挽救金融系统的作用，24岁的贝尔蒙特居然发挥着类似今天美联储的功能。事实上，他背后强大的罗斯柴尔德金融帝国才是真正控制着美国信用和资金流动的"远程美联储"。

纽约的上流社会

几乎一夜之间，贝尔蒙特一跃成为纽约显赫一时的大人物。他能够调动的资金规模之大，不仅震撼了纽约金融界，也惊动了美国政府。贝尔蒙特立时成为纽约新星，频频出席各种社交活动。他既能说一口流利的西班牙语，也能说标准的意大利语，还能说奇特口音的法语。当时被欧洲人认为粗鲁、庸俗的纽约，还没有培养出一种高贵的生活品位和贵族风范，分不太清楚各种口音之间的差别，贝尔蒙特顿时让他们惊为天人。

彼时的纽约正处在暴发户急于寻找自身定位的阶段，社会各阶层初步形成阶级划分。纽约人开始注重自己的礼仪、穿着、社交圈子和上等派头。各种各样的礼仪培训班多如牛毛，比如教导喝汤不要出声音，在公共场合不要挖鼻孔，不要老盯着陌生人看，不要随地吐痰等等。

治理随地吐痰很是紧要。在纽约剧院里看完戏，坐在前排的女士往往发现裙子被后座吐的痰弄脏了。欧洲的旅行者来到纽约，简直被这经历吓坏了，没想到纽约的社会秩序如此混乱，礼仪如此差劲，完全就是个蛮荒之地和文化沙漠。纽约的上流社会也对此痛心疾首。

此时，来自欧洲、深受罗斯柴尔德家族的熏陶、举手投足皆不同凡响的贝尔蒙特闪亮登场了。他马上被上流社会视为典范，他的言谈举止、行为处事方式，甚至他的口音都成为上流社会男士们竞相模仿的对象。

贝尔蒙特还引领了纽约社交风气的潮流，比如他"漫不经心的无所谓"社交态度，在纽约上层社会被广泛效法。如果晚饭邀请时间是7点钟，贝尔蒙特很少在9点之前出现。按照贝尔蒙特的贵族态度，准时赴约不过是一种对于粗鲁人的礼貌。

贝尔蒙特在引进欧洲贵族习俗方面经常产生轰动性效果，决斗就是他的拿手好戏，极大提升了他的知名度和社会等级感。贝尔蒙特特别注意挑选决斗的对手，对方必须出身高贵家族。贝尔蒙特曾经挑选了查尔斯顿的海沃德家族的儿子进行挑战，起因是海沃德在一个餐馆跟女友聊天的时候，曾经八卦到贝尔蒙特的出身，他暗指贝尔蒙特是犹太人，这点激怒了贝尔蒙特。在决斗中没有人死亡——贝尔蒙特的大腿中了一枪，不过因为决斗对手是海沃德家族的后裔，这一枪就很有价值。他在美国上流社会里的光辉形象一下就树立起来了，再加上媒体的鼓噪和公众舆论的好奇，贝尔蒙特眼疾手快地把自己打造成一个完美贵族的品牌形象。

贝尔蒙特在纽约生意做得大而红火。欧洲罗斯柴尔德家族的大量资本在他的运作下，源源不断流入美国国债市场。1844 年，贝尔蒙特刚到美国 7 年，就被美国政府任命为驻奥地利公使。美国政府看中的是贝尔蒙特与罗斯柴尔德银行的渊源，也想离资本的源头更近一些。

贝尔蒙特如此年轻就这么有影响力，当然引起了纽约各个阶层，尤其是上流社会极大的好奇心。贝尔蒙特自己又极其不愿谈及身世和过去的经历，于是种种风言风语在上层社交界流传，说他能得到罗斯柴尔德家族如此青睐，可能是罗氏家族的私生子。

不过，贝尔蒙特在真正的贵族眼里，只是个新富烧钱的暴发户。时尚社交圈并非上层社会，美国真正的顶级贵族阶层还是殖民地时代的大庄园领主。1629~1640 年，荷兰的西印度公司作为最早在美国殖民的机构，把纽约附近哈得孙河两岸的土地直接分封给了这些大家族。这种分封制度在某种意义上类似欧洲的封建领主体制，大庄园领主家族具有永久的土地所有权，可以建立自己的法庭，成立发挥一定政府职能的管理机构。租用土地的人将为领主提供劳役和缴纳税收。美国殖民时代并不实行王国体制，没有皇帝和国王。这种大庄园领主制度产生了美国最早的一批贵族，他们直到现在仍然是美国最古老的大家族。当时纽约著名的重量级大庄园领主家族，包括早期的万恩、罗斯雷尔、阿斯特以及后来居上的克斯特和莫里斯，同属美国最重量级的大家族。[4]

虽然贝尔蒙特背后站着罗斯柴尔德家族，富甲一方，但作为新贵的贝尔蒙特站在这些大庄园领主贵族面前时，还是显得心虚气短和自惭形秽。这些大家族每年都要在顶级宾馆召开几百人的聚会活动，一纸邀函是真正“上等人”的身份证明。贝尔蒙特从未受到邀请，对此他大为恼怒。有一次他直接闯进了邀请委员会威胁说：“我已经调查了你们这些人的所有账户，我可以确定地告诉你们，要么我今年收到你们聚会的邀请，要么等聚会一完，我就让你们都身败名裂。”贝尔蒙特用近乎威胁的手段，强行要求加入大家族聚会。最终他如愿以偿地收到请帖。不过，当他盛装前往所谓的聚会场所时，居然没有一个人——他成了被邀请的唯一的客人。

1867 年的华尔街

尽管华尔街银行家已经有了相当的影响力，但是在融入美国最顶端的社交圈子时，还是不灵。此事对贝尔蒙特刺激很大，他左思右想，决定通过通婚的方式进入核心家族圈。贝尔蒙特精心挑选自己的未婚妻，就像挑股票、葡萄酒，或者选择决斗对手一样，经过了家族权势和宗教背景等严格考虑和仔细筛选，最后选择了卡罗琳 · 佩里作为未婚妻。

佩里家族本身不是特别富有的家族，但绝对算得上社会名流。佩里家族能够给他带来的是金钱所买不到的社会地位。卡罗琳的父亲是墨西哥战争的英雄，也是后来打开日本大门、迫使日本签下了不平等条约的那位著名的佩里将军。她的叔叔是 1812 年美英战争中的著名将领。这次通婚大大提高了贝尔蒙特的社会地位，纽约的核心家族再也不能嘲笑他只是有钱的土大佬，贝尔蒙特的社会地位终于得到了确认。

国债大王赛利格曼

赛利格曼在国债销售中的作用甚至相当于美国北方军队在葛底斯堡挡住了南方李将军的进攻。[5]

——W · E · 达德，历史学家兼美国驻纳粹德国大使作为赛利格曼家族的掌门人，约瑟夫是一个完美主义者，他的一举一动、一言一行都精确到位。他对于任何浪费时间的行为和动作，都毫无耐心，工作和生活细节中充满了运筹学的理念，在做每一件事之前，他会仔细考虑做事的顺序，按照难度、时间、交叉的程度，精确安排。他能够同时处理多种不同信息和思路，并且在大脑中构筑出复杂的计划和概念。在保证多样化处理复杂事件的高效率和计划性的同时，他还能够在整体上做到让这些事件互不干扰，相互独立。

约瑟夫性情急躁，精力充沛，身体像公牛一般强壮，从不知道疲倦。他的行为举止处处透射出威严、权威性和控制力，让人望而生畏。

赛利格曼兄弟准备进军美国银行业时，美国正处在“自由银行时代”。1837~1862 年，随着私有中央银行美国第二银行被废，美国开始了一段自由而混乱的银行时代，社会公众可以自由申请开办银行。当时的纽约似乎人人都可以自称是银行家，唯一的要求就是穿着打扮要像一个银行家。

从 1852 年开始进入银行业，赛利格曼一直从事传统保守型业务。当时美国的铁路业空前繁荣，西部大开发如火如荼，铁路和西部概念股票价格飞涨。投机者以这些股票作质押来申请新的贷款，而这些贷款又被用来购买股票，这个过程循环往复，导致整个纽约股市不断地疯狂上涨。与此同时，英国方面也大力放松银根，纽约的商业银行紧随其后，在宽松的利率环境中，金钱唾手可得，消费者挥霍无度，市场一片繁荣，投资人冒险的热情被彻底激发起来了。

当时的纽约充斥着暴发户的氛围，女人们攀比着装奢华，私人聚会较量品位、档次，豪宅广厦鳞次栉比，整个社会生活充满了挥霍、攀比和炫耀。股票市场上产生的泡沫财富幻觉使得纽约人早已忘却了风险二字。股票市场上铁路公司的股价连番上涨，连很多还只是停留在图纸上的铁路，股价也从周一的每股 25 美分，疯狂飙升到周末的 4 000 美元一股。当然，和任何一个泡沫繁荣不可持续的疯狂情形一样，所有泡沫肯定是要以破裂告终的。在泡沫破裂之前，凭着对市场的灵敏嗅觉，赛利格曼及时卖光所有股票，只留了一少部分债券。当 1857 年突如其来的股票大暴跌从天而降，纽约大批商业银行顷刻倒闭，唯一没有受太大损伤的就是赛利格曼的银行。

不过，1857 年的衰退来得急去得也快。由于 1858 年加州发现大金矿，价值 800 万美元的黄金运抵纽约，相当于纽约银行危机前持有的黄金总量。两个月以后，纽约的黄金拥有量就上涨到了2 800万美元。危机前，罗斯柴尔德通过贝尔蒙特向美国市场一共放贷了1 000万美元，当他收紧贷款的时候，造成了金融市场的崩盘。而短短一年后，由于大量黄金的涌入，罗氏家族的1 000万贷款在一天之内就被轻松清偿了。[6]

南北战争爆发后，赛利格曼家族开始和联邦政府打交道，主要是承接政府军服方面的合同。当时美国政府支付的是林肯绿币，这是一种美国政府自己发行的利息为5%的债券货币，可以直接用于流通。由于林肯绿币没有黄金作为支撑，战争初期北方又连吃败仗，很多人不愿意接受。随着战争规模的不断扩大，美国政府的林肯绿币流通量越来越大，赛利格曼收到了越来越多的林肯绿币。但他在生产过程中以林肯绿币支付各种费用时，常会遇到麻烦。赛利格曼开始动脑筋，他计划在欧洲市场将林肯绿币作为债券销售，套取黄金。

当时欧洲市场上林肯绿币的收益率高达7.3%，如此高的收益率使得市场普遍认为北方政府情况非常不稳定，战局前景不明朗。赛利格曼将他在欧洲市场上所有能够动员的人脉关系全部发动起来，帮助他销售林肯绿币。一开始销售量不是太大，后来随着北方军事情况逐步稳定，林肯绿币的销量也日渐上涨。赛利格曼进一步在法兰克福、慕尼黑、柏林、阿姆斯特丹、巴黎、伦敦和其他欧洲各大市场促销林肯绿币，越到战争后期，林肯绿币销量越是惊人。随着持有北方债券的人数上升和战局对北方日渐有利，欧洲市场对北方的同情和支持也与日俱增。毕竟谁都不希望北方的债券变成废纸。赛利格曼无意之间成为美国政府在欧洲最得力的外交活动家。

1862年2月~1864年6月，美国一共发行了5.1亿美元的林肯绿币和部分国债，其中有2 500万被卖到海外，赛利格曼一个人就包销了其中大半，并且对剩余部分的销售也贡献颇大。美国历史学家认为，赛利格曼对于美国国债和林肯绿币在海外销售中起到的作用，甚至相当于美国北方军队在葛底斯堡挡住了南方李将军的进攻。其实无论欧美，在历次战争中的金融动员能力都相当于古代战争中的粮草供应，在很大程度上决定着交战双方的战争能力。战争永远打的是钱粮战，这是一个颠扑不破的真理。

至此，赛利格曼从杂货铺老板进军银行业仅仅12年！堪称创造了国际金融史上的奇迹。不过，赛利格曼在此期间受到了很大刺激，他亲眼目睹了罗斯柴尔德和其他欧洲重量级犹太银行家族在金融市场和政界舞台上呼风唤雨的能量，产生了成为国际银行家的强烈冲动。他梦想着建立一个类似于罗斯柴尔德家族那样庞大的金融帝国。

1865年美国政府准备发行另外一批4亿美元的国债，赛利格曼此时已成为华尔街犹太银行家中数一数二的领袖人物，他将后续从德国移民到纽约的新兴犹太银行家族组建成一个承销团，准备承销其中5 000万美元的规模，这在当时的华尔街是个天文数字。出于种种原因没有和美国政府就承销团达成协议，赛利格曼公司就独自出面承销国债，最终他们卖出了创纪录的6 000万美元！

赛利格曼顿时成了华尔街的传奇人物，在华盛顿的声誉如日中天。这场战争在成就了赛利格曼的同时，也大大削弱了贝尔蒙特的地位。林肯总统原本将债券销售的希望全部寄托在贝尔蒙特身上，但罗斯柴尔德家族更乐于看到美国分治以便从中获利，所以将国债承销折扣压得太狠，逼得林肯转向在国际金融市场上的无名之辈赛利格曼。由此，贝尔蒙特在华盛顿的影响力大受冲击。

志得意满的约瑟夫准备开始实施他的伟大战略。就在南方李将军投降的同时，约瑟夫把他的兄弟们召集在一起，开始组建赛利格曼国际银行网络。他的计划基本上是罗氏家族60多年前的翻版。赛利格曼准备建立一个以美洲大陆为中心、辐射全欧洲的银行网络。每个兄弟都被派往一个欧洲城市，威廉·赛利格曼喜欢美酒佳肴，于是被派到巴黎；亨利·赛利格曼在德国的时间最长，所以受命前往法兰克福；伊萨卡·赛利格曼是赛利格曼兄弟中第一个见到林肯总统的，他被遣往伦敦。临行前约瑟夫千叮咛万嘱咐，要尽一切努力见到罗斯柴尔德男爵，以便建立直接的商业关系。此时的约瑟夫虽然雄心万丈，战绩辉煌，但还徘徊在欧洲国际银行家的圈子之外。

赛利格曼力撼财政部长

尽管战后美国经济飞速发展，富有家族迅速崛起，但美国政府的财务状况却不妙。1866年，美国国库只剩大约1亿美元，而公共债务在战争中已经迅速膨胀到30亿美元。美国财政部准备在重建经济的过程中，发行10~40年的长期国债来偿还短期的债务。赛利格曼作为战争期间的国债销售明星，在长期国债的发行上也承揽了一大块业务。

赛利格曼在林肯总统时代，跟3任财政部长的关系都不错。1869年上任的总统格兰特更是约瑟夫·赛利格曼在宾州开杂货铺时就结识的铁哥们儿。格兰特总统甚至私下找赛利格曼谈话，问他愿不愿意出任美国财政部长一职。约瑟夫虽然能力不成问题，但他不愿意出头露面，婉拒了格兰特总统的邀请。不料，后来格兰特总统任命的新财长乔治·波特威尔成了约瑟夫的对头。他们的关系一开始还不错，共同制订计划，对财政部特别是国债延展、货币稳定、建立美国政府在海外的信用等方面都达成了共识。其中两个方面的共识至关重要，其一就是美国重新恢复金属货币体系，停止林肯绿币发行；其二是战争已经结束，政局稳定，美国政府债券高达6%的利息过高。

请注意，此时的约瑟夫并没有一官半职，居然能够和财政部长共同讨论货币与财政政策，可见约瑟夫对美国政府的影响力之深。比如6%的国债利息定价，涉及30多亿美元的庞大债券市场的价格走向，赛利格曼家族作为游戏规则制定者，同时又是债券市场的大玩家，其中的利益冲突显而易见，却畅行无阻，这样的局面其实一直持续到今天。

赛利格曼家族每作出一个判断和说明，整个美国债券市场都要仔细倾听，因为每一个基点的变动，在规模巨大的债券市场上都意味着生意的成功或失败。赛利格曼家族和财长达成了共识，美国国债利息应该被确定为5%。[7]

但是当波特威尔向国会上报债券发行计划时，利息不再是两人说好的5%，而被调整成了4.5%。约瑟夫闻讯勃然大怒，波特威尔竟然没有事先通知他，就擅自将利息下调为4.5%，中间差了50个基点之多。怒不可遏的约瑟夫径直冲到波特威尔的办公室大声抗议，他认为利息太低而且降得太快，强调这么低的利息在欧洲市场是卖不动的。作为承销商，国债利息定得越高销售越容易，承销费也就越好赚，4.5%的国债利息大大提高了销售的难度，降低了赛利格曼家族的利润空间，难怪他如此愤怒。不过，波特威尔是站在美国政府的立场上看问题，下降50个基点将大大降低政府的财政支出，间接减少全体人民的税负，利国利民。作为财政部长，他也完全没有义务事先向华尔街银行家请示汇报。理论归理论，波特威尔触犯了国际银行家们定下的"潜规则"。

不要忘记，谁掌握着世界金融市场信用和资本流动的渠道，谁才是真正的游戏规则制定者！渠道为王在金融市场上更是鲜血淋漓的真理。约瑟夫作为券商敢于冲到美国财政部长办公室大吵大闹，对于中国人来说简直不可思议，但在金权至上的西方，其实再正常不过。华尔街制定方针，华盛顿执行政策，过去如此，现在依然如此。

约瑟夫坚称如此低的国债利息，不仅在欧洲市场没法销售，而且在世界任何地方都卖不动。然而，波特威尔的态度不容动摇，30 亿美元的国债，每节省 50 个基点就是节省 1 500 万美元的政府开销，要知道当时美国财政部全部家底只有区区 1 亿美元！波特威尔冷冷地说："我已经决定了，4.5%的利息非常合适。"约瑟夫愤怒得无以复加，直截了当地告诉波特威尔："你是个笨蛋，非常愚蠢！"

为了支持他的论点，约瑟夫马上给他在法兰克福的兄弟亨利写信，让他打听德国银行家是否愿意接受波特威尔的报价，与此同时，他命令在巴黎的另外一个弟弟威廉去了解巴黎金融市场的反应。结果巴黎的马列特、米腊博、霍廷格家族的反应与约瑟夫的完全一致，波特威尔的低息国债销售是不可能在欧洲发行成功的，5%是最低的底线。

然而，波特威尔仍然坚持他的观点，拒绝向国际银行家让步。约瑟夫由于跟欧洲国际银行家取得了共识，所以也坚决不让，而且开始游说国会议员，试图让他们出面劝诫波特威尔停止"荒唐"的做法。结果波特威尔被激怒了。他抗议说，约瑟夫对政府事务的干涉是没有任何授权的，更不应该直接干涉国会决策，很快两人的敌意就变得公开化。很明显，谁控制着国际金融市场的渠道，谁就可以要挟政府，甚至直接和政府进行对抗。

在双方僵持不下之际，还是美国国会作出妥协，1870 年 7 月 14 日和 1871 年 1 月 12 日国会授权两次国债发行，总额是 15 亿美元。这个发行利率在一定程度上偏向波特威尔的方案，15 亿美元中只有 2 亿美元按照 5%的利率发行，算是给赛利格曼家族一个面子，其余部分的利息甚至比波特威尔提出的 4.5%还要低，仅为 3.5%。这使约瑟夫受到了重创，非常郁闷，他觉得被人利用了。其实，波特威尔找约瑟夫合作的主要目的是利用约瑟夫金融方面的专才，帮他设计出一套计划，最后他作调整的只是发行债券的利率，而其他部分仍然沿用了约瑟夫的方案。作为补偿，赛利格曼家族应该拿到这 5%利息的 2 亿美元债券承销生意，市场人士也是如此认为的，华尔街众多债券承销商蜂拥而来，找到约瑟夫要求做分销商。

谁也没有想到，美国财政部给赛利格曼家族 5%国债承销额度仅 1 亿美元，比他们期望的2亿美元少了一半。1871年3月，巴黎的威廉·赛利格曼在给朋友的信中气愤地说道："昨天晚上我被电报的内容完全震惊了，波特威尔在欧洲任命了承销美国债券的代理人，在这些公司清单中，赛利格曼甚至不在承销商之列。这与我们相信的事情完全相反，在目前的情况下，我们完全是被政府玩弄了，我们不知道是什么造成了这般忽视我们存在的事实，这种待遇如此之不公正，到底是因为波特威尔对我们存有私人怨恨，还是对我们缺少信心，或者竞争者使了一些阴谋诡计？"[8]

波特威尔财长也在权衡利弊，经过思考，他还是决定让赛利格曼家族进承销团，但是只是普通成员，而不享有任何特殊待遇。赛利格曼在受到这种"羞辱"之下，断定国债销售肯定会失败。由于他在国际银行家圈子的深厚人脉关系，他的这个"断言"果然应验了，整个债券销售情况极差。最后波特威尔甚至不得不直销没有卖出的债券。这种试图绕过国际银行家苦心经营的金融渠道的办法，在市场上遭到了国际银行家的集体抵制，大部分债券根本卖不动。无奈之下，波特威尔只能邀请赛利格曼家族加入伦敦和纽约两个承销银团。债券果然热销了。最后格兰特总统非常高兴地宣布，这次债券发行，确立了美国在海外的信用。

赛利格曼：美国的罗斯柴尔德

南北战争期间，在巴黎坐镇的威廉·赛利格曼就曾试图与罗斯柴尔德巴黎银行建立联系，约瑟夫自己也曾经到伦敦试图接近罗氏家族，但是罗氏家族保持着冷淡态度。1874年，约瑟夫向格兰特总统新的财政部长本杰明·布雷斯托申请承销价值2 500万美元的新一批国债发行。自前任波特威尔发行国债不顺以来，布雷斯托希望能有一个强大的承销团来承担此次发行，他向约瑟夫强烈暗示希望罗斯柴尔德家族来挂帅承销团。

但是，约瑟夫有自己的考虑，他自己就想成为另一个罗斯柴尔德。他压住自己的脾气，很礼貌地反问，罗斯柴尔德家族进承销团的意义何在？他在提醒南北战争期间罗氏家族拒绝协助北方债券销售一事。不过，此时战争已经结束10年，战时罗氏家族的"劣迹"在人们脑海里逐渐淡去，布雷斯托仍然力主罗斯柴尔德进入承销团。

万般无奈之下，约瑟夫只好给兄弟写信道："现在总统和布雷斯托先生都非常渴望、非常焦急地希望我们能够和罗斯柴尔德家族一起做这次国债承销。就像他们所说的，如果联合在一起，没有人能与我们这样一种强大的组合相竞争。不过，我担心傲慢自大的罗斯柴尔德家族不会把我们当成平等的伙伴。”约瑟夫当时的顾虑也是实情，虽然美国发展很快，自己也已成为华尔街最牛的投资银行家，但面对国际金融业的老大罗斯柴尔德，约瑟夫还是觉得心虚气短。

罗斯柴尔德作为国际金融业的霸主，有一个不成文的惯例，只要是不能以他们为主导的业务，罗氏机构一概不予参与。财政部长布雷斯托跟罗氏家族直接联系上了，罗氏家族回应也很简单，如果请罗氏家族来做主承销的话，他们要拿到份额的5/8，然后赛利格曼和其他一些所谓的可靠银行，可以分剩下的3/8。

约瑟夫听到这个消息之后就有点气不过，明明是自己手拿把攥的生意，罗氏家族寸功未立，上来就拿大头，天下哪有这样的道理！他马上去和罗氏家族讨价还价。约瑟夫提出，如果能够把赛利格曼的名字加入承销的所有广告，与罗斯柴尔德的名字一同出现，那么他可以考虑罗氏家族的条件。毕竟和罗斯柴尔德的名字一起出现在承销团的广告上，这标志着赛利格曼家族正式进入国际银行家的核心圈子，具有重大的战略意义，少赚点钱倒在其次。

罗氏家族的回答简单利落：不行。罗氏家族根本就没有考虑广告的问题，不过现在既然赛利格曼提出来了，这个问题就必须要说清楚。罗氏家族的态度毫无回旋余地，赛利格曼家族的名字不能出现在广告中，绝对不行。此时的约瑟夫既恼怒又紧张，他给伦敦的兄弟伊萨卡的信中说道：“如果到下个星期，罗斯柴尔德家族还不接受我们的名字上广告与他们家族的名字并列的话，这时我们就要把这个问题升温了，向罗斯柴尔德家族施加压力。因为我不相信布雷斯托能够忽略我们，而把这么大一笔贷款只给罗斯柴尔德家族。尽管罗斯柴尔德家族在竞标中能够超过我们，但是我们可以为美国政府所用，而罗斯柴尔德家族却不行。”

罗斯柴尔德家族在回复布雷斯托的信中说道，罗氏家族可以考虑把赛利格曼的名字放在广告上，前提是赛利格曼同意拿更小的承销份额：2/8。约瑟夫权衡利弊，左思右想，他认为从声誉地位的角度看，如果赛利格曼的名字能够和罗斯柴尔德家族的名字并列，产生的品牌效应和潜在的商业价值将非常巨大，似乎值得一搏。不过，他还是心有不甘，希望能够多拿一点点份额。于是他再次提出一个新报价，向罗氏家族恳求，能不能比2/8稍微再多一点点，如在2/8和3/8这样一个范围之内，具体说就是31.25%。如此婆婆妈妈的纠缠让罗斯柴尔德家族非常不耐烦，答复说如果约瑟夫愿意的话，可以拿 28%的发行份额，然后把他们的名字放到广告上，当然这个名字是在罗斯柴尔德家族的后面。

约瑟夫经过再三考虑，终于还是妥协了。他在给伊萨卡的信中说道：“到目前为止，我们至少能够跟罗斯柴尔德家族一起来竞标，尽管我们 28%的份额是小了一点儿，但我还是决定同意。”

伦敦的伊萨卡 · 赛利格曼就是带着这样一个条件，作为赛利格曼家族的代表，满怀敬畏和紧张去拜见罗斯柴尔德。伊萨卡见过大世面，早在 10 年前的 1864 年，他就是美国总统林肯的座上宾。不过他此时见罗斯柴尔德的心情比见林肯总统时更紧张和复杂。伊萨卡要见的罗斯柴尔德男爵就是莱昂内尔 · 罗斯柴尔德。此公也是一个倔人，他进入英国议会已经 8 年但一直拒绝宣誓。因为在宣誓时，他坚持使用《旧约》而决不用《新约》，这一做法违背了英国议会的传统，在英国议会中产生很大的争议。双方僵持不下的结果是，莱昂内尔在英国议院做了 15 年议员，始终没有说任何一句话。莱昂内尔的强势性格可见一斑。

伊萨卡在一个星期六造访了莱昂内尔。按照犹太教规，星期六是不能工作的。莱昂内尔对来访的伊萨卡说道：“我是一个比你更好的犹太人。医为你星期六还要做生意，我星期六是不做生意的。”这是莱昂内尔表达轻慢的方式。伊萨卡环顾了一下房间，他看到莱昂内尔的办公桌上放着一摞文件，就回答说：“男爵殿下，我认为您在星期六这一天做的生意比我一个星期的都多。”高手过招，点到为止。

当天晚上伊萨卡在给约瑟夫的信中说道，老罗斯柴尔德态度还算比较友好，如果他愿意的话，双方的关系可以拉得更近一些。现在伊萨卡终于打破了罗斯柴尔德的坚冰，进入了国际银行家的核心圈子。约瑟夫得到这个消息之后，写了 3 页的回信，极尽溢美之词称赞罗氏家族。他让伊萨卡务必让莱昂内尔读到这封信。在信中，约瑟夫半掩半露地向罗氏家族抛绣球，试探说罗氏家族若在纽约与自己合作，会强于与贝尔蒙特那样的人为伍。他大力自荐各方面的能力和才干都远远优于贝尔蒙特。

赛利格曼家族与罗斯柴尔德家族联手之后，还取得了一个意想不到的效果，得到了极大的心灵满足。约瑟夫在给伊萨卡的信中写道：“这回摩根和左格索家族表现得非常嫉妒，一方面是我们拿到了这笔生意，另一方面就是我们跟罗斯柴尔德家族的合作让他们明显有醋意。”

1874年秋，莱昂内尔请伊萨卡·赛利格曼到他的办公室，向他传递了一个消息，5 500万美元的美国国债即将开始销售，罗氏家族建议承销团应该由罗斯柴尔德、摩根和赛利格曼三个银行家族联袂组建。这也是第一次贝尔蒙特既作为罗斯柴尔德又作为赛利格曼两家银行共同的代理人登台。伊萨卡毫不迟疑地同意了，这意味着赛利格曼从此正式跻身全世界最为强大的金融圈子。

此时，在纽约和欧洲形成了罗斯柴尔德、赛利格曼、贝尔蒙特和摩根四位一体的国际银行家族大联盟。此联盟成功而强势，以至于1880年前后，整个华尔街都在抱怨伦敦、德国这些银行家基本上垄断了整个美国的债券在欧洲的销售。当然，他们的确几乎全部垄断了美国债券在欧洲的销售。这个时候赛利格曼开始被人们称为“美国的罗斯柴尔德”。

自从林肯绿币发行以来，国际银行家视林肯搞的货币改革为眼中钉肉中刺，必欲除之而后快。1877年，华尔街的银行家们来到华盛顿与财政部长谢尔曼商议如何废除林肯绿币，约瑟夫和贝尔蒙特是其中的主力。谢尔曼请他们两人各自拿出一个计划书，内容就是如何帮助政府平衡预算，滚动政府债务。两位高人随即分别提出了建议，不约而同地主张最终废除林肯绿币。

一个星期以后，谢尔曼给约瑟夫捎了一个口信，称赞他的计划非常出色，也是最为精密而实用的，将被政府采纳。这个计划的核心就是为林肯绿币建立40%的黄金储备，用金币来支付林肯绿币的利息。这一方案实际上将林肯绿币发行跟黄金锁在了一起，其实质是限制政府发行货币的权力，同时又不事张扬，这是一个精巧高明的设计。货币与黄金挂钩，而黄金被罗斯柴尔德家族牢牢地控制着。世界上但凡实行金本位的国家，其中央银行并非最后的货币权威，掌握着世界黄金矿产、交易和流向的罗氏家族才是它们真正的后盾。黄金作为货币具备天然的优势，如何打破黄金的垄断才是问题的要害。

1881年7月2日，刚上任不久的美国第20任总统加菲尔德在首都华盛顿遇刺，被送到白宫医治，病情一度稳定下来。9月6日，为了“避暑”，加菲尔德总统被送到了赛利格曼在新泽西的别墅中“透透气”，结果病情日益恶化。9月19日10点35分，加菲尔德总统在赛利格曼的别墅去世，总统在赛利格曼家中住了大约13天。[9]

这是一段极为罕见而让人存疑的历史，遇刺的美国总统加菲尔德并不是死在医院，也不是逝于白宫，最后去世之处是在赛利格曼的家中。美国总统一般不应该也不会到某个人家中治病，他要么留在医院，要么待在白宫，特别是总统在遭到刺杀的情况下，安全更是第一要素。这应该是一个"不合常规"的安排。加菲尔德总统和杰克逊总统一样，都是美国私有中央银行制度坚定的反对派，而赛利格曼和其他国际银行家族显然是私有中央银行最有力的鼓噪者。

赛利格曼：真正的"巴拿马之父"

约瑟夫·赛利格曼死后，他的弟弟杰西·赛利格曼成了家族银行的新掌门。随着1869年苏伊士运河的开通，用运河连接两大洲的想法变成了现实。一个具有重大战略价值的构想随即出台——在加勒比海地区的巴拿马开凿一条巴拿马运河，把大西洋和太平洋连接在一起，将大大缩减从太平洋到美国东海岸的运输距离和时间。毫无疑问，这一设想具有重大战略价值。

杰西·赛利格曼就是项目的主要推手，他帮助筹建起法国巴拿马运河公司来具体运作此项目，赛利格曼银行负责公司的股票发行。当时的法国公司极其渴望用赛利格曼家族品牌进行融资，不惜一次性支付30万美元作为特殊的品牌使用费。巴拿马公司的承销团很快在美国建立起来，赛利格曼、左格索、摩根联手作为美国股票发行的承销商。在法国负责销售的是赛利格曼的法国分支和巴黎银行。

最初估算建造运河的成本为1.14亿美元，股票发售总额将达到6亿美元，资金看起来绰绰有余。运河建成后归法国政府来管理。当然此事在美国国内引起了轩然大波，一方面，很多人批评该项目引进了欧洲的强权，控制了至关重要的水道，批判赛利格曼出卖美国利益。另一方面，美国多年以前就想在中美洲的尼加拉瓜修建运河连通两大洋。从地理位置来看，尼加拉瓜距离美国更近，如果通过尼加拉瓜湖建立连通水道，更合乎工程建设的实际考虑。在1873年经济危机之前，一直有美国公司在做前期的勘探工作，只不过经济危机使整个项目陷入了停顿。此时这两个项目方案不相上下，变成了重大的政治问题。

赛利格曼和摩根家族力挺巴拿马运河方案，美国部分媒体开始痛批他们把美国利益出卖给法国，另外有些人声称这是犹太人的一种阴谋。赛利格曼在纽约报纸上声称，这是一个私人项目，完全跟国家没有任何关系，而且公司的运作将会得到上好的回报，加之工程中的机器设备都将从美国购买，将确保美国的最大利益。

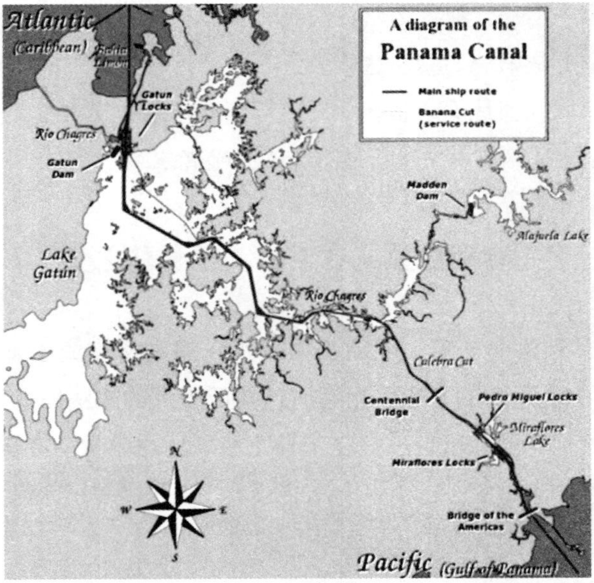

巴拿马运河

随后，著名的法国英雄德·勒瑟普被隆重推为修建苏伊士运河的负责人。由于是德·勒瑟普主持修建工程，巴拿马运河公司股票在法国销售完全没有碰到问题，在美国市场也卖得一帆风顺。最初的股票发售还被超额认购。

开挖工作即将开始，德·勒瑟普一开始决定修建一座与海平面持同的运河，这样就不必使用船闸，大约需要7年的时间。他和工程师们已经考察了当地的山区和峡谷，包括瀑布等自然环境。1884年，尼加拉瓜政府和美国签订了运河条约，如果顺利建成，中美洲将会出现两条平行的运河。运河开挖之后，德·勒瑟普很快碰到诸多意想不到的困难，觉得不得不新建船闸，两边水位之间可能会有落差。在船闸问题上，他又挣扎了两年多时间，最后经过了9年的建设，花光了4亿美元的费用，足足是当初预算的4倍。然而，运河工程连1/3都没有完成，整个项目陷入了严重的困境。法国英雄被解雇回家了，美国国会开始组织委员会调查，为什么美国投资人花了这么多钱，在运河上遭受了这么大损失，而像赛利格曼和摩根这样的银行家却通过股票承销赚了这么多钱。委员会经过调查，发现杰西·赛利格曼原本打算安排自己的老朋友、前美国总统格兰特担任运河委员会的主席，工资是年薪2.4万美元，但是格兰特拒绝了这个职位。于是杰西找到了哈耶斯总统的海军部长汤普森。汤普森辞去海军部长职务，接受了这个工作。

调查还发现，赛利格曼还跟众多机器设备商达成了各种协议和合同，这些都构成了国会调查中的利益冲突问题。在接受调查的时候，参议员询问杰西·赛利格曼，为什么汤普森这样的人会被选为运河委员会的主席："他并不是一个伟大的金融家，对吗？"杰西回答说："是的，但他是一个伟大的政治家和律师。"参议员接着问："你曾经把这个位置提供给格兰特将军，他是个伟大的战士和一个大众崇拜的偶像，但他不是一个伟大的律师或者金融家，或者伟大的政治家，对吗？"赛利格曼平静地回答："格兰特将军是我非常要好的一个朋友，我永远都会特别照顾我的朋友。"

汤普森作为海军部长，在约瑟夫去世几天后，给杰西写了一封信，赛利格曼希望将这封信加入调查的材料中。该信提到："在我的官方任职期间，我有幸比较了解约瑟夫的个性，我与你们家族银行的第一次接触就是通过他，时间是1877年夏天，当时海军部正好在我的管理之下。彼时海军部的财务状况让人尴尬，主要是欠了贵家族银行几十万美元的债务，而且债务数量不断增加。当时海军部无力偿还整笔债务，甚至清还其中大部分都是不可能的，此事已经给政府造成极大的困扰和尴尬，也对海军部的服务产生了相当严重的影响。当约瑟夫·赛利格曼了解到这一情况之后，他立刻建议把全部债务展期到下一个财年，并且允许（海军部）继续借债。他的提议非常具有爱国主义精神。我当时充满了感激，接受了他的提议，这样我们的海军部才度过了最为困难的时期。"

这封信写得及时而有力，拯救了处于舆论困境中的赛利格曼。最终国会调查没有发现赛利格曼等人有什么错误行为，但此事对赛利格曼家族的声誉和华尔街的形象造成了严重的负面影响。于是国会决定立刻开始修建尼加拉瓜运河。[10]

正在双方对运河走哪条线进行激烈争吵的时候，赛利格曼找到了国会的内线朋友，其中包括马克汉纳参议员——研究确定运河线路委员会的领导者。赛利格曼请求马克汉纳参议员提议国会暂时先不要作决定，直到他们这个调查委员会提交报告。参议员答应了，国会也同意再等一等。然而，结果令赛利格曼大失所望，委员会调查的结论是完全倾向选用尼加拉瓜线路。绝望之中，赛利格曼家族在巴黎找到了一个名叫菲利普·邦内–弗瑞拉（Philippe Bunau-Varilla）的人来进行游说活动。[11]

菲利普10岁时就梦想在巴拿马开凿运河，当听到德·勒瑟普在苏伊士开挖运河成功之后，他的想法更加强烈了。当赛利格曼找到他，菲利普毫不犹豫地同意接受这份工作。此人后来到了美国，开始到处进行密集演讲。可惜菲利普在美国几个月的游说还是不管用，国会最后仍然一致投票支持走尼加拉瓜线路。在赛利格曼的大力支持之下，菲利普进入了最后关键性的游说活动，试图扭转参议院的决定。菲利普几乎是近乎疯狂地游说巴拿马线路的优势，举行了多场激情洋溢的演讲。这种激情实在过分夸张，以致让法国驻美使馆认为菲利普已经疯掉了，紧急通知菲利普在巴黎的兄弟。他的兄弟急急忙忙从巴黎赶到美国，发现菲利普完全无法平静下来，在巨额金钱的刺激之下，菲利普已经进入了偏执状态。

正在这个紧急而微妙的时刻，一个戏剧性的变化出现了，圣文森火山爆发了。圣文森火山在西印度群岛，火山爆发使数千人丧命。在此之前的两天，一个号称是死火山的皮利火山也爆发了，死亡 3 000 多人。尼加拉瓜有火山，巴拿马却没有。菲利普突然灵光闪现，像被注入了大剂量的兴奋剂，马上冲向邮局，在邮票专卖店里找到了一枚 5 比索的尼加拉瓜邮票，这枚邮票上正是一个浓烟滚滚的火山喷发景象。菲利普如获至宝，立刻买了 90 张火山喷发的邮票，把它们贴到信纸上，然后把这 90 张邮票寄给了每个参议员。他随信指出，邮票上的画面就是尼加拉瓜地区有火山喷发的历史证据。此时正是参议院最后投票表决的前 3 天。赛利格曼和菲利普在焦急等待之中度日如年。参议院最终投票以 8 票之差倾向巴拿马线路，赛利格曼欢欣雀跃。菲利普立刻买了更多的火山邮票，寄给了所有众议员，很快众议院也开始调整原先的立场。

赛利格曼和菲利普还没来得及庆祝，又面临着一个更严重的新问题。巴拿马当时是哥伦比亚的一个省，哥伦比亚政府已经改变主意，不愿提供运河通道。菲利普马上对哥伦比亚施加压力，用了大量金钱游说哥伦比亚政府官员，但是哥伦比亚议会还是否决了运河条约。如果哥伦比亚不批准巴拿马建运河的话，赛利格曼就等于白忙活一场，一切努力都打了水漂儿，包括救命稻草火山喷发邮票。

近乎绝望的菲利普找到赛利格曼哀叹："我们全输掉了，什么也没有剩下，除非让巴拿马脱离哥伦比亚，但那将意味着一场革命。"杰西 · 赛利格曼反问菲利普，需要花多少钱才能制造一场革命？菲利普明白了赛利格曼的意图，立即召集一帮巴拿马的分裂主义分子讨论革命的计划，并着手核算革命的成本。巴拿马分裂分子坚持认为，他们至少需要 600 万美元来支付给当地的游击队。菲利普赶紧向赛利格曼汇报，600 万美元是爆发革命的最低成本。赛利格曼觉得报价高得离谱，给了个底价——10 万美元，而且必须是一场彻底的革命。巴拿马分裂分子爽快地接受了这个条款。

菲利普得到巴拿马分裂分子的承诺后，飞快地跑回赛利格曼的办公室，就在银行合伙人的办公桌上，起草了《巴拿马独立宣言》和《巴拿马宪法》。然后他搭上了去华盛顿的一趟火车，去见老罗斯福总统，正如他在回忆录中所说："我告诉罗斯福总统，要求他答应我一个条件，当革命爆发的时候，美国的战舰会出现在巴拿马附近，以保护美国人的生命和利益。这一美国利益里面也包括赛利格曼的利益。总统只是看了看我，没有说任何话，当然美国总统不可能给我这样一个许诺，特别是对一个像我这样的外国人。但是他看了我一眼，这对我来说已经足够了。"换句话说，老罗斯福总统已经默许了这件事情。

1903 年革命爆发时，美国的战舰纳西威尔号确实赶到了巴拿马，监视着革命的进展情况。纳西威尔号战舰的出现可以被视为美国方面对巴拿马分裂分子的支持，而且在一定程度上起到了威胁哥伦比亚政府放下武器、让巴拿马独立的作用。这一时刻标志着赛利格曼的伟大胜利。赛利格曼家族为了感激他们的功臣和朋友，给菲利普安排了一个很有意思的工作。菲利普 · 邦内–弗瑞拉作为一个法国公民，被任命为第一任巴拿马共和国驻美国的大使。[12]

此时的国际银行家们已经有能力制造一场重大革命、国家分裂或者战争，来实现他们自身的利益。巴拿马也就这么奇妙地独立了，事实上，赛利格曼家族才称得上是真正的"巴拿马之父"。

希夫的时代

雅各布 · 希夫的家族也是起源于德国法兰克福的犹太家族，但他的身世与赛利格曼大相径庭。希夫家族可称得上是犹太人中的名门望族。根据犹太百科全书上记载，希夫家族最早可以追溯到犹太民族的源头。希夫家族在法兰克福这边的分支可以一直追溯到 14 世纪。实际上，雅各布 · 希夫甚至把他的祖先一直追溯到公元前 10 世纪左右，直达所罗门王谱系。希夫与罗斯柴尔德家族渊源极深，两家有着上百年的交情。18 世纪后期，希夫家族一度和罗斯柴尔德家族是邻居，共同拥有一栋多层住宅。雅各布·希夫经常说："我承认，尽管我们家族不像罗斯柴尔德家族那么有钱，但我们是更加正统和高贵的家族。"罗斯柴尔德家族被公认为是一个极能赚钱的家族，但是希夫家族不仅出了多位成功的银行家，还出了不少出色的学者和宗教领袖。希夫家族的历史要远比罗斯柴尔德家族更为悠久。[13]

雅各布·希夫绝非凡夫俗子，而是一个胸怀大志、才华出众、老谋深算、机敏干练的新一代犹太银行家。他从小就对自己的目标异常清晰和执著，18岁时就瞒着父母借口到伦敦旅游，其实在离开法兰克福之时，他就已经准备好独自一人去纽约考察一圈。当他母亲不断接到他从伦敦发来的信件时，希夫本人早已到了纽约。随身带着500美元的希夫很快找到了几个志同道合的伙伴，大家决定成立一家股票经纪公司。当准备正式签署协议时，希夫被发现还不够法定年龄。后来，希夫支配欲极强的个性导致他无法与别人合作，他选择了回德国寻找新的机会。

雅各布·希夫

回德国后，他见到了沃伯格家族的保罗和菲利克斯两兄弟，他们给希夫留下了深刻的印象。[14]这一次见面对于未来的整个华尔街，甚至全世界的金融业，都产生了深远影响。在德国，希夫结识了亚伯拉罕·库恩。库恩和雷波在华尔街成立了库恩雷波公司之后，由于思乡心切，回归法兰克福。库恩一见希夫，就觉得这个年轻人与众不同，建议希夫到纽约加盟库恩雷波公司。于是希夫很快又回到纽约，正式加入了库恩雷波公司。这一年是1873年，希夫正好26岁。

希夫到了纽约之后，深受美国蓬勃的发展形势和整个国家欣欣向荣的局面吸引。美国南北战争以后，随着铁路工业大发展，铁路合并、破产、重组给华尔街创造了巨大的商业机会。1870年前后，铁路公司的股票和债券是除了国债之外最大的市场，成为华尔街利润的重头戏，构成整个美国股票交易市场85%的成交量，同时在欧洲也兴起了对铁路股票和债券的极大兴趣和热情。美国铁路债券和股票在法兰克福、伦敦、巴黎和阿姆斯特丹的销售获得了巨大成功，创造了一大批银行家富豪。当时华尔街的领军人物自然是约瑟夫·赛利格曼，但他在铁路方面的投资一直很不顺利。

希夫仔细研究了赛利格曼在铁路投资方面的每一个步骤，很快就发现了赛利格曼的失招之处。赛利格曼实际上对铁路怎么生产、因何兴起、如何运作以及具体运营事务完全不感兴趣，他只把铁路作为一个赢利的手段和目的。但希夫不一样，希夫在投资铁路之前，首先要先成为铁路方面的专家。

希夫准备进军铁路行业。他先担任了多家铁路公司的董事，深入了解铁路运作中的每一个细节，比如铁轨铺设的所有过程、铁路仓储、铁轨生产流程、运输状况等。他在考察时，还喜欢向工作人员讨教，从技工到工程师，从普通蒸汽机添煤工到高级管理人员，甚至包括管刹车的工人，都一一进入他的雷达。希夫仔细询问各种问题并认真记录，试图了解整个铁路运输的所有细节。很快希夫就成为铁路方面的权威专家。

正是由于希夫严谨务实的态度和对铁路运作细节的深刻把握，使他对铁路公司在什么情况下需要什么样的金融工具和金融服务具备了专业的判断能力。希夫对于铁路公司内部运作了如指掌，可以把铁路管理运作方面对金融的需求，准确而有效地转化成华尔街的投资产品，同时结合对各种融资工具的渠道、节奏、时间和火候的把握，希夫在铁路金融领域的优势无人能出其右。

1873~1900 年，在 27 年的时间里，铁路完全主宰了美国的金融业。希夫跟随这个行业跳跃性发展，逐步把库恩雷波公司从一个小规模投资银行转变成主宰美国铁路金融的巨头。连摩根这样的重量级银行家，都不得不叹服希夫的能力，尤其是他对金融和铁路专业知识结合的细节把握。

希夫成功的另外一个原因是，他能够跟欧洲的国际银行家直接、有效地进行沟通。正是来源于欧洲的庞大资金和欧洲国际银行家的鼎力支持，希夫的工作才能畅通无阻。

就金融影响力而言，此时希夫已大大超越了他的前辈赛利格曼。赛利格曼虽也投资铁路，但始终不懂铁路的商业模式。华尔街的金融家认为铁路的商业模式背后其实是地产商机，大家与其说是关心铁路，不如说是关心铁路背后的土地投机。根据美国相应的法案，沿着铁路线周围一定范围之内的土地归铁路公司所有，用土地来进行融资，融资完毕即进行铁路建设。因此华尔街爆炒铁路股票和铁路债券，很大一部分原因是看中了沿铁路线周边的土地开发和土地投资。从某种意义上来说，铁路热背后是土地开发热。包括赛利格曼在内的金融家其实并不关心铁路本身，他们只是把铁路当做一个炒作题材。

而希夫的看法更深一层，他认为铁路线实际上是在一片土地上打开一个通道，这些土地向各行各业的开发者出售，从而将各种各样的生产、加工、贸易活动集中到铁路沿线。正是这种商业活动创造了铁路运输的需求，而这种需求支付了铁路的建设成本和运作成本，并为铁路创造效益。这才是铁路金融的精华。

希夫在介入太平洋联合铁路项目时，前前后后做了4年的调查。希夫对这条铁路线产生浓厚的兴趣并开始仔细琢磨的时候，太平洋联合铁路陷入了巨额债务危机，仅欠美国政府的债务就高达4 500万美元，并且还要加上6%的利息。这些未付的利息积累了近30年，铁路线总长度从8 000多英里减到了4 400英里，各种压力包括其债务情况已经使这条铁路看起来毫无生机，完全没有生存的可能了。华尔街人人不看好这个项目。希夫找到当时已经成为赛利格曼之后的华尔街主宰——摩根。摩根明确表示他对这条铁路不抱任何希望，可以让希夫放手一试。

日后的事实证明，摩根犯下了一个重大战略性错误。得到摩根的默许后，希夫开始了庞大的动员工作，并悄悄买进太平洋联合铁路的股票和债券。不久，他就发现似乎总有一只无形的手在阻挡他的计划。国会总有一些莫名其妙的事件在推延这个项目的进展，媒体突然变得对此项目颇有敌意，在欧洲的债券持有者也迟迟不对这个项目开绿灯。希夫反复琢磨，认为只有一个人有足够的力量来为此事设置障碍。起先他怀疑是摩根从中作梗，于是找到摩根问他是不是改变了主意。摩根说："我既然同意了，肯定放手让你去做，我可以帮你找到是什么人在阻挡此事。"几天之后，摩根挖出了幕后潜伏者：哈里曼。哈里曼是一个铁路运营方面的天才，希夫在与哈里曼进行了一番交手之后，双方同意合作。[15]但是太平洋联合铁路项目规模超大，希夫很快就意识到，必须要借助欧洲的资本，才能够使这个项目起死回生。

希夫找到一个儿时的朋友，此人就是当时在伦敦同罗斯柴尔德家族关系密切的重量级人物，恩内斯特 · 凯瑟尔爵士（Sir Ernest Cassel），恩内斯特本人也是具有传奇色彩的重量级金融家。恩内斯特爵士主要负责跟伦敦的罗斯柴尔德家族和其他国际银行家进行资金的联络和调度。

约瑟夫 · 赛利格曼在美国白手起家，奠定了犹太银行家在华尔街的地位，而希夫进一步打造出一个主导美国金融界的庞大势力集团。希夫和恩内斯特爵士联手，希夫能够及时准确地得到伦敦和欧洲金融市场一举一动的信息，特别是各大家族资金调运往来的情报。正是在伦敦的恩内斯特爵士的帮助之下，3 天之内希夫和哈里曼就收到了 4 000 万美元出自欧洲的担保和认购。已经沉寂多年，看似最后必然走向破产的太平洋联合铁路项目起死回生了。

1897 年 11 月 2 日，希夫和哈里曼集团正式收购太平洋联合铁路股份。太平洋联合铁路在希夫和哈里曼的运作下，取得了到那个时代为止历史上最大的一次工业项目的巨大成功。它不仅还清了所有债务和利息，还创造了史无前例的 2.1 亿美元的利润。除此之外，更创造出至少不低于 20 亿美元的资产。这个时候摩根才后悔不迭，觉得放弃此项目就是错过一只下金蛋的鹅，确实是个战略错误。

1895 年，应希夫之邀，保罗和菲利克斯两位沃伯格家族的悍将也来到纽约加盟库恩雷波公司，使德国的沃伯格家族和美国的希夫家族结成了紧密而强大的联合体。希夫的女儿嫁给了菲利克斯，雷波的女儿嫁给了保罗。库恩雷波公司的另一个合伙人沃尔夫的女儿嫁给了奥突 · 凯恩，这个凯恩是斯佩尔家族的骨干，后来加入库恩雷波公司成为希夫的接班人。库恩家的儿子娶了雷波家的另一个女儿。经过四重联姻，库恩雷波公司将沃伯格、希夫、雷波、库恩、凯恩、沃尔夫家族紧紧地联系在一起，成为欧美犹太银行家族中，人脉最密集、人才最鼎盛、声势最浩大的犹太银行家族集团军。

从这个集团军出来的人物非同寻常，几乎个个都是能够影响国际金融市场的超级大鳄。沃伯格家族的老大麦克斯，乃德国威廉二世的金融顾问，代表德国参加凡尔赛会议，“一战”后主导着德国财政金融大权，是德国帝国银行董事，希特勒的“财政沙皇”沙赫特的幕后大佬，19 世纪末到 20 世纪 30 年代末的近 40 年中，对德国的政治、经济、金融都发挥了巨大的影响力。老二保罗，美联储的总设计师，美国金融的决策者之一，属于美国最重量级的银行家之列。老三菲利克斯，20 世纪初华尔街最具影响力的库恩雷波公司的高级合伙人，华尔街大佬之一。老四弗里兹，德国汉堡金属交易所主席，“一战”后期曾代表德国与沙俄秘密媾和。[16] 奥突 · 凯恩，希夫之后华尔街犹太银行家的领军人物，1919 年他在长岛修建的豪宅占地 1.8 平方公里，居住面积达 1 万多平方米，127 个房间，是当时美国第二大豪宅。雅各布 · 希夫领导下的库恩雷波公司进入了全盛时期。

希夫与日俄战争

1904年日俄战争爆发，日本当时雄心勃勃准备打垮俄国，但是很快发现俄国军队的战斗力强悍，日本的战争经费渐渐捉襟见肘，难以应付。为了筹集战争费用，日本正金银行的副总裁高乔是清来到伦敦拜见国际银行家们。

来到伦敦，高乔是清的初衷是向罗斯柴尔德家族请求帮助承销日本战争债券。日本开口提出区区500万英镑的融资规模，罗氏家族连眼皮都懒得翻一下。要知道，早在30年前的普法战争赔款债券承销中，罗氏家族仅用两年就筹集了50亿法郎（约合2亿英镑）的庞大资金。尽管英国当时是日本最大的政治和商业伙伴，但是伦敦方面的银行家并不认为日本有取得战争胜利的可能性，因此日本的融资计划在伦敦受到了冷遇。

郁闷之中的高乔是清在宴会上遇见了正在伦敦办事的希夫，高乔是清向希夫大吐苦水，希夫一边听一边打着自己的算盘。随着美国经济实力的壮大，美国的金融力量正在崛起，虽然希夫在华尔街也是一号响当当的人物，但在伦敦连摩根这等角色都得小心翼翼，看着伦敦金融城大佬们的脸色说话，希夫明白自己的分量与伦敦城国际银行家大佬们还相去甚远。但是，日本确实是一个新的市场，既然大佬们瞧不上，华尔街新贵们或许还是有兴趣的。而与认为日本必败的伦敦金融家们不同，希夫认为，日俄战争的战场远离俄国的经济重心，却在日本的眼皮底下，再加上沙皇宫廷的腐败和沙皇制度的腐朽，正处在上升期的日本有极大的可能性击败俄国，于是希夫答应高乔是清在华尔街帮助日本筹集日俄战争费用。希夫愿意出手帮助日本还有一个原因：俄国对犹太人的迫害使得希夫认为俄国是人类公敌，他甚至主张和鼓吹要用武装革命推翻沙皇。凡是能打击俄国的事情，他都愿意帮忙。

此时，希夫基本上是单枪匹马在为日本打仗融资，在这样的情况和形势之下，希夫不得不团结以前的竞争对手摩根家族和乔治·贝克共同组成一个银团。在大家商议之后，又将洛克菲勒财团也拉了进来，这是日本历史上第一次能够从伦敦以外的金融市场获得融资。

在日俄战争中，日本一共获得了3笔大规模的贷款，这3笔贷款背后都是希夫的杰作。[17]正是这3笔贷款的资金注入，使得日本的战争能力得到大幅度提高，成为日本最后能够取得日俄战争胜利的关键因素之一。

在日俄战争之前，欧美列强普遍认为日本在亚洲还算是个小霸主，但是根本无法和英、美、德、法、俄等世界列强相提并论。日本的胜利震撼了欧美强权，也使得希夫在国际金融市场声名鹊起，他的战略眼光令国际银行家圈子刮目相看。英国国王爱德华七世邀请希夫在白金汉宫共进午餐，日本天皇也邀请希夫到日本皇宫共进午餐，这是日本天皇的最高礼遇，在希夫之前，还从未有外国人得到过这样的殊荣。希夫是一个新花样层出不穷的人，在日本皇宫跟天皇共进午餐的时候，他突然向负责礼仪的日本官员提出，希望向天皇敬一杯酒。日本礼仪官吓得脸色苍白，赶紧颤抖地劝希夫不要这么做，因为外国人给天皇敬酒这种事从未在日本宫廷中发生过，日本官员害怕天皇误解而震怒。希夫却固执己见，站起身来，举起酒杯致辞：“首先为天皇干杯，祝天皇在他的臣民心目中、在战争的硝烟里、在和平的岁月时，永远是日本的元首。”希夫说完这段话之后，天皇看起来心情还不错，所有人提着的心这才放了下来。

希夫作为尊贵的客人被邀请到高乔是清家做客，希夫正巧坐在高乔是清 15 岁的女儿身边。他随口说道：“你应该到美国来参观和学习一段时间。”希夫这个人平常为人严肃，随口一说的神态也像在华尔街发号施令一样，自己并没放在心上。但是第二天早晨，高乔是清亲自来到希夫的公寓门口，对希夫深鞠一躬后说道：“尽管对一个这么年轻的日本女孩来说，离开她的祖国，在这样一个幼小的年纪就开始如此长途和艰难的外国旅行，在日本是非比寻常的一件事，但是因为你已经证明了你是日本人的朋友，我同意让自己的女儿跟你一起到纽约去。”不过，他希望希夫能够理解，他不希望女儿在美国待的时间超过 3 年。希夫随口的一句客气话，居然被日本最重量级的银行家当成了华尔街的命令。希夫是一个言出必行的人，他果然带着高乔是清的女儿一起返回纽约，而且在 3 年期满时如约将高乔是清的女儿送回。从此，日本傍上了华尔街的大款。

新圈子与老圈子

1840 年之前，全美国只有二十几个富豪家族资产超过 100 万美元，500 万美元以上的超级富豪不超过 5 个家族，这些家族几乎全是殖民时代大庄园领主的后裔。当时的纽约还算不上太富裕的城市，可能除了莫里斯家族之外，其他所有的新兴家族都要靠贸易来维持生计。南北战争之后，美国经济进入了高速发展的轨道，富豪阶层大量出现，仅仅在纽约一个城市，就有数百个家族的资产超过了 100 万美元。工业革命所带来的蒸汽机、铁路、纺织、机械、钢铁、军工、石油、电报、电话等新兴行业爆炸性增长，使美国财富的创造达到了人类历史上前所未有的速度和规模。

在纽约，由于新兴家族财富猛增，很多传统大庄园领主的家族面临着极大挑战。这些老牌家族虽然在社会上拥有较高的地位和影响力，彼此之间的价值认同取向相对稳定，但他们的财富增长在很大程度上已经赶不上新兴家族膨胀的步伐。新贵族和老贵族之间形成了越来越多的共识，就是需要重新定义上流阶层。纽约的麦卡利斯特家族率先提出，纽约传统的贵族阶层和新兴的贵族阶层必须实现大联合。如果说老贵族的代表是莫里斯家族，那么新贵族的核心就是范德比尔特家族。在麦卡利斯特看来，这些新老贵族需要达成一种共识，从而形成一个固定的上流社会圈子，这个集财富、权势与高贵传统于一体的圈子，将把社会上各种所谓投机者、暴发户、傻富低俗之流挡在高贵优雅的上流社会圈子之外，以免污染和侵犯了社会“最精华的部分”。

麦卡利斯特和后来阿斯特夫人搞的所谓“400 人圈子”中没有包括犹太人，这激起了华尔街犹太银行家的强烈反弹。以他们富可敌国的财力而言，犹太银行家在美国金融领域的地位毋庸置疑，这一点美国社会的新老贵族都承认。但是在社交圈子和上流阶层中，由于宗教和传统的偏见，仍然没有形成对犹太人宽容态度的共识。甚至直到今天，依然能在美国社会找到歧视犹太人的痕迹。

在美国的犹太人中，其实也存在着不同的社会等级。其中高等的犹太人就是所谓的“赛法迪犹太人”(Sephardi Jews)，他们这一分支起源于西班牙和葡萄牙地区，大约在 1654 年前后到达美国。赛法迪犹太人到达美国的时间，甚至比大庄园领主家族还要早。这些犹太人的文化传统与 19 世纪陆续来到美国的德裔犹太人不太一样，他们的很多宗教传统和生活习俗秉承了中世纪保留下来的独特风格。[18]赛法迪犹太人往往认为他们是美国犹太人中最高贵的一个阶层。他们与美国的大庄园领主家族圈子基本能够相互认同。

第二个犹太阶层就是以赛利格曼、贝尔蒙特、希夫、沃伯格、斯佩尔、雷曼、高曼、赛克斯、古根海姆、库恩、雷波等为代表的德裔犹太新贵家族，他们都是在19世纪30年代陆续从德国移民美国的，其中除了希夫和沃伯格之外，多数人在德国时并无显赫家世，往往是从小商贩起家，然后陆续自50年代开始进入银行业，随着美国经济崛起而迅速积累了惊人的财富，基本上是在南北战争前后二三十年的时间里，在金融领域迅速发家致富，其发家致富的速度大大超越了在欧洲的犹太银行家族。

美国银行体系分为两大派系：一派是商业银行体系，师承汉密尔顿的金融思想体系，主要以新英格兰地区传统大家族为核心，垄断美国大型商业银行系统直至今天；另一派则是以犹太银行家为主体的投资银行体系，特别是德裔犹太银行家构成了华尔街的中坚力量。[19]他们以票据交易、股票上市、债券承销业务为核心。如果说商业银行是赢得信用的源头，相当于人体造血和供血的骨髓与心脏，那么投资银行就是疏导资本和信用的渠道，就如同人体的主动脉和静脉，以及遍布全身的毛细血管。当私有的中央银行建立后，商业银行心脏供血的功能被转移到了传统大家族和犹太银行家族共同控制的中央银行手中，形成了相互制衡的局面。繁荣时，两派人各做各的生意，井水不犯河水。危机时，则相互倾轧，力求自保，有时联手胁迫政府救助。中央银行为两派的协调机构，而政府则充当最后的埋单人。

犹太人中的第三个阶层就是19世纪末20世纪初从东欧和俄罗斯移民到美国的东欧犹太人。以纽约为例，1870年纽约的犹太人口大约为8万人，占城市人口的9%。到了1907年，每年平均有9万犹太人到达纽约，这一阶段中大部分犹太人是俄国和波兰的移民。纽约的犹太人口曾接近100万人，占纽约总人口的25%。[20]随着大批东欧犹太人的来到，纽约的犹太人社区出现了重大分裂。

德裔犹太人19世纪中后期来到美国时，曾被更早的赛法迪犹太人瞧不起，这批人进入美国金融业并获得了巨额财富，逐渐形成了自己的上流社会圈子。当大批东欧犹太人来到时，德裔犹太人对初来者也曾抱有强烈的偏见。德裔犹太人居住在纽约的贵族区域，受过良好的教育，穿着得体，家庭富有，举止言谈已颇有贵族风范。而东欧犹太人则在贫民区较为集中，举止粗俗，衣衫褴褛，蓬头垢面，他们各自带着不同的异域文化，操着奇怪的口音，争论着各种各样的思潮，这些不同想法、不同背景、不同阅历的人一起涌到了纽约，给传统的德裔犹太社区带来了巨大的冲击和困扰。

德裔犹太人和东欧犹太人存在着显著差别，德裔犹太人极度看不上新来的东欧犹太人：这些人乱扔垃圾，到处吐痰，公共场合大声说话，到处推推搡搡，行为粗鲁，甚至暴力、饥饿、犯罪等社会问题频频出现在东欧犹太人的社区中。其实这些被“上等”德裔犹太人所深恶痛绝的毛病，与几十年前他们刚到美国时一模一样。德裔犹太人中甚至出现了“反犹倾向”，德裔犹太人觉得自己来源于德国文化，充满了和平、自由、进步、文明的遗传基因，认为自己在犹太人中高人一等。当他们谈起从东欧和俄罗斯来的新犹太移民的时候，那种轻蔑、厌恶、嫌弃之情溢于言表，仿佛谈论的是另外一个种族。

从另外一方面看，俄罗斯和东欧犹太人很快发现，这些德裔犹太百万富翁也曾是做小生意起家的贩夫走卒之辈，德裔犹太富豪能做到的，他们也能做到。所以大量东欧和俄罗斯犹太人试图模仿当年德裔犹太人的发财经历，纷纷做起小商小贩的买卖，在纽约的大街上推销各种各样的小商品，而这又使德裔犹太人感到难堪和厌烦。很多东欧犹太人为了能够更美国化一些，向德裔犹太人学习，把自己名字的拼法进行“美国化”修改，试图使自己融入德裔犹太人的圈子，但是他们始终也没有成功。

出人意料的是，俄罗斯和东欧犹太人另辟蹊径，带着在欧洲旧大陆的悲惨遭遇和对美国新大陆的美好憧憬，从无到有创立了美国的电影业——好莱坞，把他们的“美国梦”在电影和现实世界里发挥得淋漓尽致。好莱坞的六大创始制片公司：环球、派拉蒙、福克斯、米高梅、华纳兄弟和哥伦比亚的创始人，几乎都是来自俄罗斯和东欧的犹太移民。

20 世纪初电影技术出现，纽约的犹太移民开始经营电影院，进而开始投资拍摄电影。由于受到以爱迪生为首的东部电影托拉斯的排挤，犹太制片人开始移居加州。1915 年犹太移民卡尔 · 莱米尔（Carl Laemmle）在好莱坞建立了世界上第一个规模巨大的电影城——环球影城，开始了好莱坞的电影事业。到 1920 年，其他五大犹太制片厂也相继建立。在 20 世纪 20 年代至 30 年代，好莱坞电影成为文化娱乐的圣地。3/4 的美国人每周要看一场电影。

犹太移民创造的自由、民主和自我奋斗的“美国梦”，通过大众传播渠道——电影——来宣传的文化符号反过来又获得了美国白人中产阶级的认同，成为美国社会的主流文化意识，好莱坞进而把“美国梦”传播到全世界。

人脉关系图

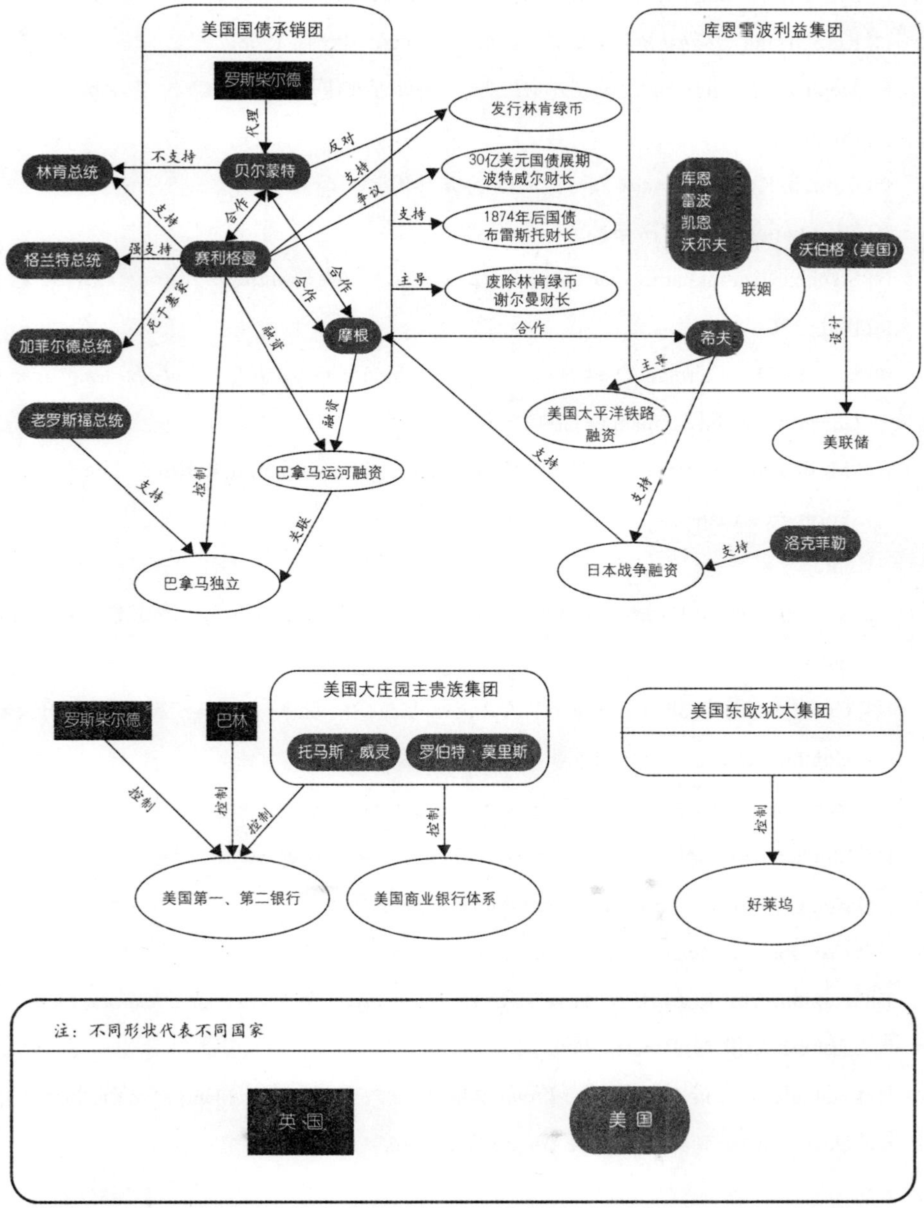
美国国债承销团
罗斯柴尔德
代理
贝尔蒙特
不支持
林肯总统
反对
发行林肯绿币
支持
30亿美元国债展期
波特威尔财长
争议
合作
支持
赛利格曼
强支持
格兰特总统
死于墓穴
加菲尔德总统
支持
1874年后国债
布雷斯托财长
主导
废除林肯绿币
谢尔曼财长
合作
合作
摩根
融资
融资
控制
老罗斯福总统
支持
巴拿马运河融资
关联
巴拿马独立
库恩雷波利益集团
库恩
雷波
凯恩
沃尔夫
联姻
沃伯格（美国）
希夫
合作
设计
美联储
主导
美国太平洋铁路
融资
支持
支持
日本战争融资
支持
洛克菲勒
罗斯柴尔德
巴林
美国大庄园主贵族集团
托马斯·威灵
罗伯特·莫里斯
控制
控制
控制
控制
美国第一、第二银行
美国商业银行体系
美国东欧犹太集团
控制
好莱坞
注：不同形状代表不同国家
英国
美国

参考资料
CURRENCY WARS

[1] Stephen Birmingham, *"Our Growd": The Great Jewish Families of New York*,p58.

[2] Katz, Irving, *August Belmont*, Columbia University Press, 1968.

[3] Stephen Birmingham, *"Our Growd":The Great Jewish Families of New York*,p37.

[4] Ibid,p74.

[5] Bertram Korn, *American Jewry and the Civil War*, p161.

[6] Niall Ferguson, *The House of Rothschild.*

[7] Stephen Birmingham, *"Our Growd":The Great Jewish Families of New York*,p119.

[8] Ibid,p120.

[9] Kenneth D. Ackerman. *Dark Horse: The Surprise Election and Political Murder of James A. Garfield*, Avalon Publishing, 2004.

[10] Mellander, Gustavo A., The United States in Panamanian Politics: The Intriguing Formative Years.

[11] Ibid.

[12] Stephen Kinzer, Overthrow-America's. Century of Regime Change from Hawaii to Iraq, 2006.

[13] Cyrus Adler, Jacob Henry Schiff: A Biographical Sketch,New York: The American Jewish Committee, 1921.

[14] Ron Chernow, *The Warburgs*, Random House, 1993.

[15] Stephen Birmingham, *"Our Growd"—The Great Jewish Families of New York*,p222.

[16] Ron Chernow, *The Warburgs*, Random House, 1993.

[17] *Dictionary of American Biography*, Volume 16, p431-432.

[18] Kaplan, Yosef, *An Alternative Path to Modernity: The Sephardi Diaspora in Western Europe*, Brill Publishers, 2000.

[19] Walter Lord, *The Good Years: From 1900 to the First World War,* Harper & Brothers, 1960.

[20] Diner, Hasia. *The Jews of the United States: 1654 to 2000.*

05 动荡的欧洲

CURRENCY WARS

本章导读

德国人的骨子里交织着一种深刻的自傲和挫败感。日耳曼民族刻苦、严谨、忠诚、守纪等优秀传统使德国在近代世界历史上始终居于出类拔萃的地位，科学、技术、文学、音乐、诗歌、军事、政治、金融等领域可谓群星璀璨、豪杰辈出。但同时，德国又是人类历史上罕见的充满着悲剧色彩的国家，从来没有一个国家对人类文明作出了如此众多的卓越贡献，同时又给人类带来了如此深重的苦难。

德国最大的不幸就是在地缘上处于俄法两大欧洲强国的夹击态势之下，同时出海通道又被英国牢牢地扼住了喉咙。生机勃勃、能量十足的德国始终被一张强大而无形的网死死地困在欧洲的腹地，它的反抗越是激烈，挣扎越是顽强，这张网就会收得越紧。从17世纪法国的黎塞留刻意挑动日耳曼民族之间长达30年的血腥战争（1618~1648年），从而试图达到200年内德意志难以崛起的战略目的，到第一次世界大战英、法、美、俄联手摧毁德国全球崛起的雄心，再到第二次世界大战4国再次合作彻底粉碎德国称霸世界的企图，德国3次在毁灭的狱火中涅槃重生，其生命力之旺盛令世人惊叹。

从落后的经济状态开始进步，加速赶超先进国家的社会有着共同的心态。至19世纪下半叶，德国的工业化和对海外殖民的进程都大大落后于英法，德国的工业与商业公司在与强大的对手英国竞争中，大多希望政府实行高税率和低信用成本的保护政策。在政府的羽翼之下，德国人的刻苦与勤奋使德国与英国的经济差距逐渐缩小。1871年，铁血宰相俾斯麦终于完成了德国的统一大业。这是一个划时代的重要事件，它意味着欧洲大陆维持了两百多年的均势被打破了，涣散弱小的中欧地区一下子被统一、顽强而极具爆发力的德国所整合，英国的战略利益遭到了强大挑战。英国开始协调法俄等国在欧洲大陆全面围堵德国。

国际银行家们充分利用了国家之间的对立和敌视，有时甚至是煽动这种对立情绪，一方面是从中获得巨大的经济利益，另一方面则是有自己更大的战略图谋。

永不止息的渴望：回去，回归锡安

在《旧约》中，锡安是主所赐予的名称，用来称呼那些一心一德、居于正义之中、享有公义和平安的人。锡安也是地名，是古时候正义的人民聚集之地，而且有一天神的选民必将再聚集于此地。

锡安山位于巴勒斯坦的耶路撒冷，也用来代指以色列和古代迦南地区，犹太民族视之为终极故乡。在以色列国歌《希望》（*Hatikvah*）中有"眺望东方的眼睛，注视着锡安山冈"，"做一个自由的民族，屹立在锡安山和耶路撒冷之上"等语。建造犹太教耶和华圣殿时，木料均取自锡安山，古时犹太人俘获的战俘也被迫在锡安山上劳动。锡安山被视为犹太复国主义的标志。

世世代代犹太人自出生起就接受的犹太教义告诉他们：迦南是"流着奶与蜜的美地"，耶和华赐下此地给他们居住，无论犹太民族流散到何地，神已定下旨意，必令他们回归，任何力量都不能阻拦。

正是基于这一坚定不移的信念和精神原动力，犹太人历经数千年的颠沛流离和卓绝苦难，始终不改初衷。他们的信念绝没有半点含混，他们对世界的认识不存在任何模棱两可的余地，对于他们而言，自己"受神拣选"，将代表上帝来行使神圣的权柄，他们所积累的财富和权柄并不是为了挥霍和放荡，他们所做的一切都是为了彰显神的荣耀。数千年来，他们对此笃信不疑，并不掺杂虚伪和夸张。任何对自己信仰的动摇，必然导致整个精神世界的崩溃，最终整个民族必然会消匿于茫茫人海之中。而今天，我们不仅没有看到犹太人的削弱，而且看到了一个历史上少有的强大势力集团。如果说犹太人中天才辈出，那么这一点与他们心理能量高度集中、信念无比坚定有着无法分割的联系。对于奉锡安山为圣地的犹太复国主义者们来说，上帝的旨意即巴勒斯坦必然也必须成为犹太人移民的最终归宿。

犹太教义也告诉人们，回归之路充满艰辛、曲折甚至绝望，但神会赐下拯救和带领的力量，最终引领他们回到锡安复国。

德国银行家族：回归希望之火燃起

以色列复国是非常庞大、极其复杂、近乎不可能完成的事业。在经历了两千年的流离失所之后，犹太人想回到圣地耶路撒冷重建以色列谈何容易。19 世纪之前的犹太人处于欧洲中世纪宗教势力及封建世俗偏见力量的双重压迫之下，连生存尚且处于极其艰难的阶段，更罔论重建以色列了。在这一历史阶段，复国仅仅停留在梦想阶段。16 世纪以后，在欧洲渐成燎原之势的宗教改革和启蒙运动，终于将沉重的天主教势力和严密的封建专制统治撕开了一道裂缝，复国的梦想出现了一缕希望的曙光。18 世纪末，法国资产阶级大革命迅速成为横扫欧洲大陆的熊熊烈火，宗教和封建的传统社会权力体系出现了坍塌，伴随着资本主义的兴起，金权的能量空前扩张。到 19 世纪中期，复国的梦想渐渐转化为实际的行动，复国主义分子开始在宗教和社会环境相对宽松的德国汇集。

在欧洲历史上，犹太人的社会生存状态和地位，大约分为三个社会等级。第一级是属于最为普遍的犹太大众。这些人住在贫民窟里，或者住在自己独特的社区之中，受到各种各样来自政治权势、宗教排挤和社会传统的压迫。第二级是受到保护的犹太人。他们可能付的税更少一些，享有更多的类似于迁移居住地这样的权力，此等犹太人属于对当地政府比较有价值的一些人，所以被称为被保护的犹太人，主要是他们所从事的特殊行业对当地有较大的贡献。第三级是更少数的犹太人，他们的社会地位相对更高一些，主要是由于他们从事某些独特的服务，比如说银行家，他们贷款给所在国的政府，从而拥有更高的社会地位。这些人被称为宫廷犹太人。

像罗斯柴尔德家族等富有的犹太人银行家族，他们的背景出身都是宫廷犹太人。

在历史上，犹太人始终处在一种被排挤和压迫的生存状态之下。大量犹太人处于社会边缘，被局限在自己的社区之中，说自己的方言，穿着打扮也都是自己独特的民族服装，服从宗教规定保持特殊的饮食习俗。由于欧洲主流宗教势力对犹太人的排挤和当地世俗社会对犹太人的歧视，犹太人在就业、迁移、生活等方方面面都受到极大的制约，比如犹太人不能拥有地产，不能拥有农庄，不能从事手工业。这使得犹太人被逼得只能从事像钱币兑换这样的社会低级职业。钱币兑换服务的客户是往来各国各地区旅行和从商的人群，他们需要将外来钱币兑换成在不同地区流通和接受的当地货币。而犹太钱币掮客以其运作灵活、信息敏捷、流转快速、盘算精细的特性，在各种钱币市场之间套取利差，集腋成裘，广结人脉关系，苦心经营客户资源，经过长达上千年的累积，使这一职业成为犹太人的标志性传统行业，达到外人不得其门而入的境界。

从资本主义发展历程来看，金融市场发展大致平行于4个资本主义发展阶段，即商业资本主义、工业资本主义、金融资本主义和垄断资本主义。从13世纪十字军东征引发的地中海贸易量激增和随后从阿拉伯世界重新发现的古希腊、古罗马时代的典章文集所引发的文艺复兴运动开始，到新大陆的发现和18世纪工业革命为止，大量的航海贸易导致商业的高度发达。贸易的目的是在生产者与消费者之间架起一座桥梁，而商人就是桥梁的搭建者。贸易量的增加同时促使商人群体出现了分工的趋势，其中一部分商人开始从采购、运输、仓储和销售商品的流程中转向为这一流程的各个环节提供金融服务，比如提供采购信用、运输保险、汇票承兑、票据贴现和金融交易。这一专业化分工大大提高了贸易的规模和效益，一大批“商人银行家”（merchant banker）应运而生，他们就是后来投资银行家的祖先。大批犹太人涌入当时的意大利，构成了“商人银行家”的重要部分。

公元13世纪前后，随着十字军东征和航海贸易的发展，在地中海地区迅速形成对贸易和货物航运的巨大需求，意大利逐渐成为人流、物流、信息流的中心集散地，财富随之滚滚而来。基于贸易需求而产生的商业信贷以及票据交易也应运而生，使意大利成为金融市场和银行服务最早形成的地区。

例如，当一个埃及出口商与一个法国进口商就一笔皮毛生意达成交易，埃及人需要先得到融资才能备货，或者法国买方资金有缺口，需要借贷才能筹全货款。此时一个意大利商人银行家作为提供贷款的中间人出现了，他因放贷而收取利息，商业信贷由此而生。当埃及人将皮毛发运，指望马上收到货款，而法国买方在海的另一边等着船到不敢凭空付款，双方都很郁闷。此时，意大利人又出现了，他们开发出“汇票”（bill of exchange）这样一种新的金融工具，汇票上写明法国人在什么时间以什么货币支付给埃及人指定的意大利代理人，埃及人非常乐于接受这样一种支付手段。埃及人一觉醒来，突然想落袋为安，不想等到约定时间再取现金，他可以让他的意大利代理人将汇票打折卖给愿意等待汇票到期再取款的投资人。谁愿意接受这些汇票呢？主要就是聪明的犹太人。犹太人取得汇票有两个目的，第一是投资获益，第二就是避开教廷严厉的反高利贷法条的限制，因为汇票打折可以隐藏高利息的放贷行为。

文艺复兴刺激都市工商贸易的兴起，犹太人因其金融才能在贸易中崭露头角。特别是从18世纪末的法国大革命开始，犹太人聚居区的封闭逐步被解除。遍及整个欧洲的25年战争和在英国开始萌芽的工业革命，催生了前所未有的融资需求。犹太金融家抓住了这次战略机遇，由钱币交易和兑换业务迅速发展到为王室和战争融资，从而积累了大量财富，社会地位也大大提高，成为犹太复国运动的中坚力量，其中最有名的就是罗斯柴尔德和沃伯格家族。

欧洲千年的排挤和压迫，造就了犹太人独特和灵敏的金融嗅觉。严酷的外部环境迫使犹太人探寻自己的生存之道，那就是不断地从事各种各样的买卖和交易，从货币到商品，无所不包，在这个过程中低买高卖赚取相应的差价，也就是我们今天所说的套利。

谁占领渠道谁就拥有巨大的优势。犹太人历经数百年的艰苦努力，终于牢牢地控制了全球资本与信用流动的渠道。他们对商业情报的高度敏感，广泛的客户人脉，精细经营的头脑和犹太民族强烈的宗教内聚力，令他们在这一行业中独占鳌头，奠定了难以撼动的坚实地位，并将此优势和垄断绵延保持不衰，世代承继不辍。在近代数百年中，金融市场规模迅速扩大，深度和复杂度早已不是当年可以比拟的，资本、信用、票据演变成各种各样的有价证券，直到现代意义上的股票、债券、金融衍生产品，包罗万象，日新月异。唯一没有改变的，就是犹太金融家族在资本与信用流动的全球渠道上的掌控地位和游戏规则制定权。犹太金融家族组成的是当今世界金融体系的血管，这个完备、稳固、高效、绵密而精确的金融毛细血管网络遍布全球经济肌体，深深植入自上至下的所有社会层面。而全世界的财富血液，就是在这个庞大的血管体系中流淌，所有流经这一渠道的金钱，必须要缴纳各种费用。

如果说商品渠道为王，那么金融渠道就是太上皇！

正是以奠定金融渠道为根基，犹太金融家族首先以德国为发祥地，稳健积累财富，坚定构建权势，终于令复国大业的希望之火逐步燃起。

巴勒斯坦困境

巴勒斯坦从1518年并入奥斯曼帝国版图，直到第一次世界大战结束前，都在奥斯曼帝国的统治下。对于犹太复国主义者来说，要想在巴勒斯坦重建犹太国家必须得到奥斯曼帝国的同意，而要使奥斯曼帝国割让巴勒斯坦，只有金钱的诱惑和战争的胁迫两种选择。

在犹太金融家影响力日益增强的德国，复国主义者围绕着巴勒斯坦绞尽脑汁，一个重要转折阶段发生在俾斯麦时代。德国统一前后，犹太复国主义在德国逐渐形成了气候并成为国际犹太复国运动的中心地区。德国是19世纪犹太人的天堂，它的开放与包容成为整个欧洲，特别是东欧地区生活在贫民窟中、承受着宗教与封建双重压迫的犹太人向往的伊甸园。从历史上看，生活在高压之下的中欧与东欧地区的犹太人反抗意识最为强烈，这一地区正是犹太复国主义的发源地。相对而言，富足的德国犹太人更加倾向自由主义，与犹太复国主义主流保持着一定的距离。不过，在精神理念上双方并没有本质的差别。

19世纪后半叶，随着德国的统一，俾斯麦和威廉二世向东发展的战略目标非常明确，因此中东地区的奥斯曼帝国就成为德国必须重点结交的对象。在这一点上，犹太复国主义者们找到了战略同盟者。犹太复国主义的基本思路就是在德国的支持下，争取从与德国关系不错的奥斯曼帝国手中拿到犹太人大举向巴勒斯坦移民并最终立国的通行证。而为说服德国政府，他们的游说辞就是，在中东地区建立一个亲德国的巴勒斯坦犹太人根据地，这是德国向东发展战略的宝贵资产和可靠跳板。对于奥斯曼帝国的诱惑，则是庞大的犹太资本一旦进入巴勒斯坦地区，将大大加强当地的经济发展，给奥斯曼帝国带来可观的经济效益，而且国际犹太资本力量将是奥斯曼帝国国债最强有力的购买者。这对于早已濒临财政破产的奥斯曼帝国自然具有极大诱惑力。在金融和财政上大大强化的奥斯曼帝国反过来又成为德国东边一个强有力的战略盟友，从而使德国在欧洲大陆的权力天平上增加一块很有分量的砝码。在这样一番巧舌如簧的游说中，犹太人的策略是各投所好，德国和奥斯曼帝国都被挠到痒处，想不飘飘然都不可能。在游说天赋方面，只怕战国时代的苏秦、张仪之辈也要自叹弗如了。

威廉二世

德国的精英阶层也有自己的考虑，越来越多的东欧犹太移民大举西迁到德国，导致了德国本土各个阶层的不满和排斥心理。德皇威廉二世面临越来越大的政治压力。犹太人在德国的问题上需要一个根本性的解决方案。如果将犹太人迁到巴勒斯坦地区定居，既满足了犹太复国主义者的要求，又可缓解国内反犹主义者的政治压力。于是巴勒斯坦作为犹太人定居地点的意向在德国统治阶层、犹太复国主义者和德国反犹势力之间达成了全面共识。

1893年，德国作为欧洲列强中唯一打破禁忌的大国，开始建议废除奥斯曼帝国禁止犹太人在巴勒斯坦地区进一步购买土地的法律。1898年秋，德皇威廉二世访问奥斯曼帝国时，对犹太复国主义的支持态度更加明显，他的官方访问中包括了到巴勒斯坦参观，并安排了与当地犹太复国主义者赫泽尔的会谈。在与奥斯曼帝国苏丹的会谈中，威廉二世对犹太复国主义的支持态度相当明显，对巴勒斯坦建立犹太人居住地将刺激奥斯曼帝国的经济繁荣表示出乐见其成的姿态。不过苏丹当场就反对犹太人建国的方案。这也可以理解，奥斯曼帝国是一个幅员辽阔并日渐衰落的多民族帝国，一旦犹太人建国成功，其他民族地区起而效仿，局面岂不难以收拾？经过这次谈判，威廉二世的脑子清醒了许多，觉得自己被大大地忽悠了一把。为了不与奥斯曼帝国闹僵，德国政府在外交方面放弃了支持犹太复国主义的态度。

游说德国和奥斯曼帝国没有成功，犹太复国主义者转向德国的竞争对手英国，期望在英德之间挑起战争，肢解奥斯曼帝国，从而得到巴勒斯坦。同时银行家们还可从战争融资、战后赔款和重建融资中获取暴利，一举两得。第一次世界大战中，犹太复国主义者成功地游说英美支持犹太人移民巴勒斯坦，从而放弃了德国，鼓动美国对德宣战。

围堵与崛起：英德的战略竞争

英国立国的根基是自由贸易，这一理念最早由苏格兰经济学家亚当·斯密提出。[1]按照斯密等古典经济学家的贸易理论，国际贸易对参与双方都有好处。如果一种商品在别国的生产费用较低，就无须在本国生产，因为花钱向别国购买更为合算和有利。英国在掌握着全球1/6土地的庞大海外殖民地的基础之上，以其对海洋、工业技术、金融和原材料的控制权，在自由贸易的口号下，强行要求未工业化的国家打开贸易大门，实施资源与市场的鲸吞式攫取，从而获取巨大利润。鸦片战争时英国对清朝的霸行便是例子。19世纪上半叶，德国的工业化和对海外殖民的进程都大大落后于英法两国。当时效仿英国的“成功模式”是德国经济学界的主流，但19世纪70年代英国的经济衰退使德国人认识到英国自由贸易模式的严重弊端，开始转向德国经济学家弗里德里希·李斯特（Friedrich List）倡导的幼稚工业保护论。

弗里德里希·李斯特

李斯特是亚当·斯密的批判者，他在《政治经济学的国民体系》一书中指出：“亚当·斯密建立的世界主义政治经济学，把自由贸易当作理想，实际是为英国利益服务。德国要建立国家政治经济学，以实行保护贸易为德国利益服务。”[2]李斯特认为，在与强大的工业化国家的自由竞争中，一个无保护的落后国家想要成为一个新兴工业国家已经没有可能，这时比较落后的国家将普遍屈服于工商业与海洋霸权强国的优势之下。要求相对落后的德国同发达的英国通过自由贸易进行竞争，无异于让一个小孩同一个成年人角力。面对这样的现实，后起之国想要强大，就必须要对本国的“幼稚工业”进行保护。幼稚工业保护理论就是以关税制度为核心，以提高关税作为手段，来达到大力发展本国生产力，特别是工业生产力的目的。

德国痛下决心，大力发展航运和铁路，对国内相关工业实施关税保护政策，培养科学和工程人才。在政府的羽翼之下，德国人的刻苦与勤奋使德国与英国的经济差距迅速缩小。1871 年，铁血宰相俾斯麦终于完成了德国的统一大业。这是一个划时代的重要事件，它意味着欧洲大陆维持了两百多年的均势被打破了，涣散弱小的中欧地区一下子被统一、顽强而极具爆发力的德国所整合。德国的经济发展和新经济模式的建立，强烈挑战着英国的立国方针和战略利益。

汉堡美国航线：海上霸权争夺战

德国皇帝威廉二世意识到，没有强大的商业船队和海军护航，德国的经济利益就要永远受制于海洋霸主英国。德国犹太航运大王阿尔波特·鲍林（Albert Ballin）及其汉堡美国航线公司（Hamburg America Line，HAPAG）在德国海洋发展史上起到了至关重要的作用。1899 年，鲍林成为汉堡美国航线公司的总裁。在他领导之下，汉堡美国航线公司拥有 175 艘巨型轮船，这个数量超过了欧洲大陆任何竞争对手。[3]后来，连德国皇帝威廉二世都被这个庞大的船队所震撼，经常来到鲍林的船队参加各种活动。到 1910 年，鲍林的船队雇用了 2 万多人，汉堡成为仅次于纽约的世界第二大繁忙口岸。

其实从地理位置上来看，德国这样发展海洋势力的决策是有问题的。因为德国海岸线处在非常不利的态势。它的西北面就是汉堡所直接面对的大西洋北海，正好被英国挡住了出海通道，它的北面是波罗的海，而波罗的海只有非常狭窄的出海通道，并且出来之后还是进入北海，仍然被英国死死地堵住去路。随着基尔运河的开挖，北海和波罗的海连成一片，但是这样仍然没有解决德国海军出海口的问题。

跟德国不一样的是，英国一方面挡住了德国北海的出口，另一方面它的西岸完全没有任何阻拦，可以自由地进入大西洋，因此英国天然坐拥海洋优势，德国却被死死地锁在大西洋的出海口里面。

德国当时发展巨舰和远洋船队的策略，被后来的两次世界大战证明是一次巨大战略失败。德国耗费了巨资用 20 年时间建立起来的庞大海军，在“一战”中基本上全军覆没。在“二战”中，希特勒所建立的强大海上力量，除了潜艇能发挥一些作用之外，所有重型军舰，包括德国没有完工的两艘航空母舰，基本上没有发挥实质性的作用，根本原因就是很难进出北海。

德国所面临的海洋地理态势，非常类似于今天中国所面临的海洋情况。虽然中国海岸线长达 1.8 万公里，但是从地图上看，中国的海洋被第一岛链牢牢地封锁住了，北边是韩国、日本群岛、冲绳群岛，中接中国的台湾岛，南至菲律宾群岛，一直到马来西亚和印度尼西亚、马六甲海峡。这条第一岛链把中国漫长的海岸线死死地锁在中国的内海，在不远处还有第二岛链。

再回到 19 世纪的德国。鲍林成为威廉二世的好朋友，威廉二世曾说过，他“从来没有把鲍林看成宫廷犹太人”。1891 年，威廉二世在鲍林的鼓动下，发表讲话说：“应该把我们普鲁士人带到海洋上去，让他们去开拓海洋边疆，获得丰硕的成果，为了德国，也为了你们公司，这是一件互惠互利、两全其美的事。”[4]除了建造军舰，1895 年 6 月，威廉二世还开挖了基尔运河，它把整个波罗的海和北海连接在一起。这样的进展更加激励了威廉二世对海洋的幻想。在威廉二世的心目中，一个庞大的商船舰队和强大的海军是不可分割的。鲍林的汉堡美国航线大型船舶在战争爆发的时候，可以很快转化成德国海军的舰队。

1898 年鲍林公开支持德国海军的建造计划，当时对于海军舰队建造计划最有力的推动人是德国海军上将特皮兹。1900 年帝国国会立法批准建造两艘大型海军舰艇。[5]这对鲍林来说是巨大的商业机会。当然他也没忘记提携忘年之交——犹太银行家麦克斯 · 沃伯格（Max Warburg）。

麦克斯 · 沃伯格：未来的经济沙皇

德国发展庞大的海洋舰队，必然涉及大量的经费开支，德国的国际银行家在此过程中将会获得巨大的收益。同时，德国的大海军战略势必刺激英国的神经，英国的国际银行家再将来自德国的海上威胁成倍放大，上升到帝国存亡的战略高度。英国政府的本能反应就是更大规模地兴建海军舰队，于是军备竞赛拉开了丰盛、鲜美的金融大餐的序幕。而军备竞赛属于“有组织的隐形暴力”，必须依赖大规模的融资。这样一来，英德两国和他们在欧洲的盟友们一起开动马力扩军备战，整个欧洲的国际银行家们无不“漫卷公债喜欲狂”！

麦克斯 · 沃伯格和阿尔波特 · 鲍林已经有 20 多年的交情。在鲍林大力支持之下，麦克斯进入鲍林公司的董事会。同期，麦克斯在鲍林的推荐之下，又加入了其他多家鲍林供应商公司的董事会，包括一批德国最大的造船公司，如布罗姆沃斯公司。对布罗姆沃斯公司而言，鲍林是他们最大的客户，所以当鲍林要求把麦克斯安排进公司董事会的时候，公司是无法拒绝的。

通过这样的安排，麦克斯很快就成为德国轮船制造业和贸易领域的核心人物。到 1920 年，麦克斯和家族银行的其他合伙人，已经在八九十家大型公司里面担当董事会的董事职务，成为整个德国工业、商业和金融业的巨头。在麦克斯和鲍林的大力游说之下，德国威廉二世对海洋前景意气风发，准备开始大展宏图了。

1893 年，麦克斯接过家族沃伯格银行，成为家族银行的掌门人。十年弹指一挥间，当年的毛头小伙子此时已经成为德国金融业的巨头。

1903 年，36 岁的麦克斯第一次被鲍林引荐给德皇威廉二世。当时德国首相叫布洛，他认为德皇威廉二世需要金融方面的知识来推动金融改革，因此建议鲍林把麦克斯介绍给威廉二世。

鲍林转告麦克斯，说德国威廉二世希望召见他，但是只给他 10 分钟时间来概述金融问题。麦克斯一听就拒绝了，固执地说 10 分钟不够。他的坚持使威廉二世把接见时间延长到了 32 分钟。麦克斯为了觐见威廉二世，进行反复排练，终于精心预备了 25 分钟的演讲，另外 7 分钟用来跟威廉二世进行讨论。

彩排很成功，公演却遭遇状况。威廉二世这个人脾气暴躁，极端任性。麦克斯刚刚开始演讲，威廉二世就打断说："沙俄很快就要完蛋了。"麦克斯回答道："陛下，不会的，沙俄不会完蛋。"

接着麦克斯开始解释，因为俄国刚刚发行了一笔新贷款，把原有的贷款清偿了，而并没有增加国家总负债。威廉二世听到麦克斯居然直接反驳他，立刻勃然大怒，吼道："沙俄一定完蛋，怎么都要完蛋。"吼完就拂袖而去，晾下无奈的麦克斯。后来麦克斯提起这事开玩笑说："我的听众应该给我 32 分钟，但最后我只用了 3 分钟时间。"

尽管"公演失败"，由于麦克斯的重要地位，威廉二世对他仍然青睐有加。第二年，威廉二世又召见麦克斯，向他举杯，说自己已经准备好听取已经拖延很长时间的金融改革讲座了。

威廉二世是一个骄傲而自负的人，让他摆出妥协的姿态可不是一件容易的事，足见麦克斯在他心目中的地位。威廉二世在谈话中勉强承认，沙俄确实不会马上就破产，但麦克斯毫不领情，随即接口说："我早就已经告诉过陛下了。"威廉二世气得直敲桌子："难道你每次都是对的吗？"眼看威廉二世又要暴走，麦克斯立刻道了歉，才得以给威廉二世上了一堂精心准备的金融改革讲座。[6]

此后，麦克斯跟威廉二世经常会面。麦克斯和威廉二世的关系与布雷施劳德跟俾斯麦的关系有所不同。俾斯麦对于布雷施劳德往往言听计从，但很有主见。威廉二世却一方面固执己见，一方面又"耳根子软"，很容易被旁人说动。每次麦克斯认为他已经大功告成地把皇帝给说服了，谁知很快威廉二世又听信其他人另外的说法，突然改了主意。

在当时的德国，容克贵族和普鲁士军官团对犹太人存有敌意和抵制情绪，主因是基于利益。容克地主贵族阶层思想上相对保守，他们的集团利益在于保护农产品的价格，要求提高关税，挡住外来竞争者。而海运公司和力主海洋贸易的犹太银行家则坚决反对贸易保护主义。原因很简单，贸易保护主义一旦盛行，国际贸易就做不下去了，他们对国际贸易的大量金融服务业务也就没了市场。因此，容克地主与犹太银行家形成了尖锐的矛盾冲突。这一点跟当今国际贸易领域的争端也颇有类似之处。凡是主张自由贸易、降低关税、推行全球化的主力军基本上都是超级跨国企业和国际财团；相反，反对自由贸易、主张贸易保护的多数都是会受到自由贸易伤害的国家和地方势力。

全球化也好，自由贸易也罢，这些并非理论与原则的口号，而是赤裸裸的利益问题。

受麦克斯和鲍林大力鼓吹的影响，威廉二世对海洋踌躇满志，准备大展宏图。当德国大兴土木建造庞大的舰队时，英国也不示弱，赶忙紧锣密鼓实施巨舰建造计划。20 世纪初，以英国与德国为核心的两大势力集团在欧洲大陆上展开了一场围堵与反围堵、遏制与崛起的生死较量，拉开了世界近代史上最激烈、最血腥的一幕。

柏林—巴格达铁路：德国反围堵的战略通道

1885 年，德国工程师高特列博 · 戴姆勒（Gottlieb Daimler）发明了使用石油的汽车发动机，这种发动机比当时使用的以煤炭为燃料的笨重而庞大的蒸汽机系统要精巧和高效得多。这种先进的发动机技术同样可以用在轮船、战舰以及后来出现的

高特列博 · 戴姆勒

飞机上，石油资源自然成为各国关注的中心。当时英国和它控制的殖民地尚未发现石油，全世界的目光都盯上了阿拉伯地区的石油资源。

鉴于英国强大的海上力量一时难以超越，面对来自海洋的压力，德国不得不试图从陆地方向寻找战略发展机遇。19 世纪末，德国就开始在安纳托利亚半岛经商投资和开办银行机构。安纳托利亚半岛北接黑海，西临爱琴海，南达地中海，是欧洲通往中东的战略要冲。德国的战略目的非常明确，就是修建一条从柏林到巴格达的铁路大动脉（此前“东方快车”线路已经修到了伊斯坦布尔），这条铁路将把德国强大的工业生产能力与中东地区丰富的原材料、石油、粮食和庞大的潜在市场紧紧联系在一起，从经济战略上整合中欧、巴尔干和整个中东地区的工业生产与原材料资源，并将政治影响力延伸到整个西亚和南亚地区，进而打通从波斯湾到印度洋的海上通道。最为重要的是这一通道将避开强大的英国海军控制力量，绕过英法控制下的苏伊士运河，并在德国优势的陆军势力保护下，成为德国安全的战略大动脉。在这样的大背景下，1900 年德国汉堡的沃伯格家族银行与德意志银行联手开始向该铁路项目提供大规模融资。

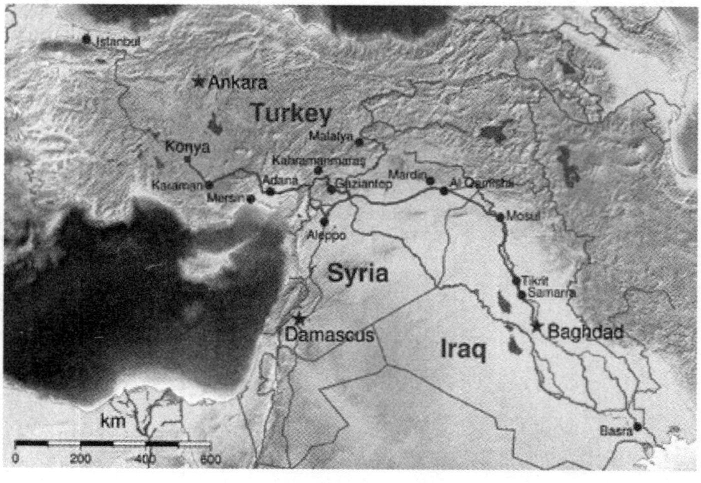

柏林—巴格达铁路路线图

显而易见，这一战略企图使得英国大为紧张。英德紧张关系逐渐升级。

1907 年，英国前首相亚瑟 · 贝尔福（Arthur Balfour）曾忧心忡忡地对美国外交官亨利 · 怀特表示：“如果我们不赶在德国人修建更多的运输系统并夺走我们的贸易之前向德国宣战，那英国将犯下愚蠢的错误。”[7] 怀特对此不以为然，说：“如果你们希望与德国人在贸易上竞争，那就应该更加努力地工作。”贝尔福答道：“那将降低我们的生活水平，相对而言发动战争更简单一些。这只是一个简单的对错问题吗？这是关系到英国霸权的问题。”

亚瑟 · 贝尔福

与英国类似，法俄也激烈反对巴格达铁路项目，并竭尽全力阻止铁路的建设。英国力图劝说奥斯曼帝国，暗示这是德国控制和摧毁土耳其的阴谋。而法国尽管在当地有 25 亿法郎的投资利益，却由政府发出指令不允许巴格达铁路债券在巴黎股票交易所交易。

应该说，巴格达铁路项目是英法俄与德国之间围堵与反围堵争夺中无法调和的一环，也是导致第一次世界大战爆发的重要原因之一。

阿加迪尔事件

1815 年拿破仑战争后，英国一直拥有着无可争议的世界海上霸权地位，牢牢地控制着世界各大洋的主要水道。

丘吉尔的父亲兰道夫是罗斯柴尔德家族的密友，英国的外交政策实质上就是罗斯柴尔德家族的外交政策。罗斯柴尔德是英国皇家海军最重要的倡导者和积极促进者之一。

由于燃油发动机的出现，海军和一切工业领域对石油的需求必然暴涨，法国的罗斯柴尔德分支迅速与美国的洛克菲勒家族联手瓜分世界石油资源。大海军的发展离不开石油资源的观念被罗斯柴尔德介绍给了丘吉尔。丘吉尔开始确信未来的海战必然大量使用石油驱动的战舰，海军的建设规模要扩大，更新速度必须要加快。

1888 年，罗斯柴尔德伦敦银行为海军建设公司发售了 22.5 万英镑的股票[8]，大赚了一笔之后并不满足，随后极力主张皇家海军的巨舰工程扩张，大规模拨款加快海军建设，以应对德国海军快速赶超所形成的所谓的威胁。

“摩洛哥炮舰事件”，或称“阿加迪尔事件”，正好撞上枪口，直接提供了德国海军造成严重威胁的口实。

1911 年 7 月 1 日，稀里糊涂的德皇威廉二世派出一艘战舰“潘塞”号到英国控制下的摩洛哥海边去营救受到威胁的德国公民，这一事件成为德国公然挑战英国海上霸权的最严重事件，震惊英国朝野，战争的阴云开始积聚在欧洲上空。

其实，整个所谓“阿加迪尔事件”完全是一个乌龙事件。事情的缘由是这样的，1909 年，麦克斯 · 沃伯格认识了一个神秘的年轻人，名叫雷根但斯。此人是罗兹（Cecil Rhodes）的超级粉丝，罗兹其人可不简单，我们后面会详细介绍。雷根但斯号称他准备了一套为德国在非洲取得殖民地的完备计划，主张德国必须果断行动起来。当时作为新兴帝国主义国家的德国，没有赶上前 400 年葡萄牙、西班牙、英国、法国等欧洲大国在全球瓜分殖民地的盛宴，非常郁闷，国力强盛、工业发达，但在海外几乎没有任何势力范围，这始终是德皇和俾斯麦的心病，所以任何有关海外殖民的计划都能轻而易举地煽动起德皇的狂热。雷根但斯显然是个有“远大理想”的年轻人，他在 1909 年的日记中这样写道：“我必须站在地图前面看看在哪里给自己弄一块殖民地。”

麦克斯 · 沃伯格很快与雷根但斯混得很熟，并邀请他担任沃伯格家族银行的“法律顾问”，其实他的工作重点就是策划非洲殖民地的事。1911 年 6 月 16 日，麦克斯派雷根但斯觐见德皇，并游说德皇在摩洛哥南部弄一块殖民地。雷根但斯把摩洛哥南部描绘成一片“沃野良田，矿产丰富”的乐土，并证明那里是德国核心利益之所在。而实际上，当地是一片荒漠戈壁。德皇最初的反应是激烈反对，担心引发德国和英法的外交冲突。当时麦克斯 · 沃伯格不在德皇身边，游说眼看要黄，情急之下，深受德皇宠信的鲍林马上加入进来，摇唇鼓舌，终于说动了德皇。最后威廉二世不情愿地同意派出军舰去看看。雷根但斯等人欣喜若狂。

但问题是，当时摩洛哥南部连一个德国人都没有。没有德国人就无法说明德国人的生命受到当地原住民的威胁，也就师出无名。结果是一名找矿的工程师作为“生命受到威胁”的德国人被派往当地。此人本该在 1911 年 7 月 1 日到达指定位置，可他老人家却迷失了方向，在崎岖的山区转悠。然而，这并不影响德国发出警报，说德国人在当地受到重火力袭击，柏林警告英法当局：德国将派军舰到当地采取营救行动。德国军舰抵达后，却怎么也找不到那位工程师。几天后，当疲惫不堪的工程师终于来到海边时，军舰上的人偏偏没看见他。工程师急得像疯子一般跳上跑下，又喊又叫。德国军舰终于看见了他，却真的把他当成疯子没有理会。结果直闹到7月5日晚上，才把这位“生命受到威胁的宝贵德国人”弄上船。[9]

“阿加迪尔事件”后，丘吉尔立刻被任命为英国海军部长，上任后誓言要加强海军建设，保护“日不落帝国”的霸权不受德国挑战。这场所谓的“阿加迪尔事件”被英法认定是德皇蓄意的恶意挑衅，双方口水战迅速升级。英国威胁将对德国宣战，法国开始从德国撤资，战争的威胁传染了整个欧洲。

从这个事件的来龙去脉来看，德皇威廉二世明显被煽动和误导了，这个来历不明的年轻人雷根但斯和德国的沃伯格家族、英法的罗斯柴尔德家族、德国航运大王鲍林等人联手设局，诱使德皇上当，加剧了英法与德国的对立，使得双方对海军建设投入巨资，增加了石油需求，并通过资本市场的股票与债券发行进行融资，从而使国际银行家大赚其钱。当然，除此之外，他们还有更大的战略计划。

1914年6月17日，丘吉尔提出英国政府应该投资伊朗的盎格鲁–波斯石油公司（Anglo-Persian），该公司是罗斯柴尔德事先布好的一枚棋子，就等英国政府高价收购了。如此一进一出，罗氏家族又是爆赚一笔。该公司后来成为著名的英国石油公司。

《贝尔福宣言》与银行家的梦想

德皇威廉二世因为不愿得罪奥斯曼帝国而放弃支持犹太人在巴勒斯坦建国，犹太银行家失望之余，决定把筹码押在德国的对头英国身上。20世纪初，英国政府通过盎格鲁–波斯公司拿到了在新波斯国（即伊朗）的石油开采特权，这是英国海军当时唯一的石油来源。因此，英国必须牢牢地控制中东。罗斯柴尔德利用其在英国的影响，使英国政府相信未来的犹太国家将是英国在中东的忠实盟友。同时，英国可以通过犹太国牢牢地控制中东，从而将英国在非洲富有矿产资源的殖民地与中东连成一片。这是包括英国首相劳合·乔治（Lloyd George）和亚瑟·贝尔福等英国统治精英梦想的英联邦帝国。

1914年，第一次世界大战爆发。英国为打败德国，肢解奥斯曼帝国，而后称霸中东，以承认和支持奥斯曼帝国境内阿拉伯人在战后建立一个包括巴勒斯坦在内的独立国家为条件，取得了阿拉伯人的支持。但精明的英国又背着阿拉伯人同法国签订了处理战后奥斯曼帝国领土的《塞克斯—皮科尔协定》。协定除划分两国的势力范围之外，规定巴勒斯坦由“国际共管”。尔后，在1917年11月，英国发表了支持犹太复国主义的《贝尔福宣言》，支持犹太人在巴勒斯坦建立一个犹太人的国家。

《贝尔福宣言》非常有意思之处在于，这是一封英国外交大臣贝尔福写给沃尔特·罗斯柴尔德爵士（注：第二代罗斯柴尔德男爵，第三代男爵维克多·罗斯柴尔德的叔叔，第七章将重点介绍维克多的经历）的私人信件，并委托沃尔特·罗斯柴尔德爵士转交犹太复国主义组织。信件原文如下：

> 英国外交部
>
> 1917年11月2日
>
> 亲爱的罗斯柴尔德勋爵：
>
> 我很荣幸能代表英王陛下政府向您传达，下面有关同情犹太复国主义者的宣言，已经呈交内阁，并已得到了内阁的支持。
>
> “英王陛下政府赞成犹太人在巴勒斯坦建立一个民族之家，并会尽力促成此目标的实现。但要明确说明的是，不得伤害已经存在于巴勒斯坦的非犹太民族的公民和宗教权利，以及犹太人在其他国家享有的各项权利和政治地位。”
>
> 若您能把宣言的内容转送到犹太复国主义联盟，我将感到十分欣喜。
>
> 亚瑟·贝尔福谨启[10]

英国统治精英的《贝尔福宣言》乃一个一箭多雕的妙计。首先，欧洲战场陷入僵持阶段，最终只有拉美国参战才能取得最终的胜利，而犹太银行家在美国的影响力将是至关重要的砝码；其次，全世界犹太人将在金融方面一边倒地偏向英国，这对于大规模持续烧钱的战争来说必不可少；再次，阻止美国德裔犹太银行家偏向德国立场，尤其是对德国感情深厚的希夫为代表的华尔街犹太银行家族；最后，牵制俄国高达3/4比例的犹太布尔什维克高级领导在对德媾和方面的态度。

在第一次世界大战陷入僵局之时，谁能赢得犹太银行家的支持，谁将是最后的胜利者；而谁支持以色列复国，犹太银行家就支持谁！

美国虽然于1917年4月对德宣战，但美军却在本土“热身”了一年左右，迟迟不肯到欧洲参战。直到1917年11月《贝尔福宣言》发表之后，美军才在1918年初晃晃悠悠地来到欧洲前线，这叫不见兔子不撒鹰。

1917年11月6日，在阿拉伯人大起义的有力支持下，英国军队攻入巴勒斯坦，1918年9月占领全境。1920年国际联盟给予英国以管辖巴勒斯坦的“委任统治权”。1921年，英国政府以执行《贝尔福宣言》为由，采取分而治之的政策，以约旦河为界，将巴勒斯坦分为东西两部分：东部称约旦，西部仍为巴勒斯坦，由英国委任总督直接统治。

《贝尔福宣言》发表和英国委任统治之后，巴勒斯坦犹太移民成倍增长。据统计，1917年4月，巴勒斯坦的犹太人不超过5万，1939年猛增到44.5万多人，已占巴勒斯坦居民总数的1/3。犹太移民凭借其雄厚的资金和技术，以及英国委任统治当局的庇护，在巴勒斯坦建立了众多城市和工业，使阿拉伯人的工商业受到很大的打击。犹太人还建立了“哈加纳”、“伊尔贡”、“斯特恩集团”等秘密武装组织，从而使阿拉伯人和犹太人的矛盾和冲突日益加剧。

美国华尔街的犹太银行家从一开始就支持犹太复国主义，并不断向美国政府施加压力。早在1917年10月，美国总统威尔逊就向英国政府表示他对《贝尔福宣言》草稿的支持。1919年1月21日，美国在巴黎和会上提出“关于建立独立的巴勒斯坦国家的建议”，“犹太国一旦成为事实，国联就立刻承认巴勒斯坦为犹太人的国家”。1922年6月30日，美国国会正式通过一项支持《贝尔福宣言》的决议。同时，在经济上开始全面渗入巴勒斯坦。

在犹太银行家的鼎力支持之下，犹太复国运动终于向前迈出了一大步。

背信弃义：英国统治精英与犹太复国主义的矛盾

在1917年《贝尔福宣言》发表之后，以罗斯柴尔德爵士为首的犹太复国主义组织一心希望协约国在“一战”的胜利，能够打开犹太人在巴勒斯坦这块上帝期许之地复国的大门，但是现实情况的发展大大出乎他们的预料。

从英国统治精英的世界观来看，大英帝国在中东的战略利益有三大支柱：第一，控制中东地区丰富的石油资源；第二，控制中东地区这一连接欧亚非三大洲的战略枢纽地位，以确保英国势力范围与印度和其他远东殖民地的咽喉要道；第三，防止任何其他势力控制这一地区，从而对上述英帝国核心战略利益造成威胁。因此，英国在中东地区的必然战略就是始终将这一地区牢牢掌握在自己手中，垄断一切政治、经济、军事权力，而绝不愿意在这一地区出现难以控制的独立主权国家，不管这个国家是犹太人的国家还是阿拉伯人的国家。

于是，在战争胜利之后，英国人背弃了战时因为需要寻找打垮奥斯曼帝国的盟友，而许给阿拉伯人建立独立阿拉伯国家的诺言，一手将该地区纳入英帝国托管的殖民地轨道。在这种情况下，如果再执着于《贝尔福宣言》的原则，一来势必激起阿拉伯人的极大反弹，二来也未必符合英帝国在中东的战略利益。于是英帝国外交部、殖民地事务部和巴勒斯坦的英国托管当局执行了一条鼓励犹太人移居巴勒斯坦、同时抵制犹太人建国的折中方针。结果这一方针既惹翻了阿拉伯人：凭什么我们世世代代居住的地方要让给犹太人，而且这伙人很可能在我们的地盘上建立国家？同时，也激怒了犹太人：建国希望破灭，背信弃义的英国人摆明了就是过河拆桥。

在阿犹冲突、巴勒斯坦当地人民与英国托管当局的矛盾日益激化、冲突不断的情况下，英国政府不得不考虑对巴勒斯坦政策进行进一步调整。

1922 年 7 月，英国殖民大臣丘吉尔代表英国政府发表了一项声明，史称《丘吉尔白皮书》，其主要精神包括：（1）无意将整个巴勒斯坦变成一个犹太民族家园；（2）犹太社团有必要增加移民人数，但其数量不得超过当地经济吸收能力。[11]

1930 年 10 月，英国殖民大臣帕斯菲尔德代表英国政府发表了另一项政策声明，史称《帕斯菲尔德白皮书》。其主旨在重申《丘吉尔白皮书》阐明的各项原则的基础上，将维护阿拉伯人的利益置于帮助建立犹太人家园的努力之上，宣称如果犹太移民影响了阿拉伯人的就业，就应当减少或停止犹太移民的迁入。

1939 年 5 月，英国政府又单方面发表了《关于巴勒斯坦事务的白皮书》，因为当时英国的殖民大臣是麦克唐纳，这份白皮书又被称为《麦克唐纳白皮书》。其主要内容包括：（1）英国政府明确宣布把巴勒斯坦变成一个犹太国家并不是其政策的一部分，（成立犹太国）是违反委任统治书所规定的对阿拉伯人的义务的，是违反它从前对阿拉伯人的保证的；（2）英国政府的政策是在 10 年之内建立一个独立的、与英国有联系的巴勒斯坦国，阿拉伯人和犹太人按人口比例加入新政府；（3）5年内允许75 000名犹太人移入巴勒斯坦，5年之后未经阿拉伯人允许不得让犹太人移入；（4）过渡时期授权英国托管当局一切权力来限制和禁止土地转移。[12]《麦克唐纳白皮书》是对《贝尔福宣言》的全面修正，是英国巴勒斯坦政策的重大转变，实际上放弃了对犹太复国主义运动的支持。

很明显，“一战”之后的20年，英国中东政策的变化就是逐渐放弃对犹太复国主义的支持，这一点犹太复国主义运动领导人早在1922年《丘吉尔白皮书》出台时就看得很清楚。而“一战”以后的英帝国，挟打败德国之威，正是日不落帝国日落之前夕阳无限好的光景。

这样，摆在犹太复国主义者面前的战略选择就很明晰了：为了重建以色列，完成《旧约》中神的期许，他们在第一次世界大战中，借助外力打垮了奥斯曼帝国在中东完整的地缘政治板块。此时他们决定再次故伎重施，借助外力打垮英帝国在中东地区的顽固态度，在帝国中东统治的废墟上重建以色列和“第三圣殿”。

那么选择谁充当这一外力呢？放眼望去，有能力打垮英帝国的，无非美、德、苏三国，而在这三国当中，挑动美英之间进行足以打垮英帝国的全球性战争是不可想象的；苏联的斯大林只能利用却无法控制。这样最有可能跳出来以武力打击大英帝国、在地缘政治上距离英帝国本土最近、又便于犹太资本控制的，当属“一战”战败国，蒙受《凡尔赛和约》羞辱，复仇主义笼罩全国而又急需外国资本恢复国民经济的德国。而当时统治德国的，却是按照英美自由主义政治逻辑组织起来的魏玛共和国，这个虚弱的魏玛共和国完全符合英帝国既稳定德国局势又不让德国壮大的战略，这样的德国是不足以承担起迫使英帝国在中东问题上让步的重任的。

颠覆软弱的魏玛共和国，重建一个强大的德国，为大英帝国制造一个危险的敌人，以迫使英国重新依赖犹太银行家的钱袋，这是一个既能实现复国的战略目的，又可从中大获其利的战略。不过，人算不如天算，没想到他们千回百转物色和扶植起的是一个比斯大林更不靠谱的人物，德国最后是强大了，却完全失去了控制。当然，此乃后话。

当务之急是如何颠覆魏玛共和国。银行家们没有武装，同时，在战争刚结束的欧洲，立刻策动另一场战争的条件远未成熟。1922年，银行家们唯一的选择就是发动一场“货币战争”来摧毁魏玛共和国的基础。

国际银行家动手运作时，很快就发现另外一股势力也在朝着同样一个方向推进，这就是美国新兴的金融势力集团——摩根和洛克菲勒集团。当美国的工业生产能力在19世纪末20世纪初超越老牌的大英帝国之后，美国金融势力也同步快速膨胀，原来跟着欧洲银行家老大跑腿的小弟，逐渐萌生了自己的野心。“皇帝轮流做，今天到我家”的想法与日俱增，早在“一战”爆发之前，美国新兴的精英集团就开始考虑取代英国成就全球霸主的大业了。

此时，两股势力相遇，终于找到了知音，两者的战略目标几乎完全一致，实施的战术步骤也可以很好地协调。双方的最高战略目标就是打垮大英帝国的全球霸权，犹太银行家要的是实现以色列复国的梦想，美国精英看中的是世界霸主的交椅。能够实现这一目标的“理想打手”就是德国，强大的、充满攻击力的德国符合双方共同的利益。当然，在强大的德国头上必须事先套上紧箍咒，以防德国反咬一口。因此，从中央银行到金融系统，从工业集团到原材料基地，必须被彻底控制起来，然后软弱的魏玛共和国必须被强势的新德国取代，才有能力执行这一“伟大”的战略。

如何才能彻底控制德国的经济命脉呢？一场“货币战争”浮出水面。彻底摧毁德国的货币系统将使德国的所有资产变得廉价无比，再进行控制就易如反掌了。

按照股票操纵的行话就是，先做空，逢低吸纳；再做多，赢得暴利！

经济武器与《凡尔赛和约》

英国阿尔福雷德·泽曼爵士（Sir Alfred Zimmern）在“一战”中曾经写过一本13页的小册子——《对付德国的经济武器》。他在这本书里面第一次提到了“经济战”这样的理念。[13]泽曼被美国著名历史学家奎格雷教授列为英美精英组织的重要成员。

书中一针见血地指出，战争中的中欧强权（德国、奥匈帝国、土耳其等）正处在世界范围的被包围的态势之中，凭借它们自己的力量无法打破这样的包围。这本书在历史上第一次提到大规模经济封锁所形成的“经济战”的理念，而德国人当时认为这种可能性根本不存在。

1915年12月，英国首相提到：“有人会认真去想，由于橡胶短缺，我们将会失去这场战争吗？”由于英国和美国能够封锁欧洲大陆的德国，控制世界其他地区的原材料来源，而德国在战争中得不到这些原材料的补给。德国的战争准备是基于一种假设，那就是战争最多只会持续一年。显然第一次世界大战持续了4年，而德国在战前准备非常不充分，并且没有想到，由于丧失制海权，德国陷入英国经济战略的大包围，从而在战争中巨大的原材料损耗难以得到补充，因此逐渐丧失战斗能力，以至于最后溃败。这一点是德国作为大陆强权首次同海洋强权较量时面临的重大战略新问题。

泽曼在书中进一步提到关于对德国战败之后的计划和预测，他指出，在正常的和平协定签订之后，将会发生什么呢？对德国港口封锁的解除实际上并不是英美想做的事，但是如果没有原材料就不会有德国工业的就业；如果没有就业，大量从战场上回家的复员军人就将形成庞大的失业人群，而这些人将会威胁社会秩序。反观英国和美国，由于它们控制了原材料的供应，就控制了德国经济重建的进程。德国将会面临物资全面短缺的局面，如果考虑到饥荒出现，经济混乱的局面将至少持续3年时间。

由于英美对德国的经济封锁在战后仍然持续，德国必然出现物资短缺的问题，这种短缺局面并不是平常的商业抵制，而是有组织、有系统的国家行为。事实上，德国的物资短缺从一开始就是英美有意而为之的。在泽曼提出的经济战略思想指导下，1919年的《凡尔赛和约》其实是战争的继续。正如《凡尔赛和约》的起草者，美国国务卿兰辛（Robert Lansing）后来所指出的那样，《凡尔赛和约》并不会提供公平的和平，最终将成为持续战争的工具和手段。他当时就已经预感到“《凡尔赛和约》产生的是一种失望、后悔和进一步萧条，这种和平协议的条款，显然是不同寻常的、严厉的和带有侮辱性质的”。而刚成立的英美主导的国联，“在复杂的贪婪情绪之中将会成为捕食者”。

兰辛作为美国的主要谈判代表，在整个和谈中能够发挥的作用其实非常有限，因为各国的银行家们作为谈判代表的“顾问”，实际上把持着谈判的主导权。“在5月15号，我收到了布利先生的辞职信，同时还收到了我们另外5位主要专家的辞职信，这些人共同抗议和平条款的严厉和不公正。辞职信中指出，他们一致认为这样的条款违反了美国当初参战所捍卫的基本原则”。意大利总理弗朗西斯科也曾经说过：“在当代历史上，《凡尔赛和约》将成为一个非常糟糕的先例，它违反了所有的先例、所有的传统，德国代表从来没有听说过这么不公正的条件。在他们面对饥荒、物资短缺和革命威胁的情况下，他们没有任何其他选择，只有签字。在古老的宗教法律体系之中，每个人都必须有申诉的权利，甚至魔鬼都拥有这样的权利，邪恶的人也应该拥有这样的权利。但是当今新的国家社会，甚至不遵循黑暗的中世纪所形成的神圣原则。”

第一次世界大战中各国的战争消耗，加在一起相当于德国全部资产的3倍，德国每年最终将被迫赔偿高达17亿马克的巨额战争赔款，而且要一直持续还钱到1988年。沙赫特也曾做过这样的评语，他说《凡尔赛和约》是一个有意的设计，这个设计将在经济上摧毁德国。这显然符合大英帝国统治精英的理想。

在《凡尔赛和约》影响之下，每一次经济的自然进步，每一次经济的复苏行动和信心的恢复，由于外国政治势力的控制都变成了不可能。在战争中，英国对战争的融资主要通过税收，占到战争融资的20%，德国是6%。德国的货币供应在1914~1918年从72亿马克增加到284亿马克，对于每个德国人而言，货币供应量相当于从110马克增加到430马克。如果将1913年的整体物价水平设为基准值100，1918年德国战败之后则上升到234，这样的通货膨胀幅度跟英国的情况大致类似。这种物价上涨程度对德国普通老百姓生活的影响被德国政府有效地对冲了，德国当时的工资从1913年的基准值100上涨到248，德国人工资上涨幅度甚至略微高于通货膨胀。所以第一次世界大战尽管严重伤害了德国经济，但是并没有摧毁德国的货币系统。

很明显，对于英国的统治精英而言，他们试图从根本上遏制德国的再度崛起。一个采用所谓“自由经济”体系的德国，在海洋强权的经济围堵战略下，是不可能真正发展和强大的。一个经济疲软、政治涣散、武功全废的“相对稳定”的德国，才符合大英帝国的根本利益。因此，德国的货币系统从1918年战争结束到1922年期间，处在相对平静的状态之下。

但是，到了1922年7月，英国统治精英发表了《丘吉尔白皮书》，宣称“无意将整个巴勒斯坦变成一个犹太民族乐园”，从而背信弃义地酝酿推翻《贝尔福宣言》对犹太复国的重大承诺，德国的货币系统突然风云突变，超级通货膨胀的飓风在毫无征兆的情况下悄然登陆了。

1922年德国中央银行“独立”：超级通胀飓风的“风眼”

德国1922~1923年的超级通货膨胀，在西方的教科书中普遍被当作政府控制货币系统带来货币灾难的经典案例，结论即只有银行家来控制货币发行权才是“负责任”和“安全”的。其实，正是银行家和他们操纵下的中央银行，才是德国超级通货膨胀真正的幕后黑手。

1876年成立的德意志帝国银行作为德国的中央银行，其基本组织形式是私人拥有，但在很大程度上受到德国皇帝和政府的控制。帝国银行的总裁和所有董事都是德国政府的官员，由德国皇帝直接任命，而且是终身制。德国中央银行产生的所有收入，是在私人股东和政府之间进行分成，但是某种意义上这些股东并没有权力来决定中央银行的政策。这是一种明显有别于英格兰银行、法兰西银行和美联储的德国独有的中央银行制度，它最突出的特点就是德国皇帝作为国家最高统治者，始终牢牢控制着货币发行权。自德意志帝国银行成立以来，德国金马克的货币价值高度稳定，对德国经济崛起起到了重大推动作用，是一个金融落后国家赶超发达国家的成功典范。即使是在1918年德国战败之后，直到1922年，德国马克的购买力仍然相对坚挺，德国通货膨胀与英、美、法等战胜国相比并未出现明显差距。对于一个战败国，而且是一个处境极其悲惨的战败国而言，德意志帝国银行的货币政策能达到这种水平和效果，应该说已经是相当难得了。

然而，德国战败之后，战胜国却通过一系列立法，把德国政府对中央银行的控制权完全剥夺了。1922年5月26日，战胜国通过立法，确立了德意志帝国银行的“独立性”，中央银行的运作从德国政府的控制之中摆脱出来，德国政府对中央银行的货币政策掌控力被彻底废除掉了。德国的货币发行权完全交到了私人银行家的手中，其中就包括沃伯格等重量级的国际银行家。

这是德国发生现代历史上最严重的恶性通货膨胀的关键因素之所在！

关于这场通货膨胀的原因，西方普遍的观点认为是当时的德国总理威廉·库诺（Wilhelm Cuno）为了消极抵抗法国和比利时强占德国鲁尔区而导致德国政府不得不大量印刷钞票来应对的结果。这是一个从各个角度都无法自圆其说的解释。第一，是政府在超量印刷钞票吗？不是。德国中央银行私有化的时间是1922年5月，而鲁尔问题的出现是1923年1月，过量印刷钞票的行为乃国际银行家控制下的中央

威廉 · 库诺

银行的所作所为。

第二，德国央行过量印刷钞票是为了挽救财政危机吗？不是。鲁尔地区被占领的确对德国财政造成了严重困难，但还不至于让德国央行采取“货币自杀”的手段来应对，而且这也解决不了任何问题。德国政府总理库诺其实有很多选择，他曾经是鲍林在汉堡美国航线公司的总经理。麦克斯 · 沃伯格既担任汉堡美国航线的董事，又是德意志帝国银行的董事，沃伯格银行此时与美国华尔街最牛的库恩雷波公司关系非比寻常，两位沃伯格兄弟是其高级合伙人，其中保罗更是美联储的实际运作者。在这样的情况下，无论是德国政府向国际银行家发行高回报的特种国债，还是麦克斯代表的德意志帝国银行向弟弟保罗代表的美联储协商“国际救援”，要应对一年多的鲁尔问题所导致的短期财政困难是没有问题的。

第三，德意志帝国银行过量印钞是为了支付战争赔款，故意过量印刷本币能够减免外债吗？不可能。事实上，《凡尔赛和约》已经明确要求，德国必须使用黄金、英镑和美元来支付战争赔款。这种情况下，过量发行本国货币根本于事无补，而且越多印本币跌得越厉害，也就越难以兑换外币来还外债。这与亚洲金融风暴时泰国不能靠印刷本币泰铢来偿还美元外债是一个道理。

后来德意志帝国银行总裁沙赫特在1927年出版了《德国马克的稳定》一书，提出的就是这种自相矛盾的解释。作为一个传统的自由主义经济学家，他认为超级通胀的危机是德国政府造成的。他认为帝国银行在其权限范围之内，主要是控制通货膨胀，但帝国银行发现无法做出决策。当时帝国银行持有的观点是，只要德国鲁尔工业区仍然被法国占领着，战争的外债总额仍然没有确定，而德国政府没有足够的财政来源，那么任何稳定货币的措施和企图都是没有用的。帝国银行狂印钞票是为了拯救德国政府，他们创造新的帝国马克，可以供给政府使用。沙赫特认为，当时战败的德国，为了维持自己的生存，不得不借助于帝国银行的发钞权。德国当时面临的是生存问题，所以中央银行没有办法维持独立的货币政策。

沙赫特的观点其实难以自圆其说。[14]

颠覆魏玛共和国的“货币战争”

德国马克究竟是如何被摧毁的呢？一言以蔽之，摧毁一种货币最简单的办法就是发行过量的货币。这种过多的货币发行，可以通过几种方式进行：第一，中央银行自己发行过量的货币；第二，私人银行创造过度的信用和货币；第三，市场中的货币投机商通过大规模的“裸做空”，在摧毁一国货币价值的同时，其效果等同于货币投机商在大量发行货币。实际上，1922 年 5 月，当德意志帝国银行落入国际银行家手中之后，3 种形式的货币过度发行同时出现了。

从第一种情况来看，德意志帝国银行大规模印钞是事实，但并不是为了政府免除外债和解决财政困难。

再看第二种情况，私人银行的货币供应对超级通胀的影响。从时间上看：

1921 年 11 月，马克兑美元的汇率为 330 ： 1；
1922 年 1~5 月，马克兑美元的汇率稳定在 320 ： 1；
1922 年 5 月 26 日，德意志帝国银行私有化；
1922 年 12 月，马克兑美元的汇率为 9 000 ： 1；
1923 年 1 月，鲁尔危机爆发，马克币值一泻千里，马克兑美元达到 49 000：1；
1923 年 7 月，马克兑美元的汇率达到 1 100 000 ： 1；
1923 年 11 月，马克兑美元的汇率为 2 500 000 000 000 ： 1；
1923 年 12 月，马克兑美元的汇率为 4 200 000 000 000 ： 1；
1923 年，平均每两天德国的物价就要翻一番。

此时德国马克已经被彻底摧毁了。在马克被疯狂抛售的过程中，德国出现了超级通货膨胀。很多私人银行家开始发行自己的货币，这些货币可能有黄金或者外汇作为支撑。私有化的德意志帝国银行开足马力印钞票，也赶不上私人银行所发行的货币总量。沙赫特作了一番估计，在当时德国货币流通总量中，有大约一半是私人银行家所发行的货币，而不是来自德意志帝国银行的官方货币。所以，私人银行的超量货币印刷几乎占据超级通胀的近一半源头。

第三种情况最不明显但却最为致命，有人系统性地、大规模地做空德国马克，从而导致了马克剧烈贬值，它的效果等同于大量印刷货币。

德国超级通胀中的儿童用纸币玩堆积木游戏（百度图片）

做空一个国家的货币基本运作机制大概可以分成几个阶段，首先该货币存在着明显的内生性问题。德国当时的情况完全符合这个条件。第一次世界大战之后，德国需要使用外币来进行赔偿，显然面临着巨大的外债压力，德国马克本身的确存在着非常明显的缺陷。这与亚洲金融风暴时的亚洲四小龙情况类似，就是外债负担过重，而他们必须获得美元才能偿还外债。在正常的情况下，这个问题可以由经济体自动缓慢的调整来渐进解决，比如增加税收，或者暂时降低生活标准，这些外债可以逐步得到偿还。然而，当货币投机在一个很大范围内集中和突然发生时，将会影响货币的价值，而且这种大规模的货币投机，仍然被视为一种合法行为。在投机过程中，他们只要事先大规模卖空某国货币，而且这种货币有着内生性的困难和问题，投机者最终往往会获得超级利润。

什么是做空机制呢？当货币投机家进行货币卖空行为的时候，他们并不真正拥有这种货币，而只是声称他们拥有。只要在一定的时间内，这种货币出现大幅贬值，他们以贬值后的低价从市场买回这种货币，平掉当初“声称拥有”的“谎言”，就可以赚取巨额利润。从这个意义来讲，当货币投机者在卖空并不存在的“声称拥有”的货币的时候，其实质是在一定时间内获得了创造这种货币的权力。这些货币投机者同时出动，在同一时间一起大规模做空，数量足够大，而且是在这个国家货币足够虚弱的时候，这样的做空行为将会产生强烈的“自我实现”的效果，最后的结果就是使被做空的货币的价值出现自由落体般的贬值，严重情况下，将会产生货币恐慌。而货币恐慌将会导致链式反应，引发其他社会阶层本能的恐慌，大量抛售本币去换取外币，从而导致更大规模的市场做空行为。

在这样的货币暴跌过程中，投机家赚取的巨额利润，就是这个国家的生产者和储蓄者积累多年的财富，社会生产和经济活动将遭到毁灭性的打击。此时所谓自由经济主义者，将会指责所有的错误都是由于政府的货币政策出现问题，而忽略投机者所制造的巨大灾难。

事实上，1923 年德国的问题与 1997 年亚洲金融风暴出现的情况非常类似，本币体系和本国经济存在严重的内在缺陷，外债高筑，外国货币投机者蜂拥而至，超大规模做空本币，货币体系濒于崩溃，本币剧烈贬值，通货膨胀卷走社会财富，摧毁了国家经济基础。差别在于，德意志帝国银行非但没有制止货币投机，反而在变相给投机者提供充足的弹药；国际银行家的私人银行在超级通货膨胀中发行了全部货币流通总量的一半，也起到了火上浇油的作用。

历史惊人地相似，原因在于重复历史的人都是同一批人。今天的索罗斯及其背后的国际银行家与1923年摧毁德国马克的货币投机者师出一门。

魏玛共和国的社会财富在一年的时间里被洗劫一空。德国中产阶级沦为赤贫，失去一切的愤怒和战后所遭受的羞辱，使德国人心中的怒火升腾为一种前所未有的报复心态。此时的德国社会已是一片干柴，等待的只是星星之火。

沙赫特的“地租马克”保卫战

在经历了18个月的血雨腥风之后，德国马克的信誉已经荡然无存了，当时大多数人认为从心理角度需要一种完全不同的货币。这种新的马克在历史上又被称为地租马克（Rentenmark），它是以德国全部的土地和工业产品作为抵押来发行的新货币，总价值相当于32亿马克。地租马克与美元挂钩，兑换比价是4.2 ∶ 1，地租马克与旧马克的兑换比价为1 ∶ 1万亿。为了在心理上隔绝地租马克和旧马克，具体做法就是成立一家新的“地租银行”(Rentenbank)。地租银行向德意志帝国银行提供新马克贷款，帝国银行再向社会提供地租马克的信用。然而，地租银行一直没有独立于帝国银行运作，仅仅是从心理上起到一个隔绝新旧马克的防火墙功能。地租马克从1923年11月15日开始流通。新马克并不是一种法币，没有支付政府债务和外国债务的能力。[15]

沙赫特被委以稳定德国马克的重任时，已经拥有23年银行从业经验。沙赫特发明新地租马克时，并没有使马克的价值立刻得到稳定，打垮货币投机狂潮才是稳定马克价值的关键转折点，这场斗争一直持续了一年时间。随后跟进一连串的信用紧缩政策，才最终实现了稳定马克的目标。

沙赫特的第一个“新政”就是立刻终止了所有其他私人银行发行马克的权力，把所有持有的旧马克都进行了即刻支付。

第二招就是新的地租马克被明令禁止借给外国人。沙赫特明白外国货币投机商是做空德国马克的主要投机力量。他的这个做法意味着外国的投机商在做空地租马克后，在外汇市场上很难得到地租马克来平仓，所以投机意愿将会出现很大障碍。只此一招，就初步打垮了境外货币投机商，制止货币投机是德国货币改革重要的第一步。

这些货币投机商现在开始意识到，如果中央银行下定决心要做的话，他们可以终结所有在外汇市场对马克的投机行为。沙赫特其实从一开始就明白怎么来对付货币投机行为，但在几个月之前，发生最严重通货膨胀的时候，德意志帝国银行却袖手旁观，任由外国投机商摧毁了马克。

外国的货币投机商仍然在不断袭击新的地租马克，沙赫特终于被激怒了。1923年11月底，沙赫特指出："地租马克的投机不仅对国家经济利益而言有恶意，同时这种行为本身也极其愚蠢。在过去的几个月中，这样的投机活动（所需要的马克），要么是通过德意志帝国银行非常慷慨的贷款，要么是通过私人银行紧急印钞票来交换帝国银行的马克而得到的。""但是现在三件事情发生了，紧急货币（私人银行自己印制的钞票）已经失去了价值，它（私人银行所印的钞票）和帝国马克进行交换被禁止了；从前帝国银行慷慨的贷款现在已经不再发放了；地租马克在国外已经不能被使用。这些原因导致投机者无法从外汇市场得到足够的马克来支付欠款，他们出现了大量的亏损。"[16]

沙赫特的这段话中已经泄露出德国马克崩溃的关键性信息。第一，大规模做空马克得到了德意志帝国银行"慷慨"的资助，因为当时这些投机商可以很容易地从德国中央银行贷到大笔低成本的贷款，而这些贷款被用来做空马克，这是打垮马克的关键性措施。换句话说，国际银行家控制下的中央银行，向货币投机商提供了做空马克的海量弹药。第二，外国货币投机商向德国本土的私人银行大量借入马克，而私人银行则通过印刷自己的钞票，再拿到中央银行兑换成马克，来给外国货币投机商"供货"，德国的私人银行家显然是外国投机商的帮凶，这些人是谁呢？沙赫特没有点名地指出了一些德国著名的银行家族甚至在他主抓马克的稳定后仍然顶风作案。沙赫特明确指出，"有些著名的银行机构也参与到货币投机的把戏之中，这个国家仍然充满了大量的货币投机商，这些人只要能赚钱，甚至可以把家族银行美好的名声和信誉不当回事"。他的惩罚就是中央银行暂停给这些银行的票据进行再贴现。第三，凡是违反禁令向外国投机商拆借地租马克的本国银行也一并惩罚。

从1924年4月7日起，沙赫特下令德国中央银行拒绝发放新信用，时间持续了两个月。中央银行的这一做法是为了恢复德国马克的稳定性。与此同时，沙赫特还采取了严厉的信用紧缩政策。他把当时一个月的拆借利息从30%上涨到45%，透支利息费用从40%一口气涨到80%。此举顿时令所有的外国马克投机商陷入了困境，迫使他们不得不交出手上的外汇，换成德国马克，来支付他们做空马克所损失的金钱。用这种办法，德国中央银行大大增加了外汇储备。1924年4月，德国外汇储备约为6亿马克，到了8月份，这个政策执行了仅仅4个月，德国的外汇储备就翻了一番还要多。[17]

在沙赫特严格执行了上述措施之后，大规模的马克绞杀战终于被切断了资金供应，从而一举结束了投机商对德国马克的疯狂攻击，之后德国马克在外汇市场上重新恢复了平静。

1924年7月，当德国马克恢复稳定之后，拆借利息开始下降。当时由于沙赫特采取了严厉的信用紧缩政策，诸多德国政府拥有的邮局和铁路等机构纷纷组建了自己的银行。这些机构庞大且实力雄厚，很快就积累了巨额资金，而且这种积累速度远远超过了私人银行体系。到1924年年底，德国社会上的商人和其他生意人，纷纷把地租马克和帝国马克等值对待。在这个时候，沙赫特再把地租马克转化成德国中央银行发行的马克。

沙赫特的举措与1997年亚洲金融风暴中中国香港金管局“任一招”的措施有异曲同工之妙，那就是将货币投机商的资金拆借成本提高到他们无法承受的程度，此招将顷刻打垮货币投机狂潮！

沙赫特一辈子都在国际银行家的圈子里面混，其实他本没有必要将这些内幕抖搂出来，但他不甘心后人评论德意志帝国银行在1923年超级通货膨胀时束手无策，作为当事人的他觉得有必要做一番表白，他沙赫特还是有本事的。另外，沙赫特还是一个强烈的民族主义者，力主德国马克的稳定，也将此视为自己的神圣职责。当眼睁睁看着自己心中强大的马克被超级通货膨胀摧毁，他的内心深处有一种无法名状的愤怒。在1927年出版的《德国马克的稳定》中，沙赫特还在为德意志帝国银行的无所作为而辩护，到1967年的《金融的魔术》出版时，他终于想对历史有个“说法”了。1923~1967年，经过了44年的沉默和对超级通货膨胀真实原因的讳莫如深，他最终打破了盎格鲁-撒克逊金融圈里的某种潜规则，用极为隐晦的手法，在一本讲述早已被人淡忘的44年前历史的冷门书中，给自己和历史留下了一个交代。

道威斯计划：扶持德国的开始

通过超级通货膨胀，国际银行家们喜获“剪羊毛”的丰收，不仅一举席卷了德国几十年的工业化财富，而且大规模地控制了德国的金融和工业系统。与此同时，挑起了德国人民对魏玛共和国的强烈愤怒，从而瓦解了魏玛共和国的民意基础。接下来，就要开始强化德国的工业能力，积蓄实力准备挑战大英帝国的霸权了。

事实上，国际银行家在巴黎和会上就开始布局了：凡尔赛和谈的关键人物、和约的起草者之一华尔街律师约翰·福斯特·杜勒斯，负责起草和约第231款，即埋下德国复仇主义祸根的德国“战争罪”条款。曾任洛克菲勒标准石油公司首席律师的美国国务卿查尔斯·伊文斯·休斯说服美国总统柯立芝任命与摩根财团关系密切的银行家查尔斯·道威斯担任赔款问题委员会的主席。从1924年道威斯计划开始执行到1931年，德国总共支付了105亿马克战争赔款，却从海外借入了186亿马克；[18]1923年以后，无论是德国IG法本公司、联合钢铁公司，还是德国电力总公司，身后无不浮现着犹太银行家、洛克菲勒、摩根财团的影子，德国的战后恢复全部被华尔街的资本所控制，而这些资金是华尔街通过销售德国债券募集公众资金而来的，摩根和沃伯格家族从中又获得了额外的丰厚利润。

1924年，美国方面启动了道威斯计划。道威斯计划的要点就是削减德国的战争赔款，从1 320亿德国马克调降到370亿德国马克。美国用这些钱向德国发放贷款，主要是为了偿还德国欠法国和英国的债务。英国和法国得到德国偿还的钱之后，再把这些钱还给美国，因为英国和法国都欠美国的钱。结果就是，美国人自己放贷给德国人还英法的钱，英法再把德国人还钱的一部分还给美国，这样资金周转了一圈又回到美国。在这个循环中，亏损的是美国的纳税人。而在这个过程中，已经完成“抄底”的华尔街资本所控制的德国工业减轻了债务负担又增加了赢利能力，同时，所有涉及资金交易的银行家雁过拔毛，都获得了巨大利益。道威斯计划提出来之后，立刻受到国际银行家的热烈欢迎，因为大家在这个循环还钱游戏中利益均沾。道威斯在1925年和张伯伦共同获得了诺贝尔和平奖，后来成为美国副总统。

沙赫特和国际银行家还提出一个新的赔偿条款，德国中央银行所产生的全部利润要进行分成，45%的利润归德国中央银行私人股东所有，55%归政府。最终中央银行所有股东达成一致，第一笔5 000万马克的赢利中，有一半被私有的中央银行股份持有者拿走，在第二笔5 000万马克利润中，有25%被私人拿走，随后就是每年利润的10%归私有的股东。[19]

道威斯计划开始实行之后，巨额美国贷款涌进德国，大量外国信用紧随其后，国际银行家普遍对沙赫特非常有信心。但是沙赫特采取了异常严厉的外国资金使用限制，规定这些钱只能用在生产领域，不许用在奢侈品和消费方面的信贷。在这样的政策下，1924~1929年，华尔街资本控制下的德国工业生产体系迅速成为整个欧洲最先进的工业系统。沙赫特对于生产的信贷支援和严格限制进入其他类似股票市场、房地产市场和奢侈品消费市场的政策导向，取得了显著的成效。德国的工业实力得以迅速恢复，逐渐具备了挑战英国的底气。

在经济和金融上控制了德国工业之后，下一步就是要扶持一个有能力与英帝国打一场世界大战的政治领导人和政治组织。这时希特勒和他的纳粹党出现在了国际银行家们的视线之内。在纳粹运动的早期阶段，华尔街和美国国务院的圈内人就从多条渠道获得情报。早在1923年啤酒馆暴动之前，美国国务院驻慕尼黑的官员罗伯特·墨菲就通过鲁登道夫将军亲自会见了希特勒，这个墨菲后来成为彼尔德伯格俱乐部的核心人物。就是通过这些秘密接触，纳粹的思想和组织情报源源不断地流向华尔街和华盛顿的秘密决策圈子，为国际银行家的核心圈子所瞩目。而早在1926年，帝国银行总裁沙赫特就开始秘密为纳粹融资了。1929年6月，控制美联储的银行家们开了一个会，选派西德尼·沃伯格代表他们去德国进一步"面试"希特勒，同时进行合作谈判。华尔街银行家开出的条件是"主张进攻性的外交政策，煽动对法国的复仇情绪"。希特勒要价也不低，给1亿马克（2 400万美元）一切都好说。最后双方以1 000万美元成交。而西德尼回国后汇报的希特勒的纳粹主张深深打动了洛克菲勒，紧接着《纽约时报》开始对希特勒进行定期报道，大学里也开设了研究纳粹的专门研究机构。[20]

国际银行家没有料到的是，这个街头小痞子希特勒居然有自己的"伟大计划"，拿了国际银行家的钱，干的竟然是自己的"私活儿"。

犹太复国进程图

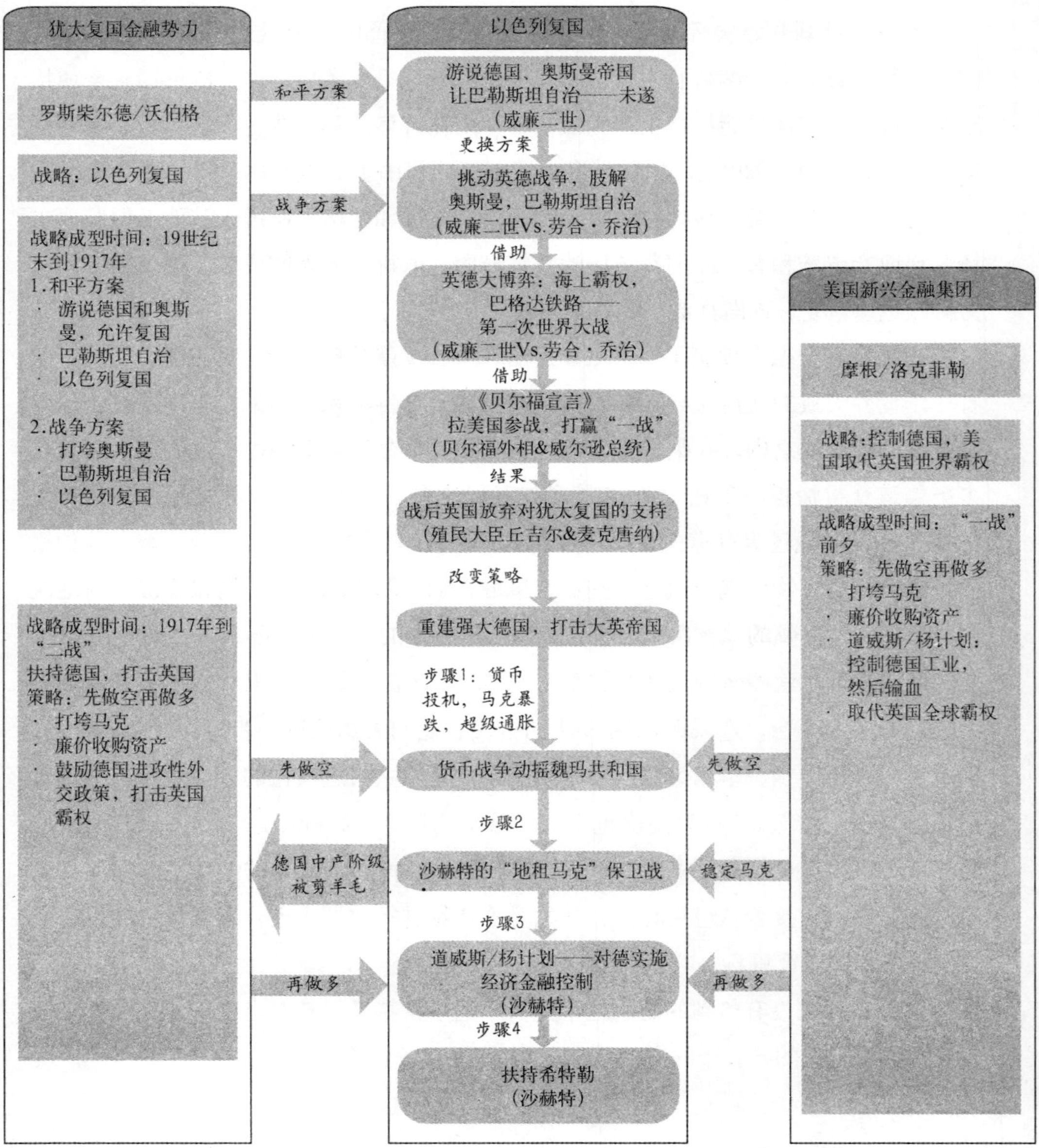
犹太复国金融势力
罗斯柴尔德/沃伯格
战略：以色列复国
战略成型时间：19世纪末到1917年
1.和平方案
· 游说德国和奥斯曼，允许复国
· 巴勒斯坦自治
· 以色列复国
2.战争方案
· 打垮奥斯曼
· 巴勒斯坦自治
· 以色列复国
战略成型时间：1917年到“二战”
扶持德国，打击英国
策略：先做空再做多
· 打垮马克
· 廉价收购资产
· 鼓励德国进攻性外交政策，打击英国霸权
和平方案
战争方案
先做空
德国中产阶级被剪羊毛
再做多
以色列复国
游说德国、奥斯曼帝国让巴勒斯坦自治——未遂（威廉二世）
更换方案
挑动英德战争，肢解奥斯曼，巴勒斯坦自治（威廉二世Vs.劳合·乔治）
借助
英德大博弈：海上霸权，巴格达铁路——第一次世界大战（威廉二世Vs.劳合·乔治）
借助
《贝尔福宣言》拉美国参战，打赢“一战”（贝尔福外相&威尔逊总统）
结果
战后英国放弃对犹太复国的支持（殖民大臣丘吉尔&麦克唐纳）
改变策略
重建强大德国，打击大英帝国
步骤1：货币投机，马克暴跌，超级通胀
货币战争动摇魏玛共和国
步骤2
沙赫特的“地租马克”保卫战
步骤3
道威斯/杨计划——对德实施经济金融控制（沙赫特）
步骤4
扶持希特勒（沙赫特）
美国新兴金融集团
摩根/洛克菲勒
战略：控制德国，美国取代英国世界霸权
战略成型时间：“一战”前夕
策略：先做空再做多
· 打垮马克
· 廉价收购资产
· 道威斯/杨计划：控制德国工业，然后输血
· 取代英国全球霸权
先做空
稳定马克
再做多

参考资料
CURRENCY
WARS

[1] Adam Smith, *The Wealth of Nations.*

[2] Friedrich List,*The National System of Political Economy.*

[3] Ron Chernow, *The Warburgs: The 20th-Century Odyssey of a Rememberable Jewish Family.*

[4] Ibid.

[5] Lawrence Sondhaus, *Naval Warfare: 1815-1914*, Routledge, 2001.

[6] Ron Chernow, *The Warburgs: The 20th-Century Odyssey of a Rememberable Jewish Family.*

[7] John V. Denson, Reassessing the presidency: the rise of the executive state and the decline of freedom (Ludwig von Mises Institute, 2001).

[8] Jules Ayer, *A century of finance: 1804 to 1904: The London house of Rothschild*, W. Neely, 1905.

[9] Ron Chernow, *The Warburgs: The 20th-Century Odyssey of a Rememberable Jewish Family.*

[10] Ronald Sanders, The High Walls of Jerusalem: A History of the Balfour Declaration and the Birth of the British Mandate for Palestine（Holt, Rinehart and Winston, 1983).

[11] Martin Gilbert, *Churchill and the Jews: A Lifelong Friendship*, Henry Holt and Co., 2008.

[12] Paul R. Mendes-Flohr, Jehuda Reinharz, *The Jew in the modern world: a documentary history*, Oxford University Press US, 1995.

[13] Alfred Zimmern, *The Economic Weapon Against Germany*, Allen & Unwin, 1918.

[14] Hjalmar Schacht, *The Magic of Money*, Oldbourne, 1967.

[15] Ron Chernow, *The Warburgs: The 20th-Century Odyssey of a Rememberable Jewish Family.*

[16] Hjalmar Schacht, *The Magic of Money*, Oldbourne, 1967.

[17] Ron Chernow, *The Warburgs: The 20th-Century Odyssey of a Rememberable Jewish Family.*

[18] Carroll Quigley, *Tragegy and Hope*, MacMillian Company, 1966.

[19] Stephen Zarlenga, *Germany's 1923 Hyperinflation: A "Private" Affair.*

[20] Antony C. Sutton, *Wall Street & the Rise of Hitler*, GSG & Associates, 1976.

06 希特勒“新政”

CURRENCY WARS

本章导读

第二次世界大战中，纳粹德国军事机器的强大早已为世人所熟知，希勒特更是全世界人人喊打的恶魔。但是，在学术圈之外，很少有人了解纳粹德国的货币制度和经济系统的运作情况。在20世纪30年代席卷世界的经济危机中，德国受创最严重，经济凋敝，失业空前。纳粹之所以能够通过民主选举合法上台，与德国经济危机有着密切关系。当时德国社会动荡，民心思变，纳粹准确地把握住了社会脉搏，主打挽救经济危机的“新政”牌而一举赢得大选。如果纳粹仅仅是靠口号和宣传，而没有治理经济危机的能力的话，那么他们很快就会像魏玛共和国一样失去民心并最终垮台。

1933年刚上台的希特勒面对的是一个经济上的烂摊子。1929~1932年，德国工业设备利用率下降到36%，全部工业生产下降了40%，对外贸易额下降60%，物价下跌30%，铁产量减少70%，造船业产值下跌80%，失业率高达30%，经济危机加剧了社会阶级矛盾，3年间共爆发1 000多次罢工。

应该说德国所遭受的经济危机冲击的严重程度，要远大于欧美其他资本主义国家。纳粹上台伊始，就立刻投入到挽救经济的工作中，开始了所谓希特勒“新政”。在一系列强有力的经济措施之下，德国经济迅速恢复并开始强劲增长，失业率直线下降，到1938年失业率已降至1.3%。1933~1938年，德国生铁产量由390万吨增长到1 860万吨，钢产量由560万吨增长到2 320万吨，而铝、镁产车床的产量竟高于美国。1933~1939年，德国重工业和军火工业增长2.1倍，消费资料生产增长了43%，国民经济总值增长超过100%，同时完成了全国高速公路网的建设，重整了重工业基础体系，还装备了一支现代化军队。

1933年开始的美国“罗斯福新政”则只是暂时缓解了危机，美国经济进入长时间的所谓“特种萧条”时期，在所谓“新政”的大力刺激下，美国经济仍然复苏乏力。1937~1938年，美国再度陷入严重的经济危机，直到1941年美国参加“二战”后，才彻底摆脱了大萧条。在整个罗斯福新政时期，美国平均失业率高达18%，国民生产总值直到1941年才扳回到危机前1929年的水平。如果不是战争爆发，1 000

多万美国青年被征召入伍，失业问题恐怕还会持续相当长的时间。

德国是受 20 世纪 30 年代经济危机打击最严重的国家，却是第一个走出大萧条的国家，德国拯救经济的措施对于今天全球面临的经济危机，究竟有没有值得反思的意义呢？

纳粹曾经犯下的种种罪行，历史已经给出了定论，因此不在本章探讨的范围之内。然而，纳粹德国的货币和经济政策却是一个鲜为人知的领域。我们将从这一视角去观察当时德国政治和货币之间的互动关系。

“愤青”希特勒

1918 年 11 月的一天，德意志帝国国防军李斯特团陆军下士阿道夫 · 希特勒像其他伤员一样静静地躺在陆军医院的病床上，品味着因协约国施放毒气而暂时失明的痛苦和荣获帝国铁十字勋章的幸福。就在这时，一个突如其来的消息如晴天霹雳般将希特勒下士从病床上击得跳了起来，德国宣布向协约国投降了！愤怒和失望如毒蛇一般噬咬着年轻的希特勒，这一切都是为什么？难道自己和无数的战友同胞奋战 4 年得到的就是这样一个苦涩的结果吗？

希特勒与沙赫特

不久，魏玛共和国政府承认《凡尔赛和约》的消息传来：德国丧失了约 1/10 的领土和 1/8 的人口，丢掉了全部殖民地，莱茵兰非军事化，让法国占领萨尔区和付出大量赔款 (分 70 年还债，直到 1988 年)，最重要的还是战争罪责条约：德国必须承认发动战争的全部责任。[1]像大多数德国老百姓一样，希特勒被彻底激怒了。

在1918年11月革命之前，德国形势虽然不妙，但尚未到彻底战败的程度。在西线战场上，协约国从没有占领德国领土，而德军却深入法国北部，1918年3月至7月，德军接连于西线发动了5次大规模的攻势。该年5月底，德军发动第三次攻势，这次突击成功突破法军的防线进逼至距巴黎仅37公里之地。7月15日，德军发动第五次攻势，未能达成战略目的，随着美国军队到达欧洲，协约国的力量大增。德军随后在法国转为战略防御态势。在东线，1917年俄国十月革命之后，苏俄政权初定，国内形势极其严峻，俄军极度厌战，继续战争已无可能。列宁决心与德国议和，1918年3月，俄国被迫与德国签订了条件极为苛刻的《布列斯特—立陶夫斯克和约》，根据该条约，德国将获得俄国近100万平方公里的土地和近5 000万居民。而且割让给德国的地区，拥有俄国90%的煤炭开采量、73%的铁矿石、54%的工业以及33%的铁路。此外，条约还规定，苏维埃政府必须让军人复员，包括刚刚组建的红军部队。[2]同年3月27日，又在柏林签订苏德间3个附加条约，规定苏俄以各种形式向德国赔款60亿马克。

东线战争已经结束，德军很快能够集中力量全力向西，如果德国能够在西线的法国战场迟滞和消耗协约国的攻势，加上俄国割让的大片土地和丰富的资源，以及60亿马克的巨额赔款，德国的战争力量将有一个根本性的提升。即便德国最终难以取胜，但协约国因大量人员物资消耗和内部争议也未必愿意长期对峙下去，如果德国以拖待变，确实有可能体面地结束战争。

很多德国人都深信德军所向披靡，根本不会战败。换句话说，只要政府代表没有"卖国求荣"，而国家又没有因革命而崩溃，德军一定会取胜。对一些德国人而言，即使必须求和，他们也相信盟军会根据"美国十四点和平原则"宽待德国，依据威尔逊许诺的"民族自决"原则[3]，德国或许还可以兼并前奥匈帝国讲德语的地区，实现德奥合并，建立大德意志。然而残酷的现实使得德国民众品尝到了辛辣的被欺骗、被出卖的味道。除了协约国列强在外，在德国国内是不是还有卖国贼出卖了德国呢？民心一致，几乎立刻就找到了战败的替罪羊：承认《凡尔赛和约》的社会民主党软弱分子以及"国际犹太人"，他们被称为"十一月罪人"，被认为是出卖德国利益的罪人。

怀着对所谓"十一月罪人"的刻骨仇恨，愤青希特勒带着一套旧军装和铁十字勋章退役了。失业的希特勒很快找到了新活计，为德国陆军情报部门当密探，去了解当时一个只有55个人的小政党德国工人党的底细。希特勒并没有什么理论基础，但他悟性奇高，在“刺探”的工作中不断吸取那些慷慨激昂的各派演说家们的精华部分，在不断充实自己“理论体系”的同时能够很快抓住他们观点中致命的缺陷。

1919年9月的一天，希特勒再次来到德国工人党聚会的地方打探虚实。一位演讲者的内容很快引起了希特勒的兴趣，此人的观点给希特勒留下了深刻的印象，他就是费德尔（Gottfried Feder）。希特勒在1924年出版的《我的奋斗》中特别提到：“在我第一次听了费德尔的演讲以后，脑海中立刻就生成了一种观念，我已经发现我们（纳粹）党的一个重要原则。”正是在费德尔的感召之下，希特勒加入了德国工人党。[4]

这个费德尔究竟是何方神圣，又讲了什么样的高论，居然能让希特勒茅塞顿开，从而找到了纳粹建党的原则呢？

费德尔：希特勒的金融导师

在希特勒加入德国工人党后，费德尔成为希特勒在经济和金融方面的导师。希特勒在费德尔的启发下，对货币、金融、就业、贸易、经济危机等问题产生了浓厚的兴趣。

希特勒的经济导师费德尔

费德尔在经济、金融方面并非科班出身，他从1917年开始“自己琢磨”金钱、经济、萧条、就业、战争与国家这些问题之间的联系，完全跳出了传统学院派的思维定势，提出了一系列惊人的结论。他认为，国家必须要有权力控制货币供应，一定要对中央银行进行国有化，而绝不能让私人控制中央银行。因为私人控制中央银行最大的问题就是，其产生的利息收益和其他利益将归私人所拥有，而不是造福国家和公众。[5]

行伍出身的希特勒原本对经济、金融方面的知识完全没有概念，他一直以为德国“一战”的失败和后来的超级通货膨胀是一个纯粹的政治问题。经过费德尔点拨，希特勒立刻敏锐地抓住了金融才是这一切问题的核心，并形成了"创造性工业资本"与"食利性金融资本"之间有着本质区别的深刻印象。当希特勒明白过来金融和控制金融的势力集团才是德国命运的真正主宰之后，他的境界立刻跃上了一个层次，再回头想很多从前令他困惑的问题，马上有了前所未有的洞察力和全新的视角。他对未来德国的运作和纳粹党的"重要原则"逐渐形成了清晰的逻辑框架。

1920年，希特勒经过与费德尔等人反复激烈的争论和思考，提出了纳粹运动的哲学原理体系。因为是哲学层次的纲领，希特勒认为这个纲领将"永远不变"。该思想体系被归纳为《25点纲领》，1932年纽伦堡纳粹党代表大会再度肯定了此政纲的地位。[6]

《25点纲领》包含了纳粹所有的基本观念和政策。有关经济方面的要求和主张体现了弗德尔的主要经济思想，关键点有：

第11点："取缔不劳而获的收入，打碎利息奴役制。"这符合费德尔一贯主张的废除"利息奴役制"，区分"创造性工业资本"与"食利性金融资本"。他认为，资本只有真正进入实体经济的循环才能创造价值，只在金融系统"滚动与食利"的"食利性金融资本"实际上是在剥削其他劳动者的成果。

第12点："取缔和没收一切靠战争发财的非法所得。"希特勒号称德军在"一战"中没有败在军事上，而是前线的将士被"出卖国家利益"的大资产阶级、犹太金融家从"背后捅了一刀"，如果这些人继续发战争财，那简直天理不容。

第13点："我们要求对所有（到目前为止）已经组合起来的企业（托拉斯）实行国有化。"费德尔建议组建国有企业的"航空母舰"，以实现国家垄断社会主要资源，从而避免资本过度追逐利润所引发的恶性竞争和贫富分化。他认为国有化的托拉斯能使资本家合理利润与工人稳定就业之间达到某种平衡。

第14点："我们要求参加大企业的分红。"费德尔坚持大企业必须反哺社会，与社会各阶层共同分享经济繁荣带来的成果。

第16点："我们要求建立和维护一个健康的中产阶级，要求立即将大百货公司充公，廉价租赁给小工商者，要求在国家和各邦收购货物时特别照顾一切小工商者。"费德尔的这一观点反映了小资产阶级和社会平民阶层的经济利益诉求，不过这已完全不是所谓的哲学原则，而是属于具体的政策层面了。

第17点："我们要求实现一种适合民族需要的土地改革。要求制定一项为了公益而无代价地没收土地的法令，要求废除地租，要求制止一切土地投机倒把行为。”在费德尔的理念中，他最无法容忍的就是“不劳而获”和“投机倒把”，他恨不得把每一点社会资源都用在实实在在的生产活动中去。他实际上完全生活在一种抽象和理想化的世界里，而忽视了人的天性。中国有句古话：“君子如水，小人如油。”君子当然很好，但与君子长久生活只怕谁也受不了那种永恒的枯燥和平淡；小人固然有毛病，但小人们挖空心思地制造各种麻烦的同时，也带来了生活的起伏和变化。创造和投机也是一个道理，没有创造，大家都没饭吃，但没有投机，人生不免过于沉闷。费德尔的毛病在于，他试图将矛和盾分割开来，只取自己想要的那一面。

第 18 点：“对卖国贼、高利贷者、投机商处以死刑。”

除此之外，费德尔还主张依靠“国家的权威”，成立“建设经济银行”，发行国家证券，为社会公共项目投资筹集资金。鉴于国际银行家对黄金早已形成垄断的现实，他提出摆脱金本位制，由国家决定流通资金数额，以国家实体经济的生产能力作为货币的支撑，用商品与他国进行交换，从而逃脱外国资本对德国货币与外汇的控制。[7]

希特勒在理念上支持费德尔的很多观点，但他是一名政治家，对理论本身谈不上任何兴趣，理论对他而言永远只是工具，合用时就用，不合适就扔。政治家永恒的法则就是权变，因追求权力而变化，因变化而拥有更多的权力。

为了获得更多的权力，希特勒必须与握有“实权”的人物合作。在当过兵的希特勒看来，所谓实权其实很简单，就是“暴力+财力”，两者相辅相成，缺一不可。穷得叮当响的希特勒当时还不太可能得到巨额的金钱资助，但是，“暴力”支持已经有点靠谱了。

啤酒馆暴动：希特勒声名大震

如果说费德尔为希特勒提供了经济金融的理论武器，那么罗姆的贡献就在于提供了暴力的实践武器。

罗姆 19 岁加入帝国军队，“一战”中 3 次负伤，最后官至少校。德国投降以后，罗姆加入准军事组织“自由军团”，出任巴伐利亚地区自由军团司令官埃普的副官，成为慕尼黑屈指可数的实力派军人。“一战”结束以后，大批德军官兵回到家乡，在英国"经济武器"的打击下，物资短缺，就业无望，这些精力旺盛的老兵们自发聚拢到一起，在部分军官的领导下组成自由军团。自由军团由德国军方秘密资助，提供装备，最初负责驻守漫长的东部边境，以解国防军人手不足的燃眉之急。在魏玛共和国的体制里，军队属于国家，不允许参与国内党派政治。德国"一战"以后政局动荡，共产党领导的工人革命风起云涌，自由军团于是为政府和军方代表的保守势力所倚重，披挂上阵大打出手，血腥镇压了各地的革命运动。

1919 年 10 月，希特勒在德国工人党的一个集会上首次发表演讲。希特勒充分展示了他真正的天赋——极富煽动性的口才，不管多么荒谬和离谱的观点，被他偏执的大脑处理之后，再从他的如簧之舌迸发出来，都会产生电闪雷鸣般的效果。他已经不是在表达观点，而是在强烈炙热的情感宣泄和犀利冷酷的理性解析中激荡出令人难以抗拒的力量。也许是德国人被剥夺得太彻底、被羞辱得太无情、被出卖得太赤裸，日耳曼民族骨子里的那种狂野和极端、潜意识中的自卑与傲慢，在希特勒高温强热的"真理火焰喷射器"横扫之下被骤然激发出来，人们残存的理性保护层已被彻底融化，剩下的只有狂热的信念和复仇的冲动。

当时台下为之神魂颠倒的听众里就有罗姆。罗姆对希特勒崇拜得五体投地，认定此人前途无量，具有领导极端民族主义运动的潜质。后来罗姆主动和希特勒结交，不但极力鼓励他施展政治抱负，而且自己也加入德国工人党为希特勒摇旗呐喊。1920 年春天，罗姆正式将希特勒介绍进自己的实力派军人圈子。希特勒有了暴力集团的支持，顿时雄心万丈，开始筹划如何实现富国强兵的理想。

1920 年，希特勒在费德尔的帮助下，思想上形成了《25 点纲领》的理论体系，在罗姆的辅佐下，又掌握了暴力手段。此时，他将德国工人党更名为"国家社会主义德国工人党"，简称纳粹党。在罗姆的鼓动之下，巴伐利亚军政长官埃普大力扶植弱小的纳粹党，不仅提供资金援助，还邀请希特勒到军营里为纳粹党招兵买马。希特勒喜出望外，用他的话来说，自由军团充满了"精力旺盛的年轻人，他们有组织、有纪律，在军旅中被灌输了世上无难事的进取精神"。在罗姆的组织下，纳粹建立了自己的武装力量——冲锋队。

1921 年，众望所归，希特勒成为纳粹党元首。此时的纳粹党既有思想武器，又有武力后盾，再加上希特勒空前绝后的煽动力，魏玛共和国的其他极右组织纷纷前来入伙，纳粹声威大震，到 1923 年纳粹党党员剧增到 5.5 万人。

1923年，精心策划的德国超级通货膨胀爆发了，马克暴跌，金融界一片混乱，德国中产阶级的财富遭到血洗，法国、比利时又出兵占领了鲁尔。这一切激起了德国民众对魏玛政府的强烈愤怒，爱国热情升腾。希特勒认为夺取政权的时机已到，他联合德军前总参谋长鲁登道夫，企图效仿墨索里尼向罗马进军那样，利用暴力推翻魏玛共和国。1923年11月8日，希特勒和鲁登道夫带领冲锋队，利用巴伐利亚军政头目在慕尼黑一家啤酒馆举行宴会之际发动政变。这就是历史上著名的啤酒馆暴动。[8]

希特勒与他的党徒们在啤酒馆的外面集合，站在他左边的是被称为纳粹党“思想领袖”的阿尔弗雷德·罗森堡，右边则是希特勒当时的助手弗里德里希·韦伯。希特勒本人一手叉腰，一手紧张地抓着自己的礼帽，他的双眼怒视着前方，仿佛那是他夺权障碍的所在。

虽然暴动最后失败，但是引起了世界震惊，给了纳粹党一次难得的国际宣传曝光机会。希特勒在法庭上展现了惊人的口才，滔滔不绝的愤怒宣泄，引起了德国民众极大的共鸣，大批民众自发来到法庭外声援纳粹，全球各大报都在第一版刊登了希特勒的照片，于是希特勒在一夜之间由暴动被告升华成了“拯救德国命运的英雄”。

希特勒在法庭审判中试图把辩论变成自己的政治演说，但他还是被判5年监禁。他在监狱中待了9个月，并口授了《我的奋斗》一书，为纳粹统治下的未来德国描绘了一幅令人震惊的蓝图。在狱中，希特勒认识到魏玛共和国羽翼丰满，暴力革命已经没有机会成功了，唯一的选择就是“合法夺权”。他出狱以后，立刻调整了纳粹党的思路，准备利用议会民主体制合法夺取政权。

啤酒馆暴动产生了一个意外的效果，原本是街头小混混儿的希特勒一夜之间成了“国际名人”。于是来自四面八方的势力出于种种目的，找上门来要与希特勒谈合作。希特勒忙于接待洽谈，若干轮下来，觉得忽悠的人太多，真正有实力的大腕并没有出现。

其实，希特勒没有想到，他的一举一动已经引起某些能量极大的圈子的高度关注。

希特勒被财神“撞了腰”

国际银行家们早在1920年前后就开始在德国物色今后能够承担历史重任的政治代理人。他们广泛关注着德国战后如雨后春笋般成立起来的五花八门的政治党派，试图从中找到能带来惊人回报的“超级原始股”，希特勒几十号人的小党也进入了他们的雷达。

国际银行家的情报系统效率惊人。早在1920年2月，摩根就安排多诺凡到欧洲进行秘密访问，付给多诺凡20万美元的费用来系统考察欧洲战后的各方面状况。正是在这次欧洲之行中，多诺凡在德国巴伐利亚的贝希特斯加登（Berchtesgaden）遇到了希特勒，并且和希特勒长谈了一夜，他认为希特勒是个“有趣的谈话者”。这个多诺凡就是美国战略情报局（OSS）的创始人，美国中央情报局（CIA）的鼻祖。

当然这次接触只是属于非常初步的摸底性质，德国当时的各种政治党派多如牛毛，华尔街的“风险投资”还需要进一步从数量庞大的候选人中发掘出真正有潜力的原始股。

1924年德国马克投机风潮结束后，超级通货膨胀飓风终于过去了。在华尔街抄了德国经济的大底之后，美国的道威斯计划开始正式实施，大量的外国资本蜂拥而来，德国经济很快出现了强劲的复苏势头。随着经济的复苏，纳粹的影响力迅速萎缩。其实，德国老百姓和普天之下的老百姓都一样，安居乐业、丰衣足食是人民最重要的追求，乱世中的打打杀杀和经济动荡下的起起伏伏都不是百姓们所渴望的。一旦天下太平，德国老百姓很快就将过去的痛苦和灾难淡忘了。1924~1929年，德国纳粹的活动陷入低潮，希特勒只能本本分分地玩起他并不擅长的议会政治。

虽然纳粹基层组织如雨后春笋般在德国各地出现，纳粹党的选民支持率却相当可怜。究其原因，纳粹党带有浓厚的激进和暴力色彩，而此时德国社会逐步趋于稳定，经济有所好转，民众对愤青气十足的纳粹党自然敬而远之。1928 年 5 月进行的德国大选中，纳粹党赢得区区 12 个议会席位，得票率只有可怜的 2.6%。这一年的德国选情是，以社会民主党和德国共产党为代表的左翼联盟赢得 40.4%的选票，天主教中央党赢得 15%，而其他几个右翼党派如德国人民党则瓜分了余下 42%的选票。

希特勒本是个乱世枭雄，国家大治，天下安定，他是决无出头之日的。

纳粹党本就像困在沙滩上的鱼儿已经蹦跶不了几天了。可正在此时，1929 年席卷世界的经济危机爆发了，德国经济急转直下，1930 年，德国失业人口达到 200 万，1932 年飙升到 600 万。纳粹党立刻抓住这次历史性机遇，指责《凡尔赛和约》和战争赔款导致了德国的经济危机，抨击政府软弱无能，陷人民于水深火热之中。经济的萧条和社会的动荡使德国人民对魏玛共和国彻底丧失了信心， 7 年前痛苦的回忆又开始浮现，只是这次危机的程度和持续时间都远远超过了 1923 年，德国人开始转而支持纳粹。1930 年 9 月的大选中，纳粹党获得 18.3%的选票，首次超过德国共产党，成为仅次于社会民主党的议会第二大党。1932 年 7 月的大选中，纳粹党获得 37.4%的选票，一举超过社会民主党的 36.2%而跃居议会第一大党。

眼看着纳粹气势如虹的蹿升势头，国际银行家终于决心把宝押在希特勒的身上。

1933 年 11 月，荷兰突然出现了一本小册子，其中有一位名为西德尼 · 沃伯格的银行家与希特勒的数段对话，里面披露了美国最顶端的工业家和金融家，包括洛克菲勒与亨利 · 福特，在希特勒上台前后，通过 JP 摩根与大通曼哈顿银行集团向他提供了数额多达 3 200 万美元之巨的资助。这本书在 1934 年就被查禁了，它所影射的法本公司美国和德国的董事沃伯格兄弟也矢口否认和这本书内容有关，但是书中翔实的细节却和诸多现实资料一致，遂成疑云，普遍被人们认为是华尔街的国际投资者们与纳粹合作的一项佐证。[9]

另一位被公认资助希特勒的国际银行家就是科特 · 冯 · 施罗德男爵。施罗德家族也是“十七大国际银行家族”之一，在伦敦和纽约都开设了银行。施罗德和洛克菲勒 1936 年在纽约成立合资银行，约翰 · 洛克菲勒的侄儿担任副主席和董事。[10]

施罗德毕业于波恩大学，在第一次世界大战期间加入帝国国防军。战争结束后，他加入科隆的斯坦银行并当上合伙人。他的右翼政治信仰使他同情并资助纳粹党。

他促成了德国人民党党魁巴本和希特勒的会面，这次会面使希特勒日后得以当上政府总理。

施罗德还是纳粹核心圈子“经济同仁圈”的关键人物，这个圈子也叫“凯普勒圈子”，创始人是威廉·凯普勒。凯普勒是典型的红顶商人，在政界人脉广，政治嗅觉敏锐。“凯普勒圈子”于1931年初步形成。希特勒曾与凯普勒有过一番深谈，谈到想有一批可靠的企业家为纳粹掌权以后提供咨询时，希特勒说：“找一些企业界的领袖，他们现在可以不是纳粹党员，我们上台后会为我们服务。”[11]

凯普勒果然不辱使命，他网罗来资助希特勒的圈子包括：

弗利兹·克兰夫斯（Fritz Kranefuss）：凯普勒侄儿，希姆莱的助手；

卡尔·克洛格曼（Karl Vincenz Krogmann）：汉堡市长；

奥古斯特·罗斯特格（August Rosterg）：法本子公司的总经理；

埃米尔·梅耶（Emil Meyer）：美国国际电报电话公司（ITT）子公司和通用电气的董事；

奥图·斯泰布林克（Otto Steinbrinck）：联合钢铁公司的副主席；

雅尔马·沙赫特（Hjalma Schacht）：帝国银行董事会主席；

埃米尔·赫尔弗里奇（Emil Helffrich）：美孚控股公司德美石油的董事会主席；

弗雷德里奇·伦霍德（Friedrich Reinhardt）：商业银行的董事会主席；

埃瓦德·海克（Ewald Hecker）：ILSEDER HUTTE的董事会主席；

格拉夫·冯·俾斯麦（Graf von Bismarck）：斯德丁的执行主席。[12]

凯普勒在1933年被选进帝国议会并一度成为希特勒的财务顾问。短短几年，他就捞到几家公司董事的肥差，包括法本集团两家子公司的董事会主席。法本和美孚石油关系密切。法本曾从美孚石油得到生产合成汽油的技术，欧洲战争爆发后曾紧急转让给美孚石油2 000多项外国专利。

美国国际电报电话公司由索申尼斯·奔尼（Sosthenes Behn）和荷南德·奔尼（Hernand Behn）兄弟二人于1921年成立，受摩根家族控制。奔尼和希特勒的第一次会面是1933年8月在贝希特斯加登。[13]后来奔尼和凯普勒圈子搭上线而认识了施罗德。奔尼看中了施罗德和希特勒及纳粹的亲密联系，邀请施罗德成为美国国际电报电话公司在德国利益的守护人。施罗德帮助美国国际电报电话公司在德国投资利润丰厚的军工企业（包括生产战斗机的Focke-Wulf公司），并在这些公司的董事会任职。美国国际电报电话公司的利润又再投资到这些企业中。如此一来，“二战”中希特勒是以美国投资生产的战斗机对抗美国和盟军，施罗德当属其中关键人物。不仅如此，他还把美国国际电报电话公司的资助转给特务头子希姆莱的盖世太保。美国国际电报电话公司的捐款占战争中美国公司对盖世太保捐款的1/4。

“二战”后盟军在1945年11月19日对科特·冯·施罗德的审问记录说明施罗德、美国国际电报电话公司和纳粹之间根深蒂固的关系：

问：在以前的记录中，你说曾经和美国国际电报电话公司或通用电气有关的几家德国公司有往来，那么美国国际电报电话公司或通用电气和其他德国公司有往来吗？

答：有。洛伦兹公司在战前持有不来梅的Focke-Wulf公司25%的股份。Focke-Wulf为德国空军制造战斗机。我相信后来Focke-Wulf因扩展而吸收更多的资本，洛伦兹持有的股份下降到刚刚低于25%。

问：那么这发生在上校奔尼通过美国国际电报电话公司持有洛伦兹近100%股份之后？

答：是。

问：上校奔尼批准洛伦兹购入Focke-Wulf的股份？

答：我确信上校奔尼在他的驻德国的代表正式批准以前就已经同意了。

问：洛伦兹在哪一年购入Focke-Wulf公司25%的股份？

答：我记得就在战争爆发之前，也就是侵入波兰之前。

问：威斯特里克知道洛伦兹购入Focke-Wulf公司25%的股份的所有细节吗？（威斯特里克在“一战”、“二战”中充当德国间谍。）

答：是。比我更清楚。

问：洛伦兹投资的金额是多少？

答：最初是25万马克，后来又增加不少。具体多少我记不清了。

问：上校奔尼在战争爆发之前有机会把在德国赚到的利润转回美国吗？

答：有。转回美国的利润会因为汇率减少一点，但绝大部分能回到美国。上校奔尼没有这样做也没有要求我这样做。他似乎愿意将利润留在德国投资厂房和设备以及其他军工企业。柏林的哈斯公司是其中一个。哈斯生产军用无线电和雷达部件。我记得洛伦兹持有哈斯50%的股份。

问：你从1935年担任洛伦兹的董事。这期间洛伦兹和Focke-Wulf从事军工设备生产。你知道或听说上校奔尼或他的代表对这些为德国备战的企业提出过抗议吗？

答：没有。[14]

凯普勒圈子和希姆莱走得越来越近，也被称为"希姆莱圈子"。在1936年2月25日给希姆莱圈子的同仁埃米尔·梅耶的信中，施罗德描述了希姆莱圈子的目的和要求，以及在科隆的斯坦银行开设的特别"S"账户的长远目标。

第三帝国领袖的朋友圈子：

应第三帝国领袖邀请的慕尼黑两天之行结束时，朋友圈子同意在科隆的斯坦银行开设由帝国领袖支配的特别"S"账户。其中的资金用于预算外的任务。这样帝国领袖可以依靠他所有的朋友。在慕尼黑大家决定应由签署人来设立和处理该账户。同时，我们想告诉每一位参与人，如果他代表公司或朋友圈子为以上说明的帝国领袖的任务捐款，捐款应存到朋友圈子同意在科隆的斯坦银行开设的特别"S"账户（帝国清算账户，邮政支票账户号1392）。

希特勒万岁！

科特·冯·施罗德[15]

这封信解释了为什么战后陆军上校波格丹（前纽约施罗德银行主管）千方百计把调查从科隆的斯坦银行引开，转到纳粹时期的大银行上。因为斯坦银行藏着美国跨国公司和纳粹当局在"二战"中勾结的秘密。

施罗德对纳粹的支持在纳粹上台后得到丰厚的回报，施罗德担任了以下职务：

国际清算银行的德国代表；

德意志帝国银行的首席私人顾问；

盖世太保的高级领导，一、二级铁十字勋章；

德意志Verkehrs-Kredit-Bank银行（受帝国银行控制）的董事会主席；

驻瑞典总领事。

麦克斯·沃伯格

战后，科特·冯·施罗德被德国法院认定犯有“反人类罪”，这位著名的国际银行家最终被判处有期徒刑3个月。

“反人类罪”可不是个小罪名，而在“二战”中直接为希特勒提供资助而且被“抓个现行”的施罗德仅仅被象征性地关了3个月。在后面我们还会看到当过纳粹财政部长和中央银行首脑，在整个战争进程中主管筹资的“财神爷”沙赫特于审判中被当庭释放。看来施罗德还有理由为自己获刑3个月叫屈了。

除了“十七大国际银行家族”之一的施罗德参与了资助希特勒之外，麦克斯·沃伯格也是一个重要人物。

哈瓦拉计划

希特勒口口声声叫嚣他有两大敌人和一个世仇。他的首要敌人就是布尔什维克，在希特勒看来，没有布尔什维克在德国后方起义和暴动，德国是不会战败的，这是从背后捅进德国的第一刀。他的第二个敌人就是国际犹太金融势力，在费德尔的启发下，希特勒看清了金融势力的强大威力，也对“一战”中犹太银行家资助协约国导致德国战败和麦克斯·沃伯格等人在《凡尔赛和约》中出卖德国利益的行为深恶痛绝，加上德国超级通胀对经济的摧毁，希特勒把这些账全部算在了犹太人的头上。希特勒的世仇就是迫使德国签订丧权辱国条约的百年老冤家法国。

纳粹上台之后，对苏联和法国还无法立刻下手，但反犹排犹却没有任何障碍。他的第一个方案就是排挤犹太人的“哈瓦拉计划”(Haavara Agreement)。

“哈瓦拉”在希伯来语中是“转移”的意思，“哈瓦拉计划”是1933年8月德国纳粹政府与巴勒斯坦的犹太人组织签署的一个鼓励犹太人向巴勒斯坦移民的计划。

对于纳粹而言，将犹太人从德国的土地上赶走是个大政方针，但考虑到德国当时的实力，又不能过于得罪在全世界掌握着庞大资金渠道的国际银行家们。这些人中多数是犹太银行家，而且很多是德裔犹太人。希特勒的排犹主义本来就在国际上声名狼藉，欧美犹太人联合抵制德国产品的大规模抗议行动已使德国的工业产品出口受到沉重打击，不愿过度刺激国际犹太势力的反制行动符合刚刚掌握政权羽翼未丰的纳粹政府的利益。于是，排挤和驱赶政策改头换面为"鼓励向外移民"。

德国"一战"之后的巨额战争赔款全部以美元和英镑结算，因此德国政府对外汇和黄金外流进行了严格管制。1931年，从德国向海外转移资本将被征收25%的惩罚税，纳粹上台之后对资本外流管制更为严苛。这一切使钱财外移成了犹太人海外移民的最大难题之一。而麦克斯·沃伯格此时已是德国最重要的金融巨头之一，在伦敦、巴黎、纽约的资本市场有着庞大的人脉关系，筹集资金促成"哈瓦拉计划"的顺利进行成为麦克斯义不容辞的责任。

经过麦克斯、巴勒斯坦的犹太人组织和纳粹三方的反复商议，最终形成了一个对三方都有利的模式。在这一方案之下，准备移民的犹太人将他们在德国的马克和所有不动产交给纳粹政府，一年之后，他们在巴勒斯坦将得到同等价值的英镑，但条件是这些犹太移民不能动用这笔钱，全部资金将被用来购买德国的工业产品，如机器设备、管道、肥料等，等这些德国产品在巴勒斯坦完成销售之后，所得的资金再还给犹太移民。实际上，纳粹政府并不真正支付英镑，这笔钱由沃伯格家族和其他国际银行家在各大银行户头上划转一下，最后纳粹政府通过工业产品出口而得到这些宝贵的"英镑"。

这其实是一个三全其美的办法。对于犹太复国主义者而言，大批犹太新移民和他们所带来的雄厚资本对当地犹太社区的发展起到重大推动作用，为最终建立一个犹太国家打下坚实的人力和物力基础。对于纳粹政府而言，他们一方面扩大了德国产品的出口，创造了德国的就业机会，并获得了宝贵的国际硬通货"英镑"，另一方面在不动用政府一分钱的情况下实现了排挤犹太人的战略目标，同时可以向国际犹太银行家势力集团示好，减轻他们发动全世界抵制德国产品给德国进出口贸易带来的严重打击。对于国际银行家而言，这也是一个发财的好机会，为了监督计划的实施，德国犹太人成立了巴勒斯坦信托公司，"哈瓦拉计划"所需资金总额的3/4和向德国出口产品提供的信用都通过沃伯格家族和其他国际银行家族的渠道源源不断地流向巴勒斯坦地区，在巴勒斯坦则成立了盎格鲁–巴勒斯坦银行负责接收资金，1933年到1939年"二战"爆发之前，5.2万德国犹太人（主要是富人）成功移民到巴勒斯坦，总额高达1.4亿马克的资金通过这一渠道汇出德国，沃伯格家族在中间得到丰厚的各种金融"服务费用"。[16]

简单地说，这个计划就是纳粹德国以工业产品支付移民巴勒斯坦的德国犹太人在德国的不动产和在巴勒斯坦的安家费，并得到外汇英镑，同时允许一部分资金流出德国。

这一计划并不符合纳粹的原则，但却符合希特勒作为政治家的权变之术。

国际银行家们除了直接插手德国金融系统外，还培植了一个重要的代理人，那就是沙赫特。

沙赫特：国际银行家的中间人

雅尔玛·霍勒斯·格利莱·沙赫特（Horace Greeley Hjalmar Schacht）1877年1月生于特因利夫（原属德国，现属丹麦），父亲威廉·沙赫特是德裔美国公民，母亲孔斯坦赛·冯·埃格斯女男爵是丹麦裔。威廉一生颠沛流离，做过乡村教师、报刊编辑、簿记员，最终在美国人寿保险公司安顿了下来。威廉对于美国式的民主政治和自由主义心有所属，他最崇拜的政治家是纽约的废奴派和自由主义政治家、记者霍勒斯·格利莱，为了纪念这位自由主义政治家，威廉给小雅尔玛取了霍勒斯·格利莱这个美国式的名字，由此可见沙赫特一家与美国的渊源。[17]

小沙赫特聪明而勤奋，先后专门学习过文学、新闻学、社会学、哲学和政治学，年仅22岁就被授予哲学博士头衔，后来到金融界发展，进入德累斯顿银行工作。沙赫特对金融的本质有一种直觉的透视力，他出类拔萃的工作能力很快使他成为引人注目的金融精英。[18]1923年，沙赫特临危受命，出任帝国银行行长，拯救灾难中的德国马克。[19]1930年，由于杨计划的修改问题，沙赫特离开帝国银行。[20]

从1931年开始，沙赫特开始积极为纳粹工作。1933年3月，希特勒上台后，任命沙赫特为帝国银行行长，任命文件由希特勒和兴登堡总统共同签署。同时在这个文件上签字的还有帝国银行的8名董事，其中包括3名犹太银行家——门德尔松、瓦斯曼和沃伯格。

沙赫特和沃伯格实际上成为沟通华尔街金融集团和纳粹德国核心圈子的关键人物。1933年7月，希特勒成立“经济事务委员会”，开始规划德国经济的振兴。这个委员会的17名成员全部是大资本家和银行家，包括克虏伯、西门子、博世、泰森、施罗德等人，委员会的首脑由资本家集团推举的沙赫特出任。

1933年8月，沙赫特代表纳粹德国政府与美国银行家协会就贷款问题进行谈判。华尔街欣然同意德国延期偿还以前的贷款，并且答应今后美国在德国的资本和产业的全部收入只在德国使用，这些钱将被用来兴建新的军火工业或者扩建原有的武器制造企业。

在1934年7月的一次会议上，希特勒问沙赫特，如果任命他为德国经济部长，他有什么意见。沙赫特沉吟一下，慎重地提出，在接受经济部长任命之前，他想知道希特勒希望他如何处理犹太人的问题。希特勒回答道，就经济问题而言，犹太人可以做他们到目前为止可以做的一切正常经营活动。[21]沙赫特问的当然不是普通的犹太人，而是试探希特勒对沃伯格等人的态度。希特勒当时显然不能动沃伯格，于是如此回答。从某种角度看，沃伯格实际上是华尔街安插在希特勒身边，监视其金融政策的眼线。

1934年8月2日，兴登堡总统去世、希特勒大权独揽的当天，沙赫特被任命为经济部长。[22]

IG法本公司标志

1941年IG法本公司的生产厂房

沙赫特与沃伯格的关系非同寻常，可以说是荣辱与共。一方面，在希特勒面前沙赫特巧妙地保护着沃伯格，另一方面，沃伯格又是国际银行家考察希特勒的试金石。如果希特勒起了异心，那华尔街对德国的资助就可能中断，这对于刚上台面对经济危机焦头烂额的希特勒来说，后果将是致命的。另外，如果没有华尔街的支持，希特勒整军备战的经费来源也将面临严重的困难。

俗话说：“小不忍则乱大谋。”希特勒也深谙此道。他利用沙赫特的金融才华，稳住了沃伯格的华尔街“直通车”，1933~1939年，在德国为第二次世界大战作准备的6年时间里，充分利用了华尔街资本控制下的国际杜邦财团与化学公司、洛克菲勒财团和美孚石油公司、摩根财团及它控制的美国国际电报电话公司、福特汽车公司，将德国巨额军火订单的大饼高高挂起，引诱着贪婪的资本争相扑来。

马克思说过，资本家为了利润，可以将绞死自己的绳索卖给无产阶级，此话真是妙到毫巅！美国汽车大王亨利·福特由于与纳粹的合作有功，被嘉奖了铁十字勋章，同时获此殊荣的还有IBM总经理兼美国国际商会会长托马斯·丁·沃森。[23]仅仅飞机一项，1934年的8个月中，美国对德国的出口数量就比1933年增加了5倍以上；在纳粹德国的军火工业体系中，美国公司竟然超过了60家。除了军工尖端产品销售，美国还慷慨地向德国转让各种先进的军事技术。杜邦公司通过IG法本把氯丁橡胶和飞机防爆剂的技术卖给德国；美孚石油公司积极地推销坦克润滑油技术；德国空军的航空汽油由美孚在德国的航油工厂供货；摩根麾下的美国国际电报电话公司参与了德国新型战机的研制。后来在战争中，连美国的海军部长都承认是美国向希特勒提供了最先进的飞机发动机。

没有沙赫特和沃伯格的鼎力协助，希特勒的战争准备恐怕远没有这样顺利。

正是因为这层原因，到1936年希特勒上台3年以后，沃伯格在德国汉堡的家族银行仍然在赢利。他们对债券持有人和其他股东照常支付利息和分红，沃伯格家族银行生意基本上没有被纳粹所骚扰。甚至直到1938年，沃伯格家族银行还在赢利。

除了借助沃伯格与华尔街库恩雷波公司的密切联系，从沙赫特的经历来看，他本人与英美金融界也颇有渊源。早在1905年他随同德累斯顿银行董事会访美时，就会晤过摩根本人。[24]1923年，他就任德意志帝国银行行长后的第一件事，就是前往伦敦拜会英格兰银行行长诺曼，并在那里与诺曼建立起了终生的友谊，后来诺曼甚至成了沙赫特一个孙子的教父。[25]沙赫特英语说得比德语还流利，以至于几十年后对他的审判采用英德双语。在战后审判纳粹战犯的纽伦堡法庭上，只有3名被告的犯罪指控没有成立，被当庭释放，当过纳粹经济部长和中央银行行长，为整个战争筹集资金的沙赫特就是其中之一，苏联代表尖锐地指责“资本家永远不会受惩罚”。

随着希特勒“新政”的全面实施，德国经济日益好转，失业人口直线下降，军事力量迅速强大，特别是1936年德国柏林的奥运会圆满召开，使德国民众“四海归心”，希特勒的羽翼渐渐丰满起来。

德国奥运会之后，沙赫特开始隐隐感到形势不妙，不仅经济过于偏重军工造成结构失衡，更令沙赫特担心的是希特勒的最终目的似乎“不单纯”。与此同时，希特勒不动声色地着手分化他的经济大权了。

1936年秋，希特勒任命戈林为复兴德国经济"4年计划"的执行人，并建立新的政府机构具体负责实施。很明显，这一新机构的设置与沙赫特的帝国经济部产生了严重的功能重叠，最后不可避免地引发了沙赫特与戈林的权力争斗。

作为自由主义学派在德国的掌门人，沙赫特在理论上对一切国家计划下的经济颇不感冒，又看到该计划在直接弱化自己的权力，自然对所谓的"4年计划"深恶痛绝，他立刻采取行动抵制和抗争。希特勒却不断地在沙赫特与戈林之间和稀泥，练起太极推手。眼看着大量的工业与军火订单源源不断地涌向戈林那里，自己这边越来越"门前冷落车马稀"，沙赫特逐渐明白过来，自己被希特勒给耍了。

于是，1937年8月，沙赫特向希特勒递交了辞呈，希特勒经过3个月的"好言挽留"，最后于11月正式免去了沙赫特的经济部长职务。沙赫特不甘心就此认输，他仍是德国中央银行的行长，还想利用货币发行权做最后的抗争。1938年开始，沙赫特拒绝再对"创造就业汇票"进行再贴现，他与希特勒的矛盾终于激化了。而此时的希特勒，已经从法律上完成了国有化中央银行的所有准备。1939年1月，沙赫特被免除帝国银行行长职务，虽然还保留着内阁成员的虚衔，事实上已经被希特勒一脚踢出了德国的权力中心。沙赫特离开中央银行位置的消息被隐瞒了5个多月，直到大战爆发前的最后时刻。希特勒的政治权术与沙赫特的金融谋略堪称绝世高手过招，不过政治终究压倒了金融。

1944年，沙赫特涉嫌参与谋杀希特勒的史坦芬堡事件，被送进达豪集中营。[26]沙赫特不但没有完成监视希特勒的重任，反而被希特勒玩于股掌而没有觉察，由此产生报复的念头倒也是人之常情。

大棋局

当1933年希特勒在国际银行家的扶持下，终于如愿以偿地登上德国元首的宝座时，世界上几个重要的势力集团正在各自打着自己的算盘。

大英帝国的统治精英阶层毫无疑问地坚信英国的制度是世界历史上最完美的社会组织形式，它不仅应该在现有的英帝国版图之内被实施，而且应该在全世界的所有国家得到更广泛的推广，其核心利益在于巩固和强化大英帝国的全球霸权体系。

此时的大英帝国，已达到历史上前所未有的势力范围，在欧洲大陆，最大的战略挑战者德国已经被彻底打垮，在凡尔赛体系之下，其经济潜力和军事潜力已受到根本性的压制。德国西边的世仇法国已被英国牢牢地拴在了自己的战车上，战争的巨大损失和德国的潜在威胁，使法国必须依赖英国才能生存。

在非洲，英国的势力范围包括大部分非洲大陆，多达21个国家臣服于大英帝国，大量原材料和自然资源任由英国取用；在中东，英国控制着从巴勒斯坦、沙特到伊朗、伊拉克的大部分中东地区，掌握着中东石油的源头；在亚洲，英国统治着从印度、马来亚到缅甸、中国香港的大片地区，庞大的人力资源、自然资源和战略要道悉数被英国控制着；在大洋洲，有澳大利亚、新西兰等英联邦附属国作为工业原材料后盾；在美洲有加拿大、圭亚那、牙买加、巴哈马等为大英帝国提供着从海军基地到自然资源无穷无尽的战略补给。

英国还拥有世界上最为强大的海军霸权力量，控制着世界所有重要的水道。20世纪30年代初的大英帝国，环顾全球，志得意满。

当然，英国也有一些隐忧，比如美国惊人的工业潜力。不过在英国统治精英的思维惯式里，美国仍是一个英国曾经的殖民地，缺少全球战略。金融中心刚刚起步，投机严重，监管混乱；生产能力严重过剩，本国市场无法消化，严重依赖英国控制下的全球市场需求；几乎没有海外殖民地，缺乏资源定价权；美国的军队当时还属于业余段位，缺乏全球军事基地。

因此，英国控制美国的方式非常简单：英国决定着世界资金成本，英国垄断着世界资源价格，英国控制着全球订单流向，英国划分着世界市场需求，英国保护着贸易航运通道。这5个战略制高点牢牢掐住了美国的喉咙，美国就永远只是大英帝国的全球生产车间，而且控制车间的股东还是英国资本。一句话，英国将自己定位成全球市场的组织者，而美国仅仅是生产者。只要没有颠覆整个世界格局的大规模战争，英国完全不必担心美国试图“篡权”。

唯一令英国人真正担忧的是苏联的潜力。尽管20世纪30年代初的苏联刚刚从战争的混乱中缓过一口气来，各行各业仍然百废待兴，但是苏联的经济发展模式却引起了大英帝国的极度紧张。如果社会主义的经济模式能够在不进行殖民扩张的前提下实现工业化，同时建立起一支强大的武装力量，这就不仅仅形成了严重的军事挑战，更加危险的是苏联模式将“搞乱”全世界的思想意识。如果苏联自力更生地实现了富国强兵的目标，那英国的殖民模式将在反衬中显得丑陋无比，从而无法维持其合理合法的统治秩序。因此，苏联被英国锁定为最危险的敌人。

在英国看来，德国纳粹的兴起有利有弊，弊端是德国重整军备形成了对英国的威胁，好处是英国有了一个得力的打手去对付苏联这一死敌。英国并没有把纳粹太放在心上，首先是一种心理上的强烈优势，德国的经济在凡尔赛体系的消耗下已经脆弱不堪，国际银行家又彻底控制了德国的中央银行和金融系统以及重化工业的命脉，希特勒不过就是个前台傀儡。只要能控制纳粹的命脉，就不怕他们反戈一击。如果引导德国强大后去对付苏联，对英国来说，当真是件令人欢欣鼓舞的好事。所以，英国的统治精英内部在纳粹问题上分裂为两派，一派是亲德派，代表人物就是著名的“温莎公爵”；另一派是对德国产生了恐惧后遗症，坚决反对任何让德国重新崛起的思路，这一派的代表人物就是后来的首相丘吉尔。

美国的新兴金融势力集团却有自己的一套战略考虑。早在第一次世界大战爆发之前，随着美国工业实力的爆炸性增长，美国的统治精英就已经开始谋划如何取代大英帝国而成为新的世界霸主。毕竟是实力决定心态，心态决定视野，视野决定战略！

在美国看来，英国最大的强项也正是英国最大的死穴。英国的全球生产、资源、市场的大分工最核心的问题就在于英国本土的工业空心化，而英国沾沾自喜的金融中心如果离开了扎扎实实的实体经济，仅仅附着在全球分工的松散利益共同体上，一旦天下有变，就将立刻变得脆弱不堪而土崩瓦解。

因此，一场大规模的战争，美国既能够从中大获战争红利，又能极大地削弱英国的统治地位，为取而代之创造机会，这完全符合美国新兴金融势力集团的战略利益。

而国际犹太金融势力在打垮英国殖民体系、夺取巴勒斯坦以便重建大以色列国的战略思路上与美国新兴金融势力集团一拍即合，华尔街的两大势力集团形成了高度默契，双方互相借力，水乳交融，共图大事。

此时的欧洲格局出现了戏剧性的局面，英国的首要敌人锁定为苏联，美国新兴金融势力的目标指向取代英国，犹太金融势力主攻以色列复国，这三股势力的共同之处就是，为了各自不同的目的，希望掌控一个能够当枪使的强大德国。

希特勒明白各派势力都在利用他来实现各自的目的，但希特勒有着自己的盘算，他完全不能接受被支配和被控制的地位，准备反利用各方来实现自己的战略目标，希特勒决心要在复杂的国际战略游戏格局中充当主导者的角色。

纳粹德国的社会权力平台

很多人误认为纳粹政权是一个独裁政权，拥有着社会运作的所有权力，它可以随心所欲地支配一切社会资源，希特勒可以决定所有人的命运。实际上，作为政治家的希特勒必须依靠德国社会的四大权力平台的配合，才能运作政府。

在"一战"爆发之前，德国社会权力平台中排名第一的是军队，第二是容克地主阶层，第三则是官僚阶层，最后是工业资本家阶层。在帝国时代，最重要的权力是皇权，皇帝代表四大权力体系运作政权。而到了魏玛共和国时代和纳粹上台前后，虽然皇权崩溃，但社会权力基础却未受根本影响，只是权力的顺序发生了变化，工业资本家变成了老大，军队退居二线，官僚阶层仍排在第三，容克地主阶层掉到了最后。可以说，容克地主阶层成了第一次世界大战后德国权力体系的最大输家。

德国容克地主阶层的衰落是从1880年开始的，由于工业的兴起、农业劳动力的转移、各种自然灾害和1895年关税保护的变化等因素，实际上德国农业已步入衰落的历史发展进程。此时的容克地主阶层已经逐渐陷入破产的边缘，而他们经济地位的滑落必然会削减其在政治上的影响力。

纳粹上台后，对农业的控制力已经掌握在政府和纳粹党手中。所谓控制力的关键就是掌握定价权，谁能控制某个领域的定价权，谁就拥有着对这个领域相应的控制权。当容克地主阶层失去了农业领域的定价权后，它也同时失去了对应的政治权力。由于历史上以普鲁士军官团为核心的军队势力与容克地主阶层渊源极深，为了保持军队对纳粹的支持，希特勒不得不维护容克地主阶层的利益。所以，纳粹在经济上对容克地主阶层作了相应的补偿，使他们得到了经济上的实惠。

德国当时搞的多项农业计划，主要目的就是为容克地主阶层提供比较稳定的农产品市场价格体系，容克地主阶层的产品在这个市场上处于受保护的地位。同时由于纳粹对于整个社会的严密控制，自由主义所导致的社会动荡的基础被铲除了，整个市场就排除了政治动荡造成的不稳定和价格波动。纳粹政府还对农产品实施价格管制，把价格固定在一个不是太高但能够给容克地主阶层保证足够利润的空间之内。除此之外，纳粹还给容克地主阶层优厚待遇和相应的特权。从经济回报来看，容克地主们在1937年享受着仅比1933年高3%的农产品价格。政府还给他们提供担保和各种优惠政策，例如不允许农业工会成立，不允许农业工人罢工，也不允许农业工人要求提高工资。实际上纳粹政府通过管制工会、管制罢工和管制工资上涨，为容克地主阶层提供了相对稳定的收入和利润空间。另外，纳粹对于容克地主阶层贷款的利息和税收都进行了减免，1933~1936 年容克地主阶层的各种贷款的利息支出从 9.5 亿马克下降到了 6.3 亿马克，纳粹上台的 3 年里，容克地主的农业贷款利息支出下降了 3.2 亿马克，税收从 7.4 亿马克下降到了 4.6 亿马克，可见对于容克地主阶层来说，经济负担大大减轻了。

除此之外，容克地主阶层完全被免除了向政府和国家上交失业保险的义务。德国当时建立的失业保险系统是世界上最早的一套社会福利系统，但是容克地主阶层可以免予这个负担。1932~1933 年，容克地主阶层从减少失业保险负担中总共得到 1 900 万马克的好处。长期以来一直困扰和威胁容克地主阶层的最大问题就是由于各种各样的原因造成的破产。这种破产威胁又被纳粹政府"体贴"地消除掉了，不管是政府还是私人的放贷者都不容许向容克地主阶层讨债，以免容克地主阶层被逼破产。

纳粹所推行的这套农业政策对大型农场主比对小型农场主更有利，越大的容克地主阶层得到的好处越多，这些人对纳粹的支持度也就越高，通过这一系列政策巩固了容克地主阶层对纳粹的支持。

希特勒拉拢容克地主阶层的一个主要目的就是赢得军队的支持。普鲁士军官团的主要精华都是出身容克地主阶层，德军中所有姓氏中带有"冯"（von）的将军都是容克家族的后裔，容克与军队是同气连枝，打折了骨头连着筋。

作为德国军队精英核心的普鲁士军官团受纳粹的影响要远远大于受魏玛共和国的影响。在魏玛共和国时代，军官团是绝不会从事谋杀某个将军这种事情的，而在希特勒时代，这种事情却频频发生。这代表了军队力量逐渐衰落，不过这一衰落与其说是跟纳粹党有关，还不如说是跟国家的关系有关。

其实，纳粹党并没有完全控制军队。在第三帝国时代，德国军队主要还是由政府来控制，而纳粹党并不直接控制军队。正是因为纳粹不能直接控制德国的军队，才组建了自己的军队，即党卫军，而党卫军和德国正规军之间始终存在着摩擦。换句话说，德国军方在很大程度上并没有受到希特勒的完全控制。

当时德国的法律明确规定，军队的武装成员不能同时是纳粹党的党员。由于德国军队有永远服从国家元首的传统，当希特勒成为国家元首的时候，他巧妙地利用这样的一个机会，要求军队向他个人宣誓效忠。而军方之所以允许这样的行为发生，主要是他们从理念上基本认同纳粹党所推行的政策。1938~1939年，德国的军事将领中几乎没有人反对希特勒，因为他们没有任何理由去反对他，希特勒推行其方针政策所造成的结果正是这些军方高级将领所希望达成的。但是1939年以后，军方的部分将领开始质疑希特勒的某些决策，并且对希特勒的判断能力产生了怀疑。不过这些军队的高级将领却无法组成一个统一的阵线，也就无法形成具有决定性影响的力量来反对希特勒。

从官僚阶层的情况来看，总体而言，他们的权力受到了很大的削弱。很多在政府工作的犹太人和反纳粹的人士被要求提前退休。旧德意志帝国的官僚分层体系包括有学术背景和无学术背景两类官僚。有学术背景的官僚属于官僚阶层的中上层，这些人都通过了学术认证，纳粹执政对他们来说冲击不大。不过，下层官僚阶层所受的冲击比较大，特别是一些低层的和没有特殊技能的官僚，这些人被大量替换成纳粹党的党员。到1939年，德国有150万公务员，其中有28.2万是纳粹党党员。

1933年纳粹制定的排斥非雅利安人和政治不稳定分子的政策，只对上层公务员中1.1%的人造成了影响。而下层官僚，特别是新招募的工作人员，主要都是纳粹党党员。1937年德国的公务员法并没有明确要求公务员必须成为纳粹党的成员，但是要求这些雇员必须要忠于纳粹的思想。然而在公务员这个阶层中，他们的日常工作并不受到纳粹党党章的约束，而是受到公务员法的限制，法律在官僚系统中具有更高的优先权。整体而言，下层公务员更多地受到了纳粹党的影响，而上层的公务员基本上保持了以前的工作状态和工作方式。

从德国的资本家这个角度来说，大体没有受到纳粹太多的影响和干扰。资本家阶层主要是靠自律，而不是靠被纳粹管制。一般而言，当时的德国工商业具有某种非同寻常的地位。首先，工业资本家和商业资本家是纳粹党上台之后大幅度获得权力的阶层。其次，工业资本家和商业资本家这个阶层的人士，并没有被大规模地组织起来，也没有按照向某一个领袖尽忠这样一种原则受到控制和制约。纳粹政府基本上是不干扰工业和商业自由运作的，而且纳粹党除了处在战争的紧急状态之下，对于工业资本家总体而言也没有太多的控制。

传统观点认为，纳粹德国实行的是一种国家资本主义和完全独裁的政治体系，实际上这种认识并不准确，因为当时的德国并没有真正地建立起这样一套组织模式。应该说纳粹德国的这套系统是一种专制资本主义，但不是独裁资本主义，其主要特点是对整个社会进行有效的组织，在这样的条件之下，各种社会行为和资源的调动主要是为了满足资本主义追求利润的目的。

纳粹德国的经济系统

如果说传统的资本主义是一种以利润为中心的经济系统，那么这个系统主要关注的并不是生产、消费、繁荣、就业、国家福利或者任何其他东西，它注重的全部焦点就在于利润本身。而这种只考虑利润却忽视其他因素的做法，势必在社会各个领域广泛树敌，从而引发社会其他权力阶层的反弹，当其他各种社会权力平台联合起来对付利润系统时，又会最终伤害资产阶级的利润系统本身。

纳粹的经济系统设计必须建筑在德国社会的四大权力平台之上，它旨在平衡这种以利润为中心的系统与它所树立的各方敌人之间的利益。纳粹一方面压制利润系统极端自我的倾向，以缓和这一系统所带来的社会对抗性力量的反弹；另一方面，纳粹又压制威胁利润系统的各种潜在因素，来维护利润系统的运转。

从纳粹的执政方针来看，他们主要是从六个方面来压制利润系统的各种潜在威胁的：第一是压制政府本身对利润系统的威胁；第二是压制有组织的劳工；第三是压制竞争；第四是避免萧条；第五是避免商业失败；第六是压制经济活动中以生产为中心或者以非营利为中心的其他经济模式的发展。

由于政府行为本身不是以利润为导向的，所以政府行为对于利润系统构成了相当大的威胁。但在纳粹德国，政府的威胁被消除了，原因是工业资本家支持并控制了纳粹党，而纳粹党运作着政府，因而纳粹党实际上成了工业资本家间接控制政府的代理人。

其实劳工组织并不直接对利润系统构成威胁，因为劳工利益本身就跟利润系统有着密切的关系。然而有组织的劳工，特别是有政治信仰的劳工组织，将直接威胁资本主义的利润系统。所以纳粹党如果要控制劳工组织对利润系统的影响，必须要控制人们的思想和劳工团体。这种控制可以体现为控制劳工的自由时间和娱乐方式，当一个人有很多闲暇时，他总会东想西想，就会产生很多杂念。纳粹的办法并不是要取消工会，而是要对所有有组织的工会机构进行监管。在纳粹的这套机制之下，劳工的工资和其他生活条件实际上处于逐渐恶化的状态之下。不过，对于工人的被剥削，纳粹采取了其他方式进行了一定的补偿。

纳粹采取的补偿方式主要包括：禁止工业资本家解雇员工，保证工人不失业。从德国的就业数字来看，1929 年就业人口是 1 780 万，在经济危机恶化的 1932 年，也就是纳粹上台的前一年，就业人口仅有 1 270 万。但是到了 1939 年，纳粹上台 6 年后，就业人口达到了 2 000 万，而此时正是欧美其他国家失业率居高不下的时候。

从压制商业竞争来看，纳粹主要采取了对价格竞争的压制。对于公司经营而言，资金、原材料、机器设备、技术专利、劳工等市场要素都存在着价格竞争，竞争是潜在困扰公司稳定运行和生产计划的不确定因素，并影响公司的利润。一般来说，公司倾向于和竞争对手合作达成价格一致，然后一起向消费者进行成本转嫁。纳粹主要是通过不同的制度安排来进行竞争压制，首先是垄断性行业协会，其次是贸易协会，还有雇主协会这三大协会来进行公司竞争者之间的利益协调。垄断性行业协会出面规定价格、安排产量和划分市场；贸易协会主要作为政治团体，是对商业和农业活动进行有效组织；雇主协会用来控制劳工。由于实施了社会彻底的管制，资金成本剧烈变化、原料价格大起大落、工人罢工、社会对抗等商业竞争因素得到了有效控制。在这样的经营环境下，公司的商业失败变得极为罕见，替代利润系统的其他商业模式无法存活。

在消除了这些威胁之后，德国的社会运作试图进入一种彻底避免萧条的轨道。但是，这种社会生产经营系统将形成一种更大的危险，就是整个社会系统并不是围绕着利润来进行的，这样的系统发展很可能会演变为一种更大的畸形。

实际上，从纳粹德国的运作模式上看，纳粹本身必须要依附于德国的四大权力平台，并在此之上试图开发出一套平衡的和受管制的利润系统。无论此系统是否能够有效率地运作，但如果纳粹离开了这些权力平台和经济运作系统，它不仅无法发展，而且也无法存活。

希特勒“新政”

1933 年刚上台的希特勒面对的是经济上的烂摊子。1929~1932 年，德国工业设备利用率下降到 36%，全部工业生产下降了 40%，对外贸易额下降 60%，物价下跌30%，铁产量减少70%，造船业产值下跌80%。工业危机反过来又导致了金融危机。1931年7月，德国达姆斯达特银行倒闭，引发银行挤兑风潮，德国黄金储备由23.9亿马克减少到13.6亿马克，柏林九大银行减为4个。失业率急剧上升，1932年高达近30%，加上半失业者，1932年德国全失业和半失业人数高达工人总数的一半。经济危机加剧了社会阶级矛盾，3年间，共爆发1 000多次罢工。

德国所遭受的经济危机冲击的严重程度，要远大于欧美其他资本主义国家。希特勒上台伊始，就立刻投入到挽救经济的工作中。特别值得一提的就是希特勒“新政”。在一系列强有力的经济措施之下，德国经济迅速发展，失业率直线下降，1938年时失业率降至1.3%。1932~1938年，德国生铁产量由390万吨上升到1 860万吨，钢产量由560万吨上升到2 320万吨，而铝、镁和车床的产量竟高于美国。1933~1939年，德国重工业和军火工业产量增长2.1倍，消费资料生产也增长了43%，国民经济总值增长超过100%，同时完成了全国高速公路网的建设，重整了重工业基础体系，还装备了一支现代化军队。

如果你看过雷妮·里芬斯塔尔那部著名的《奥林匹克》(《意志的胜利》)，你一定会对1936年德国的综合国力和精神状态有深刻的印象。那响彻云霄的欢呼，如林屹立的手臂，气势宏伟的建筑，健美如神的运动员，无一不暗示着志在天下的实力与霸气。希特勒的个人威望也达到顶峰，他甚至不再需要显露早年那样“激情燃烧”的演讲才华，只需在公共场合露露脸，成千上万群众就宛如自动催眠一般如醉如痴。德国人对纳粹的支持，并不仅仅建立在洗脑和灌输的基础上，纳粹在执政前期拯救经济危机中的突出表现和德国老百姓得到的实实在在的经济实惠，可能比纳粹自己的宣传更有说服力。

与德国相比，1933年开始的“罗斯福新政”则只是暂时缓解了萧条，美国经济进入长时间的所谓“特种萧条”时期，尽管有“新政”等缓和危机的措施，美国经济仍然复苏乏力。1937年，美国再度陷入严重的经济危机。直到1941年参加“二战”后，美国才彻底摆脱了大萧条。在整个罗斯福新政时期，美国平均失业率高达18%，国民生产总值到1941年才扳回危机前1929年的水平。

希特勒“新政”创造了一个经济奇迹，尽管这种奇迹背后隐藏着内在的缺陷，但就拯救经济危机而言，它的确卓有成效。

如今，全世界再次面临一场类似1933年的严重衰退，认真分析希特勒“新政”

的功过得失，具有一定的现实意义。

希特勒“新政”的第一把火：中央银行国有化

早在1919年9月，希特勒第一次听到费德尔关于金融货币的演讲，就被深深地触动了，也就是这次演讲吸引希特勒加入了德国工人党。

希特勒没有任何系统的金融学理论基础，更确切地说，他几乎就是一个金融盲。然而希特勒的悟性极高，没有系统的知识，却能够一下子抓住问题的本质。这种人在对话里学习，在提问时思考，在辩论中顿悟。和所有领导者一样，他不需要成为这个领域的专家，而必备的则是敏锐的辨别力和深刻的洞察力，在众多纷杂的言论中，捕捉到正确的声音。

在和费德尔的讨论中，希特勒悟出一个根本道理，就是私有的中央银行通过控制国家的货币发行，获得巨大的利益，从而资助他们对整个社会人口的控制和剥削。费德尔的这种理论显然是正统学术界无法容忍的离经叛道的谬论，它试图从人与人的利益博弈的角度去解释现象，而理论家仅探讨剥离了七情六欲的人性之后的“客观”事实。沙赫特就与费德尔的观点背道而驰，特别是涉及中央银行制度的“大是大非”的原则问题时。其实，沙赫特的“理论观点”和他与华尔街关系密切的“实际背景”是分不开的，要害还是一个利益问题。

在聆听双方的激烈争辩中，希特勒心里像明镜儿似的，他从内心深处接受了费德尔的观点并付诸实践，但在表面上却重用沙赫特，冷落了费德尔。对于德国纳粹前期经济思想起到了奠基作用的费德尔，等到纳粹上台执政时，却被排挤到大学去教书。原因很简单，大工业家和大银行家不喜欢费德尔的理论，却热烈支持沙赫特，而这些实力派正是希特勒的纳粹党赖以生存的基础。希特勒骨子里痛恨这些“十一月罪人”，却又不得不和他们混在一起，逢场作戏。因为他是政治家，他只能遵守利益的游戏规则，而决不能将个人好恶置于游戏规则之上。

但是，在中央银行国有化的重大原则上，希特勒没有向沙赫特等人妥协。1933年，希特勒政府刚上台，就立刻重新修订《银行法》，规定：取消帝国银行董事会的独立性，帝国银行行长及董事会成员的任命权转归国家元首；赋予帝国银行执行公开市场政策的权力，但很少使用它；帝国银行可以对“创造就业汇票”进行贴现，以便新政府为创造就业机会提供资金。这个"创造就业汇票"就是"费德尔货币"，最早由费德尔提出，后来在实现希特勒"新政"奇迹中立下了汗马功劳。

当然，纳粹政府的上述做法，遭到了帝国银行董事们的强烈反对，但却无力阻止它。在银行家的反对声中，希勒特继续发力，帝国银行的独立性亦逐步被削弱。1937年2月，《帝国银行新秩序法》颁布，规定帝国银行董事会由元首直接领导，帝国银行的独立性被彻底剥夺。到1939年，帝国银行董事会解散。同年，纳粹政府又颁布《帝国银行法》，规定：停止黄金兑换纸币；由40%黄金和外汇构成的发行准备可全部由就业汇票、支票、短期国库券、帝国财政债券和其他类似债券替代；中央银行对帝国银行提供的贷款数额最终由"领袖和帝国元首"决定。这实际上意味着德国在货币制度上，已经从罗斯柴尔德的"黄金十字架"下争得了自由。至此，纳粹政府最终完成了中央银行在法律上和政治上的国有化。

为了避免国际银行家的强烈反弹而坏了大事，希特勒只能徐图缓进，用了整整6年时间，才终于将中央银行大权抓到了自己手中。

"费德尔货币"：德国的林肯绿币

费德尔一直坚持的理论就是奥尔格·弗里德里希·克纳普（Georg Friedrich Knapp）的货币名义价值理论，他的著作《国家货币论》（*The State theory of Money*）提出了货币是法律的产物，所以研究货币理论必须要研究法律的历史。社会发展的一个重要里程碑，就是支付手段的法律化。判断什么是货币，什么不是货币，只有一个标准，就是这种货币能不能作为被政府接受的支付手段。在这个理论看来，政府拥有货币定义权，而不再依赖控制在国际银行家手中的黄金。只要政府愿意，它可以任意指定一种石头或者一根木棒作为法定货币，用于向政府缴纳税收。换句话说，货币将完全没有稀缺性可言，也不作为财富储藏，它仅仅是一个用作交易的流通符号，不需要任何内在价值。

1932年，《纳粹党经济紧急纲领》将这种理念进行了政策化阐述，它反驳了当时流行的"资本缺乏论"的观点，如果货币仅仅是作为交易符号使用，当然就不存在"稀缺"的问题。纲领指出："我们经济上的问题并不是由于缺乏生产资料，而是由于现存生产资料没有得到充分使用造成的。要减少失业，现今最紧迫的任务就是要使闲置的生产资料被利用起来，并通过大量公共劳动计划，如开垦荒地、改良土地、修筑高速公路与运河、兴建工人居住区等来复苏内部市场。为资助这些计划，应投放生产性贷款。这种贷款的20%~30%可通过筹措来实现，余下主要部分可通过节省下来的失业资助金、提高的税收来实现。"

"投放生产性贷款"的钱从哪里来呢？费德尔的观点就是，完全绕开传统货币理论的限制，摆脱黄金储备和外汇储备的制约，政府可以创造一种新形式的货币"创造就业汇票"来提供生产性贷款。费德尔的想法带有强烈的"野路子"色彩，在他看来，一边是大量"闲置的生产资料"和劳动力，一边是"资本缺乏论"，而正统理论家强调，由于缺乏货币，所以造成了生产资料和劳动力的闲置。他们的书本上说货币必须由"负责任"的银行家们提供，而现在银行家不愿提供，所以经济危机就难以克服了。费德尔则认为，这种逻辑完全是荒谬的，活人岂能被尿憋死？如果银行家不愿提供货币，那么政府可以直接创造货币，这些"创造就业的新货币"一旦进入实体经济，立刻就可以将"闲置的生产资料"和劳动力盘活，从而创造财富和就业机会。

科班出身的沙赫特就"新货币"方案与费德尔进行了反复论战，代表银行家利益的沙赫特对这种绕开银行家由政府直接创造货币的方式，本能就极端反感，他甚至直斥费德尔的建议是"来自利益集团的非常疯狂和极端的声音，这些利益集团的目的是彻底颠覆我们的货币和银行系统"。沙赫特劝说希特勒，不要把这种"最愚蠢、最荒谬和最危险的想法付诸实践，这些愚蠢的想法往往来源于纳粹党内对银行和货币非常愚蠢的见识"。

老谋深算的希特勒听懂了费德尔的理论，也明白沙赫特的立场，刚上台不久的希特勒不愿得罪沙赫特和他背后的金融势力，所以一方面把建党元老和纳粹经济理论奠基人费德尔"请"去担任某些闲职，一方面任命沙赫特就任他的经济部长，以示对金融势力集团"言听计从"的谦恭态度。不过，希特勒决心已定，"创造就业汇票"的实践一定要进行，而且下令沙赫特尽快拿出一个方案来。

沙赫特扛不住希特勒的执拗，于是拿出一套实施方案。沙赫特建议成立一家注册资本金仅为100万马克的"影子公司"MEFO（Metallurgische Forschungsgesellschaft），这个公司可以理解为代表德国政府，由MEFO向能够创造就业机会的各种公司"采购"商品和服务，支付方式就是"创造就业汇票"，这是一种利息为4.5%、期限3个月的短期汇票，期满后可以反复展期，最长不超过5年。

当企业主拿到"创造就业汇票"，就可以到任何一家德国银行进行"贴现"，取得德国马克现金，然后雇用工人，采购原材料，组织生产。拿到"创造就业汇票"的银行可以自己持有这些汇票，也可以送到中央银行进行"再贴现"，得到现金。[27]

"创造就业汇票"属于纳粹的一种相当前卫的"金融创新"，而且效果非常明显。它的设计目的在于解决一系列重要难题：

第一，协约国，尤其是法国，对德国中央银行向德国政府直接发放信用设定了1亿马克的法律上限，美其名曰防止再次出现超级通胀，实则是严格限制德国政府的开支能力，从金融上防止德国重新大规模整军备战。"创造就业汇票"的设计将绕过这一法律限制，帮助德国政府从中央银行取得更多的信用；

第二，由于"创造就业汇票"被纳粹政府通过MEFO公司直接支付给创造就业机会的公司，它实现了一种类似货币的功能。从这个意义上讲，"创造就业汇票"相当于林肯政府在美国南北战争中发行的"林肯绿币"。不过"创造就业汇票"用于创造就业机会，而"林肯绿币"直接被投进了战火。其实质就是政府重新获得了发行货币的权力；

第三，"创造就业汇票"是由政府直接支付给能够创造就业机会的企业，从而使政府得以贯彻以"就业"为中心的经济政策，从而避开了商业银行放贷中的"利润导向"在衰退时期必然产生的"惜贷"倾向及通货紧缩的问题，而且确保了新增货币直接进入实体经济循环，将闲置的生产资料和工人重新组织起来进行生产，从而创造出更多的财富来应对扩张的信用；

第四，由于德国中央银行的黄金和外汇储备严重短缺，1929~1933年，从26亿马克急剧降到了4.09亿马克，到1934年，仅剩下8 300万马克，货币供应量严重不足。按照传统经典的货币理论，德国已经濒临破产，强大的生产能力在严重的"资本短缺"中将被活活地饿死。"创造就业汇票"的金融创新，摆脱了黄金和外汇的制约，德国人用实践证明了所谓经典货币理论并不靠谱；

第五，"创造就业汇票"实现了秘密重整军备而难以被外界察觉的作用；

第六，年息4.5%的"创造就业汇票"为企业提供了一种方便和低成本的融资方式。

尽管"创造就业汇票"的实际执行者是沙赫特，但它的思想和灵魂则来自于费德尔。

"金融创新"挽救了德国经济

1933年5月31日，德国政府宣布发行10亿马克的"创造就业汇票"，它的目的主要是为了支付特殊的技术工程项目。这些可再展期的票据被政府支付给雇主，雇主将承办大型项目并雇用大量工人，这样从企业主到普通家庭，都能够从"创造就业汇票"中获益。当这些票据流入银行系统中后，将会不停地产生放大效应，而且这种票据可以在德国中央银行进行再贴现，这意味着"创造就业汇票"和黄金、外汇、长期国债一同构成了德国货币供应的基础。

初期"创造就业汇票"中的大部分，从来没有被拿到德国中央银行进行再贴现，其中一个最主要的原因就是它4.5%的利息比较有吸引力，大量银行和其他机构选择持有这些票据，而不是进行再贴现。据统计，1933~1938年，"创造就业汇票"的发行量逐年上涨，到1938年余额高达120亿马克，占全部政府赤字开支的85%。其中大约有一半用于向直接创造就业机会的企业进行融资，另一半被用于德国秘密的军事扩张。

"创造就业汇票"的一个重大优点就在于，它把真正的购买力放到了德国新被雇用的工人手上。随着这些票据流通量的加大，闲置的资源利用率大幅上升，而失业率迅速下降。

年份	"创造就业汇票"余额（亿马克）	失业人口（万）
1933	10	600
1934	21	270
1935	48	220
1936	93	160
1937	120	90
1938	120	40
1939	120	20

在公共工程方面，特别是在建设新兴中产阶级的住房领域，"创造就业汇票"起到了关键性的作用。1932年德国大约有14.1万栋住房，而到1934年，大约有28.4万栋各种住宅建成。显然"创造就业汇票"使德国在建的住宅面积在两年之内

翻了一番。同时这些钱还用于修建德国的公路系统，"创造就业汇票"建成的公路里程高达数千公里，形成了覆盖全德四通八达的高速公路网。

希特勒所采取的经济政策，在很大程度上对德国中产阶级和贫困阶层产生了强有力的保障作用，也引起外国银行家的强烈不满和格外关注。德国由政府直接发行的"创造就业汇票"这种近似货币，在很大程度上绕过了国际银行家对德国经济的控制。一些经济学家相信，导致第二次世界大战的根本原因之一，在于德国政府靠自己发行货币，完全摆脱了英美对它的控制。由于外汇和黄金紧缺，德国必须向英美的国际银行家借贷，这种债务关系就使得德国的政治、经济、政策和相关重要利益，受到国际银行家的直接和间接影响。如果把这个环节给迈过去的话，希特勒就掌握了德国经济发展的决定权。

希特勒执政初期，取得了巨大的社会认同感和民众的支持，在很大程度上是由于他使德国的经济发展摆脱了英美主流经济学理论的束缚，重建了德国经济。可以说，国际银行家对希特勒这一宝是明显地押错了。希特勒是不会甘心充当别人傀儡的。

纽伦堡审判中的前帝国银行总裁沙赫特

沙赫特对于"创造就业汇票"的看法，显然是比较矛盾的。他一开始在跟费德尔论战的时候，曾经提出这是一个非常愚蠢和非常糟糕的主意，但后来他也不得不自食其言。几十年后，有很多人反复问他，这种就业汇票到底是不是成功的设计，这种不管什么时候一旦出现储蓄短缺都用中央银行的信用来替代资本储蓄到底能不能持久？沙赫特从理论上也承认了就业汇票的有效性，不过他仍然提出一系列限制条件，那就是只能在特定的情况下，这个措施才能够有效。当时德国的原材料没有任何库存，工厂空空荡荡，机器设备完全闲置，有 600 多万就业人口处在失业状态下——只有在这种情况下，当信用被授予企业主，而让工人重新利用工厂，利用原材料，利用机器开始生产，这样一服药方才能挽救资本创生力。

但沙赫特骨子里还是对这样的做法表示不满，其实他最后下台也与拒绝再给这样的就业汇票进行"再贴现"有直接关系。据他自己透露，在 1939 年 1 月，德国中央银行向希特勒递交了一份备忘录，提出拒绝再给德国政府更多的信用[28]，此备忘录后果严重。1月19日，沙赫特被政府解雇了。[29]第二天，希特勒发出命令，德国中央银行必须授予政府所有的信用，这个信用只要是政府需要的，德国中央银行就必须要授予。

沙赫特被解雇之后，德国政府对公众一直保密了5个多月，直到1939年7月第二次世界大战爆发前夕。他拒绝为德国政府提供进一步的信贷，有可能是导致他其后在纽伦堡审判中逃过一劫的重要原因。

在战后的1948年，一批美国教授为当时战败的德国再次设计了一套货币改革方案：引入德意志银行的马克，一开始每个人都会收到40马克的支付，而企业雇员收到60马克，政府部门收到1个月工资相对应的马克。但是所有帝国马克货币，不管是储蓄账户还是债务数额，统统减少到票面价值的10%。在另外一方面，股票、资产和其他有形资产保持不贬值。这是一次空前的“剪羊毛”行为，因为穷人的财富存在储蓄账户中，而富人的财富主要是在资产上。这种类型的“定向爆破式”的货币贬值，实际上形成了一个巨大的财富转移过程，产生了严重甚至是残酷的社会结构重大改变，在某种意义上，它的严重程度和冲击的广泛程度，不亚于1923年的超级通货膨胀。

罗斯柴尔德与希特勒

1938年3月12日，希特勒的军队开进了奥地利。希特勒手中握有一份重量级奥地利公民的抓捕名单。该名单上面赫然列着路易斯 · 罗斯柴尔德男爵——奥地利罗斯柴尔德分支首领的大名。在家族成员中间，英国罗斯柴尔德分支后来大名鼎鼎的维克多在家族成员中最钦佩的就是路易斯 · 罗斯柴尔德。

在希特勒进入奥地利之后的3个小时，德国纳粹军官就开车来到罗斯柴尔德在奥地利的豪宅门前，准备逮捕罗斯柴尔德。他们在门口按了门铃之后，等了一会儿，罗斯柴尔德的佣人出现在门口，不慌不忙打开大门。纳粹军官要求见一下男爵。佣人让他们在门外等候，自己进去通报。纳粹军官老老实实在门口等着。过了很长一段时间，佣人才再次出来说，罗斯柴尔德男爵现在正在吃晚饭，不能被打扰。说完佣人取出一支笔来，彬彬有礼地说：“你们要见男爵，先预约一下吧。”纳粹军官傻了半天，不知道该怎么办，只好郁闷地离开了。

由此看来，纳粹对于犹太银行家的迫害，在1938年时还没有开始动手。纳粹对于犹太银行家的态度是名义上大喊反对，实际上希图利用，因为大家都心知肚明，希特勒要打仗最缺少的就是金钱。因此，罗斯柴尔德家族并没有把希特勒的举措放在眼里。

希特勒如果选在这时候跟国际银行家翻脸，就休想从金融市场上再拿到一分钱。希特勒并没打算此时就决裂，至少在1938年时他还没作好准备。第二天，维克多从英国打来电话，让路易斯不要再停留，尽快离开奥地利。路易斯答应着，一边不慌不忙地收拾行李，用了半天的时间，让他的银行部员也打点行装。直耗到无功而返的那个纳粹军官再一次登门，"未经预约"抓走了路易斯。

维克多和其他家族成员开始对纳粹政府施压，要求尽快释放路易斯。纳粹政府提出条件，放人可以，但是一定要先没收路易斯在奥地利的全部资产。纳粹特别看上了罗氏家族在捷克斯洛伐克和其他中欧地区拥有的大批铁矿和煤矿。纳粹正在大规模备战当口，亟须攫取原材料基地作为德国军火工业的补给。罗斯柴尔德家族在维也纳和其他地区的密探马上把信息传递给狱中的路易斯·罗斯柴尔德。

路易斯·罗斯柴尔德收到消息就开始运作，把在捷克和奥地利的煤矿和铁矿资产转移给英国的罗斯柴尔德家族分行。路易斯人在狱中，照样情报灵通，资产"乾坤大移转"也不耽误，所需的一整套法律文件都严密完成，顺利地将资产控制权转移到了英国的联合保险公司，也就是英国的罗斯柴尔德家族名下。

这一整套秘密法律文件被维也纳和葡萄牙的官方认可之后，在神不知鬼不觉的情况下，签署完毕。资产转移的法律程序全部生效之后，纳粹才发现，原以为到手的罗氏家族奥地利资产现在已经属于英国罗斯柴尔德家族，他们的手够不着了。希特勒闻讯大怒，指示纳粹政府威胁路易斯，如果不把资产交出来，将会在监狱中被长期关押。

路易斯气定神闲地告诉纳粹军官，这些资产已经不是自己的了，属于英国罗斯柴尔德名下。如果纳粹想购买这些资产，应该跟伦敦方面直接联系。纳粹政府束手无策，只得提出一个交换条件，路易斯要想获得自由的话，需要为他们做一些工作。路易斯想都不想就轻蔑地拒绝了纳粹政府的要求，他告诉希特勒，如果纳粹想拥有这些资产，只能通过英国的罗斯柴尔德家族才有商谈的余地。希特勒此时可不想直接跟英国方面发生正面冲突。只有再降价码，提出只要路易斯交出200万英镑，就可以走人。

英国这边一听条件，马上支付了200万英镑。希特勒拿到钱就签署了释放令。当天，路易斯刚刚吃了晚餐，正在休息，纳粹军官来到狱中放人。路易斯伸了个懒腰，告诉纳粹军官，今天太晚了，他决定再在监狱里住一晚上，第二天再走。说完翻了个身，接着睡他的觉。纳粹军官无计可施，只能等路易斯在监狱里睡好了再动身。

希特勒的权术

从希特勒上台和拯救经济危机的手法上看，希特勒并非人们通常认为的疯子和毫无理性的人，恰恰相反，作为一个政治家，希特勒有着相当高的政治权术。

他倚重费德尔的思想并真心认可这些理论，却最终选择了并不志同道合的沙赫特作为经济部长，这是因为希特勒明白沙赫特是“有来头”的人。希特勒上台和执政初期，经济凋敝，失业严重，社会动荡，政权不稳，此时他必须要稳住国际银行家势力，不能过早暴露自己真实的战略目标，以免落得个“出师未捷身先死”的下场。他利用了沙赫特的金融才华，却始终对他保持着戒心。

刚上台的希特勒虽然将反犹作为政治大旗，但在实际政策操作时，却常常进行利益交换。在哈瓦拉计划上如此，在奥地利对待路易斯时如此，在下一章中讲述的与犹太复国组织秘密接触时也是如此。

沃伯格家族作为犹太人，本应受到德国纳粹的迫害，但沃伯格在德国的家族银行在纳粹上台5年之后的1938年仍在照常营业，并且还获得了巨额赢利。不仅如此，麦克斯·沃伯格就在希勒特眼皮底下担任着德国中央银行的董事和德国最大的工业托拉斯IG法本集团的董事，直到1938年才移民美国。希特勒不想打草惊蛇，过早暴露自己的企图，引起国际银行家的警觉，因此始终不动麦克斯。

直到希特勒控制住了经济危机，纳粹党羽翼逐渐丰满，并准备在欧洲发动战争的前夕，才着手清算国际银行家的势力。他在1938年将麦克斯赶到美国，1939年解雇了沙赫特，并解散德国中央银行董事会。

希特勒明知自己正在被国际银行家利用，他将计就计，在给对方自己很听话的印象的同时，争取到时间和条件得以悄悄地执行自己的计划。在建立德国强大的战争机器的过程中，为了迷惑英国的统治精英，他口口声声号称与苏联势不两立，从而赢得了张伯伦的“绥靖政策”，甚至在1939年9月进攻波兰的时候，西线的英法联军还在静悄悄地等着希勒特拿下波兰之后继续进攻苏联。没想到德国和苏联媾和平分波兰领土，随后突然杀了一个回马枪，向西突击，将英法联军33万人铁壁合围在敦刻尔克海边，正在英法联军上天无路入地无门的最后覆灭的关键时刻，希特勒却突然下令前线大军停止发动最后进攻，放英法联军一条生路。这是“二战”期间最大的悬案之一，很多军史学家认为希特勒犯了一个严重的军事错误，其实希特勒犯的是政治幼稚病。

希特勒骨子里是个强烈的民族主义者，他打垮法国完全是为了报《凡尔赛和约》的一箭之仇，他不想也不能与国际银行家彻底决裂，所以他留了33万英法联军一条生路，并给法国南部划出一块“维希政府”的自留地。希特勒的想法是，既报了大仇，又留下了余地，然后自己向东去灭掉苏联，控制苏联西部的广大国土和资源，再与英美分庭抗礼。轰炸英国无非是一种流氓惯用的威胁手段，试图为自己增加与老牌殖民帝国和平分赃的谈判筹码。因此，希特勒在发动进攻苏联的战争前夕，派出自己的心腹纳粹党的副元首赫斯（Rudolf Hess）飞到英国进行秘密和谈。希特勒提出的条件是，归还全部占领的西欧国家领土，赔偿重建这些国家的费用，德国仅在这些国家派驻警察，与英国签订和约。然后进攻苏联，要求英国保证大力支持。赫斯开着最新式的战机在英国苏格兰地区跳伞时，被当地民兵抓获，事情败露，英国舆论哗然。

希特勒的算盘倒是打得不错，但是他犯了“江湖大忌”。在国际银行家看来，此时的希特勒已经完全失去了控制，如此强悍的军事力量和没有底线的做事风格，已经成了他们的心腹大患，甚至比苏联更加危险，必须联合一切力量灭掉希特勒了。

结果赫斯在英国被“鉴定”为精神错乱的疯子，丘吉尔把赫斯的停战条件称为一个“精神病学研究的课题”。这个“精神病患者”被英国情报部门严加看管，不许任何外人探视。在战后的纽伦堡审判中，赫斯被判犯有“反和平罪”，但却没有“战争罪”和“反人类罪”的罪名，不过他却被判终身监禁，甚至到20世纪70年代，大多数纳粹战犯纷纷被提前释放之后，赫斯仍然被严密关押着。直到1987年，93岁高龄的赫斯，居然在狱中爬上高处，用电线勒住脖子，进行了高难度的“自杀”。从此，跟随希特勒从监狱中记录《我的奋斗》到纳粹掌权全过程的元首最贴身的秘书赫斯，永远闭上了眼睛。

希特勒和银行家

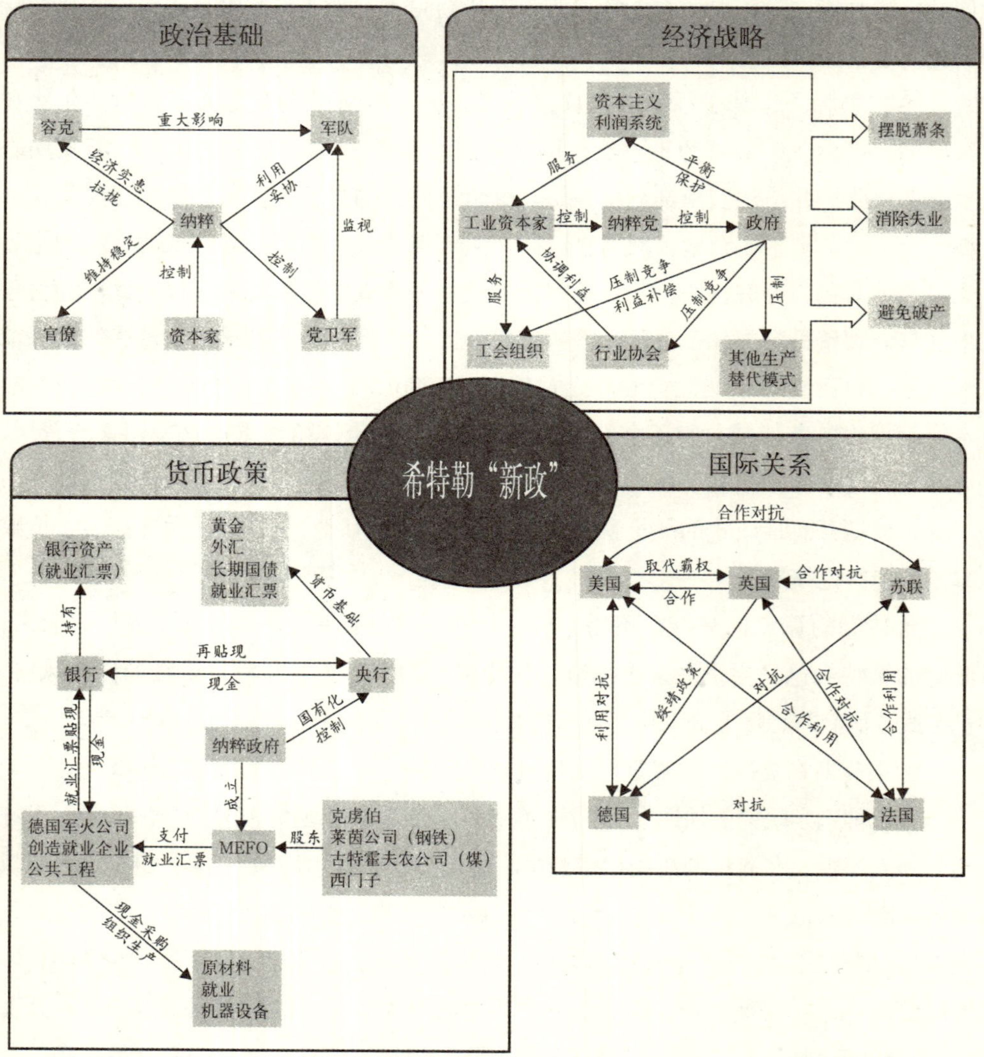
希特勒“新政”
政治基础
容克
重大影响
军队
经济实惠
拉拢
利用
妥协
纳粹
监视
维持稳定
控制
控制
官僚
资本家
党卫军
经济战略
资本主义
利润系统
服务
平衡
保护
工业资本家
控制
纳粹党
控制
政府
服务
协调利益
压制竞争
利益补偿
压制竞争
压制
工会组织
行业协会
其他生产
替代模式
摆脱萧条
消除失业
避免破产
货币政策
黄金
外汇
长期国债
就业汇票
银行资产
(就业汇票)
持有
货币基础
再贴现
银行
央行
现金
国有化
控制
就业汇票贴现
现金
纳粹政府
成立
德国军火公司
创造就业企业
公共工程
支付
就业汇票
MEFO
股东
克虏伯
莱茵公司(钢铁)
古特霍夫农公司(煤)
西门子
现金采购
组织生产
原材料
就业
机器设备
国际关系
合作对抗
美国
取代霸权
英国
合作对抗
苏联
合作
利用对抗
绥靖政策
对抗
合作对抗
合作利用
合作利用
德国
对抗
法国

希特勒和银行家

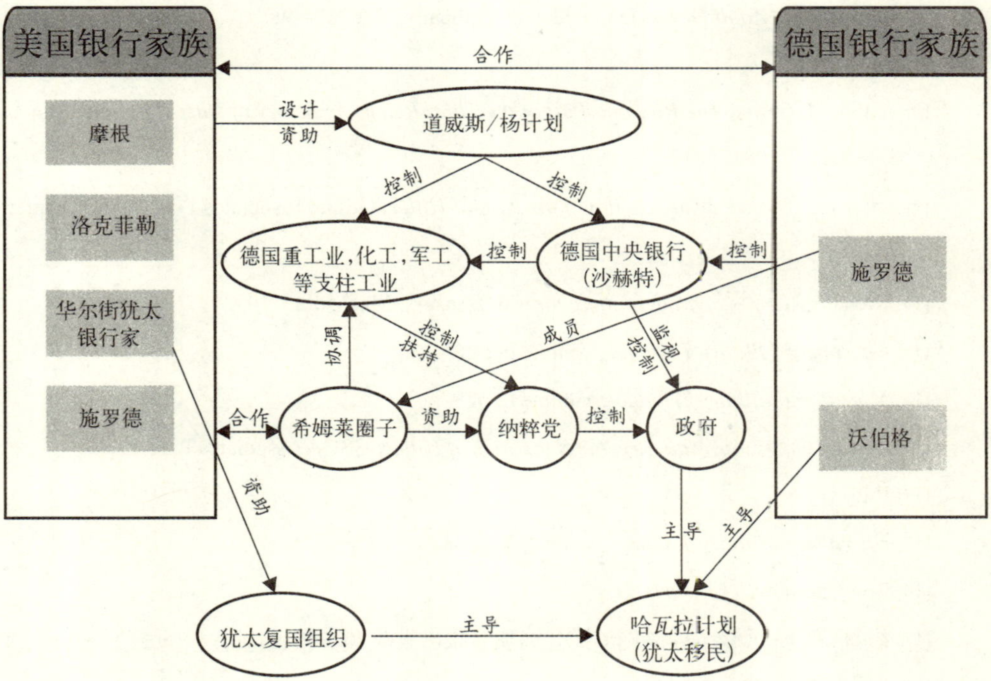
美国银行家族
摩根
洛克菲勒
华尔街犹太银行家
施罗德
德国银行家族
施罗德
沃伯格
合作
设计
资助
道威斯/杨计划
控制
控制
德国重工业,化工,军工等支柱工业
控制
德国中央银行(沙赫特)
控制
协调
控制
扶持
成员
监视
控制
合作
希姆莱圈子
资助
纳粹党
控制
政府
资助
主导
主导
犹太复国组织
主导
哈瓦拉计划(犹太移民)

参考资料

CURRENCY WARS

[1] *The Making of the West: Peoples and Cultures*. 3rd ed. Vol. C. Boston: Bedford/ St. Martins, 2009. p817.同见刘德斌主编：国际关系史，高等教育出版社2003年版，第216–217页。

[2] 刘德斌主编：国际关系史，高等教育出版社2003年版，第203–204页。

[3] Ibid, p 206-207.

[4] Munich 1923, John Dornberg, Harper & Row, NY, 1982. p344.

[5] Ian Kershaw, *Hitler: A Profile in Power*, 1991.

[6] John Toland, *Adolf Hitler*, Doubleday & Company,1976. p94-98.

[7] Ibid.

[8] William L.Shirer, *The Rise and Fall of the Third Reich: A History of Nazi Germany*, Simon & Schuster, 1981, p312.

[9] Antony C. Sutton, *Wall Street and the Rise of Hitler*, GSG&Associates Pub, 1976, Chapter 10.

[10] Richard Roberts,*Schroders Merchants & Bankers*, MacMillan, 1992.

[11] *Nuernberg Military Tribunal*, Volume 6, p285.

[12] *Nuernberg Military Tribunal*, Volume 6, p287.

[13] Antony C. Sutton, *Wall Street and the Rise of Hitler*, GSG&Associates Pub, 1976.

[14] Ibid.

[15] *Nuernberg Military Tribunal*, Volume 7, p238.

[16] Ron Chernow, *The Warbugs*.

[17] 约翰·维茨：《希特勒的银行家》，光明日报出版社2000年版，第6–7页。

[18] Ibid, p 14, p 22, p 30-31.

[19] Ibid, p 74.

[20] Ibid, p 108.

[21] 沙赫特：《我一生中的76个年头》，第404页。

[22] 约翰·维茨：希特勒的银行家，光明日报出版社2000年版，第173–176页。

[23] Ibid, p 212-213.

[24] Ibid, p 33.

[25] Ibid, p 78-80.

[26] Ibid, p 284-299.

[27] Ibid, p 163-164.

[28] Ibid, p 243.

[29] 沙赫特:《我一生中的76个年头》，第495页。

07 银行家与情报网

CURRENCY WARS

本章导读

金融从诞生之日起，其本质从来就不是空洞虚幻的理论探讨，而是冷酷精确的情报实践。金融家的境界就是利用信息不对称，在市场上寻找、发现、捕捉套利的机会。金融家的最高境界则是创造信息不对称，在市场上干扰、欺骗、迷惑其他参与者的思维与判断，从而制造套利的机会。

金融家的最大学问不在于如何保持信息的公平，而在于怎样实现信息的操纵。如果市场是由人所组成，而人的本性是自私的话，那么市场信息的均匀分布就是一个从来不曾有过也永远不会出现的“乌托邦”幻想。而建立在“乌托邦”之上的一切理论体系，在金融超级玩家眼里，永远是创造信息不对称的绝妙手段。

沿着信息传播的轨迹，发现信息产生的源头，把孤立的信息集中起来，对杂乱的信息进行分类，在分类的信息中建立联系，将扭曲的信息进行还原，从而得到信息的制成品——情报。这一过程的逆向执行，就是反情报手段。金融市场之中，无时无刻不存在着情报与反情报高手的博弈。

所以，金融和情报永远是一家人。

国际情报体系的建立和发挥，在很大程度上体现着国际银行家的意志，它从利益出发，围绕着利益进行，并最终向利益回归。深刻理解国际银行家的意志，明白他们的利益格局，对我们正确看待当今世界国际情报机构的核心功能和服务对象，具有重要的价值。

克格勃的“剑桥五杰”

对国际情报组织有所了解的人，恐怕无人不识金 · 菲尔比（Kim Philby）的大名。菲尔比作为苏联克格勃的高级间谍，卧底英国情报部门时间长达二十余年，又是英国派驻美国中央情报局的高级联络官，负责协调英美两国情报系统的反苏联间谍行动，其位置之关键，潜伏时间之长，对英美间谍网络破坏力之大，堪称冷战之最。

金 · 菲尔比

英美反苏联间谍行动的最高首脑竟然自己就是苏联间谍，天下恐怕没有比这更滑稽、更讽刺的事了。菲尔比 1963 年经贝鲁特叛逃苏联，并在 1965 年获得苏联红旗勋章，1968 年出版了自己的回忆录《我的无声战争》（*My Silent War*），很快登上世界各国的畅销书榜。菲尔比事件也许是英美情报机构有史以来最大的丑闻了。

其实，菲尔比在英美情报系统内部并非孤军奋战，他身边有一个闻名于世的核心团队——“剑桥五杰”（Cambridge Five）。其中成员——5 个剑桥大学时代的“铁哥们儿”后来成为苏联克格勃打入英美情报圈的中坚力量。

他们当中最早暴露身份的是麦克林（Donald Duart Maclean）和伯吉斯（Guy Burgess）。

麦克林曾在英国情报五局（反间谍）和六局（对外情报）担任重要职务，后来转到华盛顿英国驻美国大使馆负责情报工作。大量有关原子弹的研发以及丘吉尔与罗斯福、杜鲁门总统之间的政策制定进展等关键信息，源源不断地通过麦克林之手传到了苏联克格勃。特别值得一提的是麦克林最早向苏联透露了“马歇尔计划”的真正企图。

“马歇尔计划”本质上是个一石数鸟的妙计，其核心就是通过该计划替代德国的战争赔偿，在实现以美国金融势力集团主宰欧洲重建的同时，严重打击苏联经济的重建进程。《雅尔塔协议》和《波茨坦公告》中明确了苏联从德国获得战争赔偿，可以用德国的机器设备、工业企业、汽车、轮船、原材料等形式来支付，而当时苏联遭受的战争损失极其严重，几乎丧失了出口赚取外汇的能力，因此德国的战争赔偿将成为苏联经济重建过程中最重要的外部资源。“马歇尔计划”的核心就是变相废除德国对苏联的战争赔偿，代之以美国向欧洲提供金融援助。虽然表面上该援助同时也向苏联和东欧开放，但“马歇尔计划”所提出的经济自由化等条件与苏联的计划经济体制格格不入，从而“被迫”将苏联排除在援助范围之外。

“马歇尔计划”的另一“妙处”就在于将美国纳税人的金钱用于“赔偿”欧洲国际银行家在战争中的损失。“马歇尔计划”其实就是第一次世界大战后的美国道威斯计划和杨计划的翻版，这笔高达 130 亿美元的巨款被“借给”了欧洲的银行家们，除了德国之外，其他人从来就没有偿还过这笔钱。其实，对于国际银行家而言，战争的输赢并没有什么太大的分别，无非是由谁来付钱还债罢了。奇怪但并不意外的是，作为战胜国的美国的纳税人却成了两次世界大战最大的买单者。

正是麦克林的准确情报使苏联方面从一开始就看透了“马歇尔计划”的底牌。苏联不仅拒绝加入该计划，同时还强力阻止其他东欧国家加入，并且加速从德国撤除各种重工业装备。

1951 年 5 月 25 日麦克林 38 岁生日那天，已经被英国情报部门怀疑的麦克林与另一位“剑桥五杰”之一的伯吉斯一起叛逃到苏联，获得了苏联克格勃的上校军衔。

“二战”正酣时，伯吉斯在英国外交办公室工作期间与另一位“剑桥五杰”安东尼 · 布朗特爵士（Sir Anthony Blunt）一起将大量盟军战略计划和外交政策转给了克格勃。伯吉斯后来也被派到华盛顿的英国大使馆工作，并与菲尔比住在一处。他叛逃苏联之后，因大量酗酒死亡。

“剑桥五杰”中第四位暴露的就是安东尼 · 布朗特爵士。他曾在英国情报五局从事反间谍工作，将大量破译的德国军事情报泄露给苏联。战争结束前，他被英国王室秘密委派前往德国寻找英国温莎公爵与希特勒之间的密信，还有英国维多利亚女王与她的德国亲戚之间的通信。维多利亚女王是德国皇帝威廉二世的外祖母。1956 年安东尼被英国王室晋封为爵士，后来担任剑桥大学艺术史教授。他的苏联间谍身份暴露后，其爵士封号被英国女王伊丽莎白二世剥夺，随后英国首相撒切尔夫人公开点名布朗特爵士是苏联间谍。英国舆论哗然。1983 年，安东尼 · 布朗特死于伦敦的家中。

但是，“剑桥五杰”中第五个人的身份一直没有暴露，这早已成为世界情报界的重大悬疑。多年以来，人们对“第五个人”到底是谁众说纷纭，争论不休。

国际著名情报学家罗兰德 · 培瑞（Roland Perry）以大量的事实明确指出，维克多 · 罗斯柴尔德正是那个神秘的“第五个人”。[1]

“第五个人”

其实，罗斯柴尔德家族堪称国际情报系统的鼻祖。早在拿破仑战争期间，罗氏家族就以早于市场 24 小时的滑铁卢战役进展情报，一举在伦敦金融市场上获得了惊人的利润。对于大量从事跨国金融市场套利的国际银行家族而言，情报的准确和快速是赚钱的“第一生产力”。技术发明在很大程度上左右了情报系统的发展方向。在没有电报、电话的时代，罗氏家族率先发明使用信鸽来传递金融市场的数据和交易指令。为防止信息在传递过程中被截获而泄露机密，罗氏家族还创造了一整套信息加密技术。情报学对于罗氏家族而言，可谓是家学源远流长。

罗氏家族第三代男爵传人维克多 · 罗斯柴尔德就是在这样的氛围中成长起来的。

维克多作为家族英国分支的继承人，承载着家族厚重的荣誉和殷切的期望。从他的祖先老梅耶 · 罗斯柴尔德起家以来，历经祖爷爷内森在拿破仑战争中称雄伦敦金融城，太爷爷莱昂内尔拿下苏伊士运河，爷爷奈提资助罗兹家族开发南非、垄断全球钻石生意，并建立起后来深刻影响英美精英的罗兹奖学金等数不胜数的传奇战绩，只是他的父亲查尔斯似乎是家族传承链条上一个弱节，因患有严重的抑郁症，最后由于无法忍受长达6年失眠的痛苦而选择了自杀。当时，维克多年仅12岁。但是作为家族事业的接班人，他责无旁贷地承担起了各种难以想象的压力。

第一重压力就是种族问题。作为犹太人，他有一种高度敏感的被歧视情结，同时又有着极其强烈的优越感。虽然饱受排挤和歧视，但是犹太民族坚信唯有自己是上帝的选民，作为全世界的统治者，他们的权力是与生俱来、无可替代的。犹太人具有极其强烈的自尊，混合着极其强烈的被压抑感。而强大的心理落差往往能够产生强大的动力和韧性。

第二重压力就是家族的盛名。由于罗斯柴尔德家族纵横国际金融界已达百年之久，对世界近代史产生了重大影响，盛名之下的压力也绝不轻松。小维克多所在的贵族学校中，大部分同学都出身于显贵家族。但当小维克多说出他的家族姓氏时，所有同学还是会流露出敬畏的神情。不过，这种显赫的名誉和地位更是一种压力，在这样的盛誉之下，容不得小维克多有半点失态和不及别人之处，他必须也只能永远是第一。

第三重压力就是智商的挑战。维克多是个绝顶聪明的人，他的智商高达184。这是后来纳粹专家根据他各方面的表现作出的一个评估。维克多的确是一个非常多才多艺的人，他既是业绩卓著的银行家，也是著名的反间谍专家，同时还是生物学家，又对原子核物理学相当精通，对于绘画、艺术和音乐也有很深的造诣。维克多不断地学习各种新的知识，终其一生也没有空闲的时候。

进入剑桥大学三一学院的青年维克多精力充沛，喜欢冒险。当时他广泛涉猎多种学科，包括物理学、生物学、心理学等。他对自然科学一直有着浓厚的兴趣，同时还特别喜欢法语。在学法语的时候，他找了一个比他大3岁的学长来做课外家教。此人就是后来著名的安东尼·布朗特爵士，第四位暴露的“剑桥五杰”。

布朗特与维克多的关系发展很快，布朗特经常一对一地教维克多法语的发音。

布朗特1928年5月上大二时加入了剑桥大学三一学院著名的秘密组织“使徒会”（Cambridge Apostles）。这一组织是1820年由12个所谓的“使徒”发起建立的秘密组织，成员是整个学校最聪明的12个本科生，不仅如此，这12个人必须出身显贵，在英国上层社会中家族人脉广布。这样的两个要求确保了“使徒会”的成员未来必定成为英国的统治精英。布朗特后来成为维克多加入“使徒会”的“入会介绍人”。[2]

布朗特除了介绍维克多加入“使徒会”之外，还引领另外一个重要人物“入门”，他就是伯吉斯，“剑桥五杰”中第三个暴露者。1932 年 11 月 12 日，伯吉斯和维克多双双加入了“使徒会”，从此形成了以布朗特、维克多、伯吉斯等人为核心的一个小团体。

“使徒会”的圈子

“使徒会”的成员所形成的圈子有着一套完备的信仰价值体系、组织形式、选拔机制和活动仪式。他们在一起聚会不是大家吃吃喝喝的轻松社交，而是基于深刻的历史渊源、家族背景关系、高智商的相互仰慕，进行旨在未来“更好地”管理社会的高端严格训练。他们的共同之处在于，对未来社会改造有着强烈动机。换句话说，这是政治野心远大的一群人，他们绝不仅仅是一个学术团体，也不仅仅是一个同学会，更不仅仅是一个普通的秘密组织。由于他们超凡脱俗的家世、财富、智商和能量，尤其重要的是，他们都秉承让社会按照他们的意志运转的“精英”情结。这样一群人组织在一起，并成为永不背叛的盟友，他们相互提携、相互鼓励，结成了一个坚不可摧的利益共同体，这就是“使徒会”的传统。能够把这样一群高智商、高能量的人凝聚在一起的纽带，绝不仅仅是利益，信仰才是更为深层的力量。

经“使徒会”的朋友介绍，维克多认识了当时在剑桥非常有名的苏联科学家彼得 · 卡皮察（Peter Kapitza）。卡皮察是世界著名物理学家、诺贝尔奖获得者。卡皮察当时接受了英国皇家科学院的邀请来到剑桥的卢瑟福实验室工作。卡皮察一到剑桥，就组建了“卡皮察俱乐部”，在剑桥颇有名气。这个俱乐部把当时剑桥最优秀的一批物理学家请来讨论物理学的最新进展。剑桥的物理学家们打趣说，卡皮察发起这个活动的目的就在于可以定期从这帮杰出物理学家的信息交流中及时得到最新、最前沿的物理学进展，而他自己不必再去读那些枯燥的论文。其实，卡皮察还负有不为人知的使命，就是将从剑桥所收集到的各种物理学的最新进展信息，分门别类整理成物理学前沿发展报告，定期送往莫斯科。[3]

当时年轻的维克多的确被卡皮察的一套理念所吸引，即苏联发展出来的世界上第一套社会主义政治系统。这种名为科学社会主义的政治系统以严密的科学规律为理论基础，构建起完整的社会和经济体系。维克多最感兴趣的就是物理学和自然科学，所以当他听到这样的理念，体会到这是用科学原则像工程师那样精确地制订社会发展计划，使整个社会的政治和经济系统运作全部依赖于精密的、客观的科学理论和规范，他的直觉立刻发现这是一个奇妙而高超的想法。当时这套思想理论不仅迷住了维克多，在剑桥大学的精英"使徒会"圈子里也颇有市场。

"使徒会"经常组织各种讨论活动，每个人都要发表一篇论文，集中探讨社会运作方面的问题。在大家提交的研讨课题中，多半是以苏联的此种模式和苏联的相关经验作为研究重点。在这个小集团成员们的头脑中，普遍认为苏联的此种模式可以解决全世界的各种危机和问题。

维克多提交的众多论文围绕着探讨银行业在社会运作中的作用这一逻辑主线来展开。其中，他的一篇重要文章的题目就是"共产主义和银行业的未来"[4]。这篇文章充满了各种各样新奇的智慧闪光点和有趣并具备可操作性的提议，但"使徒会"对这篇文章的反应并不太热烈。因为这些使徒中间多数人并不具备相应的金融领域方面的知识，对商业运作也不是太内行，大家探讨问题时还是偏向学术化。他们更关心的是社会变革、社会运作和社会根本制度方面的问题。

在他们当中，布朗特是个"先行者"，已经完全接受了科学社会主义这个理论体系。同时，他试图引导维克多也走向同样的道路。在日常交谈中，他经常巧妙地问起维克多对他自己家族银行的看法。这个问题不免令维克多感到为难。他一方面觉得自己家族的整套银行运营只是在毫无意义地把金钱从一处转移到另一处，以便从中获得利益，认为由国际银行家族所构建的金融体系并不能给这个社会带来更多的益处；另外一方面，他又不想或者不愿意站在自己家族所代表的国际银行家势力集团的对立面。

此时20多岁的维克多的思想观念和价值观在经受巨大的冲击。布朗特给维克多反复灌输一种观念，就是国际银行家所构建的银行垄断体系并不是毫无益处的，如果爆发革命，整个银行体系被全面国有化，由国家来控制的话，也能够为社会带来极大的益处。

维克多并非布朗特和卡皮察眼中思想单纯的"小白兔"。由于性格早熟和深厚积淀的宗教信仰，还有他与生俱来的家族烙印，维克多很小就已经是个思维活跃复杂、有强大意志力和伟大志向的人。他最重要的特点就是极有主见，绝不会因为来自外部的劝说和理论影响而发生根本性的改变。他的心态始终如一，深谋远虑，深藏不露，指向明晰。他显然有自己的考虑和打算，这也是世代家族传承所积淀下来的思维方式。

在他心目中酝酿着一个更远大宏伟的目标，甚至是远远超过意识形态的社会发展规划。他在接受身边这些人的思想理念的同时，也在琢磨着如何利用这些人，为达到自己的目标而服务。维克多的天性中活跃着商人的基因，他对利益的获取欲望始终凌驾于对理论的兴趣之上。

在“使徒会”的圈子里，还有一个大腕级人物，他就是大名鼎鼎的英国经济学家凯恩斯。维克多和凯恩斯走得非常近。凯恩斯是早期“使徒会”的一名成员，20世纪30年代曾在剑桥大学教书，他在国王学院有一个私人办公室。凯恩斯并不信仰共产主义，但是他对政府应该介入经济运作的理念极感兴趣，一直在密切观察苏联一系列的经济改革和动态。1929年开始的世界经济大萧条使资本主义思想体系陷入重大危机，各种社会思潮都在试图寻找社会发展的出路，经济学家也不例外。可以说，当时的凯恩斯也受到了苏联计划经济模式思潮的影响。

维克多经常到剑桥大学凯恩斯的办公室找凯恩斯聊天。他每次造访凯恩斯办公室的时候，都看见凯恩斯坐在一把摇椅上读洛克或者休谟的哲学著作。维克多几乎从来没有看到凯恩斯专注于研究经济学。两人相见总是谈天说地，很是投机，在共同的兴趣和爱好——收藏图书上，更是有说不完的话。维克多心中一直有个疑问，凯恩斯什么时候做他的本职工作呢？[5]

凯恩斯比维克多大二十几岁，但年纪与经历的差距并没妨碍他们成为亲密的忘年交。维克多找凯恩斯从来不需要事先约好，兴之所至，随时登门。两人会面总有谈不完的话题，从哲学、社会、文学，到社会改造方面的理论和实践，乃至讨论社会究竟应该如何运作的大问题。维克多与凯恩斯经常探讨的另一个主要话题就是对英国金本位的看法。罗斯柴尔德家族在世界黄金领域的特殊地位不可忽视，维克多对黄金在英国银行体系和世界货币体系中的作用自然有着不寻常的关注。

在“使徒会”的讨论会中，最受欢迎的就是凯恩斯的演讲和论文。凯恩斯当时已年近50，他的社会阅历和见识，以及对社会经济、政治、外交等方面第一手信息和材料的掌握，当然令这些20岁出头的本科生高山仰止。他既有深厚的理论深度，又具备丰富的社会实践方面的真知灼见和经验。凯恩斯在“使徒会”的一次讨论会上，专门作了一个题为“政府干预”的报告，此篇论文使“使徒会”的大部分成员，包括维克多都深受启发和震撼。维克多的兴趣焦点从来没有集中在纯理论和抽象的东西上，他其实更关心实务操作细节。在给一个朋友的信中，维克多提到了凯恩斯的这篇论文，并且抱怨道：“‘使徒会’这帮人总是喋喋不休地探讨共产主义社会应该是什么样的，这个题目实际上相当枯燥。伯吉斯、沃特森还有理查德·戴维斯说起这种理论问题都两眼放光，兴高采烈，满脑门出汗，但是在很大程度上，他们说的这些话都缺少内在逻辑的连贯性，至少对我来说是这样的。”[6]

维克多的另外一篇论点空泛务虚，题为“共产主义和科学的希望”的论文在“使徒会”中受到了大力称赞和一致好评。[7]

这期间他们这个小集团里又加入了一位新的成员，他是剑桥大学社会学系的一个学生，此人正是菲尔比，“剑桥五杰”中第三名暴露的克格勃间谍。

菲尔比的父亲

菲尔比的父亲约翰·菲尔比也是一位传奇人物，毕业于剑桥三一学院，他的同窗好友尼赫鲁就是后来印度的总理。尽管不如自己的儿子有名，但是作为犹太人，约翰·菲尔比高度关注中东和巴勒斯坦地区的局势，他对中东的地缘政治起到了至关重要的作用和影响。约翰·菲尔比是英国殖民地情报系统的官员，曾经参与策划了阿拉伯大起义，反抗奥斯曼帝国的统治，并保护巴士拉地区的油田，这是当时大英帝国海军的唯一石油来源。约翰·菲尔比对阿拉伯人承诺支持他们建立一个统一的阿拉伯联邦国家。与约翰·菲尔比同时参与阿拉伯大起义的还有著名的“阿拉伯的劳伦斯”（Thomas Edward Lawrence），但是双方支持的阿拉伯领袖却不一样，约翰·菲尔比看好阿拉伯部落酋长沙德（Ibn Saud），而劳伦斯则支持赫贾兹国王胡赛因。

赫贾兹地区的哈什米特家族（House of Hashemite），是先知穆罕默德的直系后代，在过去的700年里一直是圣城麦加和麦地那的法定守护者。国王胡赛因作为阿拉伯人的大酋长，在伊斯兰世界受到普遍尊敬。1915年10月，英国代表麦克马洪和胡赛因达成协议，答应他如果阿拉伯部落发动起义加入战争，战后将赢得独立。

无论是沙德还是胡赛因都不知道，英、法两国早已秘密议定近东地区战后的势力划分。1916 年 5 月，英、法签订《西克斯—皮科特条约》，规定战后奥斯曼土耳其的阿拉伯省份中，法国将得到叙利亚和黎巴嫩，英国则分得约旦、巴勒斯坦和伊拉克。[8]1917 年 11 月，英国又发布《贝尔福宣言》，将巴勒斯坦单列出来作为犹太人的家园[9]，以换取犹太科学家魏兹曼（Chaim Weizmann，以色列第一任总统）的军事科研成果。英国许诺的大阿拉伯联邦只是一个骗局而已。英国的背信弃义，在后来许多年里给阿拉伯世界和西方的关系蒙上了挥之不去的阴霾。菲尔比与劳伦斯不过都是英国政府的马前卒而已。最后，约翰 · 菲尔比支持的沙德成为沙特阿拉伯国王，而劳伦斯支持的胡赛因的儿子费萨尔（Feisal）成为伊拉克国王。

1921 年，约翰 · 菲尔比被英国政府任命为英属大巴勒斯坦地区情报部门的最高首脑，其管辖地区包括了今天的以色列、巴勒斯坦和约旦全境。正是在这里，约翰 · 菲尔比与后来美国中央情报局的局长艾伦 · 杜勒斯（Allen Dulles）建立起长期合作关系。这也是金 · 菲尔比能长期潜伏在中央情报局而没有引起怀疑的一个重要原因。

1922 年年底，约翰 · 菲尔比回到伦敦参与了巴勒斯坦问题的政策讨论。主要参与人包括英国国王乔治、后来的首相丘吉尔、罗斯柴尔德和犹太复国主义运动的领袖魏兹曼。此后，约翰 · 菲尔比开始作为沙德的高级顾问，帮助他扩张和强化沙特阿拉伯控制的地区，成为沙特最有权势的人物之一。

1933 年，约翰 · 菲尔比与美国标准石油公司签订了波斯湾哈撒地区（Hasa）60 年的独家开采权，从而将美国石油势力引入了中东。实际上，约翰 · 菲尔比正是美国与沙特特殊关系的最重要联系渠道。

1936 年，美国加州标准石油公司和东苏伊士公司合资成立了阿拉伯—美国石油公司，约翰 · 菲尔比出面代表沙特的利益。阿拉伯—美国石油公司拥有着世界上最大的油田资源。

1937 年，约翰 · 菲尔比开始策划向巴勒斯坦地区进行大规模犹太移民，沙特阿拉伯将提供秘密保护。约翰 · 菲尔比同时与纳粹德国和法西斯西班牙商谈，如果爆发大战，中立的沙特将把石油卖给中立的西班牙，然后再从西班牙转运德国。美国司法部的纳粹特别调查小组曾认定德国盖世太保犹太部头目阿道夫 · 艾希曼（Adolf Eichmann）曾在 20 世纪 30 年代中期与约翰 · 菲尔比在中东见过面。

1935 年，阿道夫 · 艾希曼成为党卫军排犹政策的主要策划者和执行者。1938

年德国吞并奥地利之后，艾希曼负责在奥地利强迫犹太人迁移的工作，并与犹太复国主义者的“非法移民”代办处合作，以使强迫迁移的进程更加高效和稳固。

1939 年 2 月，约翰 · 菲尔比在伦敦与本古里安（以色列的第一任首相）和魏兹曼讨论巴勒斯坦的犹太移民问题。约翰 · 菲尔比提议魏兹曼的犹太复国主义组织支付沙特 2 000 万英镑用于重新安置巴勒斯坦的阿拉伯人，魏兹曼回答说需要和美国罗斯福总统商议此事。当时，金 · 菲尔比也参加了会议。10 月，犹太复国主义组织答应了“菲尔比计划”，但由于消息走漏，阿拉伯人坚决反对该计划。鉴于巴勒斯坦的宗教敏感性，此计划被搁置了 3 年。1940 年 8 月 3 日，约翰 · 菲尔比在孟买被英国逮捕，罪名是同情纳粹，随后被押回英国。由于凯恩斯等人的营救，他 7 个月后被释放。

1943 年 8 月，美国总统罗斯福的中东特使豪斯金斯（Harold Hoskins）来到沙特重提“菲尔比计划”，并指出这笔 2 000 万英镑的费用由“美国总统罗斯福来担保”。沙特国王在这笔巨款面前百般为难，因为消息早已泄露，如果他接受这笔钱，然后将阿拉伯人迁离巴勒斯坦，无疑将被整个阿拉伯世界认定是被“贿赂”了。思忖再三，沙特国王终于放弃这块烫手金砖。“菲尔比计划”无疾而终。

金 · 菲尔比与维克多 · 罗斯柴尔德

1933 年 6 月，菲尔比刚刚在剑桥大学考完经济学这门课，获得了全优成绩，得到了三一学院的奖学金。菲尔比将这些钱一部分用来购买了卡尔 · 马克思的全集，用剩下的钱买了一辆二手摩托车。菲尔比准备开着他的二手摩托车游历整个欧洲。毕竟是约翰 · 菲尔比的儿子，他周身充满了冒险的冲动。[10]

这无疑对维克多 · 罗斯柴尔德造成强烈的刺激。他的家庭背景、特殊地位、财富和名望编织成无形的绳索，束缚他永远无法像菲尔比这般“潇洒走一回”。这可望而不可即的诱惑对维克多构成更加强烈的吸引力。维克多忍不住问菲尔比能不能带他同行。或许是因为这愿望不可能实现，菲尔比翩然离去的身影在维克多眼中充满了非凡的豪气和魄力。

1934 年 5 月，当菲尔比用了大约一年的时间完成了欧洲游历，再次见到维克多时，身边多了一位未婚妻，她就是里特兹 · 弗里德曼，一名奥地利犹太地下共产党员。这次游历对菲尔比的一生产生了重要的影响。在奥地利的时候他结识了里特兹，参与了大量秘密的地下工作，包括拯救当时被纳粹迫害的犹太人，掩护共产党人的地下活动，募集资金，反对法西斯，营救被困的工人逃离纳粹的迫害，还有传送一些秘密信件，甚至乔装记者去打探纳粹的秘密等等，听到菲尔比这一年跌宕曲折、精彩淋漓的经历，年轻的维克多完全惊呆了。[11]

从菲尔比身上，维克多看到了一种他这辈子无法亲身尝试的生活，他内心深处无比向往如此冒险和刺激的日子。

有一次饭后，菲尔比试探维克多是否愿意做一些比捐助金钱支持犹太移民更直接的工作。维克多已经知道菲尔比的经历中大量涉及苏联的背景，他心中明了，如果他答应更直接地帮助菲尔比，那么他自己就成了苏联的支持者。

这是维克多的一个重大人生选择。他选择帮助苏联不仅仅是出于纯理论上的好恶，还有着他深藏不露的“私房”谋划。出身于情报世家，维克多对情报价值的理解相当深刻。在一个日渐接近战乱的世界里，丧失了情报就意味着家族百年基业将面临重大的危机，而向苏联提供情报则将积累罗斯柴尔德家族与苏联这一未来世界超级强权的交易筹码。罗氏家族百年以来最颠扑不破的真理就是两边下注，永远与胜利者站在一起。

在悟通了这个道理之后，维克多决心玩一场世界超级强权之间的平衡游戏，并成为最后的赢家。

“剑桥五杰”打入英国情报系统

由于罗氏家族在英国早已织就庞大的人脉关系网，当“使徒会”的朋友们毕业开始找工作，准备进入英国上流社会时，维克多责无旁贷施展能量，对朋友们的职场进阶起到了决定性的作用。首先他利用关系把好友伯吉斯介绍给当时英国保守党的重量级人物乔治·波尔（George Ball）。乔治·波尔是英国情报五局的主要官员，也是保守党情报机构的创建者。后来经维克多和乔治·波尔的推荐，伯吉斯进入了英国情报六局D部，他的第一个任务即为研究巴勒斯坦的犹太人问题。上司安排的具体工作是在犹太人中间建立起魏兹曼领导下的犹太复国主义组织的对立面，以分散犹太人对英国议会的游说力量，利于英国政府与阿拉伯人达成妥协。政府建议对立面最好由维克多领军。其实，维克多是犹太复国主义坚定的支持者，由于传统的低调和策略，外人一般认为罗氏家族的立场较为中庸。

由于伯吉斯工作出色，他又将菲尔比也介绍进情报六局D部，伯吉斯还将情报五局B部的常务副部长盖·利德尔（Guy Liddell）引荐给维克多，为后来维克多进入情报五局作好了铺垫。

罗斯柴尔德家族与丘吉尔的关系也非同寻常。从维克多的祖父奈提时代开始，丘吉尔就是他们家的座上宾。丘吉尔是看着维克多成长的一位前辈。丘吉尔在罗斯柴尔德家的来宾簿上的签名从1890年到1930年横贯了40年之久，更与维克多的叔叔沃尔特结下了非同寻常的交情。丘吉尔对沃尔特提出的要在巴勒斯坦建立犹太人最终的国家以色列的观点，始终持大力支持的态度。也正是因为这一点，丘吉尔成了罗氏家族在英国政界力挺的对象。

1939年，维克多向丘吉尔递交了一篇关于德国银行系统的分析报告，他在文章中对德国金融系统的分析开创了一种非正统但极富远见卓识的思路。罗斯柴尔德家族在各国的分支机构所收集的多种多样的金融交易中包含着德国各类物资采购和交易的关键数据和信息，纳粹政府所有的物资采购，只要通过银行交易进行，都会在罗斯柴尔德家族的监控范围之内。维克多通过对这些金融数据进行细致分析，得出了对德国在军事物资和武器装备方面未来采购的预测，结论表明纳粹正在执行军事扩张计划。丘吉尔的战争办公室对这个年轻人的新奇研究思路大为赞赏。正是这篇文章铺就道路，使得维克多在1940年顺利加入英国的情报五局B部，主要进行商业反间谍工作。[12]

维克多在英国情报五局的出色工作和表现，助他顺理成章把布朗特引进到情报五局的D部，将麦克林推荐到情报六局工作。

此时，"剑桥五杰"已经全面渗透进英国的情报部门和外交决策部门，对于日后战争的发展进程起到相当关键的作用。维克多·罗斯柴尔德实际上是"剑桥五杰"中最核心的成员，所有的人脉关系都从他这里发散，又在他这里收拢。

苏美之间，左右逢源

1937年，维克多的叔叔沃尔特爵士去世了。沃尔特自己没有子嗣，于是爵士头衔就由 26 岁的维克多继承，维克多成为第三代罗斯柴尔德爵士。作为英国的世袭勋爵，维克多自动成为英国上议院的议员，他的社会活动能力大大增强了。

当时在英国的苏联物理学家卡皮察已经回到莫斯科，而维克多一直与卡皮察保持着密切的联系，定期给他发送各学科的研究进展报告，其中包括原子能物理学方面的最新进展，也包括在内部刊物上发表的其他学科的重要成果和数据。这些数据和信息具有高级别的敏感性和机密性，从普通的国际科学研究渠道无法获取。这些领域包括生物毒素方面的研究，其研究成果可以被直接应用于生物武器制造。此类最新信息和数据源源不断传入苏联的科学家手中，弥足珍贵。[13]

维克多是一个勤奋且智商奇高的人，除了银行业是他的祖传专业外，维克多广泛阅读各个学科的研究论文，而且钻研极深。比如在看似与他隔行如隔山的生物学上，他曾经专门研究过分析精子运动规律的课题，试图发现精卵相遇的瞬间为何只有一个精子能够顺利进入的奥秘，"胜利者"精子是如何产生排他效应的。关于原子能物理学，他要求自己阅读所有的科学文献和各种公开与保密的论文，他对核物理的钻研深度已经达到了相当专业的水准。

维克多在英国情报五局的第一个工作，就是分析所有在英国开业的德国商业和工业公司的经营活动是否对英国构成安全威胁。1940 年早些时候，他就已经发现为数众多的德国伪装的商业机构，实际上背后在为纳粹政府工作。他的报告特别指出，这些机构很有可能对英国进行间谍活动，而这个网络是如此广泛却又如此不起眼，很难用正常手段去甄别组织复杂而庞大的商业间谍网络。

当时英国的机械加工行业中，各种各样的模具生产严重依靠德国的供应商。这一状况吸引住了维克多的视线。他建议把所有德国供应商的供应链全部转到美国公司。美国官方听到维克多的建议，欣喜若狂，忙不迭把维克多请到美国大使馆商谈具体的转移事项。这一行动使维克多飞快地与美国官方建立起重要的信任关系。

由于维克多在反间谍方面的出色工作，他被美国中央情报局的前身美国战略情报局请去培训美国未来的情报官员。维克多所编写的反间谍资料成为美国情报部门的正式教材。维克多因此获得美军的特殊荣誉勋章，还得到了英国的乔治铁十字勋章，美国总统杜鲁门也专门表彰维克多 · 罗斯柴尔德对美军的贡献。

罗斯柴尔德家族很早就与哈格纳（Haganah）建立了密切的关系。哈格纳是 1920 年成立的一个犹太复国主义的秘密情报组织，是后来以色列摩萨德的前身。哈格纳的主要使命就是建立以色列，该组织在罗斯柴尔德家族的大力资助之下，在整个欧洲建立起了庞大的间谍网络和监控系统，在各大城市秘密监控着所有反对犹太复国主义的政治组织。[14]

维克多在大力提升自己政治和军事情报的“资产价值”的过程中，最关注的就是如何制造更大的交易筹码，为以后的计划架桥铺路。他已经在反商业间谍的运作中，通过选择美国制造商这一手段，成功牵制住了美国的利益。与此同时，他更加关注尖端军事技术方面的研究进展，准备通过向苏联提供他们最急缺的军事技术情报来钓住苏联的胃口。掌握了美苏的情报动态，而身处英国情报的核心，同时兼备与犹太复国主义的情报网哈格纳的密切关系，维克多当仁不让地成为第二次世界大战中最重要的信息和情报中枢。

核心机密

维克多利用剑桥的人脉关系，为自己在英国国防科技实验室波登当（Porton Down）的关键研究部门谋得了一个重要位置。波登当实验室所进行的工作，都是属于绝密级别的项目，主要是生化武器的研究，这些研究成果最终将会被应用于细菌战武器的制造。生化武器研究计划的目标是在 3 年之内，能够实现武器化和量产化，将被作为对付德国的最后武器。希特勒一旦真正形成对英国本土登陆作战的实力，英国将毫不犹豫地动用生化武器撒手锏来对付德国。

当然这种研究工作是在发明毒药过程的同时也在制造解药，生化武器的研制与疫苗开发同步进行。维克多对这两方面的关键数据都密切关注，同时不动声色地收集着美国马里兰的细菌战研究机构的数据和在美国密西西比州进行的实际测试结果。波登当实验室所进行的工作是整个战争过程中最绝密的项目之一。维克多来到波登当实验室的 4 个月内，苏联克格勃就收到了大量实验数据，苏联生化武器研究的步伐紧紧跟了上来。维克多的“情报资产”在苏联方面迅速升值。[15]

在战争中，维克多的科研兴趣主要集中在大规模杀伤性武器的研究领域。从“情报资产”的价值来看，越是能够在战争中大规模杀伤对手的武器，其研究难度和潜在影响力就越大，各国就越是不惜代价希求得到，这种情报就构成了具备大幅增值潜力的“优良资产”。维克多从不缺钱，经济利益并不是他的追求。他心中的深谋远虑是要把这些“优良资产”转化为重要的国际地缘政治筹码，交易的对价就是支持以色列在巴勒斯坦建国。

与生化武器相比，原子弹是一块更大的“优良资产”，维克多当然不会忽略它的价值。

在“二战”初期，维克多就发现了原子弹在未来战争中的战略价值。当时他强烈建议丘吉尔加强对原子弹方面的研究，于是丘吉尔将当时英国科研的优先顺序定为：首先发展雷达，以解德国空袭预警的燃眉之急，其次就是原子弹的研制。

在原子弹的研制过程中，维克多是整个项目的重要参与者。

英国的原子弹秘密研制工作主要由威廉·阿克斯爵士负责，研究工作在帝国化学公司（ICI）进行，项目代号“合金管”（Tube Alloys）。[16]

1941 年 10 月，维克多进入了核心委员会监控原子弹研发的所有步骤，又广泛施展他在英国的影响力帮助威廉·阿克斯爵士争取政府的各项研究资助。整个“二战”期间，维克多是英美情报系统中对原子弹最熟悉、知识最渊博、对情况最了解的专家。

1941 年年底，珍珠港事件爆发后不久，两名哥伦比亚大学顶级科学家来到英国，提议英美应该将核武器研究的资源整合在一起。大家一致认为必须要赶在纳粹之前研制成功原子弹。丘吉尔首相非常关注原子弹的研究进展，几乎每天都要听维克多介绍原子弹研究方面的进展情况。

此刻，维克多处在一个特殊而有利的位置上，他获得授权可以查阅所有的保密论文和实验数据。在剑桥大学学习时，他就对核物理学很有研究。在仔细阅读保密论文的时候，他不断请教一些重量级的科学家，以确保完全明白其中所有的细节问题。维克多很快就变成了原子弹研究领域中一位顶级权威的专家。当他把所有细节问题都搞明白之后，他甚至已经开始对原子弹研制中的各种实验问题直接提出修改意见。

维克多不仅对研究细节了如指掌，而且对英美两国原子弹整体项目的进展和涵盖的环节有着全面、系统的掌握。这使他处在整个原子弹研究领域中非常有利的位置上，并分析整合其他信息形成一份详述原子弹整体进展的综合报告。维克多此时手中掌握的“情报资产”，已经足以对整个战争的进程产生至关重要的影响。

1933 年移民到英国的犹太核物理学家鲁道夫·皮尔斯（Rucolf Peierls）已经在

理论上证明了原子核链式反应是可能的，因此兴建反应堆来制造原子弹的燃料是可行的。皮尔斯首次提出1公斤左右被分离的U235足以制造一颗原子弹。直到1940年，所有科学家都认为要制造一颗原子弹必须使用成吨的U235才能实现，但皮尔斯的计算打破了所有人的预期。紧接着，皮尔斯和伯明翰大学的马克·奥里芬爵士共同验证了其技术的可行性，提出一整套设计方案。这个方案很快被维克多所接受，随后他对此方案进行了详细的分析和研究。

该计划很快被转到了苏联的手中。苏联对原子弹的进展情况表现出高度的关注和兴趣。当时希特勒对苏联的压力正在不断加大。斯大林格勒战役之后，苏德战场处于胶着状态，原子弹的研制进程信息对苏联有着致命诱惑。

苏联方面的卡皮察等物理学家在原子弹领域的研究正处于停顿状态，此时来自维克多的新思路如久旱后的甘霖，使卡皮察等人大获启发，立竿见影加快了原子弹研制步伐。美国方面，费米在1942年芝加哥实验中，根据皮尔斯链式反应理论，提出了原子弹可以使用钚，并建成了世界上第一个核反应堆。

费米的思路在英国却受到皮尔斯等人的质疑。在这样的情况下，维克多为了彻底搞明白钚是否能够成为反应堆的燃料，必须大量实地走访几乎所有国防科技的研究部门，广泛与各行各业的研究人员面谈，才能够了解整个原子反应堆的关键技术环节。如此高调地调查原子弹的细节，势必会引起怀疑。

维克多是谁啊？他迅速冷静地设计出一个完美的解决方案。

维克多首先给英国情报五局B部的常务副部长盖·利德尔写了一份报告，在报告中维克多提出整个国家实验室和在商业领域中的合作机构安全意识淡漠，不能有效防范德国间谍的渗透。他建议紧急加强安全管理，牢固树立警钟长鸣的意识。利德尔觉得维克多的报告很有道理，就让维克多负责整个国防尖端科学研究项目的安全工作。这个职位正中维克多下怀，拿到尚方宝剑，得以完全合情合法地去检查所有他关心的项目进展的“安全情况”。维克多成为英国所有敏感项目的“安全检查官”。

1942年他走访了伯明翰大学，“随意”检查了皮尔斯和福里克实验室工作进展情况，再“顺便”到另外一个办公室检查奥里芬的工作。当时奥里芬正在做关于雷达方面的研究。奥里芬在1994年的回忆录中提到：“这是我跟他（维克多）唯一的一次见面，维克多想要知道这个项目进展的所有情况，他走访了整个实验室，阅读了每一份研究报告，把这些报告中细节信息全部吸纳，他并不是一个专家，但是他也并不装出他懂得所有事情，而是不断地问大量的问题，再做笔记，然后和我进行长时间的讨论。讨论围绕科学实验中所面临的各种问题。他是个非常聪明的人，我非常喜欢罗斯柴尔德爵士。”[17]

其实，情报五局的这种安全检查，已经远远超出了一般安全保护的范围。维克多实际上在了解所有项目进展的具体情况，尤其是技术性的细节。他趁奥里芬不注意的时候，从奥里芬的办公室拿走了一个 3 英寸直径的磁控电子管，这个磁控电子管有 3 个磁极用来产生短波，是用于雷达的尖端装置。当晚维克多在他剑桥的家中，精密绘制了这个装置的所有细节和部件。维克多的绘画功底相当了得，他根据自己的观察和理解进行的三维立体绘图，要远比照相机拍出的照片更加明白易懂。很快，这张漂亮的三维立体图的照片就出现在克格勃的办公桌上。

第二天早上，维克多派人将磁控电子管送回给奥里芬，并附上一张纸条，上面写道：“也许你应该加强你的安全管理。非常高兴与你交谈。你忠实的朋友，维克多 · 罗斯柴尔德。”[18]

奥里芬接到纸条后吓出一身冷汗，因为磁控电子管丢了，他居然没有发现。奥里芬完全没有怀疑维克多的这一举动，在某种意义上他甚至是心存感激的，因为以维克多的位置和职责，他完全可以打报告批评奥里芬团队的安全漏洞，这将给奥里芬实验室带来很大麻烦，但是维克多只写了一张便条善意提醒，真是高抬贵手。奥里芬不敢怠慢，立刻回复，马上加强安全管理，确保所有的实验设备不会在没有登记的情况下被拿走。

1943 年年初，维克多再次访问了伦敦帝国学院汤姆森教授的实验室，同样也是以安全检查的名义。汤姆森教授向维克多详细解释了如何用钚制造原子弹的细节。但是汤姆森团队虽然正确理解了原理，却在反应堆中错误地使用了重水作为中子减速剂，从而导致实验失败。

维克多很快又把汤姆森团队的研究进展再次用精密的三维立体图画了出来，然后转交给布朗特，布朗特再发给克格勃。后来苏联物理学家们反映，这些数据才是他们正在殚精竭虑寻找的，维克多的情报帮助他们大大缩短了研究时间。苏联多年之后承认 1949 年爆炸的第一颗原子弹，只是美国人设计的一个翻版，这种设计对他们来说是一种前所未有的新思路，帮助苏联的核物理学家理解了原子能反应堆的最基本原理。当时在整个英国和美国，甚至包括丘吉尔在内的政府高层和诸位首席科学家们，恐怕没有一个人能够像维克多一样对原子弹的方方面面，知道得这么全面和细致。[19]

维克多此时已经成为苏联不可或缺的战略情报信息来源。他终于向苏联开价了。

维克多的对价：原子弹的机密交换以色列建国

苏联从 1947 年开始，在以色列建国问题上突然改变了一贯的主张，明确支持以色列在巴勒斯坦重新建国。

在国际史学界，人们一直对此事大惑不解。要知道马克思从一开始就坚定地反对犹太复国主义思潮。马克思明确指出，建立犹太国家是一种幻想。他对犹太复国主义持坚决批判的态度。斯大林对犹太复国主义也是采取这种批判的态度。苏联成立以后，它在政治上对犹太复国主义的负面态度并未发生改变。苏联政府的官方态度立场鲜明，犹太复国主义被形容为犹太资本家用来剥削犹太工人的一种反动意识形态，而在巴勒斯坦成立犹太民族之家的思想被认为是历史倒退，是同无产阶级国际主义运动背道而驰的。1939 年 5 月英国发表了白皮书，对犹太复国主义持反对态度。[20]1941 年苏德战争爆发之后，苏联在反对犹太复国主义方面有所缓解，但总的立场并未改变。

出乎所有人意料， 1947 年 4 月，联合国召开巴勒斯坦特别会议时，苏联的立场来了个 180 度的大转弯，表示支持以巴分治。[21]苏联驻联合国的代表葛罗米柯在联合国作了长篇发言，对犹太人在战时“遭到的极端不幸和苦难”给予同情。因此，不能无视犹太人建立自己国家的愿望。他代表苏联政府建议在巴勒斯坦“建立一个独立的、二元的、民主的和同样性质的阿拉伯—犹太国”。如果这一方案不能得到实施，就应考虑“把巴勒斯坦分成两个独立的自治国家，一个是犹太国，一个是阿拉伯国”。他说，拒绝考虑或否定犹太人有实现这一愿望的要求和权利“将是不公平的”。1948 年 5 月 15 日，以色列宣布建国之后不久，苏联马上予以承认，并于 5 月 26 日在以色列设立了大使馆，之后还多方支持以色列。1949 年 5 月 11 日，苏美共同支持以色列正式加入联合国。以色列的诞生极为罕见地获得了两个超级大国的共同支持。

对时间段的分析表明，维克多·罗斯柴尔德向苏联提供了大量重要的情报，尤其是原子弹设计方面的战略情报与苏联对犹太复国主义的态度转变有着明显的时间相关性。

苏联的第一颗原子弹是在1949年8月29日成功爆炸的。换句话说，苏联突然对以色列问题进行政策调整的时间段，正与苏联积极准备原子弹试爆的时间段重合。

核武器对苏联无疑具有重大战略意义。美国于1945年拥有了世界上第一颗原子弹，而苏联却不得不生活在美国核武器的阴影之中。这种挥之不去的压抑感令克里姆林宫寝食难安。只有拥有原子弹才能奠定苏联的超级大国地位。为此要害情报来交换以色列的建国，这样的推断应该是合乎情理的。剖析两事件发生的时间段，明显有着内在联系的一致性。

美国专业刊物《原子科学家新闻简报》曾报道，克格勃档案馆的档案表明，苏联机构收到的第一份原子弹情报是在1941年10月抵达克里姆林宫的，这是英国核物理学家呼吁丘吉尔制造核武器的一份备忘录的拷贝。它引起了苏联高层的一片惊慌，斯大林则认为这是假情报。而维克多“恰好”在1941年10月加入英国原子弹项目“合金管”的核心委员会，负责监控原子弹研发的所有步骤。

《原子科学家新闻简报》中还报道：“1943年年初，他（斯大林）任命物理学家、爱国青年库尔恰托夫为苏维埃原子弹项目负责人。与美国人白手起家不同的是库尔恰托夫手上已掌握了贝利亚的间谍们弄来的西方核研究的精髓。信使们将这些秘密资料运往莫斯科，然后转往距莫斯科400公里的萨鲁核武器制造场。在严格保密的情况下，苏联科学家开始仿制原子弹部件。”而维克多又是“恰好”在1943年年初，以“安全检查”为名访问了伦敦帝国学院汤姆森教授的实验室。汤姆森教授向维克多详细解释了如何用钚制造原子弹的每一个细节。

维克多不仅对英国原子弹的研发有着最全面和深入的了解，同时对美国原子弹的情况也极为熟悉。维克多与美国原子能委员会主席莱威斯·斯兆斯（Lewis Strauss）是密友。斯兆斯也是库恩雷波公司的高级合伙人，与国际银行家族关系非常紧密。

基于罗斯柴尔德家族在国际金融界举足轻重的地位和维克多在英国情报部门所掌握的大量原子弹以及生化武器方面的核心机密，加之他在英国政治圈子里的强大影响力和人脉关系，维克多的“情报资产”价值在苏联方面重重加码。

此时维克多开口要价，让苏联政府放松限制犹太人向巴勒斯坦移民的控制，并支持犹太人在巴勒斯坦建立以色列国。

战争结束以后，维克多越来越公开和强烈地呼吁犹太人重返巴勒斯坦建立以色列国。当时他在英国议院发表了一系列这方面的演讲，呼吁公众关注此问题，这点引起了英国社会各阶层的普遍关注。

犹太人和阿拉伯人在以色列建国的问题上发生了激烈的利益冲突，所有阿拉伯国家都坚决反对任何形式犹太国家的建立。从阿拉伯国家的视角看，这些土地世代是阿拉伯人的根基，不可能允许犹太移民重新建立一个以色列国。

在错综而微妙的国际政治博弈中，维克多长袖善舞，施展着高超的政治技巧。他通过家族集团在媒体中的特殊影响力，利用媒体把自己塑造成一个中立、温和的犹太理性主义者，他被描述成在整个犹太世界中最亲阿拉伯的政治人物。

1946年7月31日，在一场针对巴勒斯坦地位问题的论战中，维克多走上了前台。

这场争论由巴勒斯坦地区爆发的一系列恐怖主义行为引发，突出事件是由犹太恐怖主义分子发动的国王戴维宾馆大爆炸，此次爆炸事件致使多名英国士兵丧生。

在演讲中，维克多首度明确回应美国把巴勒斯坦分区的建议。[22]他首先否认自己是一个犹太复国主义者，或者和犹太复国组织有任何联系，然后就开始声情并茂地回顾几百年来犹太人在欧洲所受的种种迫害和欺压。随即他谈到1939年英国外交办公室所发表的著名的英国白皮书，该白皮书明确反对犹太人在巴勒斯坦定居。这被全世界犹太人认为是违背了1917年英国的《贝尔福宣言》，是一种可耻的背叛。维克多还引述了丘吉尔对白皮书的看法，“这明显是对以前承诺的背叛，这是另外一个《慕尼黑协议》”。对于美国分区的建议，维克多的回复是，此建议的首要条件就是停止一切恐怖主义行动，在巴勒斯坦地区分布的武装力量必须全部解除武装，这是新犹太人移民到巴勒斯坦的先决条件。他认为当前局面对犹太人明显不利，因为在巴勒斯坦周围强敌环伺，众多随时准备使用武力的阿拉伯国家正虎视眈眈。换言之，维克多认为在巴勒斯坦地区的犹太武装组织，应合理和必要地存在并发展。

维克多在历史回顾这部分动情地指出，犹太人经过了两千多年的流浪，终于能够回归属于他们自己的土地和曾经生活过的家园。他怒斥纳粹对犹太人的迫害，强调犹太人在“二战”中所遭受的极端恐怖的对待，使犹太人现在变得必须且刻不容缓地要拥有真正属于自己的避难所，从而防止未来任何迫害的发生。他这番讲话引起了全世界的关注。对于罗斯柴尔德家族来说，战争并没有结束，他们对以色列建国的决心是绝不会动摇的。

而此时摆在苏联面前的牌局则越来越明晰，如果苏联想继续得到维克多和其他犹太科学家在原子弹研制上的合作，就必须要在外交上作出妥协，支持以色列建国的理念。

苏联对以色列建国的支持从1947年开始到1967年为止，仅仅持续了20年，其后苏联对以色列的态度，再次回归到几百年来的传统轨道上。

而“剑桥五杰”也正是在同样的时间段纷纷暴露，维克多本人则是在20世纪60年代初停止了同克格勃的合作。

维克多·罗斯柴尔德爵士面对质疑他与克格勃关系的大量“传闻”，特意于1986年12月在英国的报纸上发表了一封公开信：“我不是，也从来不曾是苏联的间谍。”[23]

“目标巴顿”

2008年11月，美国出版了一本内容极具爆炸性的书——《目标巴顿》（*Target Patton*）。书中论述美国“二战”著名将领巴顿将军实际上并非死于车祸，而是被谋杀。

美国军界和史学界很早就有类似的说法，归纳起来有几种谋杀动机的推测：一种说法是德国纳粹干的。可是战争已经结束，德国纳粹基本上土崩瓦解，谋杀美国将军对影响战争进程已毫无意义，这种可能性不是很大。

另一种说法是苏联方面所为。因为巴顿对苏联的态度一贯敌视，他在“二战”结束的时候，甚至嚣张地要求美国释放德国纳粹党卫军，他将带领他的部下和纳粹党卫军一起向苏联军队发动进攻，因此苏联倒是有谋杀巴顿的动机。

还有一种说法是巴顿功高盖主。“二战”后期，他在解放欧洲的进程中起到了关键作用，引起了美国军方高层，特别是艾森豪威尔和布莱德雷的嫉妒。此说法提出的论据是当时艾森豪威尔和布莱德雷对巴顿的诸多军事行动都采取了拖延和抵触的措施，将重要物资装备和汽油分给蒙哥马利，却不给巴顿。由此推测巴顿的上司出于嫉贤妒能或者为了阻止巴顿把他们的无能和渎职捅出来，最后痛下杀手。

比尔 · 多诺凡

《目标巴顿》一书却提出了另一个令人震惊的说法，美国战略情报局才是策划谋杀巴顿的真正幕后主谋，而主导整个事件的就是战略情报局的创始人比尔 · 多诺凡（Bill Donovan），国际情报界称他为“疯狂的比尔”。[24]

书中提到了刺杀巴顿的一名知情人名叫巴扎塔。第二次世界大战期间，巴扎塔给盟军当过间谍，是一名神枪手，他自称是当事人之一。1945 年 4 月，欧洲战事快要结束的某一天，多诺凡约巴扎塔见面，说有一个任务“事关某种复杂的美国利益”，“需要你敢作敢为的爱国品质”。这个任务就是谋杀巴顿。多诺凡指示巴扎塔，行动时须自己找帮手，没有哪个机构会认账，更没有官方的支持。巴扎塔心里盘算，如果不接受这项任务，他确信自己会被干掉。1945 年秋季，他跟多诺凡签了谋杀巴顿的合同，报酬是 1 万美元。多诺凡声称：“我是从上头接受命令的，很多人都希望办成这件事。”[25]

1945 年 12 月 9 日上午，巴顿和随员乘坐他的凯迪拉克专车行进在一条两车道的公路上。那是一个星期天，路上车辆不多，道路笔直，视野可达半英里远。车祸发生时巴顿正在眺望窗外的景色。此时，对面车道上开来一辆军用卡车，在离巴顿的车不到 6 米时突然以接近 90 度的急转弯直撞过来，卡车车身一下横到凯迪拉克前面。司机只来得及踩了一下刹车，同时试图把车向左打，但已来不及了，凯迪拉克一头撞上了卡车。巴顿从后座被甩到前座，从鼻梁到头顶的一道裂口血流如注。巴顿说他脖子很痛，接着又说：“我喘不过气来，帮我活动活动手指头。”当天中午 12 点 30 分，急救车载着重伤的巴顿，向距离最近的位于海德堡的第 130 驻地医院疾驰而去。[26]

巴顿好几天生命垂危，医护人员日夜抢救。这么重的伤，他居然恢复得挺快。医生说出现了奇迹，家人和部属脸上的愁云也慢慢散开。到车祸之后第 10 天，即 12 月 18 日，巴顿的伤情进一步稳定，他准备回美国过圣诞节了。12 月 19 日，就在巴顿动身的前一天，他的病情忽然恶化，出现了血栓。极短时间内他的病情急转直下。12 月 21 日下午，巴顿去世。尸体没有解剖。

书中透露，谋杀计划并不打算让巴顿死于车祸，而是使用药物。在医院里用

巴顿将军

巴顿将军墓

“可以引起血栓、心脏衰竭之类的氰化物提炼药剂”结果巴顿的性命。药剂是在捷克斯洛伐克制造的，只用一点点，就可以在“18~48 小时之内”夺命。[27]

在巴顿车祸事件中，所有跟巴顿车祸有关的记录，如官方的事故报告、目击人的证词等记录都失踪了。巴顿的凯迪拉克车，事后没有作任何事故记录和检验，就被草草拖走，从此没了下落。如果假设是苏联方面下手在医院里毒死了巴顿，但要系统销毁只有美国军方掌管的所有相关档案资料，恐非易事。

曾经有人向巴顿透露风声说，“自己人”要出手伤害他。巴顿当时回答说：“来吧，他们跑得快，才能追得上我。”巴顿可能隐约预感有人准备谋害他，因为他曾在一个月内经历了 3 次离奇的车祸。

如果主谋是美国战略情报局的创始人比尔 · 多诺凡，也着实令人费解。作为美国战略情报体系的创始人，他曾经被美国总统杜鲁门高度评价为“一个对美国作出重大贡献的人”。况且多诺凡和巴顿并无私人过节。他为什么要谋杀巴顿呢？这本书里并没有给出真正的答案。

到底谁是比尔 · 多诺凡？他谋杀巴顿的真正动机究竟是什么呢？

多诺凡的来历

多诺凡[28]于 1883 年 1 月 1 日出生于纽约州的水牛城，毕业于美国哥伦比亚大学法学院，在法学院的一个同窗就是后来的美国总统富兰克林 · 罗斯福。1903~1908 年在哥伦比亚法学院读书的时候一位名教授对他青睐有加，此教授即为著名的美国

FBI首任局长埃德加 · 胡佛

最高法院大法官哈兰 · 斯通（Harlan F. Stone）。

哈兰 · 斯通教授特别赏识的学生中，除了多诺凡之外，还有一个就是后来美国联邦调查局（FBI）的头目埃德加 · 胡佛（John Edgar Hoover）。胡佛也不是等闲之辈。当时作为美国的总检察官，哈兰 · 斯通任命胡佛为联邦调查局的首任局长，这个消息震惊了华盛顿。胡佛从1924年担任联邦调查局的第一任局长，一直到1972年去世，在位时间长达48年之久，成为美国历史上最有权势和令人生畏的情报部门头子。

多诺凡在哥伦比亚大学期间遇到的另一位“贵人”是杰克森 · 雷洛兹教授（Jackson E. Reynolds）。此人后来成为纽约第一国家银行的总裁，是摩根财团系的悍将，正是靠他力挺，多诺凡才坐上了美国战略情报局的头把交椅。

多诺凡的社交名录上皆为显贵，其中有一位著名的美女演员艾琳娜 · 罗宾森（Eleanor Robson），她就是罗斯柴尔德家族在纽约的代理奥古斯特 · 贝尔蒙特的儿媳。

多诺凡在纽约州的水牛城开了一个律师事务所，结识了罗斯 · 罗姆赛。罗斯 · 罗姆赛出身赫赫有名的富豪家族，她的父亲德格斯特 · 罗姆赛和叔叔布朗森曾经在水牛城拥有43平方英里的土地，在1890年的时候，他们家族的资产就超过了1 000万美元。罗斯 · 罗姆赛的母亲也是豪门富家女，祖上曾经拥有上千名奴隶，可能是美国历史上拥有奴隶最多的奴隶主。几经波折，罗斯 · 罗姆赛最后还是嫁给了多诺凡。

多诺凡在哥伦比亚大学和华尔街朋友的提携下，在1915年第一次世界大战期间，被洛克菲勒基金会派往欧洲参加“战争救助团”。当时同受基金会派遣执掌此项目的同事赫伯特 · 胡佛（Herbert Hoover）后来成为美国第31任总统。

美国加入“一战”之后，多诺凡曾经亲上前线，并光荣负伤。战功表里记录他曾经在1918年10月15日俘虏过德国的一个机枪班。多诺凡因此被授予“国会荣誉勋章”。他的勇敢事迹被美国媒体广为传播，并受到众位华尔街银行家的赏识。1919年和1920年多诺凡曾肩负华尔街的秘密使命到过中国和西伯利亚。

第一次世界大战结束之后，JP摩根成立了海外商业公司，准备发行20亿美元的债券，为战后的欧洲融资。1920年2月摩根以20万美元的薪酬邀请多诺凡再次到欧洲进行秘密访问，主要目的在于获得欧洲债券市场的秘密情报。将此重任付与多诺凡，是看中他既有欧洲战场的经历，又在欧洲生活多年，广结人脉，积下了自己的情报网络。正是在此番欧洲之行中，多诺凡在德国巴伐利亚的贝希特斯加登遇到了希特勒，并且和希特勒长谈了一夜。他认为希特勒是个“有趣的谈话者”。

1922年多诺凡被任命为纽约区的律师，1924年他应前哥伦比亚法学院教授哈兰 · 斯通召请到了华盛顿。多诺凡见到老师的第一个要求就是希望撤掉埃德加 · 胡佛的联邦调查局局长。斯通既是多诺凡的保护人，也是胡佛的靠山，因此多诺凡并没有如愿以偿。从这件事情可以看出，多诺凡跟胡佛之间显然存在过节，这也可能是战略情报局和联邦调查局在后期合作中，始终磕磕绊绊的原因之一。

1924~1928年，多诺凡成了后来胡佛总统的亲密伙伴。胡佛建议柯立芝总统任命多诺凡全权负责胡佛大坝的组织和协调工作。当胡佛平步青云步上政坛时，多诺凡作为最高级的策略顾问，忠心服务了4年。胡佛在竞选总统的过程中甚至邀请多诺凡成为他的竞选搭档，但因多诺凡是天主教徒，胡佛担心和他搭档竞选会失去很大一部分非天主教徒的选票，几经考虑后放弃了多诺凡。胡佛总统竞选成功入主白宫后，自然犒赏功臣。而作为主要竞选团队核心成员的多诺凡竟然没有获得内阁中的一个位置。郁闷之余，多诺凡准备退出华盛顿的政治圈。

1936~1937年，多诺凡在德国纳粹政府的朋友邀请他参观西班牙内战的进展情况。在西班牙他碰到了“剑桥五杰”中的金 · 菲尔比。

1937年，由于纳粹吞并捷克，对罗斯柴尔德家族在捷克的贷款产生负面冲击，罗氏家族在维也纳的银行遭遇了麻烦。多诺凡正好在纳粹内部圈子里有颇多人脉关系。于是罗斯柴尔德请多诺凡出面，去打探纳粹政府内部消息。帮了这个忙，多诺凡跟罗斯柴尔德家族的关系得到进一步加深和巩固。

战略情报局——“Oh So Social”[29]

1940年5月29日，曾和多诺凡在1915年“欧洲救助团”共事的威廉 · 史蒂芬森来到了纽约，他带来了曾是欧洲旧相识、时任英国情报部门官员的布林克 · 豪将军的一封信，信中建议美国尽快建立战略情报部门。

多诺凡带着这封信找到了华尔街的朋友和哥伦比亚大学法学院的同学——美国总统富兰克林·罗斯福——游说。罗斯福于是命令多诺凡到伦敦去筹建美国战略情报局。尽管是所谓的秘密行动，但是很多美国媒体都在猜测多诺凡伦敦之行是肩负着罗斯福总统的秘密使命的。多诺凡还顺道到东南欧去了解德国占领下的土地的情况，尽管德国方面知道他肩负着筹建美国间谍机构的使命，却并没找他任何麻烦，其中内因是德国并不想招惹美国。

多诺凡从欧洲归来，把他了解到的情报递交给罗斯福总统。1942年6月13日，罗斯福总统正式任命多诺凡为战略情报局局长。从此，多诺凡被罗斯福称为"我的一条秘密的腿"，主要帮助罗斯福执行秘密计划。

在多诺凡领导下的美国战略情报局中，JP摩根的儿子尼尔斯是负责财务的大掌柜，梅隆家族的保罗任要职，他的小舅子戴维·布鲁斯执掌伦敦战略情报局分支，后来出任美国驻法国大使。"美联储的总设计师"沃伯格家族的保罗·沃伯格的儿子杰姆斯·沃伯格是多诺凡的私人助理。范德比尔特、杜邦和莱恩家族都不甘落后，纷纷把家族成员安排进入了战略情报局担任重要职务。难怪有人称战略情报局为"Oh So Social"（"全是关系户"）。从人脉关系来看，美国战略情报局简直就是国际银行家的社交圈子，主要服务对象是洛克菲勒、摩根、罗斯柴尔德、沃伯格、范德比尔特、梅隆、杜邦和莱恩等重量级的富豪金融家族。

情报和金融永远是一家人。

谋杀巴顿的动机

当了解多诺凡和战略情报局的人脉关系之后，我们再回到《目标巴顿》这本书上。如果多诺凡与巴顿并没有私仇，那么多诺凡声称，"我是从上头接受命令的，很多人都希望办成这件事"，这个"上头"究竟是谁呢？是他的名义领导美国总统呢，还是他的实质"上头"并有"很多人"的国际银行大家族呢？

巴顿是一个极端敌视苏联的将军，他持续不断地制造与苏军的摩擦，如果无法对他加以遏制的话，有可能会引发美国与苏联的军事冲突，甚至是引爆战争。此时美苏一旦交战，是完全不符合国际银行家的利益的，尤其是1945~1948年，正是以色列准备建国的关键时期。犹太复国主义者准备了近百年的宏图大业在此一举。

通过“一战”，奥斯曼帝国轰然倒下，巴勒斯坦地区终于得以重新分离出来；通过“二战”，大批犹太移民已经到达巴勒斯坦。当纳粹德国彻底灰飞烟灭，英法还在战争废墟中喘息，美国出于金权的压力，苏联难耐对原子弹的渴望，各大国出于不同的原因在以色列建国问题上刚刚出现百年难遇的共识，如果任由在美国拥有强大声望、广博人脉和军队死忠的巴顿胡来，使得美苏交恶甚至开战，犹太复国的百年梦想将会复杂化，甚至可能彻底而永远地被断送，这一代价是无论如何无法承受的。别说一个巴顿，就是10个巴顿，在这样的节骨眼上胆敢出来搅局，都是绝对无法容忍的！

一小撮精英决策人物的目光，深邃冷峻，投射向他们信仰的共同终极目标。道路上出现的任何障碍和干扰，都将被瞬间铲除。

国际情报网与银行家人脉关系图

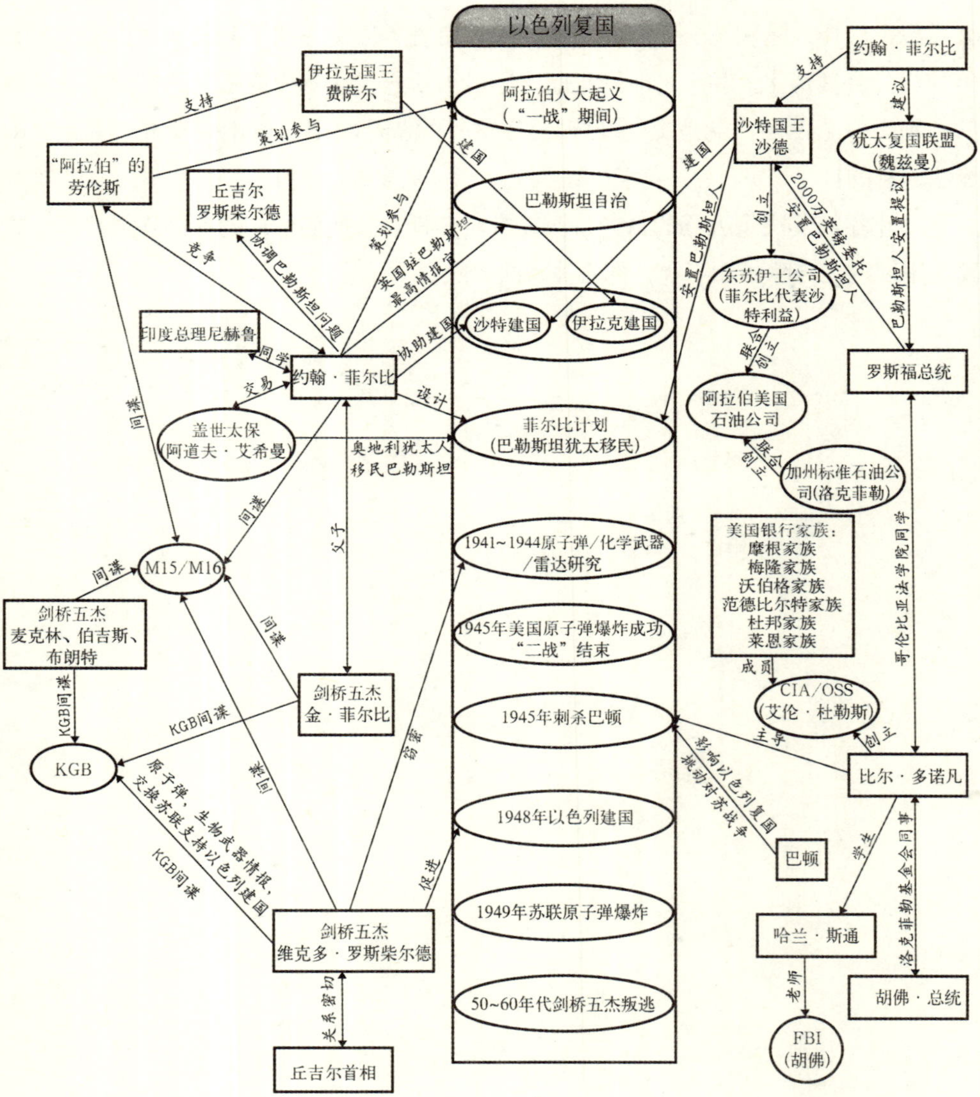

参考资料
CURRENCY
WARS

[1] Roland Perry,*The Fifth Man*, Pan Books, 1994, pxv-xlii.

[2] Ibid,p36-37.

[3] Ibid,p37-38.

[4] Ibid, p45.

[5] Ibid, p43.

[6] Letter from Vivtor Rothschild to Keynes,Keynes Papers.

[7] Roland Perry,*The Fifth Man*, Pan Books, 1994, p43.

[8] 刘德斌主编：国际关系史，高等教育出版社2003年版，第275页。

[9] Ibid, p277.

[10] Roland Perry,*The Fifth Man*, Pan Books, 1994, p47.

[11] Ibid, p49.

[12] Ibid, p89-90.

[13] Ibid, p77.

[14] Ibid, p79-80.

[15] Ibid, p95.

[16] Ibid, p113.

[17] Ibid, p116-117.

[18] Ibid, p117.

[19] Ibid, p118.

[20] Paul R.Mendes-Flohr, Jehuda Reinharz, *The Jew in the Modern World: A Documentary History*, Oxford University Press US, 1995.

[21] Roland Perry, *The Fifth Man*, Pan Books, 1994, p176.

[22] Ibid, p152-155.

[23] Ibid, p365.

[24] Robert Wilcox,*Target Batton*, Regnery Publishing,Inc.2008, p25.

[25] Ibid, p92-99.

[26] Ibid, p20, p167-170.

[27] Ibid, p16-17, p202-204.

[28] Anthony Cave Brown, *Wild Bill Donovan: The Last Hero*, Times Books, 1982.

[29] R. Harris Smith, *OSS: The Secret History of America's First Central Intelligence Agency*, University of California Press, 1972.

08 统治精英与“隐形寡头”

CURRENCY WARS

本章导读

“仅有财富是不能熄灭超级富豪的渴望和贪欲的。相反，他们中的很多人都利用自己丰沛的财富，以及这些财富带给他们的影响力去攫取更大的权力。此种权力之盛，是早年间的暴君和专制者们连做梦都不敢想的。这是一种支配世界的权力，不仅支配世界的财富，也支配活在这个世界中的人。”[1]

这段话非常精确地描述了国际银行家最终的“宏图大略”，那就是建立一个由“盎格鲁–美利坚权势集团”为金字塔顶端的世界政府。这并不是一个虚幻的猜测或疯狂的臆想，而是一个经历了几代人发展演化的战略进程。

从早期英国的罗兹会社到后来美国的外交关系协会，来自英美的统治精英为了实现统治世界的战略目标，从理论到实践进行了全方位的理论探索和实际操作。

这一有组织的庞大计划的实施，离不开三权背后的金权支持。

我们今天所看到的西方世界，表面上是民主、自由与多元化的社会，过去的金融寡头们已经成功地被神圣的民主制度赶出了权力的殿堂。有权有势的超级富豪家族们仿佛人间蒸发了一般，再无踪迹可寻。历史被改变了吗？资本主义不再为少数权力集团服务了吗？国际银行家果真主动放弃了至高无上的权柄，归隐山林过着普通人的生活了吗？

人性其实是不会改变的，贪婪与控制的欲望从人类诞生之初直到现代社会，从来就没有改变，在可以想象的未来，也不会改变。改变的仅仅是贪婪和控制的形式。从商业资本主义到工业资本主义，从金融资本主义到垄断资本主义，再到当今的所谓多元资本主义，少数权势集团对社会大多数人的统治，其本质从未改变，只不过今天的统治手段和形式发生了很大的变化。直接的、可见的、赤裸裸的金融寡头们躲到了幕后，代之而起的就是新兴和庞大的基金会体系，它们已成为当今西方世界统治力量的重要组成部分，而它们的控制者仍然是从前的金权家族们。

韩航KAL007航班的神秘空难

1983年8月31日凌晨，苏联库页岛防空雷达屏幕上，一架身份不明的大型飞机正闯进远东洲际导弹发射基地的防空识别区上空，两架苏联防空SU–15战斗机奉命紧急升空拦截。5分钟后苏军飞行员向基地请求行动指示，基地司令官发出“击毁入侵飞机”的命令。当日世界各通讯社都发出消息，韩航KAL007航班的波音747客机在库页岛上空被苏军飞机击落，客机上269人全部罹难。这一消息立刻震惊了全球，成为冷战时期最严重的事件之一。

美国方面的声明指出，8月31日凌晨，由阿拉斯加的安克雷奇（Anchorage）飞往汉城的KAL007班机，误入苏联勘察加半岛和库页岛领空，这是机械故障的意外，而并非人为的故意安排，因此无人能够预知并及时阻止。结果凌晨3时27分，KAL007在库页岛上空被苏空军以导弹击落，全机269名乘客和机组人员无一幸存。当时美国总统里根将这一事件斥为对手无寸铁平民的冷血屠杀暴行，不可原谅，应受到国际制裁与谴责。与之相反，苏联方面指出KAL007号入侵其领空，有预谋地执行间谍任务，试图刺探堪察加半岛和库页岛上的军事设施，因此苏军只有奉命将其击落，以捍卫国家安全，这是被迫做出的一种适当的自卫行动. 所以并不应该受到不适当的误解和有目的的谴责。

20多年以来，围绕着韩航KAL007航班神秘空难的争论一直没有间断过，其中最具震撼力的说法就是，1992年以色列情报机关摩萨德的特工人员从苏联获得的绝密内部情报指出：KAL007航班在遭受空对空导弹袭击后，并未立即爆炸，而是继续飞行了大约12分钟，最后成功地迫降在库页岛或者邻近海域。在韩航KAL007号班机迫降后，苏联当局将机上乘客分散转移到莫斯科附近卢比扬卡监狱和远东弗兰格尔收容所。1996年1月15日韩国电视台也披露了相似的内幕，该节目中指出KAL007号没有坠毁，机上大部分幸存者仍被关在俄罗斯两个收容所内。韩国KBS电视台当天还公布了一份中情局的绝密文件，在这份长达38页的文件中，中情局断言，韩航KAL007号班机遭到苏联空军战机以导弹攻击后成功地迫降海上，机上人员大多幸免于难，但下落不明。[2]

劳伦斯·巴顿·麦克唐纳

在KAL007航班上的269位乘客中，有一位非常特殊的人物，他就是美国众议员劳伦斯·巴顿·麦克唐纳(Lawrence Patton McDonald)。这位麦克唐纳议员正是美国“二战”名将巴顿的表弟。无独有偶，这两位表兄弟都有一个最突出的特点，那就是坚决反对所谓“新世界秩序”(New Wrold Order)的理念，反对一切以“国际主义”和“全球化”名义摧毁国家主权的图谋，并且都在美国具有极大的影响力和号召力，麦克唐纳准备代表民主党参加1988年总统大选。当时在美国，麦克唐纳可算是抨击美国外交关系协会和三边委员会“声音最大”和破坏力最强的政治家。

KAL007航班事件后，麦克唐纳活不见人，死不见尸。对美国社会影响重大的福音教派主要领袖杰里·福尔韦尔（Jerry Falwell）的基本理念与麦克唐纳同气连枝，同属美国右翼类别。他对KAL007航班空难的本能反应就是：“真正困扰我的问题是，苏联击落KAL007航班造成了269人的死亡，而他们的主要目标正是麦克唐纳。”[3]就像对谋杀巴顿将军的猜测一样，苏联人果真是元凶吗？也许存在着其他的可能性。

以麦克唐纳为代表的政治势力，属于美国传统的右派集团。他们的基本理念是维护美国宪法和立国精神，支持《权利法案》，坚信个人自由和民主制度，反对政府过度干预公民权利，主张彻底的市场经济，对于一切超越主权的国际势力持坚定的反对态度。这一派势力在美国拥有强大的民意基础，特别是美国独立战争反对英国殖民统治的历史传承，使他们认为人民可以拥有枪支，在政府实施暴政和独裁的情况下，人民有武装起义的权利。他们认为小政府服务于人民，而大政府则统治人民。他们对联邦政府的权力千方百计地加以限制，更不必说任由一个超越“美国主权”的“世界政府”对美国人民进行统治了。

这一政治信仰与以国际银行家的利益为核心的“全球化”和“世界政府”的大政方针存在着激烈和尖锐的冲突。

1975年11月，麦克唐纳议员向国际银行家发起了公开挑战，他在为《洛克菲勒档案》（*Rockefeller File*）一书作的序中写道：

> 仅有财富是不能熄灭超级富豪的渴望和贪欲的。相反，他们中的很多人都利用自己丰沛的财富，以及这些财富带给他们的影响力去攫取更大的权力。此种权力之盛，是早年间的暴君和专制者们连做梦都不敢想的。这是一种支配世界的权力，不仅支配世界的财富，也支配活在这个世界中的人。
>
> 一百多年来，从约翰·D·洛克菲勒用不正当的手段建立了一个石油垄断帝国的那些日子起，关于洛克菲勒家族的书汗牛充栋足以塞满一个图书馆。我读了很多关于洛克菲勒的书，没有一本敢于揭露洛克菲勒的故事里最重要的那部分：洛克菲勒及其盟友过往50年来一直在小心翼翼地计划用他们的经济权力去攫取政治权力，首先是控制美国，其后是控制全世界。
>
> 我在说一个阴谋吗？是的，就是这样。我确信有这样一个阴谋：这是一个具有国际规模、策划了几代人之久、本质上毋庸置疑的邪恶计划。
>
> 劳伦斯·巴顿·麦克唐纳
>
> 国会议员
>
> 1975年11月[4]

当美国的主流媒体对这样的挑战漠然置之时，麦克唐纳甚至亲自拿着宣传材料站在大街上对任何有兴趣的行人大声宣讲，其执着程度已大大超越了美国政治圈的潜规则底线，到了让国际统治精英们无法容忍的程度。

更为严重的是，麦克唐纳居然准备竞选总统。在竞选演讲中，他将大讲特讲国际银行家准备控制世界的计划，千百万人将实况听到这些“刺耳”的言论。麦克唐纳拼命的劲头绝不输于他那位永不认输的表哥巴顿将军，而这兄弟二人在美国人民的心目中，可谓是天不怕地不怕的“英雄好汉”。他如果真的参加总统大选，天知道会发生什么样的戏剧性变化，局面极有可能失控。肯尼迪总统失控的前车之鉴历历在目，而麦克唐纳比肯尼迪的威胁更大，他不仅有广泛的民间号召力，更借巴顿将军的虎威获得了军方大批宣誓永远效忠“美利坚合众国”国家利益的高级将领的支持，这批人对超越“美国主权”的“世界政府”的理念并不买账。更有甚者，麦克唐纳和他的同盟者甚至建立了自己的秘密情报网，以对抗中央情报局和联邦调查局的势力。如果再团结“持枪有理”的广大人民群众，美国就真有可能“变色”了。

麦克唐纳所指控的“洛克菲勒及其盟友”、“策划了几代人之久”的计划中，这些盟友究竟是谁？几代人的计划又是如何演变的？要搞明白这一切，我们必须从计划的源头说起。

钻石帝国与精英元首

约翰 · 罗斯金（John Ruskin）告诉牛津的学生们，他们所在的上等阶层在教育、艺术、法律规范、自由意志、优雅气质和自我约束方面，都拥有伟大的传统。但是，这些传统必须被推广到英格兰，乃至全世界的下等阶层中，只有这样下等阶层才可以并值得被拯救。如果英国的上等阶层不能把他们的宝贵传统推广出去，他们很快就会被规模远大于他们的下等阶层所吞没，这些传统也将被丢弃。为了避免这种可怕的后果，他们必须尽快把自己的传统输送到全世界每一个角落。

塞西尔 · 罗兹

罗斯金这一番“令人感动”的演讲被一个学生记录下来，他就是塞西尔 · 罗兹（Cecil Rhodes），在以后的30年中，罗兹一直把这份笔记珍藏在身边。[5]

“钻石恒久远，一颗永流传。”这句脍炙人口的广告宣传语背后，是全球最大的钻石巨头戴比尔斯集团（De Beers）。该集团掌握着现今全世界40%的钻石市场，这个数字一度高达90%。

戴比尔斯的创始人塞西尔 · 罗兹出生于1853年，是英国政治家和著名商人，罗得西亚（Rhodesia，津巴布韦的旧称）的殖民者，罗得西亚即以他的名字命名。通过掠夺非洲南部的自然资源，罗兹获得了大量财富，死后设立了罗兹奖学金。

作为一位郊区牧师的儿子，罗兹算得上是英国殖民扩张时期单枪匹马的“英雄”。罗兹在南非靠开采钻石发了财，建立了曾控制世界钻石业90%业务的戴比尔斯钻石帝国。但他的野心远不只于此，甚至英国人都认为“他不仅想让整个地球都归英国所有，更想把月球纳入英国的统治范围”。

罗兹早在1882年就尝试通过罗斯柴尔德家族从旧金山派到非洲主管钻石矿业的代理人来接近罗氏家族。当时南非的钻石开采业正在惨烈的竞争中奄奄一息。罗兹准确地判断出，谁能先得到来自伦敦的金融支持，谁就能在钻石大战中脱颖而出。他明智地决定要傍上罗氏家族这棵大树。终于等到1885年，在开往伦敦的轮船上，罗兹偶遇罗斯柴尔德家族另一位主管钻石开采的美国工程师，当即便许给他戴比尔斯集团总经理的职位。通过他代为引荐，两个月后，罗兹得以正式结识伦敦的罗氏家族掌门人奈提 · 罗斯柴尔德。[6]

奈提非常看好戴比尔斯，先为自己买了5 754股戴比尔斯公司股份，立刻成为最大股东。在罗氏家族的鼎力支持下，罗兹的戴比尔斯小鱼吃大鱼，一口一口地把实力更强的数家钻石公司悉数吞并，最终奠定了世界钻石帝国的大业。

罗兹对罗斯柴尔德高度信任，在1888年的一次会面中，罗兹对奈提表白道：“有您在背后支持，我相信我说到的都能做成。”这种信任使两家很快成为紧密的商业战略同盟。1889年，戴比尔斯公司发行了175万英镑的公司债券，罗斯柴尔德伦敦银行买下17.8%。1894年，罗斯柴尔德伦敦银行干脆自己为戴比尔斯再发行了350万英镑的债券。

罗兹在罗氏家族的支持和鼓励下，扩张步伐越迈越大。

戴比尔斯钻石公司在一系列成功的兼并中迅速发展壮大，它的年分红在1896~1901年为160万英镑（每股40%），1902~1904年达到200万英镑。

1900年，奈提对罗兹给予了高度评价：“你已将戴比尔斯打造成一个神话。你建立了对钻石生产的垄断，又一手掌控了钻石销售市场，同时你还成功建立起一整套机制把这一商业模式延续了下去。”

罗兹和奈提在殖民主义和帝国扩张的政治理念上不谋而合，两人越来越志同道合。罗兹创建的公司，奈提都不遗余力地在资本上给予大力支持。1889 年，罗兹建立大英南非公司（British South Africa Company）时，奈提先是作为创始股东注入资本，又免费友情担任公司投资顾问。1888 年 6 月，罗兹修改了自己的遗嘱，把原本要传给兄弟姐妹的戴比尔斯公司全部股份都赠予奈提。随附在遗嘱的信中，他嘱咐奈提这笔钱要用于建立“一个为帝国利益而选择的会社”。罗兹认定罗斯柴尔德是唯一有能力支持他实现理想的“贵人”。[7]

罗斯柴尔德的眼睛牢牢盯着戴比尔斯钻石业的巨大商业价值，而罗兹的目光则越过奈提的肩膀，看向非洲乃至全世界广袤无垠的沃土。罗兹眼里的钻石更象征着他对实现政治影响的孜孜追求。在给奈提的信中，罗兹说一定要让戴比尔斯成为“另一个东印度公司”，从非洲开始构建“最终实现理想的框架”。

罗兹会社：英国统治精英的“黄埔军校”

没有一个珍视自己安全的国家会允许米尔纳集团完成他们的抱负，那就是一小撮人可以在政府和政治之上驾驭如此大的权力，可以在制造公众舆论的信息渠道上施加如此大的影响，可以完全垄断有关他们所处时期的历史的撰写与传授。

——卡洛 · 奎格雷（Carroll Quigley）[8]

历史的撰写权也许是政治中的最高权力了，因为后人永远无法完全经历以前时代的生活和感受，他们对过去发生的一切只能依赖历史书籍的折射，历史材料的取舍、裁剪、编辑、评论都能极大地改变人们对事物的看法。谁能控制历史书籍的撰写权，谁就能掌握历史这面镜子的最后“成像效果”，它可以把丑展现成美，将魔鬼变成天使。历史塑造了人们的意识，历史左右着今天的判断。

克林顿的大学导师卡洛 · 奎格雷教授在他 1949 年所著的《盎格鲁–美利坚权势集团》一书中提到，成立于 1891 年的罗兹会社将“通过宣传来统治世界”，是一个对 20 世纪的世界历史有着巨大影响而又鲜为人知的秘密组织。

1877年，24岁的罗兹在牛津念大学写下第一份遗嘱，遗嘱中他阐述创立秘密会社的"崇高"目的："将大英帝国的统治扩展至全世界；完善大英帝国向外扩张的体系；由英国国民对所有可资生存的地方进行殖民……将美利坚重新纳入大英帝国；统一整个帝国；在帝国议会实行殖民地代表制度，将分散的帝国成员统一起来，从而奠定永无战争、符合人类福祉的世界。"[9]

按照罗兹的设计，这一目标最好由若干彼此忠诚、愿意为共同事业献身的人通过秘密结社来实现。实施的手段则是从幕后施加政治和经济影响，同时"操纵新闻、教育和宣传机构"。为实现这一目标，罗兹通过遗嘱，将他所有的财产用于在全世界建立一个为英帝国服务的、类似基督教会的、由"宣传家"组成的秘密组织——罗兹会社。

罗兹会社由3个同心圆的圈子构成。内层核心圈由罗兹本人主导，成员皆为大富大贵之辈，拥有庞大个人财产，共同秉持永葆大英帝国的理念，结成"罗兹秘密会社"（1901年后被称为"米尔纳小组"）；第二圈是"塞西尔小组"，由索尔兹伯里侯爵主导的政治圈的权势人物组成；最外圈由《历史研究》的作者阿诺德·J·汤因比（Arnold J. Toynbee）的叔父阿诺德·汤因比和金融家米尔纳勋爵（Lord Milner）担纲主导，成员清一色知识分子，被称为"汤因比小组"。[10]

在罗兹会社的3个小组中，第二个小组负责影响大英帝国的教育和宣传，控制《泰晤士报》长达半个世纪，并通过奖学金对伊顿公学和牛津大学万灵学院发挥着重要的影响力。三圆同心，相辅相成，"汤因比小组"提供意识形态的支持，"塞西尔小组"施加政治影响，"米尔纳小组"则提供财力后盾，三位一体组成影响英帝国和世界命运的秘密组织。

至1938年，罗兹会社吸纳大批富有的上层社会人士，形成了英国最有影响的政治势力。

罗兹会社的核心成员皆通过标准程序选拔成长：牛津大学最优秀的学生受甄选进入万灵学院，通过重重考验和淘汰后的"种子选手"入选"皇家国际事务研究所"、《泰晤士报》、《圆桌》杂志、外交部或殖民办公室进行历练。当然，这些人至多只能进身至第二个圈层，在学术界广泛占据要害位置，通过新闻媒体引导并影响舆论，比如大名鼎鼎的伊赛亚·柏林就曾进入过第二圈层，阿诺德·J·汤因比则从早年就进入英国皇家国际事务研究所。罗兹会社的策略是通过影响关键性的少数

阿诺德 · 汤因比

米尔纳勋爵

夜幕下的牛津大学万灵学院

牛津大学万灵学院

精英来制动更多人，目标瞄准社会中的精英人物。

透过以下历史事件，我们可以了解到标榜“通过宣传来统治世界”的罗兹会社是如何影响近代历史的：

- 煽动了 1895 年的“詹姆森突袭”(Jameson Raid)。
- 导致 1899~1902 年的布尔战争。
- 创立 1906~1910 年的南非联盟。
- 1910 年创建大英帝国期刊《圆桌》杂志（罗兹会社的喉舌）。
- 长期影响牛津大学的 3 个学院：万灵学院、贝利奥尔学院、新学院。
- 控制《泰晤士报》超过半个世纪。
- 控制了 1919 年赴法国参加“巴黎和会”的英国代表团。
- 是“国际联盟”的主要设计者和管理者。

- 1919 年成立和控制了英国皇家国际事务研究所。
- 1917~1945 年主导着英国对爱尔兰、巴勒斯坦及印度的政策。
- 影响 1920~1940 年对德国的绥靖政策。
- 至今仍然控制有关从布尔战争以来大英帝国内外政策的历史资料的来源及撰写。
- "英联邦"的概念就是由它提出并广为宣传进而变为现实的。

罗兹会社在美国、加拿大、印度、澳大利亚、新西兰和南非等英帝国自治领地、殖民地和前殖民地遍设分舵。声名远扬的美国"外交关系协会"（CFR，Council on Foreign Relations）就是罗兹会社在美国的分支。罗兹会社在英帝国的各个自治领地不定期秘密集会，统一规划部署，从幕后对政经政策的制定和实施施加影响，操控新闻、教育和宣传机构，首要目标是由英国以联邦的形式统一以英语为主要语言的国家，最终建立某种形式的世界政府，实现"天下大同"。国际上流行的世界政府、世界货币、世界税收等冠以"世界"的构想基本都源于这个会社。

"塞西尔小组"的核心人物索尔兹伯里侯爵是三任首相，在位长达 14 年，超过英国近代史上任何一位首相。他发挥影响的方法是：第一，向政治、教育和新闻三个方向渗透；第二，招募有才干的人（主要从万灵学院），用联姻、名誉或权位把这些人与塞西尔小组联系在一起；第三，以尽可能隐蔽的方式将核心成员安置在重要的权力位置上，对公共政策施加影响。[11]

"塞西尔小组"其他核心成员还有：贝尔福（英国外相）、利特尔顿子爵、威汉姆男爵、格罗夫纳公爵、帕尔默伯爵、卡文迪许公爵、盖松-哈进伯爵。

"米尔纳小组"

"塞西尔小组"在 1903 年塞西尔家族的领导人索尔兹伯里侯爵去世以后，仍继续存在了相当长的时间，但它的新领导人贝尔福缺乏野心和决断，使这个组织慢慢变得松散，逐渐被"米尔纳小组"取代。米尔纳不乏野心和决断，为达成政治目标不惜牺牲自己的个人幸福和社会生活，而这是喜欢享乐的贝尔福不能接受的。米尔纳敏锐地意识到继续依靠家族关系巩固集团是不可能的，于是转向了意识形态。索尔兹伯里寻求用朋友和亲戚关系建立一个集团，玩政治游戏维护他们所喜欢的旧英格兰。而米尔纳不是个保守的人，他有自己的理想：扩张和整合英帝国的社会福利体系，这对于英国生活方式是必不可少的；进而把“展现人类最美好和最高能力的英国生活方式”推行到全世界。不过，世易时移，后来他更强调在“米尔纳小组”内部的宣传活动和理念统一。

阿诺德·汤因比的思想对“米尔纳小组”的影响有三方面：第一，英国历史代表着伟大的道德思想——思想自由的演变，最有利于英帝国的完整统一；第二，任何人最关心的应该是为国家服务的责任感和义务；第三，工薪阶层在英语社会中做社会服务工作，特别是教育工作是非常必要的。

《泰晤士报》是“米尔纳小组”影响精英人物的重要一环，它所针对的是有影响力的少数精英人群而非普罗大众。它和“米尔纳小组”其他自立的分支通过紧密合作影响读者并提高每个分支的影响力。外界看来就像同一真相的不同侧面。比如，一位议员（小组成员）宣布一项政策，几乎同时，皇家国际事务研究所出版同一主题的研究报告，万灵学院的研究员（小组成员）出版一卷同一主题的书（通过小组有关的出版社），《泰晤士报》“社论”会以批判角度分析议员的政策但最终会赞成，同期两本出版物会在报纸的“文学副刊”（英国最有影响的文学评论刊物）里被评审（同一评审）。“社论”和“文学副刊”的评审都是小组成员匿名写的。最后，《圆桌》一篇匿名文章强烈鼓吹同一政策。虽然每个计策和步骤只影响一部分人，但这些策略的累积效应却非常显著。如有必要，罗兹信托的秘书可以去美国对前罗兹奖学金的得主进行一系列非正式采访，同时说服一位退休的杰出政治家（比如印度前总督）在牛津万灵学院或新学院为纪念去世的学监的揭匾仪式说几句。令人好奇的“巧合”是，美国的采访和牛津揭匾演说都强调同一话题。

《圆桌》杂志的第一期在1910年11月15日出版，上面没有出版社和5篇文章作者的署名。这个传统一直延续下来。杂志辩解说匿名是为了更独立和自由。真正的原因要实际得多。创刊时区区几位编辑和作者多是无名小卒，如果署上名会让读者讪笑。当某些作者演变成“大人物”，编辑觉得有必要保护他们的政治声誉，于是通常的做法是为作者匿名直到他们去世，即使那时也不公布他们发表的文章。《圆桌》是罗兹会社或“米尔纳小组”的首要宣传工具。《圆桌》的编辑和作者被称为“圆桌小组”。他们的坚定信念是，自由、文明和人类尊严只有通过大英帝国才能得到最好的发展。

小组成员的观点通常是一致的，最大的分歧来自这个小组最薄弱和最保守的经济领域。直到1931年以前，小组的财经观点来自罗伯特·布兰德（Robert Brand），他是朗热兄弟公司的合伙人。朗热兄弟也是"十七大国际银行家族"之一，代表19世纪末国际银行家族的观点，认为经济发展繁荣的关键是银行和金融。健全的货币、平衡的预算和国际金本位，会带来经济繁荣和提高生活水平。这跟米尔纳的观点是对立的。米尔纳坚持金融应该服从于经济，经济应该服从于政治。如果基于金融原因的通缩政策造成经济或政治上的不良后果，它应该被废除。米尔纳认为，1919年由布兰德倡导、英帝国执行了12年的金融政策是灾难性的，因其造成了失业、衰退和出口的毁灭。他主张通过关税和其他壁垒把英帝国和世界隔离开，通过政府支出、资本与劳工的自我调节和社会福利来鼓励经济发展。

其实，"米尔纳小组"的观点代表着主流国际银行家对黄金与货币的思想理念发生了重大改变，黄金对政府财政支出和战争融资的限制已经不能满足银行家的需求，大规模廉价货币的思想逐渐成为新的主流。

米尔纳的观点是基于"垄断资本主义"甚至"国家资本主义"，而非布兰德提倡的过时的"金融资本主义"。这个观点在1931年后被"米尔纳小组"的大多数成员接受。同年金本位被废除，彻底证明了1919年由布兰德倡导的金融政策完全失败。结果在1931年后，"米尔纳小组"倡导由政府鼓励的垄断资本主义占了上风。事实上，米尔纳和汤因比一直都不相信经济上的个人主义。

实际上，米尔纳和布兰德的分歧并不重要，重要的是布兰德的意见在1919~1931年主导了"米尔纳小组"，而1931年后米尔纳的观点占了上风。这些事实证明，英帝国在1919~1945年执行的财经政策和同期"米尔纳小组"的政策完全吻合。而"米尔纳小组"从"一战"后就在保守党理事会中占统治地位。可见"米尔纳小组"对英国国内政策影响之大。

1919~1939年，"米尔纳小组"的成员在内阁中占1/5~1/3。这也解释了为什么英国政府对德国采取"米尔纳小组"提倡的"绥靖"政策。

"米尔纳小组"的德国政策基于两点核心[12]

一方面，他们认为历史是正义和邪恶斗争的结果。德国人分为"普鲁士独裁者"

和“好人”。如果普鲁士独裁者失去权力和影响而后者受到宽大处理，德国会永久地脱离“亚洲专制”回到“西方文明”。从框架上讲，这个理论合理，但困难重重，因为不可能有区分“好”、“坏”德国人的客观标准。事实上压倒性多数的德国人参与了“一战”，1918 年 12 月的《圆桌》持同样观点，但是“米尔纳小组”没有记住，他们仍认为“坏”德国人在 1918 年和皇帝一起被赶走了。德国皇帝只是其他四大权势集团的代表。德国的四大势力集团包括普鲁士军官、容克地主、政府官僚和工业巨头，为保存自己，他们抛弃了已成为负担的皇帝。他们的权力和影响依然存在，甚至更大。军队大佬能以比皇帝更直接的口气命令政府总理。总之，1918 年德国没有发生革命，“米尔纳小组”对此视而不见。布兰德应为此负主要责任，他认为，只有德国经济尽快恢复才能避免混乱和社会动荡。在传统的银行家看来，经济繁荣离不开在位的工业资本家和银行家。另外，布兰德坚信，如果对德国减轻赔款和提供信贷，旧工业集团会很快恢复经济活力。

另一方面，小组成员菲利普 · 科尔（Philip Kerr）倡导英国从 16 世纪以来惯用的权力平衡政策，即扶持欧洲大陆第二强权对抗第一强权。“米尔纳小组”从 1919 年参加巴黎和会的经验中发现，向欧洲大陆输出自主或议会制的政府是不可能的。因为法国坚持武力是社会和政治生活的基础，特别坚持在德国驻军以及建立由国际联盟直接领导的国际警察部队，小组和法国的隔阂加深。根据“米尔纳小组”的基督教理念，武力对道德问题无效，只能使拥有它的人腐败，社会和政治生活的真正基础是习惯和传统。这样权力平衡有了双重目标：以妥协使德国成为可救赎的罪人，以再生的和净化的德国对抗“邪恶”的苏联，削弱民族情绪过重的法国。

而希特勒的崛起恰恰是利用了英国统治精英的误判，并看透了美国新兴权势集团试图取代英帝国的全球霸权地位的念头，和犹太国际银行家迫切渴望打垮大英帝国的殖民体系，以获得在巴勒斯坦重新实现以色列复国大业的梦想，希特勒将这两种鼓励德国进行侵略性扩张政策的政治力量和金融扶持有机地整合起来，加速了德国的经济复苏和军事重建。可以说，希特勒在 1933~1938 年充分利用了欧美各大强权和犹太金融势力之间的钩心斗角，达成了自己的战略目的，将几大强权玩弄于股掌之间，表现出了高超的政治手腕。

"盎格鲁-美利坚权势集团"

从20世纪20年代起，罗兹会社致力于建立英美特殊关系，最终实现盎格鲁-美利坚的统一。在《悲剧与希望：我们时代的世界历史》一书中，奎格雷讲到，为了实现上述战略目的，美国和英国之间存在着一个"盎格鲁-美利坚权势集团"[13]。

对美国舆论影响最大的5份报纸——《波士顿晚报》、《基督教科学箴言报》、《纽约时报》、《纽约先驱论坛报》和《华盛顿时报》都掌握在这个权势集团的手中。而且这些主流媒体的一把手们互相"举贤不避亲"，比如《基督教科学箴言报》的主编曾是英国《圆桌》杂志的美国联络人，而《圆桌》杂志的原主编洛田勋爵担任英国驻美大使时，曾是《基督教科学箴言报》的撰稿人，又曾任罗兹信托基金的秘书长。鼎鼎大名的多个华尔街金融家都曾任美国驻英国的大使。

奎格雷指出，至少在20世纪早期，美国重要大学的决策权在"盎格鲁-美利坚权势集团"手中。一直到20世纪30年代，摩根集团基本上控制着哈佛大学和哥伦比亚大学的决策权；耶鲁大学则在美国标准石油的洛克菲勒集团麾下；普林斯顿大学归属普天寿保险公司。不过，虽然这个"盎格鲁-美利坚权势集团"有着巨大的影响力，它还是未能彻底控制美国政府。20世纪初，美国政府在"进步运动"的压力下，通过了几条对该权势集团不利的税收法律，尤其是财产继承税，于是这些集团逐步将由华尔街主导的巨额私有财产向免税的基金会转移，成功地完成了财富隐形的华丽转身。

罗兹会社成员之一的美国政治评论家、政府顾问沃尔特·李普曼（Walter Lippmann），对20世纪美国社会和外交政策产生了深刻的影响。著名的重建欧洲的"马歇尔计划"最先由他草拟，美国在"一战"、"二战"和冷战时期的心理战战略也由他主持制定，他是外交关系协会和英国罗兹会社之间的关键联系人。作为从威尔逊到尼克松的美国历届总统的重要谋士，他在第一次世界大战后陪同伍德罗·威尔逊总统赴巴黎和会期间创立了美国外交关系协会。

无论其成员背景还是使命，是影响舆论的方式还是对美国内外政策的影响，外交关系协会都堪称美国的"影子政府"和英国罗兹会社在美国的翻版。美国对外决策集团的重要喉舌、外交关系协会的"机关报"《外交》杂志即为该委员会影响美国对外政策的旗帜性刊物。《外交》杂志的重要撰稿人囊括了美国对外政策的几乎所有重量级谋士，包括李普曼、乔治·凯南、布热津斯基和基辛格，亨廷顿的《文明的冲突》就是最先发表在该杂志上的。

1919年“巴黎和会”召开时，英国和美国都想趁身居战胜国的地位之际，建立一个由他们主导的国际社会体系。“巴黎和会”结束后，李普曼和其他参加会议的美国人，大多都是罗兹会社的成员，在巴黎的一家饭店里成立了英国皇家国际事务研究所。

作为罗兹会社的一个分支，外交关系协会最早是以皇家国际事务研究所美国分会的名义进入美国的。1921年，皇家国际事务研究所美国分会与一个由纽约的银行家、律师于1918年创建的主要讨论战时商界、银行界问题的名为“外交关系协会”的组织合并，并沿用外交关系协会的旧名，这就是我们今天所见到的美国外交关系协会。

迄今为止，美国外交关系协会已经存在了80多年，它无疑早已背离罗兹最早希望英格兰重新统治美利坚的初衷，却正在逐步实现着盎格鲁–美利坚权势集团称雄世界的梦想。当中国为全球化欢呼的时候，不知道是否有人看到了这个巨大的社会机器背后罗兹会社冷峻的面孔和得意的微笑？

说这个世界正为少数秘密团体所操控并不是什么新奇的观点，也不是什么稀奇古怪的事。正像一位英国学者所说：“我们早该想到，有权有势者和富人们是按照自己的利益来做事的，这就叫资本主义。”

我们今天所看到的西方世界，表面上是民主、自由与多元化的社会，过去的金融寡头们已经成功地被神圣的民主制度赶出了权力的殿堂。有权有势的超级富豪家族们仿佛人间蒸发了一般，再无踪迹可寻。历史被改变了吗？资本主义不再为少数权势集团服务了吗？国际银行家果真主动放弃了至高无上的权柄，归隐山林过普通人的生活了吗？

人性其实是不会改变的，贪婪与控制的欲望从人类诞生之初直到现代社会，从来就没有改变，在可以想象的未来，也不会改变。改变的仅仅是贪婪和控制的形式。从商业资本主义到工业资本主义，从金融资本主义到垄断资本主义，再到当今的所谓多元资本主义，少数权势集团对社会大多数人的统治，其本质从未改变，只不过今天的统治手段和形式发生了很大的变化。直接的、可见的、赤裸裸的金融寡头们躲到了幕后，代之而起的是新兴和庞大的基金会体系，它们已成为当今西方世界统治力量的重要组成部分，而背后控制者仍然是从前的金融家族们。

基金会：财富的隐身大法

“大道无形”，“大隐隐于朝”，中国人很早就洞察了人心的奥秘。最深刻的道理往往随处可见，一切统治者的最高境界就是令对手有形而使自己无形，如此方能做到永远立于不败之地。

20世纪初，国际银行家在金融垄断资本主义发展到最巅峰的状态时，其家族资产富可敌国，政治影响力权倾朝野，但副作用也非常让人忧心。金融寡头的势力越大，对立面就越广，反抗力量越强，不满情绪越强烈，仇恨意识越明显。最可怕的是，当社会各种反对势力联起手来，金融寡头必将深陷万劫不复的危险境地。

当国际银行家终于参透这个道理，似乎大家相约好了，各大家族几乎同时在第一次世界大战前后，一起从公众的视线中消失了。对此他们给出了一致的低调解释，称家族的后代对财产控制不再感兴趣，各自追求多样化的兴趣和事业，而家族财产多改为投资构架。随着现代社会新兴行业和高新科技的飞速发展，家族传统积累下的财产已大大缩水。风水轮流转，世界已经是完全不同的世界，人也是完全不同的人，老的家族永远地衰落了，传统富豪家族在当今已退出历史舞台，聚光灯转向了“后起之秀”们。

真相果真如此吗？

实际上各大富豪家族的财产根本没有萎缩，而是被合法合理地隐藏起来了。各位超级富豪不过是在众人面前“华丽转身”，成功“隐形”了。财富的实际控制权和支配权，从来没有离开过他们的掌心。非但没有离开，他们对财富的控制力反而被放大了。只不过，过去的财产标签直接明了，明白地写在各位的头上，而现代的富豪们早已取下标签。他们无影无踪，无声无息，可又无处不在，无所不能，其统治方略逐渐达到了“大道无形”的境界，主要依靠代理人在前台作秀，而他们自己则深深地藏身幕后，掌控着社会的运作。

这一完美的新型财富游戏规则，就是目前在欧美实际操纵社会运作的庞大的基金会体系。

20世纪上半叶，金融资本主义完成了向垄断资本主义的过渡，金融势力集团从直接控制工业资本主义的第一线转变为间接控制的幕后操纵模式。新兴的公司经营构架的核心是：所有权和控制权分离，广泛募集社会公众资本，其目的就是以最少的资金通过最大限度的杠杆效应去控制超大规模的社会财富，在最广泛程度上控制社会各行业中的骨干龙头，形成垄断资本主义的金字塔底座，而从外部形式上并不显示出其真正控制者的身份。公司表面由职业经理人运作，但董事会和关键股权控制力完全集中在极少数金融家族手中。游戏规则的核心之处就在于，金融家族所控制的庞大的基金会体系和其他投资集团，通过表面的代持机构，来实施“形散而神不散”的关键股权和董事会的控制力。代持机构就是那些著名的金融机构和资产管理公司（Street Names），它们的作用是起到“防火墙”的功能，以便于金融家族所控制的基金会与投资集团将公众的视线屏蔽在实际持股人圈子之外。越是到了多元资本主义时代，这种现象越是普遍。

但要参与这种新型游戏，富豪家族必须首先作出“牺牲”。正所谓“欲练神功，引刀自宫”，舍得舍得，不舍怎能得？舍去名义，得到实质。财富隐身大法的“入门功夫”就是捐献，而捐献的理论基础就是：放弃所有权，扩大控制权，从而合法地隐蔽财产。富豪们失去的仅仅是富豪排行榜上和媒体聚光灯下被“烧烤”的锁链，而得到的是幕后清凉的自由度和倍增的财富控制力。

基金会避免了富豪们最痛恨的高达50%的遗产税、收入所得税、赠予税，更妙的是基金会的投资增值还逃避了资本利得税。在完全免税的情况下，基金会的资产如滚雪球般迅速增长。美国国会报告显示，由于基金会的存在，美国每年高达2/3的总收入是免税的。相应地，国家税负的压力被越来越重地压在了永远没有可能建立自己基金会的中产阶级身上。超级富豪们的基金会资产就像癌细胞一般迅速扩张，它不断地从中产阶级的家庭财富细胞中汲取营养，社会财富分配更加不公。

据统计，1969年美国596家基金会的净收入超过了美国50家最大银行净收入的两倍。从1790年成立第一个基金会以来，美国的基金会数量越来越多：

1900年以前，18家

1910~1919年，76家

1920~1929年，173家

1930~1939年，288家

1940~1949 年，1 638 家

1950~1959 年，2 839 家

到了 2002 年，竟多达 62 000 家[14]

基金会仅需每年“贡献”5%来开展慈善事业，而国际银行家赚钱的手段岂止获得区区 5%的回报？更何况，这 5%的慈善投资，还可以用来实现社会影响力和学术研究控制力，为自己赢得更好的社会舆论环境和法律政策倾斜，从而获得更大的利益。

如今，富豪们也学会了同样的游戏。为什么要上富豪排行榜呢？为什么要把财富写在自己名下，而不是写在其他人名下，却受自己实际控制呢？拥有财富的主要目的并不是为了满足虚荣心，而是实现可永续存在的控制力！这就使上市公司的实际控制人往往通过股票代持的办法以避免曝光。中国与欧美的不同在于没有类似欧美的“合法的”、“永续的”、“免税的”、“可继承的”、“财务隐秘的”、“可互锁的”、“可衍生的”法律载体，来帮助富豪们隐藏财富，以实现直接控制向间接控制、显性支配向隐性支配转型的重大财富控制战略“升级”。

心灵鸡汤们说：当你放弃越多，你就拥有越多

心灵鸡汤式书籍早已把洛克菲勒晚年的故事作为经典向世人讲了一遍又一遍：老洛克菲勒一生唯钱是命，竭尽克俭蓄财之能事，而在 53 岁时被诊断患不治之症，药石无效，在每周净收入上百万美元时也仅仅能吃价值不到两美元的饼干和酸奶勉强为生。大彻大悟下，他开始把自己的大部分财产捐献出去，建立科研机构和慈善组织，从而生命为之一新，豁然开朗，他因此快乐地活至 98 岁。

于是心灵鸡汤告诉大家：当你放弃越多，你就拥有越多。

这话其实千真万确，洛克菲勒的的确确通过捐献而拥有了更多。而实现这一“奇迹”的工具就是基金会。

老洛克菲勒起家过程中用遍了残酷不仁、广受诟病的手段，声名狼藉。他曾是美国公众最痛恨的人。为彻底改变公众形象，老洛克菲勒接受一个顾问的建议，大行慈善事业。

事实上，老洛克菲勒此举的功效和意义远不只改善公众形象。

他捐献了大量的财产，但“献”出的财产并没有脱离过他的控制。通过基金会等一系列策略地运作，洛氏对“献”出后的财产反而实现了更大、更强的控制力。这就是洛氏“科学捐献原理”：献出越多，控制越多。

洛氏设立的第一个基金会成立于1910年，这就是洛克菲勒基金会。[15]1910年时美国多数州已通过第16条修正案，即征收累进收入所得税。洛克菲勒基金会可谓是最成功有效的“税前计划”，一举便合法合理地避掉了累进收入所得税。在同一时期，标准石油公司被兰蒂斯（Kenesaw Landis）大法官下令分拆，洛氏财团立刻以设立4个免税基金会作为应对，然后把财团的绝大多数股份捐了进去。这相当于从左边口袋里掏出钱，放进自己的右边口袋，但这钱摇身一变，名分就不同了。于是被分拆后的各个石油公司既能得到需要的资金，又能在收益和资产上避税。在基金会的章程中，只要加上本家族的后代，就将继续为基金会世世代代地“服务”下去，并且具有关键的一票否决权，剩下的就是取之不尽用之不绝的好处。洛氏财团以财产的所有权置换控制权，不仅实现了避税功能，还实现了财富大幅增值的奇效。因为基金会可以买卖持有各种资产，包括房地产和有价证券，而且不必公布财务报表，更可以实现对市场的隐性影响力。

将钱捐进基金会，再投资给不同行业的多级公司企业，当投资规模足够时，所有接受投资的实体的董事会必须由基金会指定和委派。于是，尽管钱已经不在某家族名下，而实际管理人和钱的使用权仍牢牢控制在他们手中。注意，此时从名义上说钱已经改姓了。通过这种形式，首先原来所有洛氏的钱都要被征的个人收入所得税就消失了；其次，如果老洛把钱送给“中洛”、“小洛”和“小小洛”，本来要交的赠予税也省了；再次，就是遗产税，这个几乎是唯一可以限制富人财产遗传的工具，在美国最高可达50%，由于钱已不在洛氏名下，遗产税自然也就免了。老洛通过捐献，把钱财合法合理地留给了自己以及“中洛”、“小洛”、“小小洛”，并且“子子孙孙无穷匮也”。

从此，洛氏将每年一半收入投入基金会，大大抵扣了应税收入。老洛省掉收入税，“中洛”、“小洛”和“小小洛”将避免掉遗产税和赠予税，更爽的是，这些基金会的投资产生的收益，连资本利得税也一并免去。由于免税的好处，基金会的资产得以飞速成长。所谓non-profit（非营利）实质上就是non-taxation（非纳税）。

当年老洛克菲勒把其拥有的数百万股"泰坦尼克石油公司"股票捐给了名为"Do Good Foundation"的基金会，后者为洛氏控制的组织。他只是把名下股票转让给基金会，就轻易完成了财产"升华"。类似"Do Good Foundation"的基金会和慈善机构名目众多，级别繁复，它们确实捐助了为数众多的科研、医疗项目，以及扶助贫困，但这些开销相比基金会体制为富豪隐身的财产和避免的税费而言，实在是不足挂齿。再加上捐入基金会的财产所产生的投资收入也是免税的，洛氏财团一方面是财产的真正控制人，另一方面免交投资收入税，这令其财富增长速度更快。

《华盛顿邮报》曾经报道，经过家族两代人精心经营，洛克菲勒财团财产的绝大部分转由不同层次和级别的基金会，以及它们衍生出的下属、分支、直接或间接控制的公司拥有，从而形成了规模庞大的基金会网络体系。每一个基金会网络节点"单位"的财务报告不被审计，不需要公示，所有涉及的调查都被礼貌而合法地拒绝，从而从会计制度和监管体系的雷达中失去踪迹。这实际上就是洛克菲勒家族发明的财富隐身大法，而当今的超级富豪们无不在效法。盖茨和巴菲特的财富捐献游戏不过是20世纪初老洛家族做法的延续而已。

经过六七十年的经营，洛氏家族控制着多达几百甚至上千个基金会和下属机构，而这个网络是没有人能够梳理清晰的。洛氏家族向公众披露的财产约为10亿~20亿美元。用冰山一角来形容都未必尽然。超级富豪的实际财富已经完全无法衡量、核实和追踪。

这就是放弃越多、控制越多的奥秘。

"家道中落"的洛克菲勒家族

大众传媒多年来一直在向公众传达着当今的洛氏财团早已家道中落，不过是中产阶级级别的富翁。如果把欧洲的罗斯柴尔德家族从富豪领军地位上衰退下来的原因归结为欧洲连续遭遇战火，罗氏家族在大形势下被牵连中落，那么怎么才能合理解释洛氏财富的消失呢？洛克菲勒财团始终掌控着美国的石油、化工、制药工业，运营顶级银行超过百年，而美国经济发展历程也没被历次战争干扰过。时至今日，洛家总财产只有区区20亿美元，仅能和中国最近20年发迹的富豪相提并论？

还是先看看国际银行家是否真的家道中落吧。

20世纪60年代和70年代在尼尔森·洛克菲勒竞选总统时，美国参议院例行举行针对其财产状况的听证会。尼尔森先是公布其个人财产约为3 300万美元。在参议院进行初步调查后，经过与尼尔森反复征询，尼尔森改变口径，承认其个人资产为2.18亿美元，比最初的声称多6倍。此时的美元还是美金时代，1美元对应着0.88克的黄金，他的个人资产相当于191吨黄金，假设以黄金的价格（900美元/盎司）计算，现在这些钱的价值相当于当时的25倍。尼尔森提供给参议院的2.18亿美元这个数字已经相当惊人，远超过美国前37位总统个人财产的总和。

不过，这些个人资产已经是洛克菲勒家族将绝大部分资产“捐给”自己家的基金会，剩余部分在84位家族成员之中分配后，属于尼尔森自己的那一份而已。

在参议院对尼尔森个人资产进行调查的过程中，他不得不面对却无法合理解释的是，70年代，尼尔森竟然几年当中没有缴纳过一分钱个人收入所得税。其实原因很简单，在1970年，尼尔森的财务顾问和律师团队将他名下的资产进行了一番“调度和调整”，直接效果就是在这之后连续几年当中，尼尔森完全不用缴纳所得税了。估计当时参与调查的工作人员最想做的事就是留下尼尔森专用税务会计的电话，在自己报税的时候打过去。

在参议院对尼尔森进行财产调查时，他侃侃而谈道，如果你们质疑我们的家族是否操控着某种庞大的经济权力，我的回答是这并不存在。我们仅仅在投资而不是控制。家族成员对控制财产并不感兴趣。无论是家族成员还是资产管理团队，大家的目标和期望都只是获得合理范畴内的回报。

那么，洛氏的资产管理团队是什么规模呢？

洛氏财团的资产大掌柜是理查德森·迪尔沃斯。他于1958年加入洛氏财团，成为家族资产管理的总操盘手。进入洛氏财团前，理查德森·迪尔沃斯是库恩雷波公司的主要合伙人。20世纪初期，库恩雷波公司的地位相当于今日的高盛，是最著名的华尔街投资银行，在金融运作体系中起着至关重要的作用。其主要合伙人包括雷波、库恩、沃伯格、希夫家族和其他犹太金融家族，无不是叱咤风云的顶级投资银行家。库恩雷波公司和洛克菲勒财团及JP摩根财团都有着渊源深厚的合作关系。

理查德森·迪尔沃斯管理的庞大财产中，包括列在84位洛氏后裔名下的约10.33亿美元个人资产。这些资产主要存放在由约翰·洛克菲勒创设的两个复杂的信托机构中，一个在1934年为孩子设立，另一个在1952年为孙辈建立。洛氏名下的各类基金会超过200家，而通过持股控股形式层层直接或间接控制的基金会和信托机构数量远远超过这个数字，保守估计多达上千家。所有基金会组织和信托机构都是国际性的，它们的业务和资金运作在全球范围自由流转，鲜受监管，这使得理清其真实资金流向和数量的企图完全不可能实现。更何况洛氏财团和其他富豪财团一样，在其海量投资和项目中都不出具实名，而是由代理机构具名，所以我们看见的只有美林或者高盛这样的名字。[16]

这些基金会和信托机构把现代商业机构持有形式和名目集大成后加以利用和发挥，层级和关联关系错综复杂，层层相扣，扑朔迷离，各层面都设有阵容强大的明星经理人和律师团队，而其中恐怕只有极少数几位高级资产律师了解真实的资产数量和情况。在保护私人财产和信息隐秘性的原则下，此类机构的财务状况和细节从不披露与公示，完全不透明。而从结构设计角度看，这种机构可以无限制设立平级、下属和附属机构，于是机构的真实状况被完好严密地隐藏起来。

参议院对外公布的调查结果并没有披露洛氏家族每一成员的资产数目，只是将一个总数目公之于众。理由同样是应充分尊重个人隐私。洛氏家族的财务会议记录和文件都获准不对外披露。私人信息隐秘性至上的大旗立刻将全体公众的知情权遮蔽了。

公众只能从公开披露的少许信息进行了解，例如：

洛家在纽约的一处房产，在1930年仅土地价值就超过5 000万美元。[17]

尼尔森的儿子史蒂夫的庄园内有着长达70英里，即相当于100公里的私人道路，面积超过4 000英亩，更早期的资料透露该庄园占地7 500英亩（大约4.5万亩）。在1929年时有75栋楼，100多个家庭居住其中。该庄园内收藏的家庭内部文献，价值就达450万美元。

提到庄园的"豪华装修"，老洛克菲勒付了70万美元给美国铁路公司，令其将园内"领土"上的一段铁路拆除，又付了150万美元给园内一所学院作为"搬家费"。

这仅仅是1930年洛氏的一处房产，洛氏在纽约的另一豪宅有32个房间，在华盛顿拥有一座城堡，在缅因州又有数座庄园，这里还没算在中美洲如委内瑞拉拥有的数处种植园，在巴西经营的若干座农场……

1975年，尼尔森在得克萨斯州购买了1.8万英亩土地，仅仅是作为"室外活动场地"。

在珀堪提科山庄（Pocantico Hill），随时待命的各类家政工人，包括清洁工、保安、厨师和园丁等超过500人，位于锡尔港的一处度假庄园备仆45人，尼尔森一处私宅雇仆人15个。不完全的统计中洛氏家族仆人已超过2 500人。洛氏家族人人爱旅行，行踪随意不定，因此所有庄园场所都保持在随时可以使用的完美状态，预备任一主人兴之所至大驾光临。

除房地产外，洛氏深不可测的钱袋子里还装着财团持有的股票，仅以埃克森石油公司为例，埃克森是新泽西标准石油公司的更名，属于标准石油公司被分拆后的一家。洛氏财团直接持有的埃克森股票价值为1.56亿美元（1974年），这个数字并不包括洛氏家族以基金会和信托机构等形式间接持有的股份。

著名的洛克菲勒中心，公布的估值为9 800万美元，这实在是个荒谬的数字。1974年9月30日的《洛杉矶时报》撰文探讨洛克菲勒中心的准确估值问题，称各路专家的结论是无法估算。市场普遍认为此项资产在1974年应价值10亿美元。[18]

粗算1975年洛氏财团经营的投资资产，股票类有价值8 500万美元的加利福尼亚标准公司，7 200万美元的IBM，另外超过1 000万美元的公司股票计有：大通曼哈顿银行、美孚石油、EaMac、通用电气、得州仪器、明尼苏达矿业制造等。

洛氏财团持有美国50家最主要公司的大量股权。一项不完全的统计显示，洛氏财团有154个全职职员在管理着这些资产，大理财管家理查德森·迪尔沃斯的直接助理为15名顶级财务专家。这些资产管理职员同时在各类和各级基金会与信托机构中担任董事和经理，他们管理着700亿美元的资产。再次提请读者注意，这是1974年的700亿美元！

洛克菲勒家族如此，罗斯柴尔德家族和其他的国际银行家族又何尝不是如此。

除了财富，洛克菲勒家族还通过通婚与美国最具权势的各大家族建立了更加紧密的战略同盟关系，从而使其社会影响力得到进一步扩张。据不完全统计，洛氏家族与美国最富有的60个家族中的一半有“亲上加亲”的联姻关系。其中，最主要的包括斯蒂尔曼（Stillman）、道奇（Dodge）、麦克艾宾（McAlpin）、麦克克米科（McCormick）、卡内基（Carnegie）和奥里奇（Aldrich）等。

杠杆效应与财富控制

1974年《财富》杂志公布的最大公共持有公司中，埃克森取代通用汽车，成为排行第一的最大工业公司。洛氏持有价值3.24亿美元的石油股票，大致代表着在最大的四大石油公司中每家占有2%的股权。1966年的派特曼国会调查案中披露的信息显示，9个洛氏家族基金会共持有约3%标准石油系下公司股权。这样算下来，洛克菲勒家族实际掌握着四大石油公司中约为5%的有效股权。加上其系下的信托、银行、保险公司和大学基金机构所持有的大量石油公司股份，洛氏家族对美国石油工业拥有直接和绝对的控制能力。

在银行业，洛氏家族控制的银行包括：第一国民银行和大通曼哈顿银行。大通曼哈顿银行是世界第三大银行机构，这个第三是以规模而论，它实际上是世界上最具影响力的银行。大通曼哈顿银行是大通银行和著名的犹太金融家族控制的曼哈顿银行的合并。这一合并给合作双方都带来巨大的商业成功和利益。后来，这一银行又合并为今天的摩根大通。

这并不是其资产的全部。

《纽约时报》的报道认为，大通曼哈顿银行的大量商业运作是通过其海外机构进行的，没有被披露在公布的报表上。

1975年的《时代》杂志披露，大通曼哈顿银行有28个海外分支机构，在全球范围有5万多家附属银行。假设一家分支银行的资产价值为1 000万美元，那么大通曼哈顿银行有着对高达5 000亿美元潜在财产的支配能力。如此规模的影响力和支配力，可以顷刻间造成全球货币、外汇、黄金市场的巨幅震荡，然后趁势在震荡中制造恐慌情势，从中渔利，这是典型的剪羊毛行动。

尼尔森在参选副总统的听证会上声明：我自己不拥有大通曼哈顿银行的任何股份。

此声明从技术角度讲无懈可击，他个人的名字下确实没有一股大通曼哈顿银行的股份。但洛氏家族持有62.3万股（相当于2.54%）大通曼哈顿银行的股份，洛克菲勒兄弟基金会持有14.8万股，洛克菲勒大学持有8.1万股，洛克菲勒家族和相关机构在大通曼哈顿银行共拥有相当于4%有控制力的股权。

1974年大通曼哈顿银行年报披露总资产额为42亿美元，洛氏家族年度净收入为1.7亿美元。

富豪家族对企业的控制力和所有权是被仔细保护的秘密，在被要求披露相关信息时，他们会交出一些金融代持机构的名字轻松过关。金融代持机构持有的信息实际非常模糊，与真实情况大相径庭，更有些代持机构根本是虚构的，所谓的托管人信息完全不能反映真正持有人和受益人的身份。

除了大通曼哈顿银行，洛氏财团还控制着纽约最大的银行——国家城市银行(National City Bank)。这家银行的主席斯蒂尔格曼是威廉姆·洛克菲勒的生意伙伴，也是标准石油信托公司的管理人之一。他的两个女儿分别嫁给威廉姆·洛克菲勒的两个儿子。斯蒂尔格曼同时跟家财万贯的卡内基家族联姻。这样的"亲上加亲"关系令洛克菲勒家族的势力更加庞大。

洛氏财团控制的第三家银行——汉华银行（Chemical Bank），主要控制人是哈肯尼斯家族。爱德华·哈肯尼斯是老洛克菲勒长期保持密切商业关系的合作伙伴，也是标准石油信托公司的管理人之一。1939 年，爱德华·哈肯尼斯仅排在老洛克菲勒后面，是标准石油公司的第二大股东。

在银行体系以外，洛氏财团还通过保险公司体系进一步放大对企业的实际控制力。众所周知，商业银行是对企业发放短期信贷的主要渠道，保险公司则提供长期信贷。通过并行掌握商业银行和保险公司，等于用两条线把企业的资本命脉全攥在手里。

因此，洛氏财团对企业的总控制力大幅提高。

洛氏财团与美国三大保险公司（大都会保险、大都会人寿保险和纽约人寿保险）均形成董事成员互锁关系。据估算，洛氏财团控制着全美最大 50 家商业银行 25%的资产和最大 50 家保险公司 30%的资产。

通过高倍杠杆作用，洛氏财团对社会经济和财富的控制力在无形无影中被空前放大了。

根据 1974 年参议院银行委员会的报告，洛氏财团对大批公共上市公司持有 5%的控制权。实际上通过其他金融机构，如银行和保险公司，洛氏财团对这些公司的控制力，以 5%直接股权加 2%其他股权再加管理层占股的形式，已被大大强化。这类公司包括：埃克森美孚石油、加利福尼亚标准石油、印第安纳标准石油等等。

除了三大银行和三大保险公司，洛氏财团还通过控制银行的信托部门来实现对企业的深度控制。银行信托部门对股票的拥有权和投票权都起着至关重要的作用。众多大投资者将股票托管到银行的信托部，同时将相应的投票权也一并委托，等于委托银行的信托部代表自己行使对企业的决策权。

有一个流行的说法：任何公司对银行的信托部门都是畏惧的。巨大和关键性的决策权在很大程度上掌握在银行信托部门手里。1967 年，洛氏财团拥有 350 亿美元的银行信托资产，占全美信托资产总额的14%。

通过上述直接和非直接持股，洛氏财团对各行业各企业拥有强有力和高效的控制权。

大通信托投资管理公司是美国21家最主要公司的单一最大持股人。这些直接处于洛氏财团控制之下的公司包括：美联航、西北航空、长岛电力、国家钢铁、美国国家航空，以及其他16家主要公司。

通过高倍放大的控制权而被纳入洛氏财团王国版图的公司包括：IBM、AT&T、中央铁路公司、达美航空公司、摩托罗拉、西夫韦、惠普等。

通过银行信贷的影响力施加控制和各大公司董事席位互锁达到掌控的公司包括：杜邦、壳牌等。

将各条线索上的信息汇总，我们惊异地发现：洛氏财团实际上控制着全美最大100家工业公司中的37家，最大20家交通运输公司中的9家，所有最大的电力、供水、燃气公司，最大4家保险公司中的3家，以及无数家中小型投资、贷款、零售企业。

如此巨大和超乎想象的经济控制力必然能产生相应的政治影响力。超级富豪财团和政府之间已经很难分清是谁在主导着决策权，双方已深刻地相互渗透并融合为一个整体。

《华盛顿邮报》撰文指出，一旦尼尔森当选副总统，他几乎在处理每一个公共经济决议问题时，都会碰到与洛氏财团关联的利益，从而形成明显的利益冲突。

另外，各主要基金会之间也进行着管理层互锁和相互控制．著名大基金会如洛克菲勒基金会、福特基金会和卡内基基金会都是如此。卡内基基金会是洛克菲勒基金会的重要组成部分，其主要运作人都是洛克菲勒基金会所控制的美国外交关系协会成员，财务管理委员会的6个主要会员中的两位是洛克菲勒财团金融机构的董事。福特基金会在1953~1965年的总裁是曼哈顿银行的董事长，他的继任者也是曼哈顿银行董事，并曾任世界银行行长。福特基金会的多位掌门人和运作人都是美国外交关系协会成员。

国会的调查

洛克菲勒家族如此强大的财富控制力和政治影响力，当然很早就引起了美国国会的注意。

1950年，众议员派特曼发起了一场针对基金会资产的调查案，旨在调查基金会是否在利用各种资产组合变相操纵市场。这项调查案得出的结论部分这样写道："我们整个国家的经济生活已和大量基金会的商业行为交织在一起。除非立即采取相应行动，否则美国生活的每一方面都会处于基金会的控制之下。"[19]

此项报告提交后如泥牛入海，毫无下文，也没有任何实际行动被采用，最后无疾而终。

1952年，爱德华·考克斯议员领导了美国国会第二次对免税基金会的调查，试图彻底搞清此类基金会是否利用其资源达到有违美国国家利益和传统的目的。自调查发起之日，洛氏财团就利用其长期盘踞的民主党当权派势力，千方百计地阻挠调查。先是"惜时如金"，对这一项需要几年时间完成的庞大调查案只批准了6个月的时间，接着就屡次拖延资金到位，设置重重障碍，利用调查程序细节讨论反复拖延时间。[20]

考克斯议员在重重挫折和困难中举步维艰坚持数月后，终于熬不过对手的层层阻碍，在调查过程中，积劳成疾，最后一命呜呼。

此后，众议员里斯（Carroll Reece）第三次提起调查案，意图进一步推进并长期持续调查。此举立刻激起洛氏财团的激烈反击。谁都清楚，如果调查案结论将基金会运作本质曝光出来，基金会制度将会受到强烈质疑和反对，极有可能被终止。

与洛氏有密切关系的《华盛顿邮报》立即跳出来，以少有的严厉口吻指责此调查案是彻底愚蠢、无用、浪费公众资源的行为。[21]

各大主流媒体皆不甘落后，群起攻之，众口一词抨击里斯和此调查案，冠以"阴谋论"标签，竭尽能事进行污蔑、攻击和嘲讽，把里斯描绘成"麦卡锡主义者"。

调查几乎是在被全面封杀的状态下进行着。

随着调查极其艰难地进行，里斯发现，在5名调查委员会成员中，除了他本人，另外4位全是洛氏的代理人。在这几位成员中，众议员韦恩·海斯（Wayne Hays）对调查的反对、阻挠和对抗最为激烈。海斯每周定时到华盛顿某宾馆吃午饭，他在这段时间会见几大基金会代表，密商对策。

在调查案听证会上，海斯非常突出地表现了打断别人的能力，在一场历时185分钟的听证会上，海斯竟然264次打断别人的发言。他还拒绝服从听证会制度，不断攻击、谩骂和贬低证人证词，不间歇地干扰，终于导致听证会中止。

海斯还透露，白宫方面与他联系，商讨如何终止委员会的进一步调查。

里斯委员会无奈之下，只能将调查范围一再缩小，最后集中调查最大的3家基金会。但是由于受到越来越强大的压力和阻挠，以及时间、资金、人员等方面的种种限制，终于不了了之。

1954年8月19日，里斯总结这项调查活动说："基金会是仅次于联邦政府的第二权力……或许国会应该承认，基金会在某些领域已变得更加有权力，至少比政府立法部门更有权力。"[22]

自此，政府和国会针对基金会有组织的抵抗再也没有出现。

基金会、精英集团与政府

垄断资本主义的最高境界就是压制对手、消灭竞争。为达成这一目的，与政府的合作成为必要。而在更广泛意义上实现对工业、商业、资本、技术、人力、资源的更大控制力，则必须取得政府的协同，直至实现世界政府。

国际银行家对政治和政府的影响主要通过发起并资助美国外交关系协会的途径来间接实现。美国外交关系协会从成立之初直到现在始终处于洛氏财团控制之下。

美国社会每一位具有社会影响力的人士，从律师、银行家、教授、将军，到记者、编辑和官员，他们中凡是对美国政府政治决策，尤其是外交政策具有某种影响的重量级人物，几乎无一例外都是外交关系协会招募的对象。

自罗斯福总统以来，美国历任总统中的绝大多数也都是外交关系协会成员。总统是按届轮换的，政府官员也都是流水的兵，但是站在总统背后的金主，政府背后的家族势力集团，三权背后的金权，始终没有改变。

洛克菲勒家族对白宫的影响力，在1894年麦金利总统大选时就开始显现，延续到罗斯福时代，洛氏的影响逐渐起到决定性的作用。罗斯福新政实为洛克菲勒新政。新政出台的大部分措施都直接体现出利于洛氏财团的商业利益。[23]洛克菲勒在罗斯福身边安排的重要代理人是哈里·霍普金斯（Harry Hopkins）。霍普金斯管理着一个社会服务机构，在10年间接受洛克菲勒基金会的资助。霍普金斯是富兰克林·罗斯福的另一个自我，他们之间的关系就像豪斯上校和威尔逊总统。"二战"

期间霍普金斯的实际权力仅次于罗斯福总统，在华盛顿是排名第二的最有权势的人物。霍普金斯承认，洛氏对他帮助良多，他欠洛克菲勒很大的人情。

尼尔森·洛克菲勒与罗斯福的关系渊源深远。在任美国商务部长期间，尼尔森·洛克菲勒是罗斯福新政的重要执行人。[24]《纽约时报》1960 年 5 月 20 日的一篇文章称，洛克菲勒是罗斯福关系非常亲密的好朋友。他们在假日里一起到香格里拉，即今日的戴维营度假。

艾森豪威尔的第一任国务卿杜勒斯是洛克菲勒的表弟，第二任国务卿克里斯是美国外交关系协会成员，同时也是标准石油公司的主要管理人。艾森豪威尔的总检察官是外交关系协会成员，同时也曾是洛克菲勒的雇员。艾森豪威尔上任后挑选了数百个联邦法院和地方法院的法官和大律师，以及政府高级官员，这些人与艾森豪威尔政府的 17 个主要政府官员全部是外交关系协会成员。

肯尼迪总统本人也是外交关系协会成员，他的国务卿迪恩·罗斯克（Dean Rusk）是洛克菲勒直接安排的代理人。肯尼迪在任命这位国务卿之前都没有见过他。这种情形并不稀奇，里根、卡特等总统在任命国务卿、美联储主席时，都与这些人素未谋面。罗斯克在出任国务卿时的正式职务还是洛克菲勒基金会的职衔，他实际上是“请假”（leave of absence）担任美国政府国务卿。肯尼迪的助理国务卿也是外交关系协会成员和洛克菲勒兄弟基金会管理人和董事。他的商务部助理部长特奥布里奇（Alexander Trowbridge）是外交关系协会成员，同时也是标准石油公司的管理人。肯尼迪当政期间提升他为商务部部长，同期提升的国防部常务副部长也是外交关系协会成员。

尼克松总统的总检察长是洛克菲勒的御用律师。他是尼克松大选时的全国总协调人和顾问。[25]

尼克松的第一个副总统斯皮罗·艾格纽（Spiro Agnew），1968 年大选时是洛克菲勒选举委员会的主席，在大选过程中反对尼克松，后被安排在尼克松身边做政务顾问。尼克松最主要的顾问是基辛格，而基辛格担任尼尔森·洛克菲勒的个人外交政策顾问长达 10 年之久。

基辛格 1956 年从德国移民到美国，在不到 20 年的时间里，从一个默默无闻的哈佛教授一跃成为美国政界的灵魂人物，

正因为他的背后有洛克菲勒强有力的推手。基辛格和尼克松在多项政治纲领思

中情局长艾伦 · 杜勒斯

想上存在分歧，在尼克松任命基辛格为国家安全事务助理之前，两人只见过一面，且尼克松对基辛格毫无好感。但基辛格是洛克菲勒亲自点名的人选，尼克松只能"遵旨"执行任命程序。

尼克松政府班底的115名各级官员全部是外交关系协会成员，大部分在福特当政期间仍处于要职。共和党执政期间，尼尔森 · 洛克菲勒安排多名重要人选在参众两院各政策委员会等要害位置上。

对于洛氏家族对白宫的影响，有人在1975年作了估算，有超过5 000名位居联邦政府高级职位的官员是洛克菲勒势力集团的人选。

洛克菲勒家族在国际事务尤其是外交事务上有着重大利益，因此在历届政府中都要确保国务卿和中央情报局首脑这两个要害位置为洛氏集团掌握。美国中央情报局由洛克菲勒的表弟艾伦 · 杜勒斯担任第一任局长并配置了全班人马，从人员阵营来看，几乎就是标准石油公司的海外执法部门。洛氏的另一表弟约翰 · 福斯特 · 杜勒斯则是艾森豪威尔的国务卿。[26]

洛氏集团和美国历届政府真正做到了亲如一家，不分你我。

国务卿约翰 · 福斯特 · 杜勒斯

洛克菲勒说过，"华盛顿的国务院是我们最大的帮手，众多大使和部长们帮助我们在全世界最远的角落开辟新市场"。美国政府从各个层面服务于洛氏集团的利益并推行其政策。《华盛顿邮报》记者杰克写道，美国国务院的政策决策在某种意义上是围绕石油公司利益进行的。当石油公司在海外不能获得某项利益时，美国国务院就会出面帮助解决。在许多国家，美国大使馆的功能就相当于石油公司的海外办公室。国务院执行的各项政务政策中到处隐现着七大石油公司的影子。

洛氏集团同时牢牢把持着财政部部长人选，以确保财政部发挥摩根大通银行分支的功能。

约翰·戴维森·洛克菲勒

小约翰·戴维森·洛克菲勒

艾森豪威尔的财长罗伯特（Robert Anderson）是外交关系协会成员

肯尼迪的财长道格拉斯（Douglas Dillon）是外交关系协会成员，洛克菲勒兄弟基金会的委托人

约翰逊的财长亨利（Henry Fowler）是外交关系协会成员

福特的财长威廉·西蒙（William Simon）是外交关系协会成员

不过近年来，这一权力逐渐被华尔街的投资银行抢了过去。

基金会与教育系统

1890年安德鲁·卡内基将他的11篇文章集结成册出版发行，名为《财富的福音》（*The Gospel of Wealth*）。他在书中假设自由市场体系已经在他们这一代产业和金融巨擘面前归于终结，他们不但拥有绝对的财富，还控制着政府。但是他害怕下一代人成长起来后，意识到问题的严重性并起而反抗这一对他们有利的体系。他的结论就是必须要控制教育体系。

各大家族认识到美国教育体系的地区分散性，不太可能逐一进行“收编”，超级富豪们于是仍然采用了“渠道为王”的策略，重点投资于教师协会和教材编写，只要牢牢地控制教师和教育内容，就可以有效控制教育系统。于是洛克菲勒基金会出重资投进美国最主要的教师协会。[27]

洛克菲勒曾说，我们有着无限的资源能让人们服从，当前的教育方式早已过时。

洛克菲勒基金会和卡内基基金会同时也在大规模资助教科书的编写和发行，这实际上是在以间接手段对教育体系施加影响。当一代、两代直至更多世代的人是在同一思想理念的教育影响下成长，几代人的思维模式将逐渐集合到一个方向。洛克菲勒基金会和卡内基基金会从20世纪二三十年代就开始全面资助全美各级学校和教育机构的教科书行业，从未间断。

除了渠道，另一个重点就是控制高端。洛克菲勒基金会和卡内基基金会教育资金的2/3投向高等教育。20世纪30年代，全美高等院校资金的20%来自洛克菲勒基金会和卡内基基金会。他们实际上部分起到了美国教育部的功能。这两个基金会对美国高等教育施加的影响是行之有效的。

受洛克菲勒基金会和卡内基基金会控制的美国最大教师协会在1934年的报告中说，即将死亡的自由市场模式必须被彻底摧毁，所有人都应该服从更大的社会控制。

这一观点完全支持着洛克菲勒的理念。洛氏提出"竞争是一种罪恶"，应被消除。这样的理念意在扼杀和消灭竞争对手，实现垄断，完成对社会更大规模的控制。

公众意见塑造

对政治和公众意见的影响力离不开对媒体的掌控。

洛氏财团对媒体的影响同样贯彻"渠道为王"的核心原则。首先通过控制三大通讯社来进行新闻来源的控制，三大通讯社是所有地方平面媒体的新闻源头，各大地方媒体的版面内容和编辑思路唯三大通讯社马首是瞻。洛氏财团掌握了三大通讯社，就将图书、报刊、杂志等平面媒体一并纳入管辖之中。

除了"渠道为王"，媒体同样也需要控制高端。本着"擒贼先擒王"的原则，洛氏先将各大媒体的指路明灯《纽约时报》拿下。《纽约时报》社论的立场，将是各主流媒体报道角度和态度的标杆，它们的报道都随着《纽约时报》即时调整，保持一致。

洛氏同时也高度重视《华盛顿邮报》。《华盛顿邮报》在首都发行，是政界人士每日桌面的必备。它的掌门人凯瑟琳 · 格雷厄姆（Katharine Graham）是外交关系协会成员。西部最大报纸《洛杉矶时报》的掌门人富兰克林 · 墨菲（Franklin

Murphy）也是外交关系协会成员。洛氏通过发起并资助外交关系协会来协调与各大媒体掌门人的利益取向。[28]

电视媒体方面，拥有200多家电视台、255家广播电台的哥伦比亚广播公司（CBS）掌门人威廉姆·帕林（William S. Paley）是外交关系协会成员，也是洛克菲勒基金会的主要管理人。

NBC（美国全国广播公司）为RCA（美国无线电公司）的下属电视台。其掌门人戴维·沙诺夫（David Sarnoff）为外交关系协会成员。

ABC（美国广播公司）拥有153家电视台，偏重娱乐节目。大通曼哈顿银行持有其6.7%的股份。

通过银行和信托机构持股，洛氏持有CBS 14%的股份、RCA 4.5%的股份。

这些电视媒体巨头实际都是洛氏财团系下。有人戏称无论是ABC、CBS还是NBC，其实都是RBC，即洛克菲勒广播公司（Rockefeller Broadcasting Company）。

媒体还有一个不能忽视的领域，这就是广告。广告收入占平面媒体总收入的2/3~3/4，当然是媒体重视的金鸡。广告的最大客户是连锁店和商场。媒体编辑们是不会让对金主们不利的声音公然扩大的。

美国最大的连锁店和专卖店，如梅西百货（Macy）、杰西潘尼（JCPenny）、西尔斯（Sears）等，他们的董事会成员中至少有一位是外交关系协会成员，并且与外交关系协会成员控制的银行、企业的董事会利益互锁。

另外，石油公司和金融机构也是媒体的主要广告客户。哪家媒体有胆子挑大金主不想听的话说呢？

基金会同样重视宗教声音的导向，美国毕竟是个宗教大国，宗教力量对社会的影响力不容小觑。洛克菲勒基金会和卡内基基金会资助纽约神学研究会和联邦基督教协进会（Federal Council of Churches）。社会"主流"神学的声音逐步转向主张社会计划和控制方面，对金钱和经济活动也提倡进行控制。联邦基督教协进会在美国有4 000多万名会员。这样一种潜在的思想影响力所产生的权力效应是不可估量的。

世界政府："盎格鲁-美利坚权势集团"的奋斗目标

有些人甚至认为我们是一个秘密集团的一部分，试图危害美国的核心利益，他们把我的家族和我本人描绘成“国际主义分子”，阴谋与各国（拥有同样理想）的一些人合作建立一个全球的政治和经济结构——单一的世界（政府）。如果这是一种指控，那么我承认有罪，但是，我对此引以为荣。

——戴维·洛克菲勒[29]

罗兹的最终理想是美国重归大英帝国的怀抱，然后以英美为核心构建能够将他们“美好社会制度”福音传播到全世界的机制，并梦想着在此基础上建立“世界政府”。当然，这并不是一个公平的权力金字塔，拥有着“伟大传统”和“优雅气质”的盎格鲁-美利坚的“上等阶层”将毫不谦虚地居于金字塔的顶端，来统治全世界“规模远大于他们的下等阶层”。

为了这个“伟大的理想”，罗兹设立了一个罗兹基金，鼓励和资助美国青年人去欧洲学习，教育美国青年为逐步实现全世界建立统一政府的目标而努力。几十年以来，大批美国精英在罗兹思潮的影响下，接受和追随建立世界政府的理念。美国前总统克林顿就曾被授予罗兹奖学金。

“二战”结束后，英国已无法挽回地失去了将美国重新纳入自己轨道的可能，双方力量发生了本质性的变化，同时双方共同面临着远比纳粹德国更严重的威胁，这就是苏联。“盎格鲁-美利坚权势集团”于是走向双方彻底融合以战胜苏联和其他势力的挑战，试图建立“世界政府”。

在世界政府的问题上，精英们分成了两大派系：渐进派和激进派。

渐进派主张通过组织区域性同盟，逐步扩大，再相互联合，最终实现世界政府。[30]大西洋同盟的成立就是一个典型的例子。大西洋同盟实质上违反了美国宪法精神，背叛了美国独立主权国家的自主宗旨，但这一组织和它主张的思想得到大批富豪的认同。大西洋同盟的成员中有871名富豪，其中107名是外交关系协会成员。20世纪70年代中期，大西洋同盟的成员达到2 000多名。该组织提出的一项重要决议就是“大西洋同盟决议案”，主张废除美国《独立宣言》，建立超越美国宪法原则的英美联合的新国家。

1949年，“大西洋同盟决议案”正式进入美国国会，当然没有被国会通过，这样的提案过于惊世骇俗，绝大多数议员无法立刻接受。从此之后，每年都有人提出审议该提案，并获得一批重量级人物的赞同和支持，比如洛克菲勒、尼克松、艾森

副总统尼尔森 · 洛克菲勒

豪威尔、杜勒斯兄弟、基辛格和麦卡锡。1975 年该提案被再次提交到众议院审议，居然获得了 111 名众议员的支持。多年以来，大西洋同盟得到了洛克菲勒家族的秘密支持。尼尔森 · 洛克菲勒免费提供位于纽约东 40 街 10 号的一座办公楼供大西洋同盟使用。[31]

世界政府激进派的代表就是“十七大银行家族”中保罗 · 沃伯格之子詹姆斯 · 沃伯格。保罗曾是美联储的总设计师，华尔街著名投行库恩雷波公司的合伙人，詹姆斯曾是罗斯福总统的财政顾问。詹姆斯于 1947 年创立的“世界联邦运动”（United World Federal, UWF）获得了洛克菲勒的大力资助。詹姆斯 · 沃伯格提出的著名口号是“同一世界，或完全没有”（One World or None）。其中，非常激进的弥尔顿教授在 1949 年曾撰文声称要把美国国旗扯下来，向上面吐口水。

世界政府激进派的一个主要精神力量源泉就是美国在 1945 年引爆了人类历史上第一颗原子弹，到 1947 年詹姆斯 · 沃伯格成立“世界联邦运动”之时，还没有第二个国家拥有核武器。大规模杀伤武器在心理上给“世界联邦运动”分子以极大的嚣张本钱，顺我者昌，逆我者亡，胆敢反对世界政府的国家将被从地球上直接抹去。这就是詹姆斯 · 沃伯格在 1954 年提出的：“我们应该建立一个世界政府，无论人们是否喜欢它。唯一的问题是这个世界政府究竟是经由（和平的）共识还是（武力的）征服来产生。”

“世界联邦运动”的主张是世界和平将通过统一的世界组织机构和体系来实现。美国的大批青年深受这一思潮影响，他们相信这样一种体系可以完备地保证个人自由、宗教思想自由和世界和平。“世界联邦运动”几十年致力于促成世界政府建立，没有取得明显的进展。

洛氏财团对渐进派和激进派的行动都给予了各种形式的大力资助，但让美国公众普遍放弃传统的独立国家理念而接受建立世界政府，绝不是一朝一夕的事。渐进派和激进派在几十年里不懈努力，但他们离最终的目标还有很大的距离。

因此，世界政府思想的推进者们创建了第三个组织机构——三边委员会，转变角度和方式，继续为他们的总体目标努力。三边委员会的主导人是布热津斯基，他主张的观点与大西洋同盟和“世界联邦运动”都有所不同。布热津斯基认为，要求美国人全盘放弃已形成百年传统的独立国家理念，从直观上和感性上都不容易接受。推进世界政府，应该以间接、缓进、委婉、巧妙和曲折的方式和手段，逐步达到“曲线救国”的最终目标。

大西洋同盟提出的思想过于狭隘，不能适应20世纪70年代以来世界逐渐多极化，包括冷战局势和更加复杂化的国际博弈关系的挑战。因此，不应直接公开倡导简单的世界政府概念，而是要把公众的关注力引导和吸引到世界共同面临的问题上，寻求一致的解决方案，比如经济危机、生态环境恶化问题、能源枯竭等问题。

如果各国政府和公众都只关注局部性问题和内部事务，这一进程显然得不到推进。

只有当世界各国上至国家领导人，下至普通大众都不得不共同关注同样的问题，并逐步取得共识，思想渐行统一，一个全球性世界政府的建立才能真正接近。

世界政府思想的推进者们在4个主要方向上进行了布局：

1. 建立全新的世界货币体系。
2. 世界性资源和生态环境危机。
3. 倡导世界贸易的整合和一体化。
4. 能源危机。

其总体思路是整合加危机，在整合中推进共识，在推进时等待条件，在等待中制造危机，在危机里促成行动。

任何一个国家如果不走上这样一条路线，只关注本国内政和局部问题，就必将面临3个巨大挑战：粮食、能源和金融危机。这些危机的规模和毁灭力会同20世纪二三十年代的大萧条程度不相上下。各国领导人不得不坐在一起，共同探讨如何解燃眉之急，在错综复杂的博弈过程中相互妥协和退让，各自放弃部分经济主权和货币主权，以达成有效共识。

此时有一些人也许会泛起得意的微笑。

有人会有疑问，国际银行家已经对美国实现了巨大的影响力和控制力，为什么还致力谋求废弃美国独立主权而建立世界政府呢？

这是超过95%的美国外交关系协会成员共同秉持的思想理念，在某种程度上解除和废弃美国的独立主权，是为了更广泛和更深层地控制全球，实现世界政府的“远大理想”。这个宏伟的目标在经历着各种不同形式的进程，时而激进，时而缓行，时而迂回，但这一总纲领从未改变。

在一场80年以来最严重的经济危机席卷全球的时刻，一个看似遥不可及的理想正在走近。

2008年的金融海啸也许正是被期待已久的天赐良机！

罗兹会社及影响

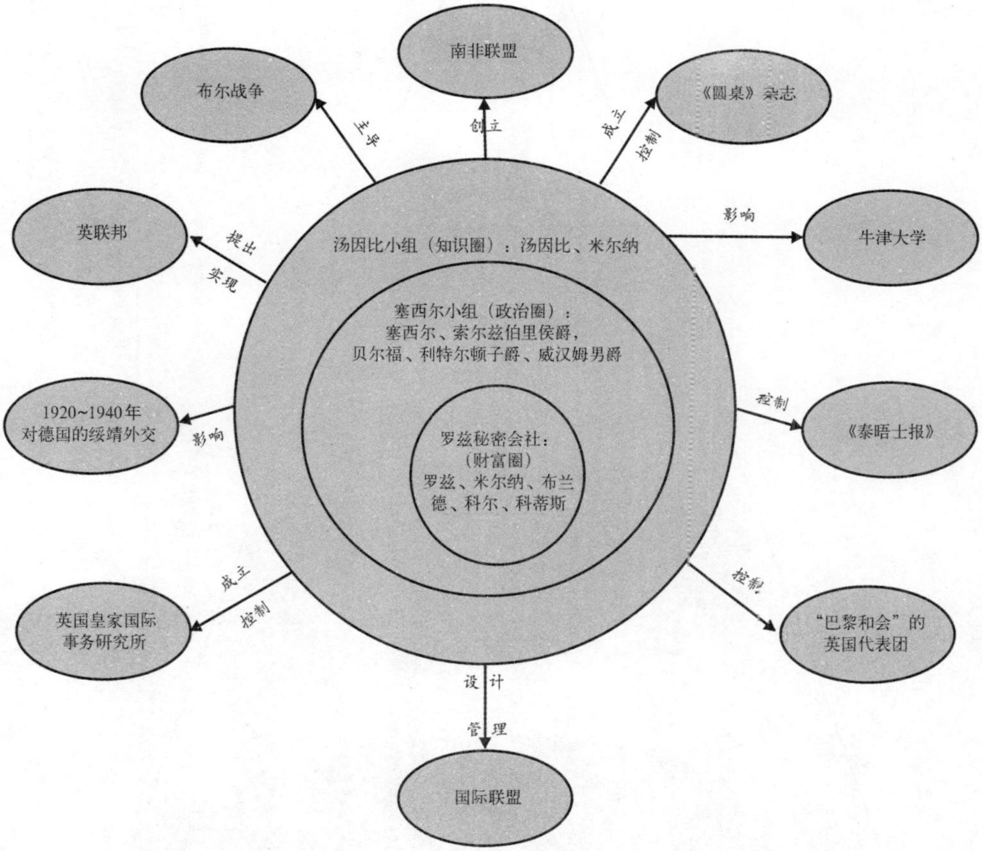
南非联盟
布尔战争
《圆桌》杂志
主导
创立
成立
控制
英联邦
提出
实现
影响
牛津大学
汤因比小组（知识圈）：汤因比、米尔纳
塞西尔小组（政治圈）：
塞西尔、索尔兹伯里侯爵，
贝尔福、利特尔顿子爵、威汉姆男爵
控制
1920~1940年
对德国的绥靖外交
影响
《泰晤士报》
罗兹秘密会社：
（财富圈）
罗兹、米尔纳、布兰
德、科尔、科蒂斯
成立
控制
控制
英国皇家国际
事务研究所
"巴黎和会"的
英国代表团
设计
管理
国际联盟

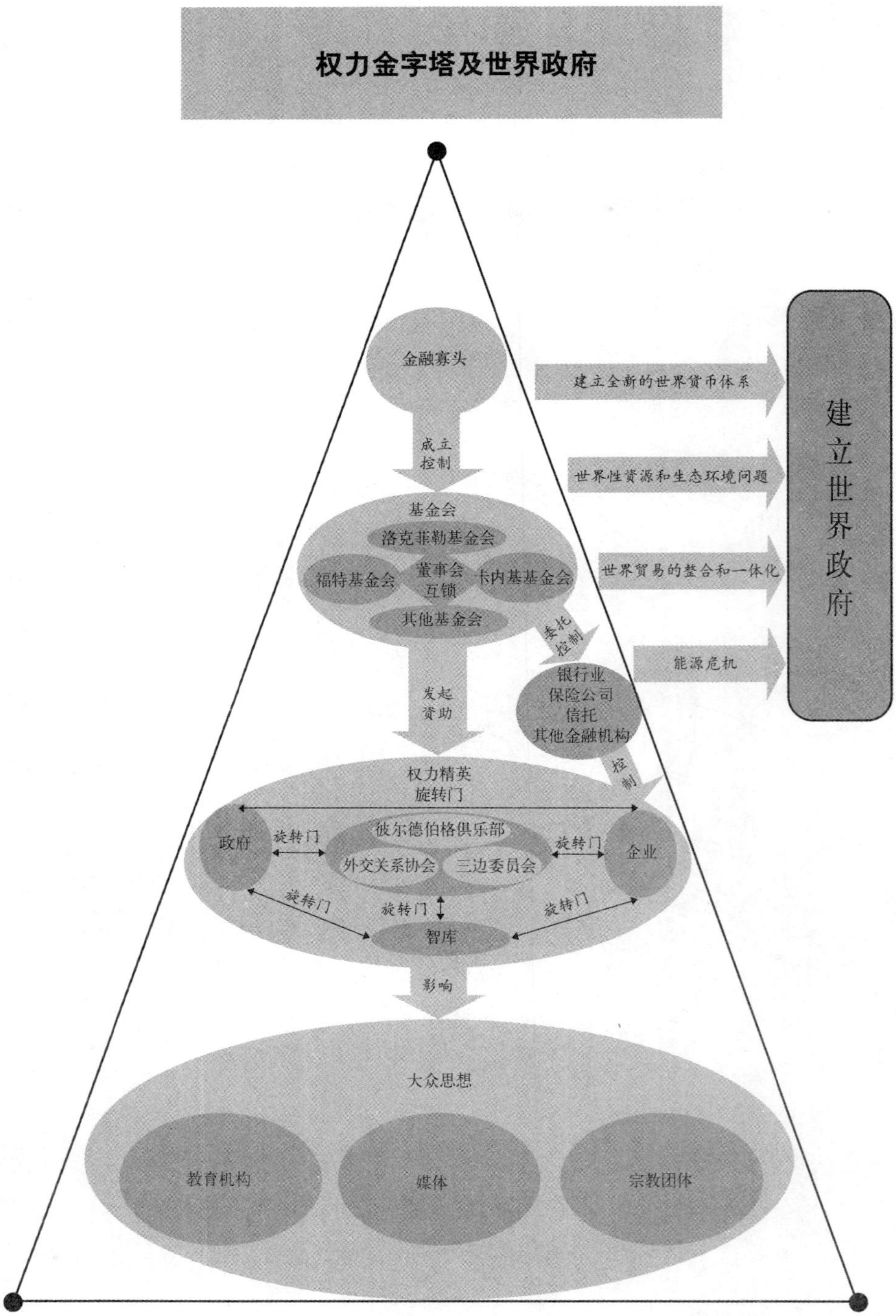
权力金字塔及世界政府
金融寡头
成立
控制
基金会
洛克菲勒基金会
福特基金会
董事会
互锁
卡内基基金会
其他基金会
委托
控制
银行业
保险公司
信托
其他金融机构
发起
资助
控制
建立全新的世界货币体系
世界性资源和生态环境问题
世界贸易的整合和一体化
能源危机
建立世界政府
权力精英
旋转门
政府
旋转门
彼尔德伯格俱乐部
外交关系协会
三边委员会
旋转门
企业
旋转门
旋转门
旋转门
智库
影响
大众思想
教育机构
媒体
宗教团体

参考资料

CURRENCY WARS

[1] Gary Allen, *The Rockefeller File*, Buccaneer Books, Inc.1976.

[2] Schlossberg, Bert (2000). *Rescue 007: The Untold Story of KAL007 and its Survivors*. Xlibris. ISBN 0–7388–5775–0, 0–7388–5774–2. Retrieved on 2009–01–01.

[3] *Who killed congressman Lawrence Patton Mcdonald?* by Todd Brendan Fahey (fargone @ disinfo.net) – July 01, 2001.

[4] Gary Allen, *The Rockefeller File*, Buccaneer Books, Inc.1976.

[5] Carroll Quigley, *Tragegy and Hope*, GSG & Associates, 1996.

[6] Niall Ferguson, *The House of Rothschild*, Penguin Books, 1999.

[7] Carroll Quigley, *Tragegy and Hope*, GSG & Associates, 1996.

[8] Carroll Quigley, *The Anglo-American Establishment*, GSG & Associates, 1981.

[9] Ibid.

[10] Ibid.

[11] Ibid.

[12] Ibid.

[13] Carroll Quigley, *Tragegy and Hope*, GSG & Associates, 1996.

[14] David Rivera, *Final Warning: A History of the New World Order-Illuminism and the master plan for world domination*, 1994.

[15] Ron Chernow, *Titan: The Life of John D. Rockefeller*,Sr., Warner Books, 1998, p563–566.

[16] Gary Allen, *The Rockefeller File*, Buccaneer Books, Inc.1976, p11

[17] Ibid, p13.

[18] Ibid, p15.

[19] Ibid, p40.

[20] David Rivera, *Final Warning: A History of the New World Order–Illuminism and the master plan for world domination*, 1994.

[21] Gary Allen, *The Rockefeller File*, Buccaneer Books, Inc.1976, p43.

[22] David Rivera, *Final Warning: A History of the New World Order–Illuminism and the

master plan for world domination, 1994.

[23] Antony C. Sutton, *Wall Street and FDR*, Arlington House Publishers, 1975.

[24] Gary Allen, *The Rockefeller File*, Buccaneer Books, Inc.1976, p156.

[25] Ibid, p157.

[26] Ibid, p159.

[27] Ibid, p44.

[28] Ibid, p68.

[29] David Rockefeller, *David Rockefeller Memoirs*, Random House, 2002, p405.

[30] Clarence K. Streit, *Union Now*, Harper & Brothers, 1940.

[31] Gary Allen, *The Rockefeller File*, Buccaneer Books, Inc.1976.

09 金融海啸之后

CURRENCY WARS

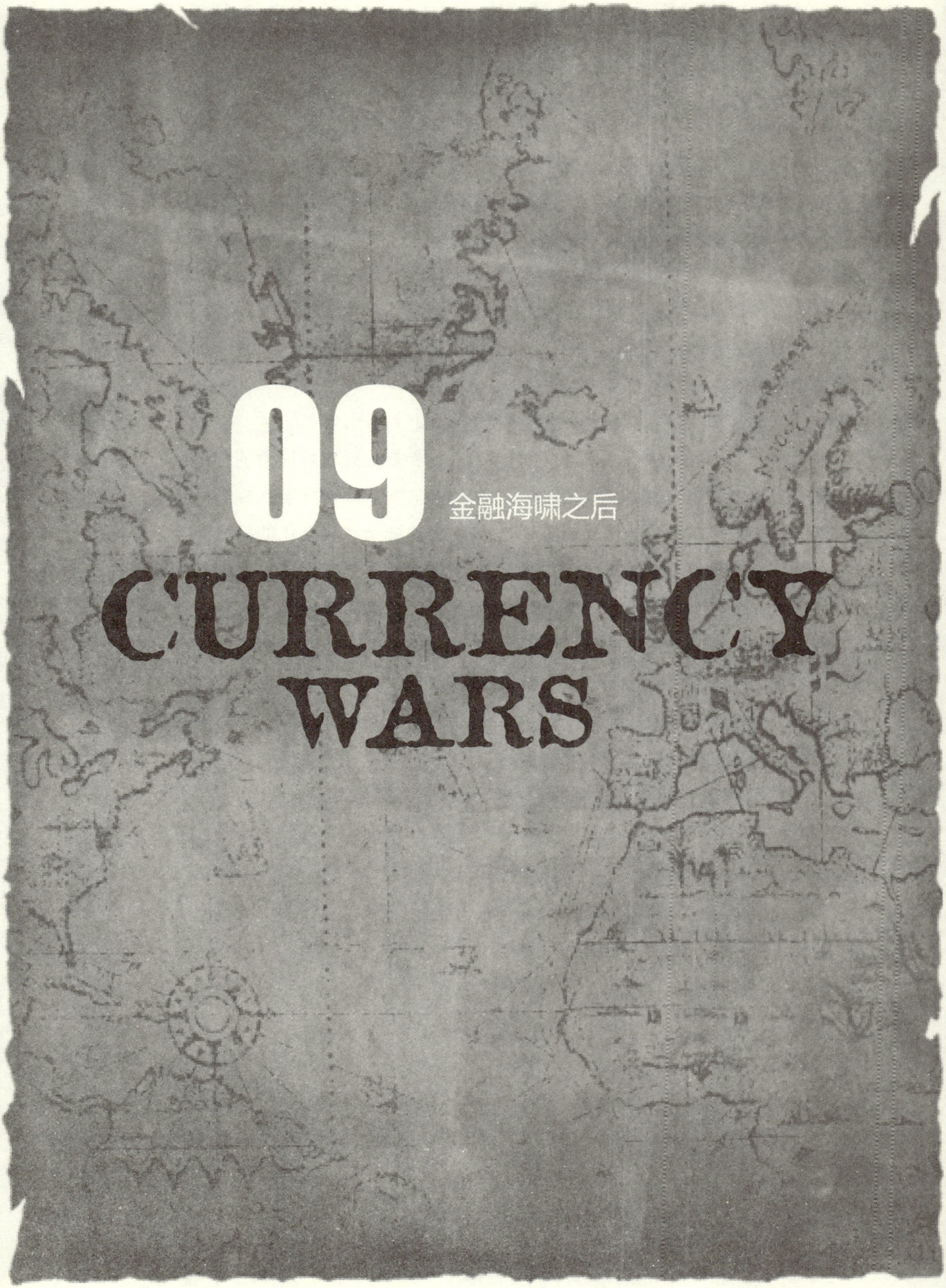

罗斯福有一句名言："重大的历史事件中，没有一件是随机自然发生的，所有这些事件无不是精心策划的产物。"还是罗斯福看得透彻，一切事件背后都是人在运作，如果一件事情的发生对所有参与方都没有好处，这件事情是不会演变成重大事件的。越是影响深远的重大而复杂的事件，越是需要强大的组织协调力量，并且必须克服重重困难才能得以实现。如果没有重大的利益作为动机，很难想象有人会愿意做这种费力不讨好的事情。

历史上的政治事件如此，金融事件同样如此。

金融市场背后仍然是人的利益博弈，人们参与金融市场活动的全部目的就是为了获得利益。与其他利益博弈的情况一样，参与方必须遵守游戏规则，包括一切潜规则。金融市场的不同之处无非是将人们的利益进行了标准化的打包和定价，使得利益转让时"流动性"更好、成本更低、速度更快而已。因此，重大的金融事件同样会反映出超重量级参与方的利益格局，而且这些高能量的超级玩家，在市场的重大转折关头，往往发挥着决定性的影响力。

2008 年的全球金融海啸不过是人性的再次重复而已，它与历史上的危机相比，同样存在着类似的规律，即人性的贪婪与恐惧，以及那些对人性弱点洞若观火并加以充分利用和收获最大成果的超级赢家。

金融利益博弈的核心就是零和博弈，只要私有财产的合法性仍然有效，那么同一资产在某个时刻只能存在着唯一的所有者，无论是有形还是无形的资产都是如此。金融市场中交易的无非就是标准化利益（体现为资产或资产收益权）的所有权，而这种所有权绝不可能被共享，它具有典型的排他性。

本章导读

金融海啸的实质就是金融衍生产品在相同的基础资产之上，创造出了多重利益所有权的虚幻错觉，当基础资产无法持续产生足够的收益去兑换这些虚幻出的利益所有权，并最终被市场参与者发现时，表现出的就是利益所有权挤兑的危机。诸如CDO之类的金融资产，从本质上看就是对资产收益所有权的反复和多重复制，这些虚幻的利益所有权交易属于典型的“庞氏骗局”。

问题是，国际银行家们真的不明白如此典型的“庞氏骗局”最终必然以金融灾难来收场这样显而易见的局面吗？这样的骗局在历史上早已重复多次，并无任何“不可预见”的新鲜之处。危机的到来其实早已注定，而且也早在他们的预料之中。

事实是，巴菲特早在2005年就大声呼吁金融衍生产品是“大规模杀伤武器”；保尔森早在2006年于戴维营就明确告诉小布什总统，金融衍生产品的危机即将爆发；房利美等公司也在2006年夏天就开始布局大规模裁员；英国《经济学人》杂志在2006年1月刊的封面上就已经明确画出格林斯潘手持美国经济即将爆炸的“雷管”去交给倒霉的继任者伯南克；[1]各大对冲基金的经理们2005年就在博客上讨论如何将手中的CDO等“资产毒垃圾”转卖给“愚蠢的”亚洲投资人。即便是《货币战争》在2006年下半年完稿时，也已明确指出金融衍生品的重大危机和“两房”问题的必然出现，以及美元和美国国债的重大风险，并且预言次贷危机必将演变为全球金融海啸，最终导致世界经济严重衰退。

而美国货币政策掌门人格林斯潘真的是到2006年仍然没有觉察到危机的临近吗？他对金融衍生产品的放任究竟是无心还是有意？如此百年不遇的全球金融危机果然是“随机发生”和“不可预见”的吗？

要明白这一切，我们必须首先走进对危机负有重大责任的格林斯潘的精神世界，去体会他和他所代表的那些世界统治精英们可能的真实想法，以及他们到底想要达成什么样的战略目的，这个世界究竟会走向何处，危机又将如何进一步演化？

中国最缺乏的不是某个专业方面的专家，而是能打通各个领域之间壁垒的战略思想家。在循规蹈矩的教育体系之下，各个领域的大多数专业人士已被塑造成了

“书柜型”学者，他们的大脑主要用于储存信息和沿着固有的模式去处理信息。其实，正确提出问题就意味着解决了问题的一半。什么叫创造力？创造力的核心就是能够提出不同于常规的问题，问题的角度决定了思路的广度和深度，思路构成了收集、加工、处理庞大而复杂信息资源的“中央处理器”。提不出正确问题的研究，就如同行尸走肉一般没有灵魂，缺乏强大思路的研究则只能隔靴搔痒。

我们知道我们知道的，我们也知道我们所不知道的，但是我们却不知道我们不知道的。

格林斯潘：经济机器的工程师

论及20世纪最伟大的数学家，格林斯潘的名字恐怕无缘排行榜，但在经济学家中，他对数字和模型的超级敏感，绝对堪称天才。

在纽约大学商学院就读时，格林斯潘选修的主要课程是金融和会计。在他的自传中，他提到在学校的几年中曾经到美国商业机构实习。这家机构就是在华尔街大名鼎鼎的布朗兄弟公司。

格林斯潘在布朗兄弟公司做的第一项工作，就是把美联储公布的一些数据资料，特别是连锁大超市的统计数据按周进行整理和调整。此项工作貌似简单，却非常烦琐和艰苦。由于当时没有计算机，纯手工操作数据统计实属不

2006年1月14日《经济学人》杂志封面

易。大量的手工计算，不断使用铅笔画图做表，再一笔一画地做出一整套数据的调整流程。这份超级枯燥、乏味的工作，格林斯潘做起来却兴趣盎然。他似乎天生就对数字具备高度的敏感性，面对呆板无趣的数字，他能发现别人眼睛里看不到的东西。通过这个工作，格林斯潘掌握了数据统计方面的扎实基本功。最重要的是，他对数据的超级敏感在科学方法的指导下，达到了“让数据自己出来讲故事”的境界。

大学毕业之后的格林斯潘在纽约国家工业协会（The Conference Board，纽约的一家智库）从事统计数据方面的工作[2]，这一机构服务的对象正是纽约美联储银行。国家工业协会藏书浩瀚的图书馆，成了格林斯潘生活中最重要的部分。通过查阅这些书籍和统计报告，格林斯潘开始了解美国经济的运转机制[3]，明白了各类工业行业如何运转和联动并共同组成整体的国家经济体系。在格林斯潘的脑海中，日渐呈现出自工业革命开始以来工业系统的进化景象，从蒸汽机到纺织，从铁路到冶金，从航运到造船，从机械到军工，从电报到电话，从煤炭到石油，从汽车到飞机……无数颗社会经济的螺丝钉在他的脑海中拧在一起使国家经济的巨大机器运行着。

艾伦·格林斯潘

国家工业协会的图书馆还向格林斯潘呈现了海量的各类统计数据。这其中多数统计数据都属“高龄”，有不少是从1861年南北战争前后开始统计的资料，该协会完整齐备地收集着美国几乎所有重要工业和行业的详细统计数据。格林斯潘在国家工业协会的图书馆里，就像老鼠掉进了米缸，对这些统计数据简直着了魔。如果他钻进棉花行业，就成天研究各种各样的棉花，从成分、档次到类别、生产工艺，包括不同棉种在工业中将会如何使用，怎样加工，需用哪些棉花加工机器以及整套生产流程，直至市场销售，这些数据在格林斯潘眼里，是一个五彩缤纷的世界。美国举足轻重的数据，如全国铁路运输、美国橡胶业、1890年美国人口统计等，更吸引着格林斯潘的关注。[4]这些无边无际的数字和资料会让别人犯困，格林斯潘却读得津津有味，不忍释卷。沉浸在数据的海洋里，格林斯潘很快对美国各行各业统计数据有了深刻而全面的了解。

几年下来，格林斯潘对美国经济机器运转的整体机制已经了然于胸，加上他对各行业历史数据的苦读钻研，此时年轻的格林斯潘已成为一名经济机器领域的熟练

“技术工人”。他对机器原理烂熟于心，对各种运转参数了如指掌，对每个零部件的动态数据及其联动效应积累了相当多的“历史经验”。

他的大脑就如同装备了一个快速分析美国整体工业现状和发展趋势的软件，从数据中就能准确把握经济活动规律和脉搏。通过经年累月大量密集地阅读和积累数据，“格氏模型”成功创建起一个独到而准确分析整体经济机器和局部行业部件运行状态的数据流和数据模块。如果将企业一系列经济活动的基本参数输入，格林斯潘的大脑中立刻能够生成一份预测宏观经济周期的报告，并自动附带完整的柱状图和线态图。

就像其他行业的工程师一样，格林斯潘对于经济学理论并没有太大的兴趣，因为工程师感兴趣的是如何解决实践中出现的各种问题，而不是抽象的理论探讨。在自传中，格林斯潘也提到对凯恩斯的宏观研究并不十分感兴趣，他的兴奋点在技术层面，特别是数据和模型。格林斯潘更关注经济机器实际上怎样运作，而不太理会经济学理论如何解说。

在理论学习中，唯一给格林斯潘留下深刻印象的就是1951年他曾选修的贾科伯·沃尔夫兹（Jacob Wolfowitz）教授的数据统计与经济理论相结合的课程。[5]这位教授就是后来小布什时代担任美国国防部副部长的沃尔夫兹的父亲。小沃尔夫兹是伊拉克战争的主要策划者之一，从国防部退下来之后，成为新保守主义的主要代表人物，后来担任世界银行的行长。

在沃尔夫兹教授的课程中，格林斯潘第一次接受了用数理统计的方法，把经济结构之间的变量进行构建的全新理念。在接触现在被称为经济计量学的理论之前，格林斯潘已经装备了自行研发的初级“格氏模型”，形成对整体经济发展状况和动态趋势的完整而成熟的分析思路，只不过还没有形成一个相对清晰的理论体系，并缺乏数学工具进行准确表述。

格林斯潘乍一听到沃尔夫兹教授的经济计量学概念，顿觉眼前豁然开朗，如获至宝，并预感自己在此领域中一定能脱颖而出。“格氏模型”已经具备了超级数据库，存储着从矿山、冶金、钢铁、铁路运输、汽车工业到轻重工业各行各业全面而翔实的历史数据，一旦这些数据被导入经济计量学数学模型，立刻能够输出对未来经济发展趋势的预测。由于格林斯潘掌握的数据来源于生产实践第一线，而且有着跨度极大的年代积累，所以“格氏模型”的数学模板和他大脑中的超级数据库相结合所产生的结果，要远比基于纯理论的经济学模型更加准确和切合实际。

格林斯潘大脑中的数据库除了储量丰富，包罗万象，还有一个独到之处就是涵盖了海量的历史信息。在漫长的历史过程中，各行各业都经历着不断的发展和变化，各种数据也随着经济体系的演变而形成动态的数据流路径。“格氏模型”的理论框架和模型体系并不是静止和孤立的，而是带有相当程度的可自我演变和可自我学习的特性。当他获得了数学工具的支持之后，对经济运作规律的把握有了本质性的提高。

格林斯潘的大脑中呈现出明晰的宏观图像，仿佛牛顿所看到的自然界和天体的运行规律。在他的想法中，这个世界完全可以被构建成一个复杂的数学模型，只要数据积累的时间足够长，通过此模型来预测未来的经济趋势，在逻辑上是行得通的。只要输入适当的初始变量，“格氏模型”输出的未来经济发展趋势将非常接近于现实。

此时格林斯潘心中已攀上经济领域的珠穆朗玛峰，油然升起一种能够纵览世界经济，高瞻远瞩，尽在把握的豪迈和气魄。他试图用自己的模型来理解这个世界，用他的数据来验证这种推测。

朝鲜战争使格林斯潘一夜成名

格林斯潘对数据和数学模型的痴迷和自信，在朝鲜战争爆发后，达到了巅峰状态。

战争期间，由于美国国防部进行大规模备战工作，将军事工业相关信息，比如战斗机、轰炸机和其他新型飞机制造的数据，都列为军事机密封锁起来。在经济活动链条中，很多环节同飞机制造密切相关，如特种金属、铝、铜、钢铁的制造商，特殊技工和工程师，这些行业群体急切需要了解军工生产的信息。军用飞机制造业对整个社会经济的影响巨大，尤其是在1953年财政年度中，军费开支占到GDP的14%，达到了相当惊人的程度。由于缺少军事工业方面的数据，华尔街以及众多行业的分析人士都是眼前一团黑，搞不清楚战争行为会对未来经济发展造成什么样的影响。

格林斯潘就在这个当口站了出来。他认为当时华尔街和各相关行业都集体信息失明的状况持续下去会对美国经济造成不利影响，于是自告奋勇，要把被军方严密封锁、守口如瓶的军工生产信息自行推算出来。依据常年积累的美国各行各业统计数据，辅以经济计量学提供的数学工具，格林斯潘此举基于他对“格氏模型”的超然自信。

格林斯潘首先从公开的信息渠道着手搜索，马上发现军方保密局不是吃素的，所有跟军用飞机制造相关的信息，从飞机型号、飞机用材、飞机编制到计划生产架数等，全被军方封锁得滴水不漏。

格林斯潘只得在公开信息渠道止步，转而搜寻“二战”期间的数据。因为在1940年，美国军方还没有对这些军工数据进行保密。格林斯潘从20世纪40年代的国会记录中寻找相关行业的听证会和官方公布的有限数据，以1940年记录中所收集的数据作为一个基准，通过尽可能的渠道，千方百计把可以公开获得的有关飞机行业各方面的数据和信息积累在一起。一时间，工程师的操作手册、各相关企业的生产报表、管理报表和大量联邦统计报表，以及美国国防部所公布的可以查阅到的外围行业的订单数据在格林斯潘的案头堆积如山。

“格氏模型”开始运行了。

基于“二战”期间的数据基准，靠着有限的公开信息，例如某一种型号飞机的重量，“格氏模型”从分别计算飞机构件材料中铝、铜、钢铁的比例和数量入手，逐步把每架飞机用材计算清楚，然后进行总量整合，继而反过来倒推美国军事工业对整个经济体各部件，如对铜、钢铁、冶金、铁路运输、电力等行业所造成的经济影响。

1952年，格林斯潘的研究成果横空出世。这篇题为“美国空军的经济学”的文章一经发表，顷刻引起了五角大楼的强烈“地震”。军方作出的第一个直觉反应是，格林斯潘肯定是一个高级间谍，因为他发表的统计结果跟美国军方所掌握的秘密数据惊人地接近，以至于五角大楼的人立刻断定“这个人肯定是拿到了我们的秘密数据，否则不可能这么精确”。

但格林斯潘确实可以一脸诚恳地保证，“这个真没有”。他表示这些结果完全是“格氏模型”推算出来的。

五角大楼震惊得哑口无言。

在整个美国经济学界，格林斯潘如一颗新星冉冉升起，令众多人士仰望瞩目。

20 世纪 50 年代，新星格林斯潘有充分的理由相信他已经站到物理学界中牛顿的地位。世界经济运行的基本规律和普遍规则已然牢牢掌握在他手上。只要上帝之手轻轻一推，世界经济的一切走向，他都能够精确地加以计算。

正当格林斯潘如明星般耀然升起时，夜空中另一颗璀璨的明星迎面扑来。她那夺目的光芒直射进格林斯潘的内心深处，并且再也没有暗淡下来。

安·兰德：格林斯潘的精神导师

你无比崇拜的思想巨匠们曾教导你大地是平的、原子是最小的物质。整个科学史的过程就是谬论被不断地戳穿的过程，而不是取得了任何成就。

只有最无知愚昧的人才会依然信奉那个陈旧的眼见为实的说法。你所看见的正是首先需要被怀疑的。

——安·兰德（Ayn Rand）[6]

如果有谁不知道安·兰德的名字，那么此人肯定不能被称为美国通。安·兰德的著作曾深深地影响了 20 世纪 50 年代以来美国乃至整个西方世界的精英们的世界观。

安·兰德是苏联犹太裔美女作家，早年生活在苏联，年轻时移民到美国。她与欧美的国际银行家族关系密切，渊源非同寻常。她在 1957 年出版的《阿特拉斯耸耸肩》（*Atlas Shrugged*）共有 1 168 页，发行量高达 8 000 万册，成为西方世界中传播规模仅次于《圣经》的图书。有人说如果把该书“放在铁轨上可以让火车出轨”。出版前，美国兰登出版集团的编辑曾建议她删去部分内容，安·兰德回答说：“你会删减《圣经》吗？”结果小说一字不改地出版了[7]，并随即引发了美国知识分子阶层的超级精神大地震。半个世纪以来，对该书的评价可谓汗牛充栋，两极分化十分严重。

安·兰德

1952年，才华横溢、年仅26岁就已声名远扬的格林斯潘经朋友介绍加入了“安·兰德圈子”[8]。严肃、略显枯燥的格林斯潘刚接近魅力四射的美女作家安·兰德，就对她崇拜得五体投地。在随后长达8年多的时间里，格林斯潘几乎每个星期都要到安·兰德的住所同她探讨问题。这事有点令人费解，“安·兰德圈子”关注的是“高端”哲学问题和思想问题，而格林斯潘显然跟这个圈子“不搭界”，他是精通数学模型和数据统计的专家，曾提到自己年轻时代没有太多宏观思维习惯，对理论问题兴趣缺乏，兴奋点主要集中在技巧性或者数据性的实用层面上。究竟是什么使他对安·兰德的小沙龙这么感兴趣呢？

当然，爱美之心人皆有之，但格林斯潘似乎并不是冲着美貌去的，倒是介绍格林斯潘与安·兰德认识的那位老兄最终成了美女作家的情人。

设想一下，连续8年每周都去参加几个小时的讨论，这对于生活繁忙的现代人来说，无疑是很不容易做到的一件事。即便是与至亲好友或父母居住在同一个城市，绝大多数人都做不到每周聚会一次，更何况是大忙人格林斯潘。显然格林斯潘不是个小说家，更不是个哲学家，也不是一个对宏观理论感兴趣的人。他能坚持如此之久，可见安·兰德的小沙龙具备一个超级“精神磁场”，以非凡的吸引力令格林斯潘着迷。

其实，吸引格林斯潘的正是安·兰德的思想和世界观，一种他前所未遇的重大灵魂挑战，一种他从前无法想象的精神境界，一种重新认识世界经济运作机制的智慧升华！

1952~1957年，正是安·兰德创作《阿特拉斯耸耸肩》的高潮期，也正是格林斯潘对世界认识发生重大嬗变的5年。这本书不仅使格林斯潘产生了永久性的“脑震荡”，也令安·兰德成为格林斯潘的终身精神导师。

《阿特拉斯耸耸肩》中的阿特拉斯是希腊神话中的大力神，一手擎天扛住了倾斜的天宇，庇护着芸芸众生，但得到好处的人类对他并没有应有的感激，对大力神的无私奉献并不尊重。[9]这本书的核心就是，世界上只有少数精英是“扛住天宇”的“大力神”，是精英们推动着人类历史的发展，他们是社会进步的源泉。但这些精英却受到社会不公正的待遇，并没有被赋予足够的权力。既然被庇护的绝大多数没有思想和灵魂的普通人都能随时罢工或撂挑子，那么如果有一天精英们也罢工了，这个世界究竟会变成什么样？

安·兰德提出了一个异常尖锐的历史观和世界观问题，那就是究竟谁是历史的主要推动力量？在几千年漫长的人类历史中，这个问题被反复激烈地争论着，推动历史发展的主要动力到底是人民大众，还是少数精英？[10]

全书的“书眼”在于，金钱是构成社会各种运作机制中最核心的主轴，整个社会政治、经济、军事、文化、艺术、历史等方方面面，实际上都围绕着金钱在运行。这本书的理念就是不承认任何道德，而认为金钱就是道德的唯一衡量标准。拥有金钱的人创造财富的能力要远远大于常人，必然成为社会的强者。安·兰德认为社会要获取进步，必须鼓励强者，不能同情弱者。

这个观点非常符合金权崛起的基本方法和思路。换言之，当经过了数千年的压抑之后，一旦金权在社会上起到了主宰作用，金权势力极大释放，那么掌握着金权的国际银行家就理所当然地成为整个世界的主人，而且成为道德的楷模与化身。

这本书在美国社会的高层人士中备受推崇，因为此书恰恰道出了他们自己的心声。该书的畅销在很大程度上是这些世界精英联手推动和合力造势的结果，统治精英就是要利用这本书来为整个社会进行一次彻底的道德洗脑。

《阿特拉斯耸耸肩》已在2007年被引进到中国，但是很多人其实并不真正理解这本书所表述的精神内涵，多把它当成一本哲学书籍，或者小说，还有读者把它当成一本代表反叛思潮的书来看。其实，该书最重要之处在于它栩栩如生地描绘出统治这个世界的超级精英们的精神世界。通过读这本书，读者可以触及到能量惊人的“盎格鲁-美利坚权势集团”的鲜活灵魂。

谁是上帝之手

> 这个世界上的人很多，但归根结底就只有两种人，一种是领着别人干的，另一种是跟着别人干的。意即，不当主角，就是跑龙套。
>
> ——民间智语

原本在26岁的格林斯潘看来，世界经济运作的规律已尽在他的“格氏模型”之中了，他坚信，只要他得到正确的初始变量，他的“格氏模型”将能计算出全部经济的运行规律，就像牛顿在经典力学世界中所做到的一样。

但问题是，初始变量是谁设置的呢？这是格林斯潘以前连想都没有想过的问题。实际上，按照牛顿的话说，上帝之手推了世界一把，剩下的事就是牛顿力学可以处理的范畴了。但在经济活动中，谁是上帝呢？谁的手推了经济系统一把，谁的掌心握着经济机器的钥匙？这个问题首次与格林斯潘迎面对撞。

在遇到安·兰德之后，格林斯潘第一次意识到"上帝之手"的重要性。是安·兰德启动了格林斯潘的"头脑风暴"，也是安·兰德令格林斯潘顿悟到了问题的答案。

格林斯潘在传记中强调，在认识安·兰德之前，他没有意识到经济活动中人的重要性，当跟安·兰德关系越来越深，他突然幡然醒悟，其实人才是经济领域中最需要关注的研究对象。[11]当然，格林斯潘所说的人并不是门口卖冰棍的老太太，也不是街边打太极拳的老大爷，他所指的人正是安·兰德极尽所能赞誉的统治精英阶层。

正是他们在决定经济活动的运行方向，是他们推了经济活动一把，格林斯潘从前只是看到被他们推动之后的社会经济运行状态，并且对这个状态进行了正确描述，仅此而已。而他以前从来没有关注过初始条件的设置，以及是谁在设定这些初始条件，谁让经济往这个方向而不是往另外的方向发展，谁是推动经济体的初始推动力，谁是上帝之手。

是这一系列惊雷般的问题吸引着格林斯潘走上了拜访安·兰德的道路，从26岁那年起，一走就是8年。那个神秘而强大的磁场不是哲学，也不是艺术，更非小说。格林斯潘朝着磁场中心越走越近，他想知道上帝之手将如何发力。

安·兰德成为格林斯潘的指路明灯，彻底改写了他的人生轨迹。格林斯潘的顿悟将他从数学模型和数据局限中提升出来。格林斯潘从此平步青云。

安·兰德的伪命题

安·兰德坚决批判各种形式的社会公平政策和政府对经济的干预，指责这种行为是一种劫富济贫之举。她对这些强调公平的社会理念表露出极度蔑视和坚决反对的态度，认为金钱的多寡衡量着一个人的能力，只有强者才能创造出更多财富，才对社会有更大的价值，所以他们不应该受到惩罚。现有的社会制度在很大程度上就是鞭打快牛，惩罚强者，迫使强人智者扶助无用弱民，而在安·兰德的眼中，这无疑是一种罪恶。

无论是政府用暴力和强权去掠夺强者所创造出来的财富，还是弱者以哭泣和哀怜去乞求强者付出，或其他社会道德和舆论对强者施加压力，逼迫他们奉献，又或是形形色色卑鄙之徒偷窃和掠夺强者的金钱和财富，这些行为在安·兰德看来都是极端错误和荒谬的。

在中国当前社会中，她的思想也许会受到一部分拥有着巨大财富和物质优势的人发自内心的认同和支持。

安·兰德的理念从本质上来说，不能被推断为一种错误，它只是体现了一种倾向性。孰对孰错取决于观察者和评判者是站在哪边的立场上看问题。作为社会精英阶层的一员，显然会认同安·兰德的判断和理念，会由衷赞美安·兰德的这本书。同理，身为弱势群体，作为社会中没有获得巨大物质财富以及自身贫困的人们，自然会对安·兰德持否定和抵制的态度，而这些人就被安·兰德定义成没有本事、没有能力、天生就是“寄生虫”的普罗大众。

安·兰德对寄生虫的概念也提出了独具一格的挑战。传统观念认为资本家和资产阶级是剥削无产阶级的寄生虫，而安·兰德在书中提出了一系列尖锐的反问，精英们创造了更多财富，为何却被指责为寄生虫？精英们带来了就业机会，为何却被认为是在剥削？精英们才是各种发明创造的原动力，为何却被社会评判为不劳而获？精英们懂得如何运转社会经济因而处在了关键位置上，为何却被大众指责权力太大、报酬太高？一句话，这些人拥有了金钱，控制着财富，那是他们理所应当的，因为他们付出了更大的努力。而普罗大众，则是饱食终日、无所用心、卑鄙猥琐、道德低下、目光短浅、怨天尤人、缺乏能力、嫉妒强者。因此结论就是，少数社会精英才是历史发展的动力，而普罗大众则是不折不扣的寄生虫。

她的言论和观点确实具有强烈的刺激性和挑战性。

没有哪个国家的政府会公开支持安·兰德的观点，即便是在美国这样一个典型的精英专政的国家也是如此。在面对安·兰德如此赤裸裸地宣扬金权神圣至上的道德观念之下，政府也只能保持沉默。因为美国也需要考虑维持社会表面和谐的道德观。在任何一个社会中，聪明绝顶的人和能力极强的人，毕竟是居于金字塔顶端的少数，而绝大多数能力平庸、智力一般的人构成了社会的主体。任何一个政府都明白，如果旗帜鲜明地站在极少数人的立场上，反对大多数人的政治姿态，必定会引起社会思想观念和公众舆论方面极大的冲击和动荡。因此美国政府和主流媒体都不可能一边倒地支持安·兰德的观点。于是争议的声音越发激烈。

美国知识分子阶层中为数不少的人对安·兰德的观点持反对态度。安·兰德对他们也有一系列的抨击，认为这些人虚伪而无用。就这点而言，安·兰德的评价并非完全错误，但是任何一个社会都不可能是她坚称的如此鲜明对立、黑白分明的状态。知识分子对此书的抨击，出自于对安·兰德极端言论的不舒服，这种不舒服可能有惺惺作态的虚假成分在里面，但更多是由于安·兰德的富人至上论挑战了人们对于人性认识的基本底线，也就是到底什么是好什么是坏这样的基本价值观都已受到彻底挑战和颠覆，以天下事为己任的知识分子自然不肯坐视。崇尚金钱即道德的观念也令很多人无法接受，如果把金钱作为判断一个人成功与否或者作为一个人是否有存在价值的唯一标准的话，那么毫无疑问国际银行家就是社会中最有价值的人，因为他们最懂得赚钱的窍门，而且控制着金钱创造的源头和流动渠道，他们天经地义应该统治世界，那么其他人怎么办？难道天生就注定成为奴隶吗？如此这般的观点具有危险性，威胁着社会整体结构的稳定。

其实，金钱是否代表着道德或罪恶的争论并不是问题的关键，核心问题在于金钱的分配是否合理与公正。金钱代表着财富，而财富代表了精英和普罗大众共同的贡献。这个社会之所以不公正，归根到底是出在金钱分配系统之中。不合理的货币制度，从制度上确保了利益分配偏向少数精英，而对普罗大众构成严重的不公正，这才是罪恶的根源。

因此，安·兰德提出的只是一个伪命题。不需要评判金钱是美好的还是丑恶的，这不是问题的本质，而真正的本质和核心是如何合理地分配金钱。安·兰德以鸿篇大论回避了问题的核心，这就是不公正的财富分配和不公正的对财富的瓜分与占有才是道德与罪恶的分水岭。

安·兰德试图在书中为少数精英的金钱观、道德观进行辩护，从而让普罗大众接受少数精英统治社会的合理性。安·兰德的这本书在美国被指定为中小学生必须阅读的课外图书。这是谁的规定？当然是统治精英们的规定。统治精英通过控制美国的教育机构和美国教师协会，包括教材的选定，系统性地把这个观念灌输给美国的年青一代，不同的学校指定不同年龄段的学生要看不同节选版和不同阶段的《阿特拉斯耸耸肩》版本，8 000万的数目不是市场销售量，而是精英阶层在社会人群中施行彻底洗脑所“促销”出的成绩单。这才是此书销售量奇高，但却并不是世界名著的真实原因。

安·兰德所代表的自认为是世界的主人，是上帝拣选的群类，是世界的必然和天生的统治者的心态，无论放到哪里都会激起多数人的不满。因为就人的本性而言，普罗大众出自本心追求一个平等和真善的社会，谁也不愿意做奴隶，而安·兰德的书公然挑战人们的基本价值观和道德底线。她强调和灌输了一种不公正的合理性，更突出彰显和反复重申了金钱的特殊重要性和社会伦理的虚伪性，这都与人类的常识和直觉直接冲突。

如果“大力神”们罢工

安·兰德在书中娓娓讲述着统治精英阶层为了获取更大的权力，精心预谋和长期策划了一场“大力神集体罢工”的大规模系统性危机。[12]在一个时间段里，社会上所有的精英力量，比如银行业的董事长、铁路运输业的老板、石油业巨子、冶金业大王，还有拥有庞大矿山资源的百年基业家族，连同著名的政治家、科学家、艺术家、发明家等，也就是控制着整个社会经济机器运转的所有重要零部件和设计并运转着这部巨大机器的核心统治精英们，突然毫无征兆地消失了。他们按照预定的步骤和时间表，从社会的各个关键部位中脱离出来，躲进深山逍遥度日。此时被他们抛弃和惩罚的那个普罗大众所代表的红尘浊世将会发生什么呢？

在安·兰德的设计中，当这批社会精英从各个要害部门撤出时，他们将有意采取“自我毁灭”的做法。小说中铜矿的主人公，亲手毁掉了自己家族上百年传下来的基业，而且摧毁得如此彻底，以至于在他毁掉铜矿之后，任何人都休想再从铜矿废墟中挖出一公斤的铜；铁路公司撤出的时候，将付诸几代人心血的整条铁路废弃；银行家撤出时，导致全社会金融系统的彻底瘫痪。美国的经济系统分崩离析，社会逐步陷入严重的混乱，文明之火将逐渐暗淡直至熄灭。当世界陷入一片黑暗和动荡的时候，所有普罗大众终于醒悟，他们离不开精英，唯一的选择就是乞求精英出山，重新拯救这个世界。精英们提出条件，他们必须要垄断更多的权力，必须要对社会实施必要的控制，社会必须按照他们的理念来运作。一言以蔽之，精英们必须要达到最终垄断一切社会资源的最高目标。[13]

如果把该书所描述的乱世危情和2008年以来的金融危机作一个对比的话，我们会发现两者之间有着高度的类似性。经济实体的解构和金融系统的崩溃，难道真是自发和不可避免的吗？有没有可能是精英们在罢工呢？有没有可能是“盎格鲁–美利坚权势集团”想取得更大的社会控制权和世界运作的更多权力而设计和策划的呢？

按照罗斯福的观点，没有一个政治事件是完全无序和随机发生的，每一个政治事件背后都是精心策划的。政治事件是这样，那么经济事件，金融系统出现的重大变故，难道都是随机的吗？如果不是，这些事件背后必然有着重大的图谋和严谨周密的策划。

以安·兰德为代言人的精英阶层认为自身拥有远超“凡人”的智商和能力，相信自己出于“天择”被上帝拣选，是命定特殊的群类。而除了他们以外的“常人”们，意即《圣经》中所称的“外邦人”，则理应归服于无望的宿命，接受和顺从上帝选民的管理。

照此说法，“外邦人”永远不可能成为上帝真正的选民。如果我们接受这样的理念和意识形态的灌输，毫无疑问，除了顺命地做奴隶，按照盎格鲁–美利坚精英们设计的规则接受管理，别无选择。在所谓民主自由的政治招牌掩饰下，精神信仰层面根深蒂固的差异是无法调和的。精英允许“凡人”参与的，根本不是一个平等的游戏，也不是一个平等的人生，更何谈一个平等的社会？

当你读完《阿特拉斯耸耸肩》，你会对绝对客观理性但同时又是无比绝望、遗憾的社会现实有更加深刻的认识，并且能够深刻地领悟到为什么这些人会认为自己是统治者，为什么他们会这么想，为什么他们会如此做。当你揭开这一道理解的幕布，当今世界上所发生的种种战乱、政变、社会动荡，都会在你眼前展现出另一番景象。

我们是否需要“换一只眼”来看世界，换一个角度来探寻幕布背后的真相？我们是否还是毫不置疑地接受西方主流媒体传达的信息？

国际媒体又掌握在谁手上呢？还是国际银行家。假如这些人把克格勃和中央情报局之间情报界的斗智斗勇手法移植到媒体传播，那我们所看到的“真实信息”，有多少是对事实情况的严重扭曲，有多少又是魔术师的道具呢？

如何才能看清真相，以何种态度理解当今世界运作的真实状态，这是现实社会中每一个具有独立思考能力的成员都必须要严肃面对、认真思考的重大问题。

黄金：精英们的理想货币

在安 · 兰德的故事中，当精英们悄悄地从社会的各个重要岗位上“罢工”后，他们一起躲进了科罗拉多山脉的一片净土，俨然准备重建一个天堂国度。[14]在这个世外桃源中，最有意思的是他们所使用的货币不是美钞，也不是任何形式的纸币，而是实实在在的黄金货币。其实，不管是格林斯潘在 1966 年写的《黄金与经济自由》中对黄金的阐述[15]，罗斯柴尔德家族对黄金定价权的近百年控制，还是世界上重量级的中央银行和超级银行对黄金的暗中操作，无不秉承着国际银行家对黄金的特殊兴趣。

黄金在国际银行家的内心深处和真实精神世界中有着至高无上的地位，这就可以解释为什么这些人牢牢地握住黄金，同时却给别人洗脑，让其他国家的人认为黄金不重要。该书曲折隐晦地给出了一个清晰的答案。

在《阿特拉斯耸耸肩》中，弗朗西斯科是整个故事的灵魂人物，他在解释什么是金钱、什么是财富的时候，反复提出一个重要的标准，这就是金钱必须基于标准的价值，而这种价值必须具有真实的意义，才能作为经济活动价值的客观评估尺度。一个客观的价格尺度要求其基准必须是商品，比如说是单位数量的黄金。黄金是财富和价值的一种储藏手段，并准确地反映出人们对不同商品和服务中体现的价值的认可。

弗朗西斯科一语中的，金钱的价值标准作用正在被通货膨胀所侵蚀。弗朗西斯科认为货币贬值主要通过纸币替代黄金来实现，他认为这是导致社会道德沦丧的一个本质原因。[16]因此，在世界统治精英和国际银行家们看来，黄金是一种诚实的货币，它代表着一种客观、公正和不欺诈的交易行为，一个社会各个成员之间进行交易的庄严无伪的许诺，它代表着今天你所拥有的财富在明天、在明年、在遥远的未来都能够换到和今天等值的商品和服务。

黄金作为一种公平和客观的社会契约，将所有参与交易的各方，紧密和平等地、无欺无伪地整合在一起，弗朗西斯科认为黄金在整个货币体系中起到了公平、合理的尺度作用和储存财富的作用。而合理的货币体系实际上反过来就是社会分配财富的一个体系，它是否公正合理，决定着整个社会的道德伦理水平的高和低。合理的货币体系将把社会公正和平等的待遇给予勤劳、努力创造财富、善于储蓄和积累的人。那些偷奸耍滑、投机取巧的人在这种合理的货币体制之下则受到遏制和限制，因此，合理的货币体系是构成社会伦理的重要基石。

由于货币体系决定着财富分配方式，所以也最终决定着社会道德伦理的底线，而合理的货币制度可以刺激财富创造，抑制投机，反之不合理的货币制度则会鼓励投机和抑制真实的财富创造。处于不合理的货币制度下，社会道德的底线最终会被瓦解，整个伦理体系就会崩溃，社会文明不可避免地走向暗淡和消亡。从国际银行家的代表人物弗朗西斯科的视角，不合理的货币制度就是搜刮财富的手段和阴谋。

格林斯潘 1966 年的《论经济自由》一文中透彻而清晰地阐述了同弗朗西斯科的观点和理论内涵完全一致的思路。弗朗西斯科对于贬值货币和通货膨胀的厌恶，在格林斯潘的文章中同样得到直观和深刻的表达。显而易见，他们这一群体共同反对所谓的宽松货币政策，反对所谓法定货币的体制，而且坚信包括美国政府、美联储等都不应该干预经济运作。他们是彻底放任的自由资本主义经济的坚定代言人。

这就令我们不能不生出疑问。格林斯潘在 1966 年发表这篇文章的时候已经 40 岁了，他的个人观点、价值观和世界观早已经定型。可是等他坐到美联储主席这个位置上时，却松手放纵美元的泛滥，导致了美国的宽松货币政策持续时间超长，最终酿成了席卷全球的金融海啸。格林斯潘到底在想什么呢？他的实际作为和他的自身信仰截然不同，甚至格格不入。

格林斯潘在决策和执行货币政策时的言行与他一贯的信仰和坚持出现了如此巨大的反差，让我们更加有理由对 2008 年年底所爆发的金融危机多打一个问号。格林斯潘难道真的看不出经济危机即将到来吗？以格林斯潘的能力、水准和他对数学模型、对数据的精确掌握和高度敏感，对宏观经济的测算能力，他在 1957 年就能够提前 6 个月预计到 1958 年的经济危机；为美国钢铁企业作咨询的时候，就已经准确预言经济危机即将出现；而在 2002 年实行货币宽松政策，在给经济体系注入大量货币，放水养鱼的时候，却对房地产泡沫持续膨胀视而不见。他真的看不到风暴即将来临，最终会导致一场金融大灾难吗？

格林斯潘直到 2007 年年初还发言认为次贷危机不会有什么太大的问题。[17] 如果他的判断决策水平果真如此，他也就不叫格林斯潘了。

是否存在着一种可能，即格林斯潘在有意识地摧毁美元的价值，摧毁美元的信用，摧毁美元的生存基础？请注意，美元崩溃绝不意味着美国崩溃，相反，在赖掉所有美元债务之后，美国反而得以轻装上阵。在拥有强大的军事力量、科技创新能力和丰富的资源基础之上，美国通过“破产保护”，彻底摆脱债务纠缠，更改世界货币游戏规则。最终，美国将拿出它压箱底的8 100吨黄金储备和3 400吨国际货币基金组织（IMF）的黄金，此时，美国为了“拯救货币信用”，不得不将“新货币”与黄金挂钩，以取信于天下。当然，世界上缺少黄金储备的国家将是最大的输家。届时，美元失去的不过是一条“债务的锁链”，而得到的将是一个金光灿烂的全新世界。

我们会重蹈1923年德国超级通货膨胀的覆辙吗？如果会，那么极少数人开始大规模做空美元就是一个危险的信号弹。

扭曲的美元与“债务堰塞湖”

美元解决不了问题，美元本身才是问题。

——民间智者

如果我们将一个国家看作一个公司，那么国家也有一张自己的资产负债表。在这张资产负债表的资产项下，就是一个国家的财富，即通过劳动所创造的各种商品和服务，在负债项下，则是这些劳动成果的“收据”，即货币。货币并非财富本身，而仅仅是对财富的一种“索取权”和对财富的“分配权”。

社会资产负债表

资产	负债
财富	货币
	资产负债平衡

如果说一个社会的实体经济部分主要是在“做蛋糕”，那么货币系统的核心作用就是“切蛋糕”。货币体系决定一个社会财富分配的价值取向，因而构成社会对财

富创造者和拥有者的奖惩制度基础。合理的货币系统起到的作用就是“奖勤罚懒”，只要努力创造财富，诚实储蓄劳动成果，这种行为将获得制度性的保护和系统性的奖励，从而鼓励人们去创造更多的财富和享受公平的成果分配。相反，不合理的社会制度，必将产生“奖懒罚勤”的效果，它将恶性刺激财富的投机和赌博行为，严重扭曲社会财富的分配机制，严厉惩罚老老实实的财富创造者，并残酷剥削本本分分的财富储蓄者。如果炒股票就能发大财，人们何必要去勤奋工作？如果大家都在金融市场上轻轻松松地获得巨额利润，谁还会去踏踏实实地从事实体经济艰辛烦琐的工作？好逸恶劳、巧取豪夺之风日盛，勤俭持家、艰苦奋斗之气日衰，整个社会的财富创造热情将受到严重侵蚀，最终国家乃至文明将会衰落。著名货币学家弗兰兹·皮克有句名言：“货币的命运最终也将成为国家的命运。”

货币体系正是一个社会乃至一种文明的道德伦理基石。从这一点看，格林斯潘等人早已彻底洞悉了一种诚实的货币制度对人类文明究竟意味着什么。这也是他们最终必将放弃现有在经济上负债累累、在道德上千疮百孔的美元体系的根本原因。

席卷全球的金融危机并非一系列偶然与巧合的后果，而是一场酝酿已久的全球范围内经济结构严重失衡的总清算。造成这种世界历史上罕见的经济结构严重扭曲局面的最重要因素，就是1971年布雷顿森林体系解体以来美元的过度发行。美元逐年放大的滥发趋势将世界经济体中各种潜在的危险因素逐渐聚集起来，在经历了长达30多年的缓慢恶化过程后，不可避免地濒临无以为继的状态，危机终于爆发了。

这场危机的本质是一场美元体系的重大危机，它不同于20世纪30年代以来的历次经济衰退，无论这场危机以怎样的方式落幕，世界都再也不会回归从前的格局。从世界经济发展模式到国际贸易分工，从全球货币机制到金融市场重建，从国际关系均势到地缘政治版图，从新能源革命到绿色时代的来临，这场金融危机对现有世界格局的冲击将不亚于一场世界级别的战争。

1971年，美国单方面废除了布雷顿森林体系。从此，美元的发行既不受黄金的刚性制约，也没有国际机构的软性监督。美国开始走上一条放纵美元发行，利用其世界储备和结算货币的特权地位，尽享向全球征收铸币税的惊人利益。

从1959年开始，美元的发行量就持续不断地超越美国GDP的实体经济增长速度，这种超量发行美元的行为在1997年之后进入了一个新的快速攀升阶段[18]，这

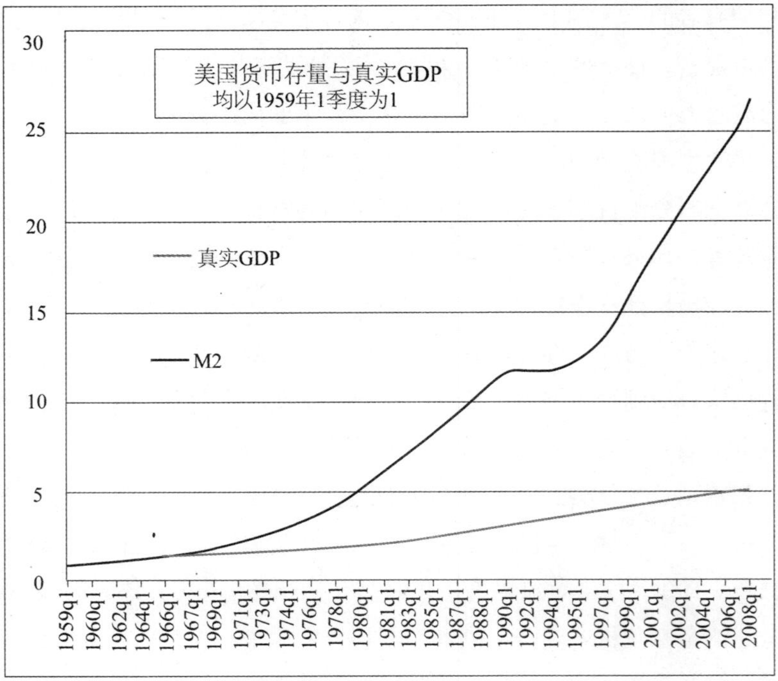

美国货币存量与真实GDP

两条线之间的差距，在某种程度上反映了美国几十年来通过美元过量发行向全世界征收的“铸币税”。特别是1971年美国单方面废除了布雷顿森林体系，这是美元的一次重大国际违约行为。布雷顿森林体系是世界各主要国家联合签署的具有法律约束力的国际公约，美国政府未经协商，突然单方面废除了美元与黄金的挂钩，相当于美元的一次严重赖账行为。既然美元曾经犯过这样的违约“前科”，那么未来再次出现突然的违约和赖账也并非不可想象。

如果说绝对的权力必将导致绝对的腐败，这句话同样适用于美元。美元的特权在为美国带来巨大利益的同时，也带来了日益严重的负面影响。

一方面，靠印美元就能享受别人的劳动成果，这种不劳而获的快感就像吸毒上瘾一般，逐步瓦解了美国自立国以来所秉持的清教徒精神和节俭刻苦的社会道德伦理体系，违背了努力勤奋创造财富的“美国梦”精神，滋生和纵容了整个社会的鼓励投机、崇尚奢华、放纵消费、寅吃卯粮、自我膨胀的恶性观念，腐蚀了社会新生代创造真实财富的热情，日益掏空了美国积累了200年的社会财富。

另一方面，在出口美元纸币换回世界商品的过程中，必然积累大量赤字和负债，越来越大的债务规模和利息支出成本，从根本上削弱了美国的国力，为弥补亏空只能加大印钞规模，从而导致社会财富分配不均日益严重，中产阶级债务压力逐年增加，而收入水平远远落后，家庭财务状况越来越脆弱，支付危机俨然成形。

数据来源：
Federal Reserve.US Treas..
Bureau Economic Analysis
Grandfather Economic Report: 祖父经济报告
Total American Debt: 美国债务总额
billions of dollars: 单位：10 亿美元
National Income in 2008 dollars-orig. method: 国民总收入（按 2008 年美元购买力）

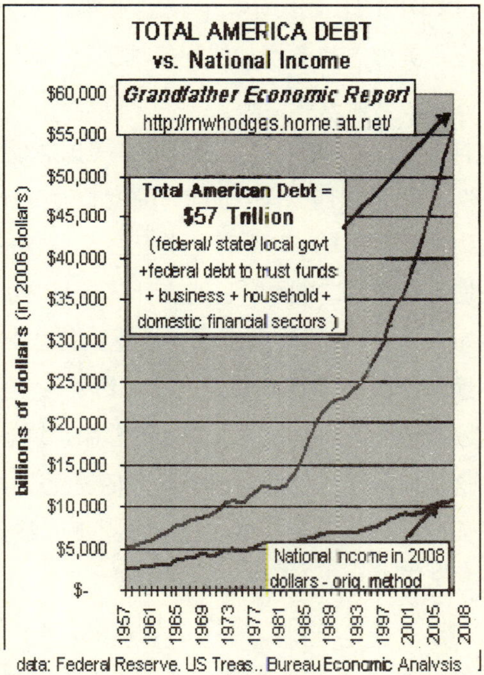

美国债务与国民收入对照表

正是美元的长期过量发行，导致了全球经济结构的严重扭曲。如果没有美元的不合理制度力挺，美国的过度负债与消费和新兴国家的过度生产与储蓄之间的极端失衡局面早就不可能维持。人类历史上从未有哪一个国家能够像美国这样在 30 多年的时间里，持续不断地处在贸易逆差和财政逆差之中，在沉重的债务压力之下，国民经济能够不发生系统性的崩溃，其根本原因正是美元脱离黄金之后，美国实际上根本不必努力偿还债务，只需开动印钞机就能大幅减轻债务压力，而将通货膨胀的后果均摊给全世界。这样一种货币制度之荒谬、之堕落、之不公，在世界历史上前所未见。

即便如此，美元制度仍然不可能永远维持下去。

截至2008年，美国的国债、地方政府债、企业债、金融债、私人债务的总规模已达57万亿美元，并且近年来在以每年7%~8%的速度上涨，以利滚利的方式增加，而美国常年可持续的GDP和国民收入增加速度仅有3%左右。因为债务成本增长始终高于国民收入3%的平均增长率，从1980年开始，美国总债务（不仅仅是国债）占GDP的比重连续攀升了近30年，从163%飙升到目前的370%。由于利滚利的效应，美国总债务增加的规模越到将来就越是惊人。目前，美国总债务已形成了一个危险的“债务堰塞湖”。

自美元1971年脱离黄金以来，美国总债务平均年增加6%，2000年以来更高达7%~8%。如果我们以保守的6%的增长速度计算，那么在41年以后，美国的总债务将达到惊世骇俗的621.5万亿美元！而美国的国民收入从目前11万亿美元的规模，以长期可持续的3%的增长速度计算，41年后仅为37万亿美元，621.5万亿美元的债务如果以6%的平均利息成本计算，利息支出将高达37.3万亿美元之巨。

换句话说，2051年将是一个关键性的年份，到这一年，美国全部债务的利息支付总额将超过美国全部国民收入的总额，这意味着美国将在经济上彻底破产！

这些债务还不包括目前100万亿美元以上的医疗保险和社保基金的隐性负债。

美国社会已处在高倍杠杆运作之下。整个国民经济最终将无法承受如此沉重的债务本息压力，从而导致最后的崩盘。

因此，美元危机的爆发不是会不会的问题，而只是时间问题。更大的可能性是，在2051年美元大限到来之前，崩溃就已经发生。也许，2008年金融海啸拉开的正是美元解体的序幕。

世界经济的未来：14年的“消费大萧条”

我们需要关注的已经不是金融海啸时发生了什么，而是金融海啸之后的世界将会发生什么。

从目前经济的基本趋势看，金融危机的恐慌情绪似乎暂时平息，经济复苏的希望之光仿佛就在眼前。2009年以来的世界股票市场闪现了出人意料的反弹，这究竟是新一波牛市的开始，还是可怕的熊市回升？世界经济真的即将复苏了吗？

1929年美国股票市场的暴跌仅仅是拉开了大萧条的序幕，1930年美国股市出现了一波非常近似的熊市大反弹，也令人们燃起同等强烈的希望。但是，随之而来的是 1931 年更大规模的金融风暴，彻底打垮了金融市场的信心，并引发了长达 10 年的经济大萧条。

格林斯潘曾将这次金融海啸形容为百年一遇，他自然不应该是在危机爆发后思路突然发生了根本性的转变，从完全忽视金融危机的巨大风险“认识飞跃”到严厉表示危机将比 1929 年更加严重。

事实上，应该有很多人已经看出未来世界经济前景十分不乐观，20 世纪 30 年代的经济萧条其实离今天的世界并不遥远。人们总是想当然地认为，当今的世界已经与过去的历史发生了说不清道不明的本质变化，人类似乎登上了一个永久繁荣的高原，所有衰退都是短暂的，每次复苏都是迅速的。中央银行家们好像已经找到了避免大萧条的灵丹妙药，货币政策可以无中生有地创造财富，制止一切危机的蔓延；政府笃信财政政策能够挽狂澜于既倒，随心所欲地实现永久繁荣。如果说经济的确存在着内在规律，那么人力的作用就必须顺势而为，认识规律并驾驭起伏，这对于投资者来说十分重要。

数据来源：H. S. Dent

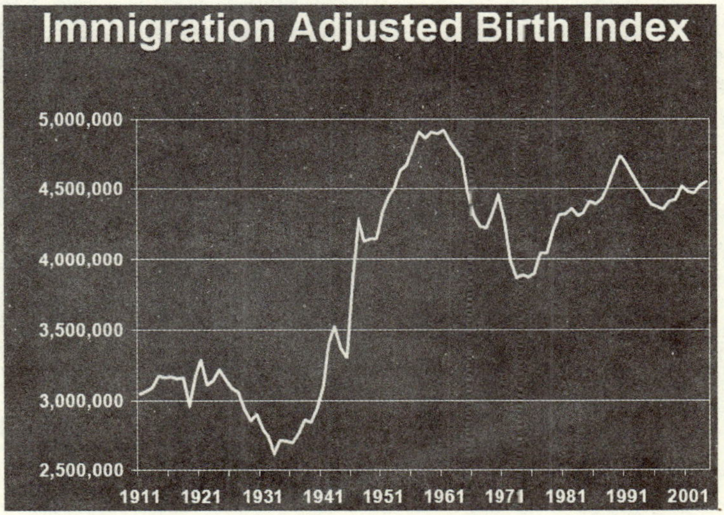

移民修正后的出生指数

当人们经历了惊险的激流险滩之后，欢欣鼓舞地来到了一片宽阔的湖面，一切似乎都已平静下来。这时，只有站在高处的人才会猛然发现，就在顺流而下的不远的前方，横在湖面之下的是一道令人胆寒的超级大瀑布。

这就是美国 7 700 万“婴儿潮”世代的“消费大萧条时代”的来临。

美国的“婴儿潮”世代指的是美国第二次世界大战后的“4664”现象：1946~1964 年，这 18 年间美国出生的人口高达 7 700 万，占美国人口的 1/4，这群人是当今美国社会的中坚力量。随着“婴儿潮”世代的成长，美国的经济步入了令人炫目的繁荣期。20 世纪 60 年代至 70 年代，美国的“婴儿潮”人口带动了玩具、卡通、流行音乐的成长；20 世纪 70 年代至 80 年代，步入结婚活跃期的“婴儿潮”人口带动了房地产、汽车业的成长；20 世纪 80 年代至 90 年代，步入消费黄金期的“婴儿潮”人口又带动了个人电脑和互联网的成长。在这期间，“婴儿潮”人口创造了历史上最大的股市涨幅、房价涨幅以及国际航空、个人计算机、电脑网络和运动休闲工具的需求。

数据来源：美国劳动统计局：年度消费者支出调研备忘录（H. S. Dent）
Spending: 消费量
Age: 年龄
Colleges: 大学生活
Offices: 办公室
Apartments shopping centers: 租房/购物
Starter Homes: 第一次购房
Trade-up Homes: 住房升级
Peak in Spending: 消费的顶峰
Vacation Homes Resorts: 度假支出
Retirement Homes: 退休生活

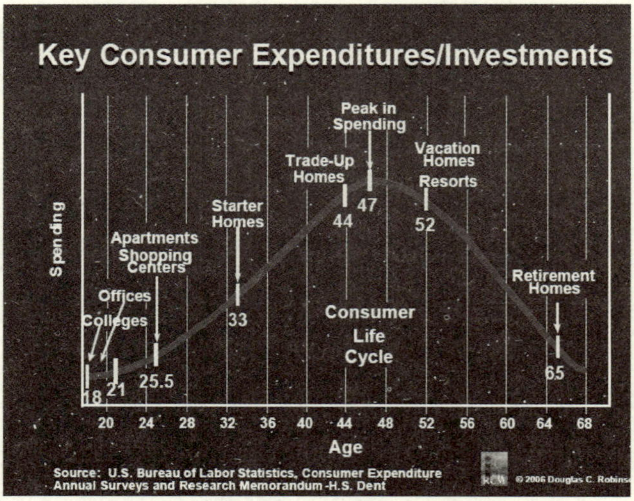

消费者的关键性支出与投资

从图中可以看出“婴儿潮”世代出生的最高峰时间段的最后拐点是 1962 年，考虑到美国是一个巨大的移民国家，这一人口曲线已经经过了移民人口的调整。注意：请记住 1962 年这个数字。

根据美国劳工部的统计数字，美国人一生的消费最高峰是在 47 岁，此时的人生正当壮年，年富力强，收入达到鼎盛时期。过了 47 岁，人们开始考虑退休和养老，身体也日渐衰老，不得不准备看病吃药，从这时开始，人们对未来收入的预期下降，消费开始逐步滑落，生活日渐节俭。随着年龄的增加，各种欲望也同步开始走下坡路。

美国的“婴儿潮”世代从来没有储蓄的习惯，他们的人生前半段正好赶上美国成为主宰世界的霸权帝国，他们的心态中普遍存在着对未来超级乐观的情绪，铺张和挥霍成为生活的常态，肆意和放纵是他们的世代特征。他们没有父辈灰暗的大萧条记忆，也没有你死我活的第二次世界大战的残酷洗礼，一切都是那么顺利，一切都是那么辉煌。

数据来源：H. S. Dent
Dow Adjusted for Inflation：通胀修正后的道琼斯指数
Immigration-adjusted Births Lagged for Peak Spending：移民修正后的出生指数（滞后于消费高峰）

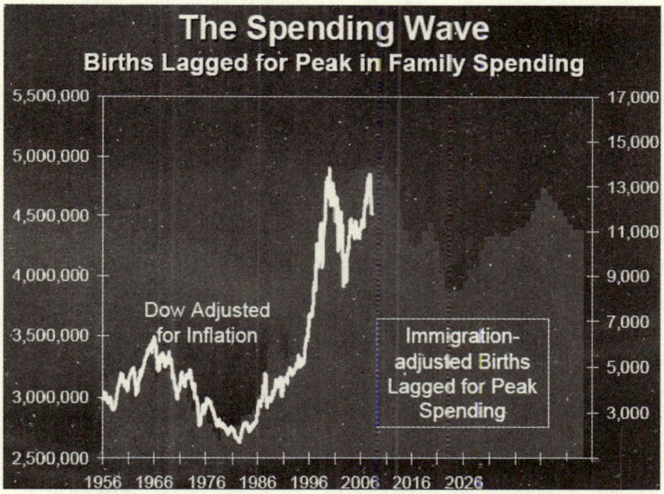

消费曲线（人口出生高峰滞后于家庭消费高峰）

1962年“婴儿潮”下滑拐点时出生的孩子们经过了47年的奢侈生活，来到了美国国运的转折年份——2009年。世界突然变得暗淡，经济繁荣突然消失，金融海啸惊涛拍岸，失业狂潮席卷而来。此时，他们突然发现自己投在股票市场的退休金已经损失近半，而银行账户的存款由于常年的大手大脚，从来就是“薄如蝉翼”，同时，放纵的生活习惯和肆意的超前消费，使得他们早已负债累累。在这样的情况之下，他们的消费将从正常衰老的消费曲线上陡然下滑，必须加快勒紧裤腰带的速度和力度，以应对未来残酷的经济寒流。

2009年将是一个世界经济转折的年份，从图中我们可以看出道琼斯股票指数与人口消费年龄曲线呈现出令人惊异的高度一致性。道理很明显，股票市场反映了上市公司的业绩预期，而公司的业绩取决于产品销售，销售自然来源于人们的消费，消费在美国拉动了GDP的72%。

从历史上看，1966~1982年，美国股市出现了近16年的股票市场大熊市（经通货膨胀调整），这一熊市周期与上一波人口老化周期曲线完美地重合在一起。进入20世纪80年代后，60年代初的“婴儿潮”高峰期人口大学毕业陆续进入劳动力市场，这一大批年轻人朝气蓬勃，勇于冒险，敢于创业，大胆消费，刺激了美国经济，极大地拉动了消费，创造了一个前所未有的经济繁荣时代，股票市场紧跟着出现了一个近20年的大牛市。

而2009年正好处在人口消费曲线所代表的悬崖边缘，再往前一步就是“消费瀑布”的拐点了。当1962年出生的最后一批“婴儿潮”世代滑过2009年的47岁消费最高峰年龄，接下去的就是一个剧烈下滑的消费周期，其持续时间直抵2024年。这将是一个长达14年的消费下滑周期，在高度负债的情况下，美国的消费市场将陷入一个堪与20世纪30年代相提并论的漫长冰河期！

请注意，无论货币政策还是财政政策，对于一个衰老的世代都不会产生明显的作用，毕竟这些政策无法使人返老还童。鼓励老年人大胆借钱消费并不十分现实，消费的逐年萎缩将使目前看起来鲜亮的经济复苏“绿芽”失去肥沃的信贷土壤。毕竟消费拉动着美国72%的经济增长！

日本曾在1994年达到了人口消费的顶峰期，随之而来的就是十几年的经济不景气，日本政府将利率一路降到了零，财政刺激所导致的国债总量高达日本GDP的160%，日本经济仍然无法启动。这与政府无法强迫老人们去大量借贷进行只有年轻人才有兴趣的消费有着密切的关系。

更为严重的是，欧洲的人口周期与美国一致，欧美两大经济板块将同时陷入长期消费冰河期。这对于所有以欧美市场为主要出口对象的生产能力严重过剩的新兴国家来说，将是一场经济生态环境的巨变。不能适应这次灾难级别巨变的国家将被淘汰出局，未来的道路将会异常艰难。

对经济的基本规律，统治世界的精英们早已洞若观火，他们要做的就是利用这一规律达成自己的重大战略企图，为此，他们已经等待了很久很久。再次提醒读者注意，2024年将是一个对于全世界都至关重要的年份。这一年，国际银行家的百年梦想将有可能变为现实！

通货紧缩与通货膨胀

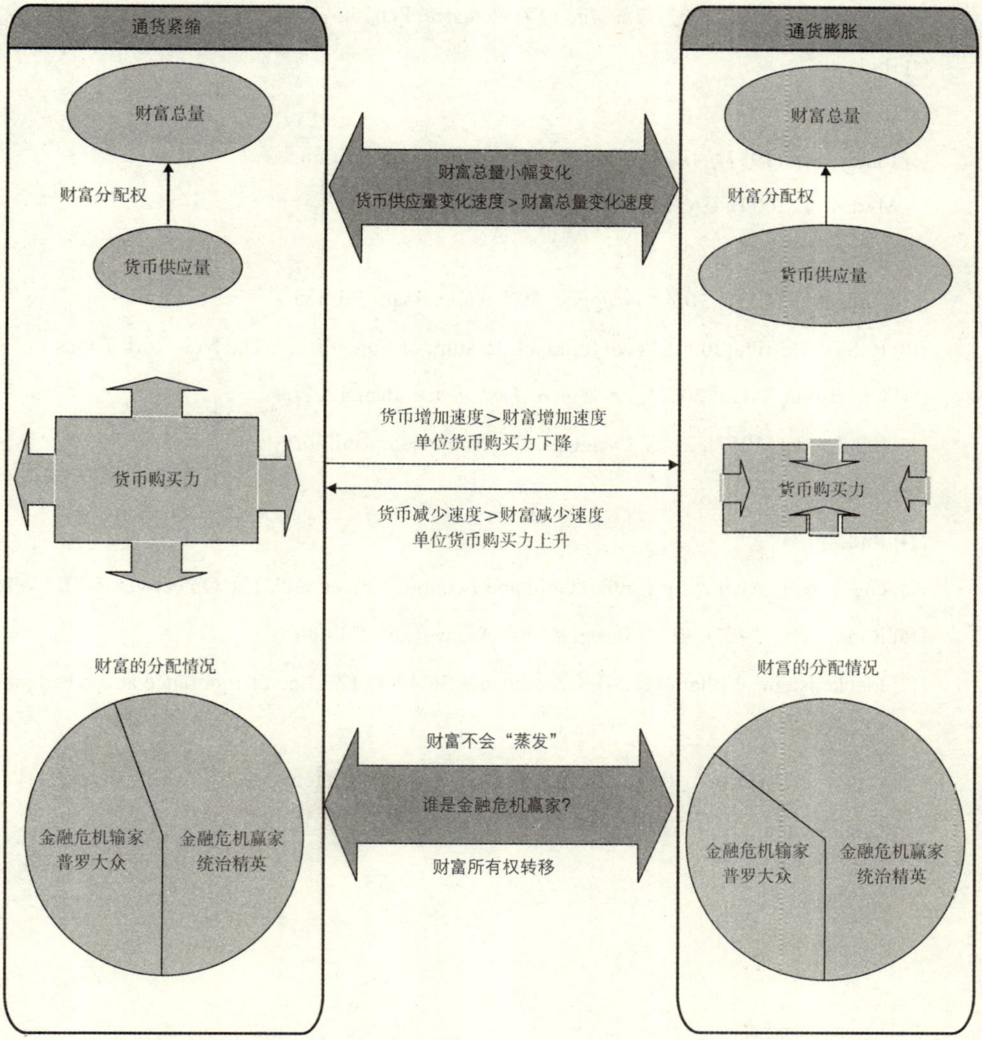

通货紧缩
财富总量
财富分配权
货币供应量
货币购买力
财富的分配情况
金融危机输家
普罗大众
金融危机赢家
统治精英
财富总量小幅变化
货币供应量变化速度＞财富总量变化速度
货币增加速度＞财富增加速度
单位货币购买力下降
货币减少速度＞财富减少速度
单位货币购买力上升
财富不会“蒸发”
谁是金融危机赢家？
财富所有权转移
通货膨胀
财富总量
财富分配权
货币供应量
货币购买力
财富的分配情况
金融危机输家
普罗大众
金融危机赢家
统治精英

参考资料
CURRENCY WARS

[1] The Economist, 2006(1).

[2] Martin, J (2000). *Greenspan: The Man behind Money*.

[3] Greenspan, Alan (2007). *The Age of Turbulence*. Penguin Press.

[4] Ibid.

[5] Ibid.

[6] Rand, Ayn (1957), *Atlas Shrugged*, 50th Anniversary Edition.

[7] Martin, J (2000). *Greenspan: The Man behind Money*.

[8] Ibid.

[9] Rand, Ayn (1957), *Atlas Shrugged*, 50th Anniversary Edition.

[10] Rubin, Harriet (2007). "Ayn Rand's Literature of Capitalism". The New York Times.

[11] Greenspan, Alan (2007). *The Age of Turbulence*. Penguin Press.

[12] Rand, Ayn (1957), *Atlas Shrugged*, 50th Anniversary Edition.

[13] Ibid.

[14] Ibid.

[15] Greenspan, Alan (July 1966). "Gold and Economic Freedom". The Objectivist 5(7).

[16] Rand, Ayn (1957), *Atlas Shrugged*,50th Anniversary Edition.

[17] Fleckenstein, William (2008). Greenspan's Bubbles: The Age of Ignorance at the Federal Reserve.

[18] Batra, RX(2005). Greenspan's Fraud: How Two Decades of His Policies Have Undermined the Global Economy.

10 回到未来

CURRENCY WARS

本章导读

《回到未来》是一部美国科幻大片，它描述了一名高中生马丁在意外的逃命事件中，乘坐着布朗博士设计的一部时间穿梭机从1985年回到了1955年的美国，从而展开一连串惊险离奇的故事。

在这一章中，我们也将乘坐时间穿梭机从2009年飞驰到14年之后的2024年，这时的世界将出现世界中央银行和世界单一货币。

国家主权与民族主义的意识历来是世界政府理念的死敌，而世界单一货币的全部要害就在于废除主权货币。货币发行权的问题，全然不是一个纯粹的理论问题，而是一个地地道道的利益问题。货币发行如果不是一种权力，那么我想象不出它究竟还有什么可谈的。

如果说世界单一货币的趋势不可逆转，那么问题的关键就在于谁来主导世界货币。货币意味着社会财富的分配权，这是任何一个国家权力中最核心的部分，推行世界货币势必要求主权国家将本国的财富分配权拱手相让。

在一个中国尚无法居于优势地位的世界权势集团的利益博弈格局中，是否加入一个别人主导的货币控制游戏，将事关中国未来50年的国运，13亿中国人的财富与之息息相关，这是中国所有的战略决策中最要害却最不起眼的一个。

支配还是被支配，这是一个问题！

2024年1月1日，世界单一货币启动

“控制货币是一场伟大的斗争，控制货币的发行和分配就是为了控制财富、资源和全人类。”[1]

——杰克·韦瑟福德，美国著名人类学家和货币史学家

杰克·韦瑟福德

2024年元旦，世界单一货币由世界中央银行在瑞士巴塞尔正式发行的消息通过世界各大通讯社的滚动新闻报道，在世界各地的网络、电视、报纸、杂志上进行了24小时不间断的地毯式“新闻轰炸”。英国《金融时报》的新年社论以“世界进入永久繁荣”为题，热情洋溢地赞美道：“世界人民终于了解到世界单一货币的好处，在他们的要求下，各国政府放弃了数百年来实施的主权货币。这是人类历史上的一个伟大时刻，它意味着人类社会进入了永久繁荣的新阶段。”

英国《经济学人》杂志则以权威与专业的视角发表评论：“随着世界单一货币的使用，市场将不再需要

累赘的货币兑换，也不需要为应付汇率波动而进行昂贵的对冲。货币投机、货币失败的风险和收支失衡问题都会消失。在不考虑政治风向时，这种货币对真实价值的交换将更加有效。”

美国《华尔街日报》代表着美国“从善如流”的态度：“美国不可能阻挡历史发展的必然趋势。事实上，放弃美元并支持世界单一货币非但不会排斥美国的合法利益，反而会突出美国的主导作用和参与权力。尤其重要的是，美国自身的最大利益，恰恰在于革除货币特权，回归公平竞争，只有如此，才能从根本上破解特里芬悖论指出的美元沉沦宿命的魔咒，而美国将凭借着得天独厚的优势，重振实体经济在全球市场中的强大实力，继续保持世界政治、经济秩序中核心大国的地位，发挥引领世界进步潮流的历史作用。”

中国新浪网则发表了众多主流经济学家的齐声欢呼：“在世界各国的共同努力下，我们终于迎来了全球化的新春天。中国将是一个更加公正的世界金融秩序的最大受益者之一。尽管我国的外汇储备由于美元退出流通而承受了一定的损失和不确定性，但从长远看，这是中国顺利融入国际主流社会必须付出的代价。从长远看，中国仍是全球化的赢家。”

与国际媒体一边倒的支持态度形成鲜明对比的是，美国爆发了21世纪以来最严重的反全球化示威行动。在长期经济萧条的打击之下，美国的失业率已高达15%，大量失去一切财产和养老医疗福利的美国人怒火中烧，对政府的不满已达到爆发的临界点。美国纽约和费城发生了上百万人抗议停止美元流通的大型群众示威，人们穿着美元式样的各种服装，聚集在代表美国独立革命的自由钟周围，数十万人齐声高唱“星条旗永不落”，示威领袖们反复宣读《独立宣言》和《美国宪法》，他们决心誓死捍卫美元，反对凌驾于美国国会之上的世界中央银行发号施令。华盛顿纪念碑的大草坪上，50万来自东部地区的示威人群愤怒高呼“白宫出卖美国”的口号，“停止背叛”、“绞死卖国者”、“让世界货币见鬼去”、“保卫宪法”等大幅标语覆盖了整个宾夕法尼亚大道和7到14街区。国会山上议员们唇枪舌剑酣战正浓，林肯纪念堂前警察与示威人群发生流血冲突，495环城高速路的交通彻底瘫痪，8车道的路面成为示威群众露宿的大本营。世界银行和国际货币基金组织的大楼被炸弹威胁，美国持枪者协会等右翼组织秘密串联准备发动“武装起义”推翻卖国政府，五角大楼内部波诡云谲，军方中坚决效忠美利坚合众国利益的部分军事将领在暗中聚会，密谋政变的行动计划。

法国巴黎陷入无政府状态，银行被砸，商店遭抢，汽车焚毁，公交瘫痪，大规模的罢工致使巴黎宣布进入军事管制状态。伦敦的抗议示威逐步演化为暴乱，英国金融城几近死城，各大金融机构纷纷宣布所有员工停薪休假，军队开进市区维持秩序。柏林、法兰克福、罗马、维也纳、莫斯科、东京、首尔等城市也不同程度地受到冲击。

国际主义分子明显低估了民族主义分子抵抗的决心和实力。互联网的崛起打破了主流媒体信息渠道的垄断地位，越来越多的普罗大众开始意识到丧失国家的货币发行权，就意味着彻底陷入被奴役的地位。在民主制度下，大选是普罗大众对政治领袖施加影响力的有效手段之一，在国家层面上，主权货币的发行权仍然与选民有关。但是，如果废除了主权货币，世界中央银行就成为凌驾于所有民选政府之上的超级金融怪兽，它独立于政府，不受监控，不经选举，没有任何民主程序能够有效制约它。

理查德 · 库博

资料来源：哈佛大学官方网站

世界单一货币的发行，将是人类历史上金权达到势力巅峰的历史时刻。这一时刻的到来绝非是“偶然”与“随机”出现的。它甚至有着一张精确的时间表。一个名叫“世界单一货币协会”的组织是这样计划的：

> “截止到2024年的计划进度表。本着现实主义策略，本计划进度将确保世界单一货币的目标在2024年实现。当理查德 · 库博（Richard Cooper）教授在1984年提出在工业化国家建立货币联盟时，他设计了25年的推进时间表，这个时间表把我们带到了2009年。”[2]

2009 年	欧元区新成员：斯洛伐克加入
2009 年	西非货币区五国：加纳、尼日利亚、塞拉利昂、冈比亚、几内亚，采用共同货币：ECO
2010 年	海湾合作理事会（GCC）国家计划发起新的共同货币，成员包括：巴林、科威特、阿曼、卡塔尔、沙特阿拉伯、阿联酋
2011 年	蒙代尔的论文“最优货币区理论”在《美国经济周刊》发表 50 周年
2012 年	欧元区新成员：爱沙尼亚加入
2012 年	东非五国实施共同货币：布隆迪、肯尼亚、乌干达、坦桑尼亚、卢旺达
2012 年	全球货币联盟筹建的国际会议召开
2013 年	欧元区新成员：拉脱维亚、立陶宛、保加利亚加入
2013 年	欧元区新成员：捷克、波兰加入
2014 年	欧元区新成员：匈牙利加入
2015 年	欧元区新成员：罗马尼亚加入
2016 年	南非 14 国货币联盟(SADC)：安哥拉、博茨瓦纳、刚果、莱索托、马达加斯加、马拉维、毛里求斯、莫桑比克、纳米比亚、南非、斯威士兰、坦桑尼亚、赞比亚和津巴布韦
2017 年	世界范围内遴选全球货币名称（欧元在 1995 年确定名称，4 年后实施）
2018 年	经济学家预测世界单一货币实施，至少在大多数工业化国家实施。1988 年经济学家预言 30 年后实施世界单一货币
2020 年	6 月 1 日：世界中央银行成立，部分或全部采用国际货币基金组织或世界银行的模式
2021 年	1 月 1 日：新的世界单一货币准备用于电子交易
2021 年	2001 年成立的非洲联盟设定了建立泛非货币联盟的目标
2024 年	1 月 1 日：全世界的交易通过新的世界单一货币进行处理 5 月 1 日：此后所有旧的货币将不再用于交易，可在成员国的指定银行兑换成新的世界单一货币，货币风险终结，资产价值继续升值

单一货币：历史的终结者

我们期待着在当前这样一个危机时刻，可以来推广世界货币的政策。当前的金融危机，是唯一可能的时机，因为你只有在危机的时候才能来做成这样建立新系统的事情。[3]

——“欧元之父”蒙代尔（2008 年 11 月 13 日）

全球经济需要一种全球性货币。[4]

——保罗·沃尔克，美联储前主席

控制货币和信贷可以打击国家主权的心脏。[5]

——奥尔登·克劳森（Alden W. Clausen），美国银行总裁、世界银行行长

“一旦一国的货币和信贷被部分控制，不在乎谁在制定该国法律。”[6]

——麦肯辛金（W. L. Mackenzie King），加拿大前总理

这个世界上总有一些看懂了货币游戏的聪明人，《穷爸爸，富爸爸》的作者清崎就是其中之一。就在2008年9月金融海啸爆发之后不久，他在2008年11月24日的一篇文章中提到：“1910年，7个人在佐治亚州海岸附近的哲基尔岛上召开了一次秘密会议，据估计他们拥有着全世界1/6的财富。其中6个美国人，他们代表着摩根、洛克菲勒和美国政府。另一个来自欧洲，他代表着罗斯柴尔德和沃伯格。1913年，美联储的成立就是这次秘密会议的直接结果。有意思的是，美国联邦储备银行既不属于联邦，又没有储备，也不是银行……他们控制了美国的银行系统和货币供应。1944年的布雷顿森林体系促进国际货币基金组织和世界银行的成立，它们成立的目的在于控制世界的银行体系和货币供应，就像美联储对美国所做的一样。1971年，尼克松总统宣布放弃美元与黄金挂钩，这意味着控制世界金融系统的第一步工作完成了。2008年，世界经济陷入危机，富人最终将变得更富，但大多数穷人会更穷。这次危机在很大程度上直接源于几十年前的这些秘密会议。换句话说，金融海啸的很大一部分是被策划出来的。”[7]

世界是否需要一个全球中央银行？如果想要实现一个单一的世界货币体系，它需要一种规模空前的货币政策来武装国际金融体系。从本质上来说，单一的全球性货币将使得银行的权力超越国家、种族和语言。加拿大前国会议员保罗·海耶（Paul Hellyer）在1994年对世界单一货币评价道：“在这样一个全球性货币/银行体系里，公民利益、单个国家只能服从于国际金融体系的利益……国家将不再能够制定任何独立的政策。”[8]凌驾在主权国家之上的最强大的金融系统，将由不需要向任何人负责的世界权势集团所运作。

要运作这样庞大的计划，绝非一日之功，它必须经过长期的酝酿、积累、策划和理论研究，并且等待合适的时机推出才能实现。其中，火候的把握最为关键，过早和

过迟推出都将同样有害。有关世界单一货币的理论探讨早在20世纪60年代就已经进至相当深入的阶段。其中，一些关于世界单一货币的重要言论有着明显的相关性。

1969年："让我从吹毛求疵的反对转向一些更积极的讨论，并且从最佳和最差的国际货币体系开始谈起。据我判断，最好的货币体系是拥有世界金融权威的世界单一货币。"[9]

——查尔斯·金德伯格（Charles P. Kindleberger），麻省理工学院经济学教授，在美联储波士顿会议上的发言

1984年："我已经提出了一个激进的下个世纪的选择方案：所有的工业民主国家建立一个基于共同货币政策的单一货币，并建立联合的货币发行银行以决定货币政策……短期来看，这个建议的确是过于偏激，但可以提供一个愿景或目标，来指导今后的步骤……"[10]

——理查德·库博，美国哈佛大学教授，在美联储波士顿会议上的发言

1998年："对整个世界来说，过渡到世界单一货币的速度可能令很多人大吃一惊，世界可能在10年内（2008年）便由今天的200多种货币进化到只有一种货币，并且从今天起25年后（2023年），历史学家将想知道为何花了这么长的时间去清除存在了20个世纪的货币。"[11]

——布莱恩·泰勒（Bryan Taylor），环球财务数据公司首席经济学家

（此公能在十多年前说出这样的话，水平还是相当了得的。与其说他是预言家，不如说是计划者更为准确。）

2001年："25年前，万事达（VISA）成立时，其缔造者就把世界看作是需要单一货币进行兑换的体系，我们所做的一切均是基于全球视野，并努力来一步一步地实现我们的全球愿景。"[12]

——莎拉·佩里（Sarah Perry），万事达战略投资计划部主管

2004年："如果全球市场经济在今后数十年蓬勃发展，全球性货币的出现似乎是合乎逻辑的。"[13]

——马丁·沃尔夫（Martin Wolf），《金融时报》首席经济评论员、高级经济学家，世界银行年会上的发言

2007年1月5日，美国外交关系协会国际经济部主任本·斯泰尔在英国《金

融时报》上发表了《数字黄金与货币制度的缺陷》一文，该文比较了浮动汇率与固定汇率的利弊，并反复强调当今世界的货币体制是全球化进程中最薄弱的环节，强调解决之道就是黄金的重新货币化，在现代技术条件下，使用电子黄金作为支付手段。他的结论是：“（数字黄金的货币制度）听上去似乎是偏激和难以实现的，但是，将人类经历了2 500年实践的黄金货币进行电子化，最终也许将证明，这一货币体系比仅有35年短暂试验期的主权货币更加具有可持续性。”[14]

2007年5月9日，美国外交关系协会的喉舌《外交》杂志又刊登了本·斯泰尔撰写的一篇文章《国家主权货币的终结》。斯泰尔在文中指出：“为了安全地实现全球化，各国应当放弃货币国家主义，废除不必要的货币，因为它们是今天许多动荡的根源。”在斯泰尔看来，当今世界金融动荡的根源就是“主权货币”的干扰。他说道：“为什么最近几十年来出现一系列货币危机的问题变得如此严重？1971年起，尼克松总统正式使美元与黄金脱钩，在全球四处流动的货币才不再是对任何实物的索取权。全世界的货币现在都是政府魔术般变出的纯粹的主权表象……把货币与主权挂钩的神话代价巨大，有时甚至还是危险的。货币国家主义与全球化水火不相容。”可以肯定，斯泰尔先生是要隆重推出“世界单一货币”的概念了，所以主权货币必须被废黜掉。斯泰尔先生进一步指出：“过去几十年来，美元已经成为毋庸置疑的全球货币，世界各国持有美元在各地市场上进行交易，特别是石油。美元当今的特权地位不是上天赐予的，美元最初也是被另一种诚信的货币（黄金）所支持，别人愿意接受美元是因为他们相信在过去买到的东西，能够在未来换得等值的商品。这给了美国政府巨大的负担来保证这种诚信。不幸的是，这些机构未能肩负起这一重任。鲁莽的美国财政政策正在削弱美元的全球货币地位。”[15]

斯泰尔先生提出的解决之道是什么呢？又是黄金的重新货币化和世界单一货币。他说：“但私营的黄金银行已经存在，从而使账户的持有者可以用真实的金条作为股份的形式，进行国际支付。虽然黄金银行业目前还只是小本生意，但随着美元的衰落，它近年来有了显著的增长。如果谈论一种基于黄金的新的国际货币体系，肯定听起来很离谱。但1900年时，一个没有黄金的货币体系也是如此。现代科技使得通过私营黄金银行恢复黄金货币成为可能，即使没有政府的支持也是如此。”[16]这一段才是这篇文章的画龙点睛之处，也正是文章全部重心之所在。换句话说就是，即使没有各国政府的支持，也要消灭主权货币，实施以黄金为核心的世界单一货币!

显而易见，斯泰尔、安·兰德、格林斯潘的黄金货币价值观一脉相承，源自老欧洲的诸多银行家族，特别是罗斯柴尔德家族的金融理念，而与美国新兴权势集团的货币观点截然不同。罗氏家族200年来收拾对手的主要手段就是“先为不可胜，以待敌之可胜”。如果说当今世界的金融江湖存在着两大势力集团的话，那就是以罗氏家族为核心的“黄金环保派”和以洛克菲勒为旗手的“石油战争派”这一美元发行的既得利益集团。双方就未来控制世界单一货币的战略是一致的，但在利益和货币理念层面上存在着重大分歧。

“黄金环保派”更加看重货币的道德属性，强调其内在的公平与合理性，牢牢占住了道德制高点，认为未来世界货币势必包括黄金与环保两大基本要素，以满足货币的诚实性和弹性。“石油战争派”则看重货币背后的暴力因素，他们认为只要控制了中东的石油供应，就不怕各方势力不低头，再加上强大的军事与战争威慑力，世界上谁也不敢轻易拒收美元。即便是废除美元，赖掉美元债务，新的世界货币也是一种可以在刺刀之下随意摆弄的“信用”。这两大势力集团的较量，国际层面上体现在美国与老欧洲的较量，或者是美元与欧元的对决；而在美国国内政治上，则体现在力主环保的民主党与力主石油战争的共和党之间的角力。

如何在这两派之间借力打力，从而实现中国战略利益的最大化，将是考验中国外交智慧的重大课题。

2008年1月7日，英国《金融时报》发表了《黄金是一种新的全球货币》的评论员文章，这是近年来欧美主流媒体中呼吁黄金重新货币化最直白的一篇檄文。文章认为，黄金价格近来的暴涨反映了投资者对当前国际金融形势的紧张情绪，而一旦黄金最终成为货币的一种形式，那么黄金将不仅对美元升值，而且对英镑和欧元也会升值。文章认为：“对于黄金而言，一种更好的观点也许就是在美国抛弃金本位之前各国中央银行对黄金的认识，那就是，黄金不是一种商品，而是另一种货币。”

如果我们明白从罗兹会社时代开始，“盎格鲁-美利坚权势集团”对媒体与公共议程的高超与娴熟的操纵手法，就不会轻易忽略像《外交》、《经济学人》、《金融时报》等受世界统治精英直接控制的标志性喉舌和像本·斯泰尔这般重量级人士所发表的“个人看法”，因为那绝不是单纯的个人观点表述，它是代表利益集团意志的重要风向标，并成为精心策划的庞大宣传攻势中的一个环节。如果不出所料，那么随着危机的深化，越来越多的西方媒体和市场人士会逐渐对黄金产生“不约而同”的兴趣。最终，黄金价格暴涨将成为“刺杀”美元体系的“摔杯之号”。

2009年5月17日的彼尔德伯格会议结束以来，罗杰斯和索罗斯等人立刻开始频繁警告即将来到的危机将是一场货币危机，他们并不是在开玩笑。一场严重的货币危机，将以美元危机为标志，它旨在起到两大作用：一是帮助美国进行一次彻底的赖账；二是震荡现有的世界货币体系，为世界单一货币的概念制造声势。这与1907年的危机导致1913年美联储的成立应该具有相当的可比性。人们会看到，没有世界中央银行和统一的世界货币，世界经济将是何等脆弱。

危机来得正是时候

“国际货币改革通常在面对全球性危机的反应和威胁时才成为可能。”这个诺贝尔奖得主还把他的手指向可能的危机触发点，他说“全球经济危机必将涉及美元”，而统一的世界货币将被看作是全球性美元灾难的“一个偶然”。[17]

——“欧元之父”蒙代尔，2007年5月

“在我全部的职业生涯中，从来没有见过一个中央银行（美联储）在过去的六七年中如此扭曲（货币）理论的探讨。从20世纪90年代末对‘新经济’的讴歌，到当前的经常账户调整新理论的（倡导），美国中央银行领导了重新改写传统宏观经济学的尝试，并试图使市场参与者相信这些被‘修正’的理论……我本人从不是一个阴谋论的信奉者，但是在目睹了美联储90年代末以来的所作所为，我不得不改变自己的看法。”[18]

——斯蒂芬·罗奇，摩根士丹利首席经济学家，2005年4月25日

注意，蒙代尔讲话的时间是2007年5月，也就是美国次贷危机爆发前3个月，而更早在危机爆发之前两年，2005年4月斯蒂芬·罗奇在他的《原罪》一文中就已经将金融危机的形成原因和发展过程描述得清清楚楚！那些认为金融危机的爆发没有征兆或者世界毫无准备的说法是站不住脚的。美联储的“后宫”养着“三千佳丽”的经济学家，拥有着最为全面的数据统计，而掌门人格林斯潘更是数据和模型方面

奥尔登 · 克劳森

资料来源：世界银行官方网站

的天才，说他到2006年仍对金融危机的即将来临毫无感觉，是无论如何不能使人信服的。

历史经验表明，危机是实施重大改革的良机，正如金融大亨奥尔登 · 克劳森所说："新的跨种族的全面政治经济制度，总是产生于征服或共同的危机。"

在类似危机的思维中，斯泰尔先生提供的似乎是一种"利他主义"的解决方案。为了避免出现危机，在问题不可挽回之前，所有的国家所要做的就是放弃货币主权。各国政府必须走出致命的主权观念，即民族独立必须是在自己的领土上发行和控制通用货币。"国家货币和全球市场不能简单地混合在一起，否则将酿成致命的货币危机和紧张的地缘政治局势，并以此制造破坏性的保护主义的借口。"等着瞧吧，斯泰尔先生的"预言"将"自我实现"。

那么应该如何除掉货币主权呢？斯泰尔坦率地说，世界需要重组为3个区域性货币：美元、欧元和一种新的亚洲货币。这项建议与罗伯特 · 蒙代尔的工作遥相呼应，他一直周游世界讲授一种新的基于美元（Dollar）、欧元（Euro）、日元（Yen）的国际货币单位。根据蒙代尔的计划，在这3种货币的基础上，形成一个"世界货币单位"，被称为"滴"(DEY)，而国际货币基金组织将是这个货币的总经理。[19]"现在的问题不是世界是否会采用单一的全球货币，而是何时采用，以及如何顺利和廉价地采用，而不是粗糙、昂贵和混乱地采用的问题。对国际主义者而言，国家主权是压倒一切的障碍，为了让全球中央银行和世界单一货币存在，必须要形成一些政治安排。"

罗伯特 · 蒙代尔在2003年做了一个名为"国际货币体系和世界单一货币案例"的讲座，在谈到政治障碍时，他的反应很坦率："没有世界政府的世界单一货币是不可能实现的，强制执行单一货币将涉及重大的组织问题。"

1999年5月，经济学家朱迪 · 谢尔顿（Judy Shelton）正式向美国众议院的银行和金融委员会建议北美洲实现北美统一货币——美洲元（Amero），其他学者也一直在研究这个洲际的货币选择，目的是建立一个约束力日渐增强的，涵盖加拿大、美国和墨西哥的新的区域货币体系。

但是，区域货币将如何演变成单一的全球货币呢？莫里森·邦帕斯（Morrison Bonpasse）是全球单一货币委员会（SGCA）总裁，该委员会由一群以世界单一货币为工作目标的经济学家所组成。邦帕斯认为："21 世纪的货币联盟，以及那些幸存下来的 20 世纪货币联盟，是通向未来之路和全球货币联盟的里程碑。感谢欧洲和其他货币联盟取得的成功，我们现在知道了如何建立并维持第三代货币联盟：一个拥有全球央行和世界单一货币的全球性货币联盟。世界正准备开始为单一的全球性货币作好准备，正如欧洲为欧元作的准备，阿拉伯海湾国家为自己的共同货币所作的准备一样。在由占世界 GDP 相当比重的代表性国家建立了全球单一货币目标之后，这个项目就可以像前面的区域性货币那样向前推进。"[20]

"简言之，区域货币模式是世界货币模式的垫脚石，然而现在民族主义盛行。"邦帕斯写道，"这个可以很简单地来说明：如何从目前的 147 种货币变成一种。不断发展的民族主义残余力量和政治意志是迈向世界单一货币的主要挑战。"[21]

莫里森·邦帕斯

资料来源：www.itp.net

也许从 2009 年到 2024 年，世界经济将会进入一个空前动荡的时代。这个危机时代将会导致今天我们所熟知的许多重要经济规则变得面目全非，其中很可能就包括世界货币制度的重大变化。不幸的是，到那时我们可能会突然发现，在我们的手中除了大把日益贬值的花花绿绿的美元纸币之外，黄金却少得可怜。在一个游戏规则剧烈变化的局面中，中国很可能会丧失参与制定货币游戏规则的机会。手中没有黄金就没有未来世界货币体系的话语权，在未来货币游戏规则制定的谈判中就没有筹码。在中国的外汇储备中，拥有黄金制人，拥有美元制于人。

在这里，2024 年并非是拍脑门的即兴之说。以国际银行家几百年来的运作手法，尽管他们也有失算的时候，但严谨推理和科学计算是他们屡屡得手的重要原因。在第九章我们已经谈到，从 2009 年年底开始，欧美将经历一场长达 14 年的严峻消费萎缩周期，在这个消费拉动经济增长接近 2/3 的两个世界最大经济体同时进入消费下滑的"共振"状态之下，世界经济全面复苏将是一个"痛苦和极端漫长"的过程，而这一段时间中再度爆发新的货币危机的条件是现成的。处于下滑长周期的欧美消费市场产生强烈的贸易保护主义是极其自然的现象，在一片贸易战的烽火狼烟中，各国货币竞相贬值以促进出口的景象不必费太多的脑力就能清晰地想象出来。货币贬值的后果很自然地会产生世界范围的通货膨胀，而且首先是大宗商品价格的迅速攀升，尤其是石油，将推高各行业的生产成本，从而引发最终产品的价格上涨，导致通胀预期的实现。各国政府为拯救金融危机而大量释放的流动性，原本处在沉淀淤积和流速缓慢的状态之下的货币，犹如一个水面平静的巨大水库，此时，通胀预期的突然逆转就如同炸开大坝的围堤，汹涌奔腾的流动性激流将释放出惊人的通胀能量，中央银行家们将来不及回收流动性。对抗恶性通胀的时间将持续至少一年，正如 1923~1924 年德国出现超级通胀的过程一样。

货币危机之后，各国政府冷汗未干，世界著名经济学家们和国际智库将纷纷献计献策，力陈以美元为首的主权信用货币乃货币危机的元凶，各国中央银行各自为政，货币政策无法及时有效协调将是第二大祸因。结论将是，全球化的危机必须全球通力合作，主权国家自行其是将无法单独解决危机，世界单一货币显而易见是解决危机的“灵丹妙药”，而发行世界货币的世界中央银行必须“独立于”各国政府的“干扰和阻挠”。当然，各国政府并不会心甘情愿地放弃支配本国财富分配的大权，讨价还价在所难免，时间将会持续多年，最理想的形成共识的时间为 2020 年前后。这一年，美国潜在亏空高达 100 万亿美元的社会安全体系和医疗保险体系也将全面内爆，美国必须要做一次彻底的“破产保护”，以便从债务的堰塞湖威胁下完全摆脱出来。从 2020 年到 2023 年经过几年试运行，2024 年会是一个好的起点，欧美新一代人口消费高峰期正是在这一年开始启动。随着世界单一货币的闪亮登场，在未来的几十年中，世界“果然”出现了经济繁荣。

世界中央银行将像一家股份制公司，世界各国都有股份，只不过英美将拥有控股股东的特权，或一票否决权。自此，地球上所有人类所创造出的全部财富的支配权，将实际上落入极少数人手中。世界财富的分配权，毫无疑问将是人类有史以来能够想象的最大权力，从此创造这些财富的绝大多数人将被剥夺自主分配自己劳动成果的权力，这将是人类文明史的一个重要转折点。黑暗与光明、自由与奴役将在这一时刻将历史斩为两截。

货币的命运与国家的命运

如果说世界单一货币最终无法避免，那么什么样的货币才能诚实地承担起普天之下公平的财富分配职责呢？

财富的实质就是人们通过劳动所创造出的产品，货币则代表着对这些劳动成果的“索取权”。社会中的每一个人，都应该通过出售自己的劳动成果来获得对别人劳动成果的“索取权”。当这种“索取权”被转让时，它充当了“支付手段”；当某种“索取权”被普遍接受时，它就成了“交易媒介”。如果持有“索取权”的人选择延迟兑现，它就实现了“财富储藏”的功能；最终这种“索取权”被要求兑现时，它能够完好无损地获得别人的劳动成果，那么这种“索取权”就是优良的“价值尺度”。这 4 个方面的因素共同构成了货币与财富的完美对应关系。

其实，在货币的四大功能中，最核心的就是“财富储藏”的功能，越是拥有完好无损的财富延迟兑现能力的货币，就越能实现“价值尺度”的重要作用，在市场中就越受欢迎，也就越容易流通，从而成为优质的“交易媒介”和“支付手段”。

“财富储藏”的核心就是现在的财富“索取权”必须能够在未来不受损失和“公平”地取得别人的劳动成果。这种“公平”并非我们通常理解的等价原则，事实上在实际的交换过程中，人们难以进行有效的价值评估。所谓公平的获得，是参与交换的双方根据自身对需求的不同优先顺序来评估交易是否公平，正是由于不同的人对于什么是自己“最需要”的东西的定义不同，交易才能在互补的情况下得以实现。

“财富储藏”由于存在着以现期劳动成果与未来劳动成果进行交换的时间差，“预期”成为货币的一个重要组成部分。从历史上看，原始的通货代表着一种没有“预期”的“索取权”，一切交易必须以已经完成的劳动成果来进行，社会中没有过多的产品用于未来的交换，“财富储藏”的功能并不明显。随着生产力的发展，社会存在着剩余的可用于未来享用的劳动成果，随之而来的就是货币和利息的出现。利息作为一种对未来更多剩余劳动成果的“预期”，从而构成了“现实+预期”的货币供应。

当航海贸易兴起，汇票的出现将货币中预期的成分推向了一个新的高度，如果说自给自足的经济体中，利息代表着对农业收成的合理预期，那么汇票则将货币预期扩展到对商业贸易的合理预期。

工业革命爆发的时代，出现了银行业的“部分准备金”制度，它实际上将货币中的预期成分进一步扩展到工业生产大规模扩张的基础之上。

信息时代的来临，催生了金融衍生产品的大量涌现，这一进程将虚拟世界的财富转变为现实世界的货币供应，从而将货币中的“预期”成分无限放大到难以为继的毁灭性边缘，最终引发了金融危机。

从历史来看，货币中的预期成分本身存在着合理性，但是一旦过度，就会引发过去的预期无法被现实满足的矛盾。

如果说“财富储藏”的核心要素包括“现实劳动成果+预期劳动成果”，那么“现实劳动成果”体现了货币的商品属性，而“预期劳动成果”则反映了货币的信用属性。彻底废除货币的商品属性将导致“财富储藏”功能的紊乱和失调，任何历史上的货币，一旦脱离货币的商品属性这一铁律，最终都难逃不断贬值的下场。

货币的“财富储藏”功能不仅决定了货币内生的自我可持续性，而且体现于货币的外在可接受性，即货币的流通域。

历史上主要文明的兴衰更替，从本质上看是该文明对其控制下的自然资源的综合配置效率与社会资源整合能力的全面反映，而货币的坚挺与疲弱则是这两种控制能力的外在体现。大凡强势文明在崛起的进程中，自然伴随着强势坚挺的货币和不断扩大的货币流通域，坚挺货币通过确保其稳定与可靠性来构建起一个强大的社会信赖体系，以形成一个维护多边利益的牢固契约。在坚挺货币制度之下，社会运作在“货币法制”的轨道之中。相反，一个文明盛极而衰的拐点，主要体现在财富创造能力满足不了日益庞大的开支消耗，发散性的赤字问题将诱发货币贬值与逐渐恶化的通货膨胀现象，不断贬值的货币反过来又压制了社会财富的创造动力，导致货币流通域的缩减，削弱社会整合与配置资源的能力和效率，从而加速财政问题的恶化。同时，贬值的货币破坏了社会各个阶层所形成的共同利益契约关系，“货币法制”被“货币人治”所取代，结果是造成了社会向心力离散，道德沦丧，并最终导致国家倾覆和文明衰落。

古罗马的兴衰历史正是在其货币盛衰的历史中得以充分体现的。在恺撒执政期间，他一手建立起古罗马坚挺的金银货币体系，罗马货币随着罗马大军得以扩张到地中海周边辽阔的区域，而广阔的货币流通域又反过来大大强化了罗马帝国对周边地区的资源整合能力，进而增强了帝国实力。在长达百年的罗马帝国全盛时期，罗马帝国经济繁荣，物价稳定，税收温和，贸易发达，商业贷款利率处于4%~6%的正常区间，在整个罗马帝国时代中为最低水平。

从公元54年罗马皇帝尼禄时代起，由于国家财政收入日趋紧张，而开支却越来越庞大，尼禄皇帝开始以贬值货币来填补财政亏空。公元54年~公元68年，罗马银币的含银量从100%降到了90%，到公元117年，含银量降到85%，至公元180年，含银量降到75%。又经过两任皇帝，到公元211年，罗马银币的含银量仅剩50%。从尼禄时代开始的货币渐进贬值周期持续了150多年，这一阶段也正是罗马帝国盛极而衰的转折时代。通货膨胀的噩梦很快就进入加速恶化的时期，公元260年~公元268年，罗马银币的含银量迅速跌到了仅剩4%的程度。此时的罗马帝国已陷入经济困境，国内叛乱不止，国外连年用兵，由于货币面值很高但含银量极低，导致物价飞涨，税收加重，最后激起士兵哗变，国王奥利列在公元275年被刺杀。

他的继任者迪奥克列腾皇帝希望效法恺撒、奥古斯都，重振罗马货币。为了反通货膨胀，他甚至宣布重新发行足值银币，但他却错误地要求新币与已严重贬值的旧币"等值"，其结果是他的新币很快就被收藏起来，从而退出了流通。万般无奈之下，反通货膨胀只能从物价管制入手了，于是就有了罗马历史上著名的"公元301年物价敕令"，规定数千种商品和劳务的最高价格，根据商品质量和劳务种类的差别而各有不同。由于利息率不断猛涨，法律就将利息限制在6%~12%之间，利息的高低取决于所冒风险的大小。某些产品的短缺引起对出口商品的禁止，如各种粮食和铁、青铜、武器、军队装备以及马匹等"战略物资"。对这些方面的控制实质上一直扩大到等级制度方面。君士坦丁大帝要求每个士兵的儿子继续当士兵，除非他不适宜服兵役。同样，农业劳动者须永久地、世世代代地务农。这一趋势后来扩大到被认为必不可少或后继无人的各行各业。物价管制的后果是财富的创造者无法在这样的价格体系下赢利，因此大量商品转入地下黑市。作为应对，罗马皇帝严酷镇压黑市交易，镇压最终产生了效果，然而代价却是财富的创造者干脆停止了任何创造，罗马帝国的经济濒临绝境。此时罗马帝国的货币体系已经完全崩溃，政府已不得不停止用货币收税，而直接征收产品和服务。强大的罗马帝国完全沦落到以货易货的地步。

到公元350年左右，罗马银币的价值只相当于奥古斯都时代的1/30 000 000，西罗马帝国终于走到了最后的崩溃时刻。

与此正相反，君士坦丁大帝在东罗马重建了新的货币单元，一种以纯金币（Solidus）为基础的新的坚挺货币机制，这种金币成为了拜占庭帝国延续上千年的重要保证。它的信誉是如此之好，以至于周边敌对国家和遥远的非洲和西欧都通行这种金币。有历史学家认为，东罗马帝国之所以能在一个四面强敌环伺的恶劣形势下延续千年之久，关键支点就是其建立在黄金货币基础之上的经济结构和金融体系。拜占庭黄金货币的纯度一直保持到公元 1034 年，后来从 1081 年以后又加速贬值，一个纯度保持了近 800 年的坚挺的黄金货币体系终于瓦解了，随之而崩溃的就是拜占庭的世界贸易中心地位和一个伟大帝国的向心力与道德伦理体系。

坚挺与疲软货币的交替不仅在西方历史上反复出现，在中国历史上也是一样。北宋年间，四川地区由于普遍缺少铜，因而在商业交易中不得不大量使用铁钱。当时买一匹布要用 2 万铁钱，重约 500 斤，需用车来运输，交易成本很高，严重制约了经济发展。为了缓解这一问题，成都地区的一些地方商贾创建了世界上第一家纸币发行机构，他们以铁钱为抵押发行了世界第一种纸币“交子”。后来北宋政府于 1024 年开始发行“官办交子”，抵押品被称为钞本，一般为铁钱，是发行纸币量的近 3 成，即大致为 3 倍多的部分储备金纸币发行模式。在交子发行的最初 100 年间，交子发行量还比较有节制，社会经济也的确获得了长足发展，但到 1160 年左右，钞本的比例已经降到了纸币发行量的 1/60，后来就干脆舍弃钞本，政府任意发行交子。到南宋末年，150 年间的通货膨胀率高达 20 万亿倍！实际上，南宋的货币体系崩溃在先，蒙古大军的铁蹄入侵在后。货币体系崩溃，政府税收萎缩，国家战争动员能力衰竭，宋朝其实是亡于纸币交子制度的崩溃。

金朝的下场与宋朝颇为类似，也是疲软货币所导致的严重通货膨胀最后葬送了江山。金国发行纸币 70 余年，物价上涨 6 000 万倍，终至民心大乱，财富创造绝迹，同样是货币体系先于帝国崩溃。

到了元朝，虽然元朝政府力图吸取宋、金两代纸币制度崩溃的教训，并在政策措施上进行了广泛改革，创建了当时世界上第一个类似银本位的货币制度，无奈战争、饥荒和骄奢淫逸的无度开支无法用自律的手段克制。元朝开始发行宝钞不过 20 多年，货币就剧贬为原值的 1/10，到了元末米价竟涨到元朝初年的 6 万多倍，宝钞制度彻底崩溃，民间拒绝接受官方的纸币。在丧失了货币流通领域的情况下，元政府已无力控制财政和税收，国力日衰，最终也是亡于货币崩溃。

明朝对纸币制度的实验又持续了150年之久，到1522年，明宝钞贬值为原来价值的2‰，通货膨胀肆虐。明政府终于被迫放弃了纸币制度，转而恢复了金属货币制度。从宋到明，经过近500年的纸币制度实验，历史最终得出的经验是，纸币这种不受约束的疲软的货币制度不可能长期稳定。

从历史的角度看，无论是宋朝的交子，还是元明的宝钞，也包括美国独立战争中的“殖民券”、南北战争时期的“林肯绿币”、纳粹德国的“费德尔货币”，这些脱离商品属性的纸币虽然在一定的历史时期内可以起到刺激经济发展的作用，但只能作为一种应急的手段，而绝非长治久安之道。失去商品属性的任何纸币都将重蹈历史覆辙。

1971年布雷顿森林体系解体以来，美元与黄金彻底脱钩，人类社会第一次一起进入了一个没有商品作为支撑的纯粹信用货币体系时代。信用货币存在价值的前提就是创造信用的人必须守信用，以此为基础的货币才会有价值。美国金融危机爆发的本质原因就是债务人无法遵守信用，所以依托这种债务所衍生出的美元也就必然出现巨幅贬值。信用货币的痼疾就是债务永远存在违约风险，而基于这种风险之上的货币就不可能真正实现“财富储藏”的功能。

历史经验表明，货币的“财富储藏”、“交易媒介”、“支付手段”和“价值尺度”四大功能必须同时发挥作用，货币的运作机制才能稳定和持续。纯粹的信用货币制度在缺乏“财富储藏”这一核心功能之后，最终也将丧失“价值尺度”功能。纯粹的信用货币这张承载世界经济的桌子，仅仅运行了38年之后，在货币之桌的四腿残缺两条的情形之下，已经严重失衡，摇摇欲坠了。美国在57万亿美元的庞大债务总量之下，债务压力以平均6%的速度递增，到2020年，总债务的规模将达到骇人听闻的102万亿美元，而其GDP的总额以3%的潜在可持续增长速度计算，届时将仅为18.8万亿美元，仅债务的利息支付就将吃掉美国全部GDP的1/3，而且这一利息支付压力将令人绝望地持续快速增加。如果美国玩的是一种公平的货币游戏，美国除了宣布“破产保护”将不可能再有第二种选择。

2020年，美国政府的社保和医保潜在亏空将“贡献”另一笔100万亿美元的隐性负债。美国除了大规模印钞以减轻债务支付压力之外，将别无选择。可是2009年就对美元彻底失望并随时准备逃离美元资产的世界各国，到2020年将面临更大规模的美元贬值趋势，他们还能够继续容忍持有美元的痛苦和无奈吗？

如果美元最终在2020年前后走向崩溃，世界上将不可能再有任何一种主权货币能够代替美元，信用货币制度将面临最后清算。届时，黄金的重新货币化将无可避免。黄金重新货币化将恢复货币的“财富储藏”功能，使货币桌子的四条腿重新平衡。不过，黄金单独作为现代货币制度的支柱却存在着很大的缺陷，其中最大的问题就在于黄金的产量增加赶不上世界经济增长的速度，于是黄金在强化“财富储藏”功能的同时，却遏制了“价值尺度”功能的有效发挥。所以，在完全的黄金货币机制之下，整个世界经济的发展仍然会不平衡。作为世界未来的单一货币，黄金必须得到强大的补充元素，才能构成可以“长治久安”的货币体系。

完美而致命的组合：世界单一货币＝黄金＋碳货币

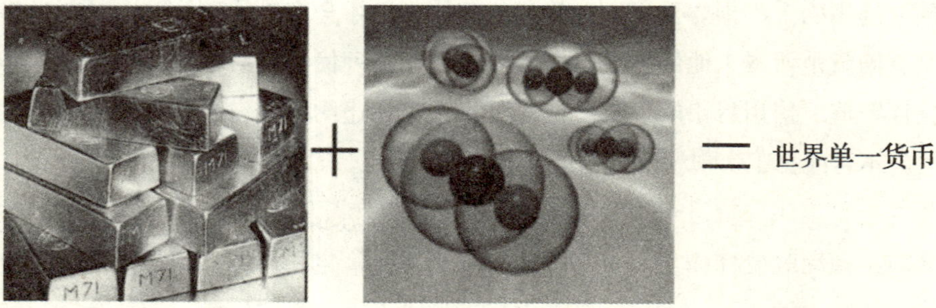

与黄金的刚性相对应，新的货币元素必须具备“弹性”，它可以弥补黄金与经济发展之间不匹配的问题，使得货币的四大功能完备而充分。

这就是二氧化碳排放量的货币最终将闪亮登上世界货币舞台的根源。

物以稀为贵。国际银行家中的“黄金环保派”所钟爱的二氧化碳概念要想拥有价值，就必须变得“稀缺”。如何才能使本来可以自由排放的二氧化碳稀缺呢？那就必须有个稀缺的“说法”，这就是环境保护。其基本逻辑就是，保护环境事关人类生存，而二氧化碳排放量就是环境保护的核心，因此，二氧化碳决定了人类的命运。既然二氧化碳如此关键，它的排放量就必须有个“上限”，只要有了限制，就可以人为制造“稀缺”了。于是，就有了《京都议定书》。

《京都议定书》的核心是确定一个二氧化碳排放的“上限”，然后要求世界各国相应承担减排义务。如果达不到各自的减排指标，就必须从二氧化碳排放量市场上买入他国多余的排放指标，这是第一次用国际条约的形式赋予了二氧化碳排放配额的潜在金融价值。未来，二氧化碳排放配额作为可以交易的金融产品将与一切债券、股票一样自由挂牌与转让，并可以在银行抵押贷款，并最终成为中央银行基础货币的构成部分。

二氧化碳排放量实在是个极端美妙的概念，它具备了高度的“弹性”，因为它的排放量可以由人来控制和调整，从而保证了货币必须具备的“稀缺性”。它又是一个社会经济活动的可靠“替代变量”，与用电量一样，二氧化碳排放量可以用来评估经济增长的水平，从而可以将货币中合理的“预期”成分纳入货币供应总量。

当然，二氧化碳并不是唯一的“弹性”货币元素，但是从目前的态势看，它成为世界单一货币构成元素之一的可能性最大。这不仅仅是因为它在理论上的合理性，更根本的原因在于，使用二氧化碳作为货币元素，可以最大程度地满足世界统治精英的战略利益。作为世界货币的游戏规则制定者，欧美发达国家势必选择对自己最有利的货币元素，他们拥有着高科技方面的强大优势，其社会经济结构早已从工业化社会转型为信息和服务型社会，大批传统工业已经或正在加速转移到新兴的发展中国家，他们的二氧化碳排放量从趋势上看正在逐步走向下降的通道，而此时的新兴国家却在大规模进行工业化，其二氧化碳排放量在可预见的未来都将处于无可避免的上升过程中。

货币制度作为一个社会的最高权力，永远处在各种势力集团博弈的核心“风眼”位置。选择一种使自己利益最大化，同时可以有效地遏制潜在竞争对手崛起的货币制度，毫无疑问将是各种利益集团绞尽脑汁和挖空心思考虑的焦点问题。

如果最终推出了一种“黄金+碳排量”货币的“完美”组合，那么西方国家显然是最大的赢家，而中国等发展中国家将沦为最大的输家。很明显，西方拥有着30 000吨以上的黄金储备，而中国仅有1 000吨，绝大部分中国的外汇储备集中于美元资产。如果黄金重新货币化，同时美元发生崩溃，美国将赖掉绝大部分债务。借着国库8 100吨的黄金储备和国际货币基金组织控制下的3 000吨黄金，在彻底摆脱庞大的债务负担之后，美国经济将轻装上阵，很快就能重新振兴。中国改革开放30多年的大部分成果中，一方面实物产品已被美国消费掉了，另一方面储蓄下来的贸易盈余又被美国借走，手中只剩下美国的债务白条。黄金的重新货币化，将使中国改革30多年积累的2万亿美元财富遭到彻底的洗劫，相当于中国13亿老百姓为西方白干了30多年。

如果二氧化碳排放量被货币化，那么中国未来30年的环境“罚款单”也将悄然而至，这意味着未来中国老百姓还得继续白干30年。“黄金+碳排量”货币组合所构成的世界单一货币制度，将使中国13亿人为西方白干60多年！

什么叫金融战略？这就是金融战略的威力！中国并不缺乏专家，中国缺乏的是战略思想家！

俗话说无利不起早。环保货币化的战略西方已策划了40多年，若没有强大的利益驱动，谁会花这么多的时间和金钱宣传二氧化碳排放量的理念？利他主义的形式多了，远比二氧化碳更直接的威胁，如第三世界的贫困问题，饥饿和疾病每天都在非洲造成成千上万儿童死亡，这些“悲天悯人”的世界统治精英何曾真正下过功夫去拯救人类的生命？如果连迫在眉睫的拯救生命尚且被这些人忽视，人们凭什么相信西方铺天盖地的碳货币、碳交易、碳关税等概念背后没有重大利益驱动？

要命之处在于这些人实在太聪明，在大规模长时间的宣传攻势下，二氧化碳问题已经被“塑造”成为世界上压倒一切的最紧迫的公共议程，事实上，二氧化碳排放问题甚至被上升到关系地球存亡的战略高度。他们已牢牢地控制了全世界的道德制高点。谁要是反对二氧化碳减排，谁就会被贴上反人类甚至是反地球的标签。抗拒二氧化碳排放量限额的国家将成为人类公敌，并将在世界各个角落被诅咒。各国政府和民间团体将群起而攻之，如征收惊人的国际贸易碳排放税，此举将把“人类公敌”的产品挤出世界市场，国际金融市场的惩罚性共识将使“人类公敌”的海外并购全面搁浅，“人类公敌”经济发展所需的一切国际原材料和大宗商品都会被加上惩罚性的“环境税”，从而导致严重的成本型通货膨胀，大幅削弱该国的经济发展潜力。

这顶帽子的沉重代价是中国绝对无法承受的，这一天的到来也许不是一两年之后的事，但很有可能是10年后中国必须面对的残酷现实。

为此，预防性的战略研究已刻不容缓，中国已经面临一场看不见硝烟的货币战争。

美元的结局

美国现有的57万亿美元的债务堰塞湖，在每一天的每一小时中都在利滚利地增长，加上未来10年医疗及养老金隐性负债的庞大负担，早已成为美国经济继续发展的沉重枷锁。美国事实上永远不可能还清这些债务了，随着时间的推移，只会在债务的沼泽中越陷越深。美元的信誉已经岌岌可危，被世人彻底抛弃只是个时间问题。对此，美元政策的制定者们心知肚明。

为了在彻底崩溃之前尽最大可能骗取包括中国在内的各国人民的血汗钱，并巧妙地赖掉几十万亿美元的债务，以便将来改头换面，重新轻装上阵，实施美元“有控制地归零”的基本国策已经是唯一出路，也是最符合美国长远利益的选择。然而，废除美元是广大美国人民和全世界的投资人无法答应的，所以只有大危机才能促成大变革。这就是美国金融危机爆发的原因之一。

在正常的经济形势下，货币只能一点一点地贬值，要彻底让美元贬值到零，需要花很长的时间和历程。在这么长的时间内，美国越来越重的债务负担必将使其经济发展彻底窒息，并为其他国家抛弃美元提供了充分的时间。为此美元必须合理合法地加快贬值速度，同时又让美元的投资者不起疑心，甚至支持美联储滥发货币的政策。于是，禁止银行家疯狂投机的法规被解除了，五花八门的金融大规模杀伤武器——金融衍生产品火爆了，鼓励次贷的利率政策出笼了，用极端冒险迅速搞垮大型金融企业的老总能拿超高额重奖的怪事出现了，一场百年不遇的金融危机突然爆发了，美联储狂印钞票的罪行合法了，外国投资者对此表示支持和理解甚至继续埋单了。为了消除外国投资人的担心，美元又莫名其妙地止跌暴涨了。形形色色的怪事，于是一下就想通了！

美元利益集团用温水煮青蛙的方式来麻痹世人的神经。与人民币直线式升值的做法不同，美元贬值的战术是大降小升，忽降忽升，利多放任，利空猛升，让做空美元者看不准时机，不敢轻举妄动，让全世界美元和美国国债的持有者对美元一直抱有幻想，患得患失，而不能当机立断，迅速解脱，这样美元就可以继续深度套牢投资人，从而按照对美元利益集团最有利的时间表和方式实现“有控制地归零”。

然而无论是欧洲还是美国，在金融危机中，都不可能让中国渔人得利，趁机做大。他们一定会让美元这艘泰坦尼克巨轮上尽可能地塞满中国乘客。而中国的乘客正以拥有这艘豪华游轮的折扣船票而感觉良好地奔赴黄泉。未来可能出现的景象就是，美元的“沉舟侧畔千尸过，大半都是中国客”。

这个过程中特别值得注意的就是美国政府的救市表演，实在是精彩纷呈，惟妙惟肖！其中，以保尔森在国会跪求通过 7 000 亿美元救援法案这一不同寻常的一幕最具震撼效果，将这场大戏推向悲壮的高潮。这些救市表演旨在向全世界表白：我美国政府已经竭尽全力在拯救美元和美国经济了。你们看我 3 天 1 000 亿美元，5 天 10 000 亿美元，拼命在“救市”。要是再救不活，就不能怪我了。当一切准备就绪后，突然有一天，英法德同时宣布不再接受美元了。股市暴跌没人救了，美元暴跌没人管了。一夜之间，美国的所有债务消失了，同时消失的还有中国人的储蓄和大部分外汇储备。美国老百姓的养老金泡了汤，医疗保险没了影，美国国债化成水，美元储备当手纸，这一切终将引爆的愤怒都别冲我美国政府来。能做的俺都做了，做足了，做尽了，问心无愧了。西方理论界将把矛头对准“万恶的主权货币”，靶心就是“不幸的”美元。最后世界统治精英只能向包括勤劳、善良的中国人民在内的广大美元遇难者表示最诚挚的同情与哀悼。他们的悼词将这样结尾：“活着的人们，让我们从主权货币的废墟中站立起来，踏上世界单一的诚实货币的新旅途吧！阿门。”

“大力神”们俯瞰下的世界

在电影《回到未来》中，误打误撞闯回到 30 年前的马丁发现，阴差阳错中自己年轻的父亲和母亲似乎不会相爱了，他惊恐万状地看见那张 30 年后拍摄的全家福上，兄弟姐妹和自己的影像正在逐步消失！魂飞魄散的马丁一番忙活，总算在父亲和母亲之间点燃爱的火花，在尚是少男少女的父母亲幸福一吻订终身的瞬间，30 年后全家福上的爱情结晶们终于重新现身。马丁猛然醒悟，原来自己回到过去的所有行为，将会改变未来生活的走向和结果。

他刻不容缓地冲上布朗博士制作的时间机器，将时间调到出发前片刻的时段。在与时间进行了一番惊心动魄的赛跑后，马丁“飞驰”回 30 年后布朗博士即将遭遇歹徒杀害的千钧一发的时刻，在子弹射向布朗博士的刹那儿，马丁飞身冲上，改写了博士死于非命的结局。

至此，观众终于恍然大悟。为什么故事明明在讲“回到过去”，片名却叫《回到未来》？原来“回到过去”正是为了改变未来，未来是可以“回去”改写的。

安·兰德的《阿特拉斯耸耸肩》一书的大结局场面，是“集体罢工”并大获成功的“世界上最优秀的”统治精英人物各自驾驶先进的私人飞机凯旋。他们高高在上俯瞰芸芸众生，此时的红尘世界正在完全按照他们精心制定的时间表逐步陷入混乱、衰退和毁灭，曾与他们斗法的一群贪婪、无耻而愚蠢的政府官员已经被彻底挫败，毫无还手之力，世界真正的精华——财富、智慧、思想——只集中在高飞于天的这个精英集团手中。他们胜利而骄傲地微笑着，看着底下的世界将按照他们的设计走上“智慧、正确和优秀的正轨”。

在整个故事中，试图制约这些统治精英人物的政府长官们作为反面人物无不尽显其虚伪愚蠢、无耻贪婪、虚张声势而不堪一击的丑恶面目。而其他所有普罗大众“小人物”们，自始至终就是几乎可以忽略不计的部分。他们毫无作为、蒙昧无知、软弱无能，蝼蚁一般蜷缩在残破的铁路、废弃的矿山旁边瑟瑟发抖，呆立在破产的银行、混乱的城镇、饥饿的乡村中不知所措。安·兰德简直不屑给故事中这些可有可无的小人物赋予名姓——反正他们就是一团模糊不堪的背景色，与精英英雄们形成云泥之别，等待着作为棋子被安排到未来全新世界的棋局中。

“大力神”们已经一手推掉了地上那个陈腐低效、处处制约、妨碍他们的老格局，将以“最精湛的智慧和头脑、最高超的才能和设计”重新构建社会。为此他们已不动声色地筹备策划了许多年，并让整个社会体系按照他们精确设计的步骤和节奏，如同日本电影《追捕》中横路敬二一样，一步步地走向那“溶化的蓝天里”。是啊，多么蓝的天啊，懵懂的普罗大众正在走过去，走过去……

“大力神”们真的会笑到最后？他们一手制定的“未来”真的无法被改变吗？

“大力神”自信他们手握未来大门的金权之匙，已为芸芸众生设计出注定的归宿。但是大力神们忽略了一个关键之处，那就是推动整个人类历史的根本动力是人民！水能载舟，亦能覆舟。古今中外皆是如此。人间正道是沧桑。

如果普天之下的芸芸众生们知道了未来他们被“大力神”们“安排”的命运，今天他们还会无动于衷吗？

也许，“大力神”们过高地估计了自己，而过低地判断了别人。

俯瞰着苍茫大地的“大力神”们会看到什么？

也许，他们会看到俄罗斯、巴西等国家正在有策略地、果断地摆脱巨量美国债券；

也许，他们会看到中东国家正在顽强地改变石油美元一统天下的结算体系；

也许，他们会看到以中国为代表的发展中国家并未遵循他们编制的金融危机剧本，照本演进；

他们还会看到发展中国家正在筹划自己的未来货币体系，与“大力神”们的世界单一货币鼎足而立。

当普罗大众获知了未来的端倪，他们现在的行动就将改变未来！

让我们拭目以待。

参考资料

CURRENCY WARS

[1] Weatherford, Jack, *The History of Money*(Crown Publishers, 1997).

[2] Cooper, Richard N., "Is there a Need for Reform?"(Speech at a Federal Reserve Bank of Boston conference, May 1984).

[3] 蒙代尔：推广世界货币只能在危机的时候来做成（《第一财经日报》，2008年11月13日）。

[4] Bonpasse, Morrison, The Single Global Currency(Single Global Currency Association, 2006).

[5] Clausen, A.W., in a 1979 interview with the Freeman Digest, "International Banking".

[6] Mackenzie King, William Lyon, in a radio address, August 2, 1935. Quote printed in Walter Stewart's book, Bank Heist(Harper Collins, 1997).

[7] Kiyosaki, Robert, How the Financial Crisis Was Built Into the System (Yahoo Finance, November 24, 2008).

[8] Hellyer, Paul, Funny Money(Chimo Media, 1994).

[9] Kindleberger, Charles P., speaking at a Federal Reserve conference. The International Adjustment Mechanism, Federal Reserve Bank of Boston, 1969, Conference Series 2.

[10] Cooper, Richard N., "Is there a Need for Reform?"(Speech at a Federal Reserve Bank of Boston conference, May 1984).

[11] Bonpasse, Morrison, The Single Global Currency(Single Global Currency Association, 2006).

[12] Ibid, p7.

[13] Wolf, Martin, writing for the Financial Times, August 3, 2004.

[14] Steil,Benn, Digital gold and a flawed global order (Financial Times, January 5, 2007).

[15] Steil,Benn, "The End of National Currency"(Foreign Affairs, May/June 2007).

[16] Ibid.

[17] Mundell, Robert, "A Decade Later: Asia New Responsibilities in the International Monetary System,"presentation given in Seoul, South Korea, May, 2-3, 2007.

[18] Roach, Stephen, Original Sin (Global Economic Forum in Tokyo, April 25 2005).

[19] Mundell, Robert,"A Decade Later: Asia New Responsibilities in the International Monetary System,"presentation given in Seoul, South Korea, May, 2-3, 2007.

[20] Bonpasse, Morrison, The Single Global Currency(Single Global Currency Association, 2006).

[21] Ibid.

这本书的写作目的不是为了教授你怎样投资、如何分配资产或传授一套典型的货币对冲方法。本书意在解答那些长久以来困惑我们而又一直未得到答案的问题：为什么货币会有冲突？

宋先生是一位在世界经济学领域非常有天赋的学者，他花费了大量的时间探索历史，研究现实并试图解读未来。宋先生在撰写他的第二本书《货币战争2：金权天下》时，已经翻阅了超过100本书籍，并追溯到300年前来探求当前金融体系的起源。在他的书中，宋先生开启了“潘多拉之盒”，讲述了17个家族从19世纪开始到现在是如何统治世界金融体系以及他们如何通过创造金融工具和制造重大事件来控制银行体系、原油、工业产业和国防产业，从而能够自一开始到现在巧妙而有效地驾驭世界。他们坐在金字塔的最上端，把所有的秘密都掩藏在他们的宝座之下。宋先生试图敦促他的国家中国，去了解全球化的趋势。当你饶有兴趣地阅读这本书时，你会深刻地感到光阴似箭，历史沧桑。我个人将这本书评为所有描写此类话题的作品中最优秀的著作之一。阅读这本书所得到的收获是读他第一本书《货币战争》的10倍，而且我已经迫不及待地想阅读他正在开始筹备的第三本书。我非常感谢宋先生能为我们提供如此有价值的思想和观点，并将他的热情与执著同他的读者分享。

穆罕默德·阿卜杜勒·哈克博士
G6集团总裁兼首席执行官、财富巢集团主席
2009年6月28日，北京